Die Kollision gleichnamiger Zeichen:
Eine Analyse zum Spannungsfeld zwischen
MarkenG und § 5 Abs. 2 UWG

Europäische Hochschulschriften Recht

European University Studies in Law

Publications Universitaires Européennes de Droit

Band/Volume **6158**

Sabrina Krämer-Tepel

Die Kollision gleichnamiger Zeichen: Eine Analyse zum Spannungsfeld zwischen MarkenG und § 5 Abs. 2 UWG

PETER LANG

Bibliografische Information der Deutschen Nationalbibliothek
Die Deutsche Nationalbibliothek verzeichnet diese Publikation in der Deutschen Nationalbibliografie; detaillierte bibliografische Daten sind im Internet über http://dnb.d-nb.de abrufbar.

Zugl.: Osnabrück, Univ., Diss., 2019

Gedruckt auf alterungsbeständigem, säurefreiem Papier.
Druck und Bindung: CPI books GmbH, Leck

D 700
ISSN 0531-7312
ISBN 978-3-631-81325-6 (Print)
E-ISBN 978-3-631-81919-7 (E-PDF)
E-ISBN 978-3-631-81920-3 (EPUB)
E-ISBN 978-3-631-81921-0 (MOBI)
DOI 10.3726/b16837

Diese Publikation wurde begutachtet.

www.peterlang.com

Vorwort

Die vorliegende Arbeit wurde im Sommersemester 2018 von der juristischen Fakultät der Universität Osnabrück als Dissertation angenommen. Rechtsprechung und Literatur konnten – soweit möglich – bis Oktober 2019 berücksichtigt werden.

Danken möchte ich meiner Doktormutter Frau Prof. Dr. Mary-Rose McGuire, die das Thema der Arbeit angeregt hat, für ihre Unterstützung und Betreuung sowie für die Erstellung des Erstgutachtens. Herrn Prof. Dr. Hans-Jürgen Ahrens gebührt Dank für die schnelle Erstellung des Zweitgutachtens. Mein besonderer Dank gebührt meinen Eltern, die mich stets in vielfältiger Art und Weise unterstützt und mir das Studium der Rechtswissenschaften erst ermöglich haben. Schließlich gebührt auch meinem Ehemann Tobias besonderer Dank, der mir in dieser Zeit ein grenzenloses Verständnis sowie viel Geduld entgegengebracht und mich immer wieder motiviert hat.

Hambrücken, Dezember 2019
Sabrina Krämer-Tepel

Gliederung

Kapitel 1: Einleitung

Die vorliegende Arbeit beschäftigt sich mit dem aktuellen Meinungs- und Streitstand zum Verhältnis MarkenG und UWG und zeigt eine in sich geschlossene Lösungsmöglichkeit auf, die mit der Rechtsprechung des Bundesgerichtshofes im Einklang steht. Gleichzeitig befasst sich die vorliegende Arbeit auch mit der sich daran anschließenden Frage, inwieweit das geänderte Verhältnis zwischen MarkenG und UWG Auswirkungen auf die Fälle des Rechts der Gleichnamigen hat. Denn diese Fälle sind dadurch geprägt, dass in deren Anwendungsbereich seit jeher lauterkeitsrechtliche Grundsätze im Rahmen der markenrechtlichen Beurteilung herangezogen wurden. Es ist daher zu überprüfen, ob durch das geänderte Verhältnis der beiden Rechtsinstitute zueinander der Anwendungsbereich des Rechts der Gleichnamigen enger gefasst werden muss oder die beteiligten Kennzeicheninhaber nicht nur mit gegenseitigen Angriffen/gerichtlichen Auseinandersetzungen rechnen müssen, sondern hier auch Klagen von Verbraucherschutzverbänden aufgrund des § 8 Abs. 3 UWG befürchtet werden müssen. Dies hätte dann wiederum auch Auswirkungen auf gegebenenfalls zwischen den Parteien bestehenden Abgrenzungsvereinbarungen, deren Inhalt lediglich eine Wirkung zwischen den Vertragsparteien entfaltet und gerade keine Wirkung gegenüber unbeteiligten Dritten. Hieran anschließend stellt sich dann auch die Frage, wie zukünftig Abgrenzungsvereinbarungen zu gestalten sind, damit sie neben markenrechtlichen und kartellrechtlichen Vorgaben dem lauterkeitsrechtlichen Gesichtspunkt und insbesondere dem Schutz der Verbraucher vor einer irreführenden Produktvermarktung gerecht werden.

Ausgangspunkt für die Arbeit ist die in den vergangenen zwei Jahrzehnten deutliche Zunahme von Kennzeichenkollisionen, nicht zuletzt aufgrund des Internets. D.h. im Geschäftsleben treten immer wieder Situationen auf, in denen sich prioritätsältere und prioritätsjüngere Kennzeichen gegenüberstehen, die sowohl in der Zeichenbildung identisch oder ähnlich sind als auch für identische oder ähnliche Waren und Dienstleistungen benutzt werden. Denn Unternehmen sind mittlerweile nicht mehr nur auf einem räumlichen Markt tätig, sondern sie bieten ihre Produkte und/oder Dienstleistungen zwischenzeitlich über die nationalen Grenzen hinaus an, wodurch die Gefahr von Zeichenkollisionen entsprechend zunimmt. Dabei beschränken sich die Zeichenkollisionen nicht nur auf Marken, sondern auch auf Unternehmenskennzeichen, geografische Herkunftsangaben und Domains im Internet.

Bei der Ausweitung der Kennzeichenkollisionen spielt auch der Wandel in der Gesetzgebung eine entscheidende Rolle. Denn bis zur Reform des Handelsgesetzbuches im Jahr 1998[1] musste nach § 18 Abs. 1 HGB a.F. die Firma eines Einzelkaufmanns dessen Nachnamen und mindestens einen ausgeschriebenen Vornamen enthalten. Von diesem Grundsatz ausgenommen waren seinerzeit lediglich die Fälle der Fortführung der Firma bei Namensänderung (§ 21 HGB a.F.) oder der Inhaberwechsel (§ 22 HGB a.F.).[2] Seit Inkrafttreten des neuen Handelsgesetzbuches zum 1.7.1998 sind neben den weiterhin zulässigen Personenfirmen auch Sachfirmen oder reine Phantasiebezeichnungen zulässig,[3] wodurch sich der Kollisionsbereich zwischen Marke und Firma vergrößert hat.

Zudem wurde aufgrund der Einführung des § 5 Abs. 2 UWG im Rahmen der UWG-Reform 2008 bei Kennzeichenkollisionen der Personenkreis der Anspruchsberechtigten, der über die reinen Kennzeicheninhaber auch die Allgemeinheit erfasst, erweitert. Denn § 5 Abs. 2 in Verbindung mit § 8 Abs. 1 UWG sieht einen Unterlassungsanspruch der Allgemeinheit – durchzusetzen beispielsweise durch Verbraucherschutzverbände – dann vor, wenn durch eine geschäftliche Handlung im Zusammenhang mit der Vermarktung von Waren oder Dienstleistungen einschließlich vergleichender Werbung eine Verwechslungsgefahr mit einer anderen Ware oder Dienstleistung oder mit der Marke oder einem anderen Kennzeichen eines Mitbewerbers hervorgerufen wird. Im Gegensatz hierzu ist bei einem markenrechtlichen Unterlassungsanspruch nur der Kennzeicheninhaber anspruchsberechtigt. Dies hat neben der Erweiterung des Kreises der Anspruchsberechtigten auch die Folge nach sich gezogen, dass der Kennzeicheninhaber nicht zwangsläufig durch zweiseitige Vereinbarungen mit dem Inhaber des prioritätsälteren Kennzeichens die Konfliktsituation auflösen kann, sondern hier auch Unterlassungsansprüche von dritter Seite – nämlich der Allgemeinheit – befürchten muss. Zudem stellt die Neuregelung in § 5 Abs. 2 UWG den bisher in der Rechtsprechung vertretenen Vorrang des Markenrechtes wieder zur Diskussion.

Daneben wurde durch die Markenrechtsreform der Anwendungsbereich des § 23 Abs. 1 Nr. 1 MarkenG n.F. enger gefasst, so dass zukünftig nur noch die Namen natürlicher Personen unter den Freistellungstatbestand fallen. Durch diese Änderung, die auf der Markenrechtsrichtlinie (EU) 2015/2436 des Europäischen Parlaments und des Rates vom 16.12.2015 beruht, wurde die ausufernde

1 BGBl. 1998 I, Nr. 38, S. 1474 ff.
2 *Körber*, Jura 1998, 452, 455.
3 *Körber*, Jura 1998, 452, 455.

Rechtsprechung des Europäischen Gerichtshofes zum Tatbestandsmerkmal „Namen" in den Entscheidungen „Robeco/Robelco", „Anheuser Busch/Budvar" und „Celine" rückgängig gemacht. Die Arbeit wird daher auch untersuchen, inwieweit dies Auswirkungen auf das Recht der Gleichnamigen hat.

Gerade aber auch die Vielzahl der gerichtlichen Entscheidungen seit Anfang des 21. Jahrhunderts zeigen auf, dass die Kollisionssituationen zwischen identischen oder ähnlichen Zeichen stark zugenommen haben. Dies ist auf die technologischen Entwicklungen im Bereich des Internets zurückzuführen. Als „Meilensteine" in dieser Rechtsprechung seien hier zunächst nur die zahlreichen „Peek & Cloppenburg"-Entscheidungen und die „shell.de"-Entscheidung des Bundesgerichtshofes genannt. Jedoch zeigen diese Entscheidungen keine allgemeingültigen Regeln zur Behandlung von Kollisionen gleichnamiger Kennzeichen auf, sondern sind durch eine einzelfallbezogene Anwendung geprägt.

Allerdings ist die Kollision zwischen ähnlichen oder identischen Kennzeichen nicht der jüngeren Zeit vorbehalten. Bereits die Rechtsprechung des Reichsgerichtes hat die Ansicht vertreten, dass gewisse Zeichenkollisionen, insbesondere bei Verwendung des bürgerlichen Namens, nicht nach dem im Markengesetz – bzw. seinerzeit noch als Warenzeichengesetz bezeichnet – vorherrschenden Prioritätsgrundsatz aufgelöst werden konnten. In der „Malzmann"-Entscheidung gestattete das Reichsgericht erstmals dem prioritätsjüngeren Kennzeicheninhaber die Verwendung des Kennzeichens trotz Verwechslungsgefahr mit dem prioritätsälteren Kennzeichen. In der Folgezeit wurde damit das sog. Recht der Gleichnamigen, das auf den echten Gleichnamigenfällen[4] basiert, weiterentwickelt und besteht auch heute noch als Rechtsgrundsatz, der seine Rechtsgrundlage derzeit in der Schranke des § 23 Abs. 1 Nr. 1 MarkenG n.F. findet.

Nicht zuletzt die Einführung des § 5 Abs. 2 UWG wirft die Frage auf, in welchem Verhältnis zukünftig die markengesetzlichen Regelungen zu denen des Lauterkeitsrechts stehen und inwieweit dies Auswirkungen auf den Schutz verwechslungsfähiger Kennzeichen hat. *Hacker* vertritt beispielsweise die Ansicht, dass nach der Umsetzung von Art. 6 Abs. 2 lit. a) UGP-Richtlinie[5] in § 5 Abs. 2

---

4 Unter „echten Gleichnamigenfällen" sind solche zu verstehen, in denen ein aus dem bürgerlichen Namen gebildetes Kennzeichen (Firma, sonstiges Unternehmenskennzeichen oder Marke) mit einem älteren Kennzeichen kollidiert (vgl. *Thiering*, in: Ströbele/Hacker/Thiering, MarkenG, 12. Aufl. 2018, § 23 Rn. 24 ff.).

5 Richtlinie 2005/29/EG des Europäischen Parlaments und des Rates vom 11.5.2005 über unlautere Geschäftspraktiken im binnenmarktinternen Geschäftsverkehr zwischen Unternehmen und Verbrauchern und zur Änderung der Richtlinie 84/450/EWG des Rates, der Richtlinien 97/7/EG, 98/27/EG und 2002/65/EG des Europäischen

UWG nicht mehr uneingeschränkt an der These zum Vorrang des Markenrechts festgehalten werden kann.[6] Er spricht sich daher für eine konkurrierende Anwendung der Vorschriften des UWG neben dem Markenrecht aus, sofern mit einer Kennzeichenverletzung zugleich auch eine konkrete und lauterkeitsrechtlich relevante Irreführung oder Irreführungsgefahr verbunden ist.[7] Für *Fezer* stellt Art. 6 Abs. 2 lit. a) UGP-Richtlinie und dessen Umsetzung in § 5 Abs. 2 UWG einen gänzlichen Abschied von der Vorrangthese des Bundesgerichtshofes dar.[8] Gleichzeitig misst *Fezer* jedoch dem Markenrecht eine Begrenzungsfunktion zu, die aber nicht zu einer allgemeingültigen Aufstellung eines Vorrangs des Markengesetzes führen könne.[9] *Bornkamm* vertritt hingegen die Ansicht, dass zwar an der von der Rechtsprechung entwickelten Vorrangthese nicht mehr in Gänze festzuhalten ist, die Wertungen des Kennzeichenrechts aber auch im Rahmen des § 5 Abs. 2 UWG beachtet werden müssten.[10] Im Gegensatz zu den vorangegangenen Ansichten, stellt sich *Sosnitza* auf den Standpunkt, dass die Vorrangthese des Bundesgerichtshofes nach wie vor vollumfänglich zur Anwendung kommt.[11] Zur Begründung führt er an, dass die UGP-Richtlinie kein anderes Verständnis des Verhältnisses von Lauterkeitsrecht und Sonderschutzrecht erfordere.[12] Der Bundesgerichtshof hat sich in der Entscheidung „Hard Rock Cafe" dahingehend ausgesprochen, dass zukünftig das MarkenG und das UWG nebeneinander zur Anwendung kommen; wie dies im konkreten Fall aber aussehen soll, wurde in dieser Entscheidung nicht ausgeführt.

Im Rahmen dieser Arbeit soll daher zunächst ein Überblick über das Recht der Gleichnamigen sowie dessen rechtsgeschichtliche Entwicklung unter Darlegung der aktuellen Rechtsprechung des Bundesgerichtshofes und der Neuregelung durch das Markenrechtsmodernisierungsgesetz erfolgen, um sodann auf die nunmehr in § 23 Abs. 1 Nr. 1 MarkenG n.F. enthaltene Schrankenregelung und deren Anwendungsbereich einzugehen. Im Fortgang soll schließlich das

---

Parlaments und des Rates sowie derVerordnung (EG) Nr. 2006/2004 des Europäischen Parlaments und des Rates (Richtlinie über unlautere Geschäftspraktiken) (nachfolgend „UGP-RL" genannt).

6 *Hacker,* in: Ströbele/Hacker/Thiering, MarkenG, 12. Aufl. 2018, § 2 Rn. 17.

7 *Hacker,* in: Ströbele/Hacker, MarkenG/Thiering, 12. Aufl. 2018, § 2 Rn. 19 und 32 ff.

8 *Fezer*, GRUR 2009, 451, 454.

9 *Fezer*, GRUR 2010, 953, 957.

10 *Bornkamm/Feddersen*, in: Köhler/Bornkamm/Feddersen, UWG, 36. Aufl. 2018, § 5 Rn. 9.8.

11 *Sosnitza,* in: Ohly/Sosnitza, UWG, 7. Aufl. 2016, § 5 Rn. 710.

12 *Sosnitza,* in: Ohly/Sosnitza, UWG, 7. Aufl. 2016, § 5 Rn. 710.

Verhältnis zwischen Markengesetz (MarkenG) und dem Gesetz gegen unlauteren Wettbewerb (UWG) aufgrund der in § 5 Abs. 2 UWG aufgenommen neuen Regelung beleuchtet werden, um im Anschluss die einzelnen Kollisionssituationen von Kennzeichen und deren Lösung aufzuzeigen und daraus „allgemeingültige Rechtssätze" abzuleiten. Des Weiteren sollen die Auswirkungen des neuen Verhältnisses zwischen MarkenG und UWG auf Abgrenzungs- und Lizenzvereinbarungen erläutert werden, ebenso wie die Anforderungen, die nach dem allgemeinen Zivilrecht, dem Marken-, Kartell- und Lauterkeitsrecht an eine Abgrenzungsvereinbarung gestellt werden. Am Ende folgt dann ein konkreter Vorschlag für eine Abgrenzungs- und (hilfsweise) Lizenzvereinbarung.

Kapitel 2: Grundlagen – Überblick über das Recht der Gleichnamigen

A. Einführung

Das Recht der Gleichnamigen ermöglicht es dem Träger eines bürgerlichen Namens unter diesem im geschäftlichen Verkehr aufzutreten und zwar auch dann, wenn es hierdurch zu einer Kollision mit einem älteren Kennzeichenrecht kommt.[13] Dies hat jedoch zur Folge, dass der im Markenrecht vorherrschende und in § 6 Abs. 1 MarkenG postulierte Prioritätsgrundsatz außer Kraft gesetzt wird.

Der Gesetzgeber hat in § 6 Abs. 1 MarkenG den Prioritätsgrundsatz, wonach der Zeitrang für den Vorrang der Rechte maßgeblich ist, als das vorherrschende Prinzip im Markengesetz statuiert, um für Rechtssicherheit zu sorgen.[14] Ausnahmen von diesem Grundsatz bedürfen daher einer besonderen Rechtfertigung. Zu diesen Ausnahmen gehört auch die von der Rechtsprechung zum Teil in den letzten Jahren ausgedehnte Konstruktion unter der Bezeichnung des „Rechts der Gleichnamigen". Bereits das Reichsgericht erkannte, dass die strikte Anwendung des Prioritätsgrundsatzes bei echten Zeichenkollisionen – d.h. bei Verwendung des bürgerlichen Namens als Bestandteil des Kennzeichens – das Recht des Prioritätsjüngeren am Führen seines bürgerlichen Namens unbillig beschränken würde.[15] Nachfolgend soll daher die Entwicklung des Rechts der Gleichnamigen in Deutschland näher dargestellt werden.

B. Entwicklung des Rechts der Gleichnamigen

I. Entwicklung des Rechts der Gleichnamigen anhand der Rechtsprechung des Reichsgerichts und des Bundesgerichtshofes bis Anfang des 21. Jahrhunderts

Das Recht der Gleichnamigen findet seinen Ursprung in den sog. echten Gleichnamigenfällen, d.h. in den Fällen, in denen eine Firma aus einem bürgerlichen

---

13 *Schmitt-Gaedke/Arz*, GRUR 2012, 565.

14 *Fezer*, in: Fezer, MarkenR, 4. Aufl. 2009, § 6 Rn. 1; BT-Drs. 12/6581, S. 68; *Schmitt-Gaedke/Arz*, GRUR 2012, 565.

15 *Schmitt-Gaedke/Arz*, GRUR 2012, 565, 566.

Namen gebildet wurde und mit einem älteren Kennzeichen kollidiert.[16] Diese echten Gleichnamigenfälle sind auf die Vorschriften zu §§ 18, 19 HGB a.F. und dem daraus abgeleiteten allgemeinen Grundsatz der Firmenklarheit und der Firmenwahrheit zurückzuführen. Denn diese Vorschriften begründeten die Pflicht eines jeden Kaufmanns, zumindest den Familiennamen in der Firmenbezeichnung zu führen. Das Reichsgericht erkannte daher in der Malzmann-Entscheidung[17] in Situationen, in denen es zu einer Kollision zwischen prioritätsälterem Kennzeichen und prioritätsjüngerem Kennzeichen kam, an, dass die strikte Anwendung des Prioritätsgrundsatzes in diesen Kollisionsfällen das Recht des Prioritätsjüngeren an der Führung seines Namens unbillig beschränken würde.[18] In diesen Fällen gestattet das Reichsgericht daher dem Prioritätsjüngeren, die aus dem bürgerlichen Namen bestehende Firma bzw. Unternehmensbezeichnung trotz Verwechslungsgefahr im geschäftlichen Verkehr weiter zu verwenden.[19] Soweit allerdings kein solcher Zwang bestand, seinen bürgerlichen Namen im Rahmen der Firmenbezeichnung zu verwenden, lehnte das Reichsgericht eine Abweichung vom Prioritätsprinzip ab.[20]

Eine erste Ausweitung des Rechts der Gleichnamigen erfolgte durch das Reichsgericht sodann in der Entscheidung „Leykauf". In dieser Entscheidung wandte das Reichsgericht die Grundsätze des Rechts der Gleichnamigen auch auf solche Fälle an, in denen die Namensgleichheit darauf zurückzuführen war, dass die sich gegenüberstehenden Zeichen Jahrzehnte lang unbeanstandet parallel benutzt wurden und hierdurch eine Gleichgewichtslage zwischen den Firmen entstanden ist.[21] Bei der Beurteilung im Rahmen des wettbewerbsrechtlichen Tatbestandes des § 16 UWG a.F. sei daher maßgeblich, ob der prioritätsjüngere Kennzeicheninhaber einen redlichen Besitzstand hinsichtlich der Firmenbezeichnung begründet hat.[22] Ist dies der Fall, sei ein gerechter Ausgleich der sich gegenüberstehenden Rechte erforderlich;[23] eine Untersagung der

---

16 *Thiering*, in: Ströbele/Hacker/Thiering, MarkenG, 12. Aufl. 2018, § 23 Rn. 24; *Schmitt-Gaedke/Arz*, GRUR 2012, 565.

17 RGZ 110, 234, 236 f. – Malzmann.

18 *Schmitt-Gaedke/Arz*, GRUR 2012, 565.

19 RGZ 110, 234, 236 f. – Malzmann; RGZ 111, 66, 72 – Arnheim; RGZ 116, 209, 210 ff. – Stollwerk.

20 *Schmitt-Gaedke/Arz*, GRUR 2012, 565.

21 RG JW 1929, 3075 – Leykauf; RGZ 171, 321, 326 f.; *Schmitt-Gaedke/Arz*, GRUR 2012, 565, 566.

22 RG JW 1929, 3075, 3076 – Leykauf.

23 RG JW 1929, 3075, 3076 – Leykauf.

Firmenbezeichnung sei dann nicht zulässig. Diese Fälle werden als sog. unechte Gleichnamigkeitsfälle bezeichnet, da es bei diesen Fällen nicht auf die Führung eines bürgerlichen Namens ankommt.[24]

In der Kupferberg-Entscheidung des Bundesgerichtshofes aus dem Jahr 1966 erfolgte eine erneute Ausweitung des Rechts der Gleichnamigen, indem die Grundsätze aus der Malzmann-Entscheidung[25] des Reichsgerichts aufgegeben wurden. Der Bundesgerichtshof begründete die Aufgabe der Grundsätze aus der Malzmann-Entscheidung des Reichsgerichts damit, dass es zu unbefriedigenden Ergebnissen führen würde, wenn der Namensschutz starr davon abhängig gemacht werde, ob die Verwendung des gleichen Familiennamens in der Firmenbezeichnung firmenrechtlich notwendig wäre oder nicht.[26] Maßstab der Prüfung zur Verwendung der verwechslungsfähigen Kennzeichnung im geschäftlichen Verkehr bei einer Kollisionslage war nunmehr generell der Umstand, ob der Prioritätsjüngere ein schutzwürdiges Interesse an der Verwendung dieser Bezeichnung hat, ob er alles Zumutbare und Erforderliche zur Vermeidung der Verwechslungsgefahr unternommen hatte und ob er die Bezeichnung sodann auch redlich benutzte.[27] Im Rahmen der Interessenabwägung wurde nicht mehr auf die Pflicht zur Verwendung des Familiennamens im Rahmen der Firmenbezeichnung zur Rechtfertigung des Rechts der Gleichnamigen abgestellt, sondern auf das schutzwürdige Interesse des Prioritätsjüngeren an der Benutzung der Bezeichnung.

II. Modifikation des Rechts der Gleichnamigen durch die Rechtsprechung des Bundesgerichtshofes im 21. Jahrhundert

Die Rechtsprechung des Reichsgerichts in den Fällen, in denen aufgrund jahrelang unbeanstandeter Parallelnutzung eine sog. Gleichgewichtslage entstanden ist, wurde sodann Anfang des 21. Jahrhunderts in den Entscheidungen des Bundesgerichtshofes unter anderem zu „Peek & Cloppenburg“ weiter manifestiert.

---

24 RG JW 1929, 3075 – Leykauf; RGZ 171, 321, 326 f.; *Schmitt-Gaedke/Arz*, GRUR 2012, 565, 566.

25 Das Reichsgericht stellte in der Malzmann-Entscheidung bezüglich der Frage des befugten Namensgebrauchs darauf ab, ob der jüngere Benutzer der Firma zur Verwendung des übereinstimmenden Namens firmenrechtlich genötigt sei oder nicht; beim Fehlen eines firmenrechtlichen Zwanges wurde die Namensbenutzung gegenüber dem älteren Benutzer als unbefugt im Sinne des § 12 BGB angesehen (vgl. RGZ 110, 234).

26 BGH GRUR 1966, 623, 625 – Kupferberg.

27 BGH GRUR 1966, 623, 625 – Kupferberg.

1. „Peek & Cloppenburg I"-Entscheidung

Der Entscheidung des Bundesgerichtshofes vom 31.3.2010 (Peek & Cloppenburg") folgender Sachverhalt zugrunde:

Beide Parteien des Rechtsstreits führen unter der Unternehmensbezeichnung „Peek & Cloppenburg KG" in der Bundesrepublik Deutschland zwei voneinander unabhängige Bekleidungshäuser. Die Beklagte hat ihren Sitz in Hamburg und führt ihren Namen seit 1911; die Klägerin hat hingegen ihren Sitz in Düsseldorf und führt ihren Namen jedenfalls seit 1972.[28] Die Parteien haben eine Abgrenzungsvereinbarung abgeschlossen, wonach die Beklagte (mit Hauptsitz in Hamburg) im norddeutschen Raum tätig ist und die Klägerin (mit Hauptsitz in Düsseldorf) im übrigen Bundesgebiet tätig ist; daneben haben die Parteien vereinbart, dass die eine Partei am Standort der anderen Partei keine Bekleidungshäuser eröffnen darf.[29]

Beide Bekleidungshäuser verfügen darüber hinaus über registrierte Internetdomains, die die Unternehmensbezeichnung der Parteien enthalten. Seit Ende 2003 wirbt die Beklagte in ihrer Printwerbung mit dem Domainnamen „peek-und-cloppenburg.de" und verwendet auf ihrer Internetseite die Bezeichnung „Peek & Cloppenburg" ohne weitere Zusätze; das gleiche gilt für ihrer Werbeflyer auf der Website, die lediglich die Bezeichnung „Peek & Cloppenburg" aufweisen.[30]

Im Rahmen des gerichtlichen Verfahrens berief sich die Klägerin darauf, dass sie über die älteren Rechte an der geschäftlichen Bezeichnung „Peek & Cloppenburg" verfüge, da die 1900 gegründete Peek & Cloppenburg GmbH ihren Geschäftsbetrieb im Jahr 1972 vollständig auf sie übertragen habe.[31] Zudem führte die Klägerin an, dass zwischen den Parteien hinsichtlich der Berechtigung zur Nutzung der Firmenbezeichnung „Peek & Cloppenburg" zumindest eine Gleichgewichtslage bestehe, die die Beklagte durch Verwendung der geschäftlichen Bezeichnung im Rahmen ihres Internetauftrittes verletze.[32]

Der Bundesgerichtshof stellte in seinem Urteil vom 31.3.2010 fest, dass die Parteien an dem Zeichen „Peek & Cloppenburg" den Schutz eines Unternehmenskennzeichens im Sinne von §§ 5 Abs. 2 S. 1, 15 Abs. 1 MarkenG erworben haben und dass dieser Schutz auch das Firmenschlagwort „Peek & Cloppenburg" umfasse.[33]

---

28 BGH GRUR 2010, 738 – Peek & Cloppenburg.
29 BGH GRUR 2010, 738 – Peek & Cloppenburg.
30 BGH GRUR 2010, 738 – Peek & Cloppenburg.
31 BGH GRUR 2010, 738 – Peek & Cloppenburg.
32 BGH GRUR 2010, 738 – Peek & Cloppenburg.
33 BGH GRUR 2010, 738 – Peek & Cloppenburg.

Darüber hinaus wies der Bundesgerichtshof in seiner Entscheidung daraufhin, dass die vorliegende Konfliktlage zwischen den Parteien und den damit verbundenen Unternehmenskennzeichen nicht nach dem markenrechtlichen Prioritätsgrundsatz, sondern nach dem Recht der Gleichnamigen aufzulösen sei.[34] Zum Recht der Gleichnamigen führte der Bundesgerichtshof im Wesentlichen folgendes aus:

Der Inhaber eines prioritätsälteren Kennzeichenrechts muss im Falle der Kollision mit einem prioritätsjüngeren gleichnamigen Kennzeichenrecht die Verwechslungsgefahr hinnehmen, die der Träger des prioritätsjüngeren Kennzeichenrechts dadurch hervorruft, dass er seinen Namen im Geschäftsverkehr führt, wenn und soweit der prioritätsjüngere Kennzeicheninhaber ein schutzwürdiges Interesse an der Benutzung hat, redlich handelt und alles Erforderliche und Zumutbare tut, um eine Verwechslungsgefahr auszuschließen oder diese auf ein hinnehmbares Minimum reduziert.[35]

Daneben gelten für Gleichgewichtslagen, die dadurch entstanden sind, dass die Rechte an verwechslungsfähigen Kennzeichen jahrelang unbeanstandet nebeneinander verwendet wurden, die für das Recht der Gleichnamigkeit entwickelten Grundsätze gleichermaßen.[36]

Ausgehend von diesen Grundlagen komme es aus Sicht des Bundesgerichtshofes im Streitfall daher nicht darauf an, wer das prioritätsältere Kennzeichenrecht an der streitigen Unternehmensbezeichnung für sich beanspruchen kann. Es komme vielmehr darauf an, ob die Beklagte durch die Verwendung der streitigen Unternehmensbezeichnung die Verwechslungsgefahr gegenüber dem Kennzeichen der Klägerin erhöht und dadurch die zwischen den Parteien bestehende Gleichgewichtslage gestört hat.[37] Für eine Erhöhung der Verwechslungsgefahr gibt es insbesondere folgende Ursachen: Zum einen die Verstärkung der Ähnlichkeit der einander gegenüberstehenden Zeichen und zum anderen die Verringerung des Abstandes des wirtschaftlichen Tätigkeitsbereiches der Inhaber der sich gegenüberstehenden Zeichen, d.h. die Ausdehnung des sachlichen oder räumlichen Tätigkeitsgebietes der einen Partei zu Lasten der anderen Partei.[38]

Im konkreten Fall befand der Bundesgerichtshof, dass die Beklagte durch die Verwendung der Bezeichnungen „peek-und-cloppenburg.de" und

34 BGH GRUR 2010, 738 – Peek & Cloppenburg.

35 BGH GRUR 2010, 738, 741 – Peek & Cloppenburg; BGH GRUR 1993, 579, 580 – Römer GmbH; BGH GRUR 2008, 801 – Hansen Bau.

36 BGH GRUR 2010, 738, 741 f. – Peek & Cloppenburg.

37 BGH GRUR 2010, 738, 742 – Peek & Cloppenburg.

38 BGH GRUR 2010, 738, 742 – Peek & Cloppenburg; BGH GRUR 2008, 801 – Hansen-Bau.

„peek-und-cloppenburg.com“ als Internetadressen, die Benutzung der Bezeichnung „info@peek-und-cloppenburg.de“ als E-Mail-Adresse und die Verwendung der Bezeichnung „Peek & Cloppenburg“ auf ihrer Internetseite und auf dort eingestellten Werbebeilagen die Verwechslungsgefahr erhöht habe und damit eine Störung der Gleichgewichtslage eingetreten sei, da die Beklagte nicht darauf hingewiesen habe, dass es sich bei „Peek & Cloppenburg“ um zwei voneinander unabhängige Unternehmen handele, die in unterschiedlichen Regionen der Bundesrepublik Deutschland tätig sind.[39] Den angesprochenen Verkehrskreisen sei dies nicht allgemein bekannt.[40] Zudem dürfe der Umstand, dass beide Unternehmen in den Jahren 1996 – 2000 durch eine gemeinsame überregionale Werbung unter der Bezeichnung „Peek & Cloppenburg“ aufgetreten sind, den Eindruck erweckt haben, es handele sich um ein einziges Unternehmen.[41] Vor diesem Hintergrund begründe der Internetauftritt der Beklagten die Gefahr, dass die angesprochenen Verkehrskreise die Internetwerbung der Beklagten auch auf das Unternehmen der Klägerin beziehen.[42] Eine Erhöhung der Verwechslungsgefahr sei damit gegeben. Die Beklagte habe aber ein schutzwürdiges Interesse daran, ihre Unternehmensbezeichnung als Bestandteil von Internet- und E-Mail-Adressen zu verwenden.[43] In diesem Zusammenhang könne die Beklagte ihrer Verpflichtung zur Minimierung der Verwechslungsgefahr auf ein zumutbares Maß dadurch genügen, dass sie auf der ersten Seite ihres Internetauftrittes kenntlich macht, dass es sich um ihren eigenen Internetauftritt und nicht um den Internetauftritt der Klägerin handelt.[44] Dies sei das mildere Mittel im Vergleich zu den von der Klägerin begehrten gänzlichen Untersagung der Verwendung der streitigen Bezeichnungen.[45]

2. *„Peek & Cloppenburg II“-Entscheidung*

An die erste Peek & Cloppenburg-Entscheidung knüpfte sodann das Urteil des Bundesgerichtshofes vom 14.4.2011 in der Sache „Peek & Cloppenburg II“ an. Ausgangspunkt dieser Entscheidung war, dass die Klägerin (mit Hauptsitz in Hamburg) von der Beklagten (mit Hauptsitz in Düsseldorf) die Einwilligung in die Löschung diverser Wortmarken – u.a. die Wortmarken „Peek“ und „Peek

39 BGH GRUR 2010, 738, 742 – Peek & Cloppenburg.
40 BGH GRUR 2010, 738, 742 – Peek & Cloppenburg.
41 BGH GRUR 2010, 738, 742 – Peek & Cloppenburg.
42 BGH GRUR 2010, 738, 742 – Peek & Cloppenburg.
43 BGH GRUR 2010, 738, 742 f. – Peek & Cloppenburg.
44 BGH GRUR 2010, 738, 742 f. – Peek & Cloppenburg.
45 BGH GRUR 2010, 738, 742 f. – Peek & Cloppenburg.

& Cloppenburg" – begehrte. Die Klägerin begründete ihren Löschungsantrag damit, dass zwischen den angegriffenen Marken und ihrer Unternehmensbezeichnung „Peek & Cloppenburg" Verwechslungsgefahr bestehe.[46] Der Bundesgerichtshof äußerte sich hierzu wie folgt:

Auch hier kommt es für die Beurteilung der markenrechtlichen Zulässigkeit nicht mehr auf den Zeitrang der Unternehmenskennzeichen der Parteien an, da zwischen diesen eine Gleichgewichtslage besteht. Es kommt vielmehr darauf an, ob die Beklagte durch die beanstandeten Markeneintragungen die zwischen den Parteien bestehende Gleichgewichtslage gestört hat.[47]

Das Recht der Gleichnamigen rechtfertigt es nicht, dass der Name oder die Unternehmensbezeichnung zur Kennzeichnung von Waren und Dienstleistungen verwendet wird.[48] Denn das Recht der Gleichnamigen trägt dem Umstand Rechnung, dass ein erhebliches Interesse daran besteht, seinen bürgerlichen Namen als Unternehmenskennzeichen im geschäftlichen Verkehr zu führen; ein vergleichbares rechtlich schützenswertes Interesse besteht für die Kennzeichnung von Waren mit dem Familienname nicht.[49] Eine durch die einseitige (weitere) Eintragung von Markenrechten begründete Erhöhung der Verwechslungsgefahr ist daher mit den Grundsätzen des Rechts der Gleichnamigen regelmäßig nicht zu rechtfertigen.[50] Eine Ausnahme von diesem Grundsatz komme nur unter eng begrenzten Gesichtspunkten in Betracht.[51] Möglich ist – laut Bundesgerichtshof – eine solche Ausnahme nur, *„wenn besondere, gewichtige Gründe vorliegen, nach denen eine so enge Beziehung zwischen Ware und Namen besteht, dass es für den Namensträger unzumutbar wäre, auf die Benutzung seines Namens als Marke zu verzichten. Dies kann in Betracht kommen, wenn ein Namensträger bei der Schaffung oder Gestaltung einer bestimmten Ware oder Warenart unter seinem Namen besondere schöpferischen Leistungen ohnehin mit dem Namensträger identifiziert (…)."*[52]

Laut Bundesgerichtshof sei in der vorliegenden Konstellation nicht festgestellt oder sonst ersichtlich, dass die Beklagte bei der Schaffung oder Gestaltung einer bestimmten Ware oder Warenart unter ihrem Namen eine besondere schöpferische Leistung zum Ausdruck gebracht hat und der Verkehr Waren oder

46 BGH GRUR 2011, 623 – Peek & Cloppenburg II.
47 BGH GRUR 2011, 623, 626 – Peek & Cloppenburg II.
48 BGH GRUR 2011, 623, 626 – Peek & Cloppenburg II.
49 BGH GRUR 2011, 623, 626 – Peek & Cloppenburg II.
50 BGH GRUR 2011, 623, 626 – Peek & Cloppenburg II.
51 BGH GRUR 2011, 623, 626 f. – Peek & Cloppenburg II.
52 BGH GRUR 2011, 623, 627 – Peek & Cloppenburg II.

Dienstleistungen, für die die streitigen Marken eingetragen sind, aufgrund dieser schöpferischen Leistung mit dem Unternehmenskennzeichen der Beklagten in besonderem Maße identifiziert.[53] Gerade im Bekleidungssektor seien die angesprochenen Verkehrskreise daran gewöhnt, dass die dort tätigen Unternehmen dieselbe Bezeichnung nicht nur als Unternehmenskennzeichen verwenden, sondern auch als Marke zur Produktkennzeichnung.[54] Dies stelle aber keinen besonders gewichtigen Grund dar, der eine Markeneintragung ausnahmsweise als zulässig erachten lasse.[55]

Die Anmeldung einer mit dem Unternehmenskennzeichen der Klägerin verwechselbaren Marke stellt demgemäß grundsätzlich eine unzulässige nachteilige Veränderung der zwischen den Parteien bestehenden Gleichgewichtslage dar.[56]

Auch die Markenfortentwicklung von peek und cloppenburg" sowie „peek and cloppenburg" sei unzulässig, da diese über den Schutz von Bekleidungsstücken hinausgehen und damit der Schutzbereich ungerechtfertigter Weise ausgedehnt wird, was wiederum zur Störung der Gleichgewichtslage führt.[57]

3. *„Peek & Cloppenburg III"-Entscheidung*

In der „Peek & Cloppenburg III"-Entscheidung des Bundesgerichtshofes vom 24.1.2013 ging es sodann um die Frage, inwieweit eine Werbeanzeige, die in einer deutschlandweiten Zeitung abgedruckt ist, die zwischen den Parteien bestehende Gleichgewichtslage stören kann, wenn und soweit die Anzeige überschrieben ist mit „DIE STIFTUNG WARENTEST BESTÄTIGT: ES GIBT NICHTS BESSERES ALS EIN HEMD VON PEEK & CLOPPENBURG*" und der Sternchenhinweis die Erklärung enthält, dass es in Deutschland zwei unabhängige voneinander existierende Unternehmen mit der Bezeichnung „Peek & Cloppenburg" gibt und die Werbeanzeige nur für die einzeln aufgeführten Standorte/Filialen gilt.[58] Die Klägerin (mit Hauptsitz in Hamburg) machte in diese Verfahren geltend, dass die besagte Werbeanzeige irreführend sei und zudem gegen die vertraglich vereinbarte Aufteilung der Wirtschaftsräume verstoße.[59] Der Bundesgerichtshof

53 BGH GRUR 2011, 623, 627 – Peek & Cloppenburg II.
54 BGH GRUR 2011, 623, 627 – Peek & Cloppenburg II.
55 BGH GRUR 2011, 623, 627 – Peek & Cloppenburg II.
56 BGH GRUR 2011, 623, 627 – Peek & Cloppenburg II; BGH GRUR 1966, 499 – Merck; BGH GRUR 1967, 355 – Rabe; BGH GRUR 1970, 315, 317 – Napoléon III.
57 BGH GRUR 2011, 623, 627 – Peek & Cloppenburg II; BGH GRUR 1960, 33, 36 – Zamek I; BGH GRUR 2008, 801, 802 – Hansen-Bau.
58 BGH GRUR 2013, 397 – Peek & Cloppenburg III.
59 BGH GRUR 2013, 397 – Peek & Cloppenburg III.

verneint im Ergebnis einen Unterlassungsanspruch der Klägerin basierend auf § 15 Abs. 2 und 4 MarkenG. Im Wesentlichen führt der Bundesgerichtshof in seiner Begründung folgendes hierzu aus:

Das Berufungsgericht habe zutreffend angenommen, dass die Beklagte durch die Verbreitung der streitgegenständlichen Werbung unter Verwendung ihres Unternehmenskennzeichens „Peek & Cloppenburg“ auch im norddeutschen Raum die Verwechslungsgefahr zu Lasten der Klägerin erhöht und damit die zwischen den Parteien bestehende kennzeichenrechtliche Gleichgewichtslage gestört habe.[60]

Eine Erhöhung der Verwechslungsgefahr könne sich aus der Verringerung des Abstandes der wirtschaftlichen Tätigkeitsbereiche der Parteien ergeben.[61] Vorliegend betreibt nur die Klägerin Bekleidungshäuser im norddeutschen Raum unter der Unternehmenskennzeichnung „Peek & Cloppenburg“.[62] Den angesprochenen Verkehrskreisen ist überdies nicht bekannt, dass in Deutschland unter der Bezeichnung „Peek & Cloppenburg“ zwei voneinander unabhängige Bekleidungshäuser existieren.[63] Die von der Beklagten überregional – und damit auch im norddeutschen Raum – geschaltete Werbeanzeige begründet daher die Gefahr, dass die angesprochenen Verkehrskreise die Werbung fälschlicherweise auch der Klägerin zurechnen.[64]

Die Beklagte hat allerdings ein schutzwürdiges Interesse an der streitigen überregionalen Werbung.[65] Dies folge daraus, dass die Beklagte in mehreren Bundesländern mit Bekleidungshäusern tätig ist und damit ein Interesse an Werbemaßnahmen in bundesweit vertriebenen Medien auf der Hand läge.[66] Eine Beschränkung der Werbung in bundesweit vertriebenen Medien auf den Wirtschaftsraum, in dem die Beklagte tätig ist, ist mit vertretbarem Aufwand und ohne Einschränkungen der Wirkung der Werbung wohl kaum möglich.[67]

Der Bundesgerichtshof geht, im Gegensatz zum Berufungsgericht, bei der rechtlichen Beurteilung daher davon aus, dass die Beklagte das Erforderliche und Zumutbare unternommen hat, um einer Verwechslungsgefahr weitestgehend

---

60 BGH GRUR 2013, 397, 399 – Peek & Cloppenburg III.

61 BGH GRUR 2013, 397, 399 – Peek & Cloppenburg III; BGH GRUR 2010, 738 ff. – Peek & Cloppenburg.

62 BGH GRUR 2013, 397, 399 – Peek & Cloppenburg III.

63 BGH GRUR 2013, 397, 399 – Peek & Cloppenburg III.

64 BGH GRUR 2013, 397, 399 – Peek & Cloppenburg III.

65 BGH GRUR 2013, 397, 399 – Peek & Cloppenburg III.

66 BGH GRUR 2013, 397, 399 – Peek & Cloppenburg III.

67 BGH GRUR 2013, 397, 399 – Peek & Cloppenburg III.

entgegenzuwirken.[68] Der aufklärende Hinweis, der der Erhöhung einer Verwechslungsgefahr entgegenwirken soll, müsse nicht besonders auffällig gestaltet sein; er müsse in seiner Bedeutung auch nicht der Werbebotschaft selbst entsprechen.[69] Der erforderliche aufklärende Hinweis müsse *„leicht erkennbar, deutlich lesbar, inhaltlich zutreffend, seinem Sinn nach ohne weiteres erfassbar und geeignet sein, dem unzutreffenden Verkehrsverständnis in ausreichendem Maße zu begegnen"*.[70] Diese Anforderung sah der Bundesgerichtshof konkret als erfüllt an.

Darüber hinaus führt der Bundesgerichtshof in dieser Entscheidung zur Frage der irreführenden Werbung im Sinne von § 5 Abs. 2 UWG zusätzlich folgendes aus:

Ein Verstoß gegen den in zweiter Linie geltend gemachten § 5 Abs. 2 UWG liege nicht vor. Eine Verwechslungsgefahr nach § 5 Abs. 2 UWG und damit ein unzulässiger Gebrauch einer geschäftlichen Bezeichnung in der Werbung könnte dann zu bejahen sein, wenn und soweit die Gefahr einer Verwechslung mit einem Unternehmenskennzeichen eines Mitbewerbers hervorgerufen wird.[71]

In der vorliegenden Konstellation geht der Bundesgerichtshof allerdings aufgrund des aufklärenden Hinweises in der Werbung davon aus, dass die Verwechslungsgefahr zu verneinen sei.[72] Soweit es in Einzelfällen doch zu einer Verwechslung zwischen der Werbung der Beklagten mit der Klägerin kommen mag, begründe dies keinen Verstoß gegen § 5 Abs. 2 UWG.[73]

In der Rechtsprechung des Gerichtshofes der Europäischen Union sei es anerkannt, dass ein Verbot dem Verhältnismäßigkeitsgrundsatz genügen müsse.[74] *„Danach müssen nur gering ins Gewicht fallende Fehlvorstellungen des Verkehrs im Hinblick auf die langjährige redliche Koexistenz der Unternehmenskennzeichen der Parteien und die aufklärenden Zusätze in der beanstandeten Werbung der Beklagten hingenommen werden (…). Insoweit sind die Wertungen zum Recht der Gleichnamigen im Kennzeichenrecht auch im Bereich des § 5 Abs. 2 UWG nachzuvollziehen (…).“*[75]

---

68 BGH GRUR 2013, 397, 399 – Peek & Cloppenburg III.
69 BGH GRUR 2013, 397, 399 – Peek & Cloppenburg III.
70 BGH GRUR 2013, 397, 399 – Peek & Cloppenburg III.
71 BGH GRUR 2013, 397, 400 – Peek & Cloppenburg III.
72 BGH GRUR 2013, 397, 400 – Peek & Cloppenburg III.
73 BGH GRUR 2013, 397, 400 – Peek & Cloppenburg III.
74 BGH GRUR 2013, 397, 400 – Peek & Cloppenburg III; EuGH GRUR Int 2012, 1032 – HIT; EuGH GRUR 2012, 1161 – Deutsches Weintor/Rheinland-Pfalz; BGH GRUR 2003, 628, 630 – Klosterbrauerei.
75 BGH GRUR 2013, 397, 400 – Peek & Cloppenburg III.

4. *„Hard Rock Cafe"-Entscheidung*

Weitere Feststellungen zum Verhältnis des Markenrechts zu § 5 Abs. 2 UWG lassen sich der Entscheidung des Bundesgerichtshofes vom 15.8.2013 (Az.: I ZR 188/11 – „Hard Rock Cafe") entnehmen. Der Entscheidung des Bundesgerichtshofes lag dabei folgender Sachverhalt zugrunde:

Die Klägerin zu 1 gehört zu der weltweit tätigen Hard-Rock-Gruppe und betreibt in Deutschland derzeit drei Hard-Rock-Cafés in Berlin, München und Köln.[76] Die Klägerin zu 2 ist Inhaberin einer Vielzahl von Wort- und Wort-/Bildmarken mit dem Wortbestandteil „Hard Rock Café" und „Hard Rock".[77]

Die Beklagte zu 1 betreibt in der Hauptstraße in Heidelberg ein Restaurant unter der Bezeichnung „Hard Rock Cafe Heidelberg" und bewirbt dieses auch auf den Internetseiten www.topausgehen.de sowie auf www.hard-rockcafe.de.[78] Die Beklagte zu 1 verwendet die Bezeichnung „Hard Rock Cafe" sowie das dazugehörige Logo in und an ihrem Restaurant, insbesondere als Eingangsschild, auf der Eingangstür und in den Fenstern.[79] Zudem bietet die Beklagte zu 1 in ihrem Restaurant Merchandising-Artikel zum Verkauf an, auf denen ebenfalls die Bezeichnung „Hard-Rock-Cafe" unter Verwendung des Logos abgedruckt ist.[80] Die Beklagte orientierte sich bei Eröffnung ihres Restaurants im Jahr 1978 an dem damals allein in London existierenden Hard-Rock-Cafe der Hard-Rock-Gruppe.[81]

Die Klägerinnen begehren nun von der Beklagten u.a. es zu unterlassen, im geschäftlichen Verkehr unter der Bezeichnung „Hard Rock" ein Restaurant zu betreiben oder zu bewerben und dort Merchandising-Artikel und Souvenirs mit dem Aufdruck „Hard Rock Cafe" anzubieten und zu vertreiben.[82]

Der Bundesgerichtshof führt in seinem Urteil insbesondere zu dem Verhältnis von lauterkeitsrechtlichen Ansprüchen und Ansprüchen aus dem Markenrecht der Klägerinnen folgendes aus:

Das Berufungsgericht habe zutreffend angenommen, dass die Verwendung des streitigen Logos zum Betrieb und zur Bewerbung eines Restaurants bei den angesprochenen Verkehrskreisen den Eindruck erweckt, es bestehe ein

76 BGH GRUR 2013, 1161 – Hard Rock Cafe.
77 BGH GRUR 2013, 1161 – Hard Rock Cafe.
78 BGH GRUR 2013, 1161 – Hard Rock Cafe.
79 BGH GRUR 2013, 1161 – Hard Rock Cafe.
80 BGH GRUR 2013, 1161 – Hard-Rock-Cafe.
81 BGH GRUR 2013, 1161 – Hard Rock Cafe.
82 BGH GRUR 2013, 1161 – Hard Rock Cafe.

Zusammenhang des Restaurants mit der Klägergruppe.[83] Das Berufungsgericht habe in diesem Zusammenhang auch festgestellt, dass die Klägerinnen unter ihrem Logo inzwischen 140 offizielle Filialen in über 50 Ländern betreiben, davon sogar drei in Deutschland.[84] Aufgrund dessen werde ein nicht unerheblicher Teil des Verkehrs einen Zusammenhang zwischen den Beklagten und der Gastronomiekette der Klägerin annehmen.[85] Das Betreiben oder Bewerben eines Restaurants unter den streitigen Logos durch die Beklagten könne deshalb grundsätzlich zur Täuschung über die betriebliche Herkunft der dort angebotenen Dienstleistungen gemäß § 5 Abs. 1 Satz 2 Nr. 1 UWG geeignet sein.[86] Dasselbe gelte für die Verwendung der im Klageantrag abgebildeten Logos zur Werbung für ein Restaurant.[87]

Dem Anspruch nach § 5 Abs. 1 S. 2 Nr. 1 UWG stehe auch kein Vorrang des Markenrecht entgegen.[88] An diesem Anwendungsvorrang könne nach der ins deutsche Recht umgesetzten Bestimmung des Art. 6 Abs. 2 Buchst. a der Richtlinie 2005/29/EG nicht mehr festgehalten werden.[89] *„Der individualrechtliche Schutz aus dem Markenrecht und der lauterkeitsrechtliche Schutz nach dem Gesetz gegen den unlauteren Wettbewerb bestehen nunmehr nebeneinander."*[90]

Es könne nicht ausgeschlossen werden, dass die Beklagte zu 1) an einzelnen oder allen der streitigen Logos ein prioritätsälteres Kennzeichenrecht nach § 5 Abs. 2 UWG erworben hat.[91] In diesem Fall könnten die Klägerinnen keinen vollständigen Verzicht auf die Nutzung der entsprechenden Logos verlangen, wohl aber einen Anspruch auf Unterlassung der irreführenden Verwendung haben.[92] Die Beklagten könnten der Verwechslungsgefahr durch einen aufklärenden Hinweis begegnen, durch den sie deutlich machen, dass das Restaurant der Beklagten zu 1) nicht zur Hard-Rock-Cafe-Gruppe gehöre.[93]

Eine abschließende Entscheidung des Bundesgerichtshofes zu § 5 Abs. 2 UWG ist hier allerdings nicht erfolgt, so dass die Auswirkungen auf den markenrechtlichen Unterlassungsanspruch nach wie vor offen sind.

---

83 BGH GRUR 2013, 1161, 1165 – Hard Rock Cafe.
84 BGH GRUR 2013, 1161, 1165 – Hard Rock Cafe.
85 BGH GRUR 2013, 1161, 1165 – Hard Rock Cafe.
86 BGH GRUR 2013, 1161, 1165 – Hard Rock Cafe.
87 BGH GRUR 2013, 1161, 1165 – Hard Rock Cafe.
88 BGH GRUR 2013, 1161, 1165 – Hard Rock Cafe.
89 BGH GRUR 2013, 1161, 1165 – Hard Rock Cafe.
90 BGH GRUR 2013, 1161, 1165 – Hard Rock Cafe.
91 BGH GRUR 2013, 1161, 1165 f. – Hard Rock Cafe.
92 BGH GRUR 2013, 1161, 1166 – Hard Rock Cafe.
93 BGH GRUR 2013, 1161, 1166 – Hard Rock Cafe.

5. *„Gartencenter Pöschke"-Entscheidung*

Neben den Peek & Cloppenburg-Entscheidungen und der Hard Rock Cafe-Entscheidung gab es noch weitere maßgebende Entscheidungen des Bundesgerichtshofes betreffend das Recht der Gleichnamigen. In der Entscheidung des Bundesgerichtshofes vom 7.7.2011 („Gartencenter Pöschke") ging es um die Vereinbarkeit einer räumlichen Ausdehnung des Benutzerkreises des Kennzeichens aufgrund einer Markenanmeldung im Rahmen einer zwischen den Parteien bestehenden Gleichgewichtslage. Der Entscheidung des Bundesgerichtshofes lag dabei folgender Sachverhalt zugrunde:

Die Klägerin zu 1) führt seit 2002 einen Fachversand für den Gartenbedarf, der seit Jahrzehnten unter der Bezeichnung „Gartencenter Pötschke" bundesweit tätig ist.[94] Zudem ist die Klägerin zu 1) Inhaberin der 1959 angemeldeten Wortmarke „Pötschke" sowie der 1900 angemeldeten Wortmarke „Gärtner Pötschke" und der 1953 angemeldeten Wort-/Bildmarke „Gärtner Pötschke".[95]

Die Gesellschafter der Beklagten betreiben seit 1957 ein Gartencenter in Schwerte; die Beklagte ist seit dem Jahr 1960 im Handelsregister eingetragen.[96] Die Beklagte verwendet neben der Firmenbezeichnung „Garten-Center Gerhard Pötschke OHG" auch die Bezeichnung „Gartencenter Pötschke".[97]

Am 17.11.2005 meldete die Beklagte beim Deutschen Patent- und Markenamt die Wortmarke „Gartencenter Pötschke" für zahlreiche Waren und Dienstleistungen im Zusammenhang mit Gartenbedarf an, die schließlich im Juni 2006 auch eingetragen wurde.[98]

Die Klägerinnen begehre nun die Löschung der Marke. In diesem Zusammenhang machen die Klägerinnen geltend, dass die Beklagte durch die Markenanmeldung eine seit Jahren bestehende Koexistenzlage zwischen den beiden Unternehmen mit dem Namensbestandteil „Pötschke" einseitig verändere.[99] Die Beklagte entgegnet diesem Anspruch mit der Begründung, dass die Markeneintragung die Koexistenzlage zwischen den Parteien nicht zu Lasten der Klägerin verschlechtert habe.[100] Eine gewisse Verwechslungsgefahr, die den Gleichnamigenfällen innewohne, habe sich insbesondere durch die Markenanmeldung

94 BGH GRUR 2011, 835 – Gartencenter Pötschke.
95 BGH GRUR 2011, 835 – Gartencenter Pötschke.
96 BGH GRUR 2011, 835 – Gartencenter Pötschke.
97 BGH GRUR 2011, 835 – Gartencenter Pötschke.
98 BGH GRUR 2011, 835 – Gartencenter Pötschke.
99 BGH GRUR 2011, 835 – Gartencenter Pötschke.
100 BGH GRUR 2011, 835 – Gartencenter Pötschke.

deshalb nicht erhöht, da die Parteien in unterschiedlichen Handelsbereichen tätig seien.[101] Zudem sei eine markenmäßige Benutzung des Namens „Pötschke" durch die Beklagte im bisherigen Rahmen hinzunehmen, da sich die Klägerin auch gegen die seit dem Jahr 1991 zu Gunsten der Beklagten eingetragenen Wort-/Bildmarke nicht gewandt hatte.[102]

Im Ergebnis bejaht der Bundesgerichtshof in dieser Konstellation den Anspruch der Klägerinnen auf Löschung der von der Beklagten angemeldeten Marke „Gartencenter Pötschke". In seiner Entscheidung führt der Bundesgerichtshof mit Blick auf das Recht der Gleichnamigen im Wesentlichen folgendes aus:

Die Parteien haben nach den Feststellungen des Berufungsgerichts ihre Unternehmenskennzeichen jahrelang unbeanstandet nebeneinander benutzt, so dass eine Gleichgewichtslage entstanden ist, auf die die Grundsätze des Rechts der Gleichnamigen zur Anwendung kommt.[103]

Mit der Anmeldung einer mit dem Kennzeichenrecht der Klägerin verwechslungsfähigen Marke sei eine Störung der zwischen den Parteien bestehenden Gleichgewichtslage eingetreten, die nach den Grundsätzen des Rechts der Gleichnamigen nicht zu rechtfertigen sei.[104] Die Beklagte habe ohne Erfolg gegen die Bejahung der Zeichenähnlichkeit eingewandt, dass sie durch die Verwendung des Begriffs „Gartencenter" alles Erforderliche und Zumutbare getan habe, um eine Verwechslungsgefahr zu vermeiden.[105] Zur Begründung führten sie an, dass dem Bestandteil „Gartencenter" lediglich ein beschreibender Charakter zukomme, wohingegen der Familienname „Pötschke" der prägende Bestandteil der streitgegenständlichen Marken sei und dadurch mit den prägenden Bestandteilen der Bezeichnungen „Gärtner Pötschke" und „Pötschke Ambiente" kollidiere.[106]

Die Grundsätze des Rechts der Gleichnamigen rechtfertigen es grundsätzlich nicht, dass der Name oder die namensmäßige Unternehmensbezeichnung markenmäßig zur Kennzeichnung von Waren und/oder Dienstleistungen verwendet werde.[107] Die Anmeldung eines Namens als Marke durch den prioritätsjüngeren

101 BGH GRUR 2011, 835 – Gartencenter Pötschke.

102 BGH GRUR 2011, 835 – Gartencenter Pötschke.

103 BGH GRUR 2011, 835, 836 – Gartencenter Pötschke.

104 BGH GRUR 2011, 835, 836 – Gartencenter Pötschke.

105 BGH GRUR 2011, 835, 837 – Gartencenter Pötschke.

106 BGH GRUR 2011, 835, 837 – Gartencenter Pötschke.

107 BGH GRUR 2011, 835, 837 – Gartencenter Pötschke; BGH GRUR 1966, 499 – Merck; BGH GRUR 1986, 402, 403 – Fürstenberg; BGH GRUR 1995, 825 – Torres.

Kennzeicheninhaber stelle eine unzulässige nachteilige Veränderung einer bestehenden Gleichgewichtslage dar, die der prioritätsältere Kennzeicheninhaber nicht dulden müsse.[108] Eine Ausnahme von diesem Grundsatz sei vorliegend nicht ersichtlich.[109]

6. *„Völkl"-Entscheidung*

Im weiteren Verlauf entschied der Bundesgerichtshof in seinem Urteil vom 2.10.2012 („Völkl") die Frage, inwieweit eine Änderung der Marktverhältnisse, auf Grund derer der Verkehr erwartet, dass die in der Branche tätigen Unternehmen ein bestimmtes Produktsortiment anbieten, Auswirkungen auf das schutzwürdige Interesse im Rahmen der kennzeichenrechtlichen Gleichgewichtslage hat.[110] Der Entscheidung des Bundesgerichtshofs lag folgender Sachverhalt zugrunde:

Die Klägerin firmiert unter „Völkl GmbH & Co. KG" und führt ihren Geschäftsbetrieb auf einen im Jahr 1923 gegründeten Gewerbebetrieb zur Herstellung von Schuhen zurück.[111] Die Klägerin vertreibt Sicherheits-, Wander- und Bergschuhe sowie Jagd- und Winterstiefel; zudem gehört zu ihrem Angebot auch ein Feldschuh, der auch als Langlaufschuh beim Skilanglauf verwendet werden kann.[112] Die Klägerin ist außerdem Inhaber der am 23.10.1968 eingetragenen Wort-/Bildmarke, die den Wortbestandteil „Völkl-Schuh" enthält, und der am 25.4.2005 angemeldeten Wortmarke „VÖLKL".[113]

Die Beklagte zu 1) wurde im Jahr 1991 unter der Bezeichnung „Völkl International AG" gegründet und später in die „Marker Völkl (International) GmbH umgewandelt.[114] Die Beklagte zu 1) gehört der Marker-Völkl-Gruppe an, bei der es sich um einen großen Skihersteller handelt und die ihre Firmengeschichte auf die Straubinger Familie Völkl, die im Jahr 1896 einen Gewerbebetrieb gründete, zurück führt.[115]

Daneben firmierte die Beklagte zu 3), die ebenfalls ein Unternehmen der Marker-Völkl-Gruppe ist und im Jahr 1992 gegründet wurde, bis November 2005 unter der Bezeichnung „Völkl VertriebsGmbH" und anschließend unter

---

108 BGH GRUR 2011, 835, 837 – Gartencenter Pötschke.
109 BGH GRUR 2011, 835, 837 f. – Gartencenter Pötschke.
110 BGH GRUR 2013, 638 – Völkl.
111 BGH GRUR 2013, 638 – Völkl.
112 BGH GRUR 2013, 638 – Völkl.
113 BGH GRUR 2013, 638 – Völkl.
114 BGH GRUR 2013, 638 – Völkl.
115 BGH GRUR 2013, 638 – Völkl.

„Marker Tecnica Völkl GmbH".[116] Die Beklagte zu 3) vertreibt in Deutschland unter dem Produktkennzeichen „Marker" Skibindungen, unter der Produktkennzeichnung „Völkl" Ski, Bekleidung und Accessoires und unter der Marke „Tecnica" Skischuhe.[117]

Die Rechtsvorgängerin der Klägerin schloss Anfang der siebziger Jahre des 20. Jahrhunderts mit der damaligen Franz Völkl oHG in Straubing, die zur Unternehmensgruppe der Beklagten gehörte, eine Abgrenzungsvereinbarung, wonach sich die Franz Völkl oHG verpflichtete, den Namen „Völkl" nicht auf dem Schuhsektor zu verwenden.[118]

Die Beklagte zu 1) bot im September 2005 im Internet unter der Adresse „www.voelkl.com" sog. „Moonboots" (Winterstiefel) und Skischuhe an. Die Klägerin begehrt nun im Rahmen des gerichtlichen Verfahrens u.a., dass die Beklagten zu 1) und zu 3) es unterlassen, für den Vertrieb von Schuhen die Bezeichnung „Völkl" als Unternehmenskennzeichen zu benutzen.[119]

In seinen Entscheidungsgründen führt der Bundesgerichtshof im Wesentlichen folgendes aus:

Das Berufungsgericht sei zutreffend davon ausgegangen, dass zwischen dem Firmenschlagwort „Völkl" der Klägerin und dem beanstandeten Zeichen „Völkl" und in der Schreibweise der Domain „voelkl.com" der Beklagten zu 1) eine Verwechslungsgefahr im Sinne von § 15 Abs. 2 MarkenG bestehe.[120]

Die Beklagte zu 1) verwende das angegriffene Zeichen kennzeichenmäßig. Die Benutzung der Domain „voelkl.com" könne eine kennzeichenmäßige Benutzung darstellen, wenn und soweit der Verkehr in der Domain nicht nur eine Adressbezeichnung sieht, sondern diese Domain als einen Hinweis auf das Unternehmen oder auf die betriebliche Herkunft von Waren und/oder Dienstleistungen auffasst.[121] Domainnamen, die im geschäftlichen Verkehr verwendet werden, kommt regelmäßig neben der Adressfunktion auch eine kennzeichnende Funktion zu, wovon bei „voelkl.com" auszugehen sei.[122]

---

116 BGH GRUR 2013, 638 – Völkl.
117 BGH GRUR 2013, 638 – Völkl.
118 BGH GRUR 2013, 638 – Völkl.
119 BGH GRUR 2013, 638 f. – Völkl.
120 BGH GRUR 2013, 638, 641 – Völkl.
121 BGH GRUR 2013, 638, 641 – Völkl.
122 BGH GRUR 2013, 638, 641 – Völkl.

7. *„shell.de"-Entscheidung*

Ferner hat sich der Bundesgerichtshof in seiner Entscheidung vom 22.11.2001 („shell.de") mit dem Recht der Gleichnamigen in Bezug auf das Recht an einer Internetdomain auseinandergesetzt. Der Entscheidung lag dabei folgender Sachverhalt zugrunde:

Die Klägerin (die Deutsche Shell GmbH) ist ein Tochterunternehmen des weltweit bekannten Mineralölunternehmens Shell.[123] Die Muttergesellschaft der Klägerin ist Inhaberin zweier Wortmarken „SHELL", die als Zeitrang den 31.3.1955 aufweisen.[124] Der Beklagte heißt Andreas Shell und betreibt nebenberuflich ein Unternehmen, welches u.a. Übersetzungsdienstleistungen anbietet.[125] Der Beklagte ließ nun bei der DENIC auf seinen Namen die Internetdomain „shell.de" eintragen und gestaltete seine Homepage in den Farben rot und gelb.[126]

In seinen Entscheidungsgründen führte der Bundesgerichtshof zum Namensrecht sowie zum Recht der Gleichnamigen in Bezug auf die Internetdomain und deren Nutzung im geschäftlichen Verkehr folgendes aus:

Soweit die angefochtene Entscheidung dem Beklagten aus § 12 BGB auch die Verwendung von „shell.de" im geschäftlichen Verkehr untersage, könne dies nicht aufrecht erhalten bleiben.[127]

Mit dem In-Kraft-Treten des Markengesetzes am 1.1.1995 sei an die Stelle verschiedener kennzeichenrechtlicher Regelungen (beispielsweise §§ 1 und 3 UWG oder des § 823 BGB) die Regelungen des Markengesetzes getreten; für die gleichzeitige Anwendung der §§ 1 und 3 UWG und § 823 BGB bestehe daher kein Raum mehr.[128] Nicht anders verhalte es sich mit dem in §§ 5, 15 MarkenG geregelten Schutz des Unternehmenskennzeichens; dieser zeichenrechtliche Schutz gehe in seinem Anwendungsbereich dem bürgerlichen Namensschutz aus § 12 BGB vor.[129]

Letztendlich konnte der Bundesgerichtshof die weitere Frage, ob sich die Klägerin hinsichtlich der Verwendung des Domain-Namens „shell.de" im geschäftlichen Verkehr auf ihre überragend bekannte Wortmarke und Unternehmenskennzeichnung „Shell" stützen kann, dahinstehen lassen, nachdem der

---

123 BGH GRUR 2002, 622 – shell.de.
124 BGH GRUR 2002, 622 – shell.de.
125 BGH GRUR 2002, 622 – shell.de.
126 BGH GRUR 2002, 622 – shell.de.
127 BGH GRUR 2002, 622, 623 – shell.de.
128 BGH GRUR 2002, 622, 623 – shell.de.
129 BGH GRUR 2002, 622, 623 – shell.de.

Beklagte während des Verfahrens eine strafbewehrte Unterlassungserklärung abgegeben hat und damit eine Wiederholungsgefahr entfiel.[130]

Etwas anderes galt jedoch für die Frage nach dem Anspruch auf Unterlassung der Verwendung des Domain-Namens außerhalb des geschäftlichen Verkehrs. Hierzu führte der Bundesgerichtshof folgendes aus:

Bei einem namensrechtlichen Schutz von Unternehmenskennzeichen im geschäftlichen Verkehr komme ein Rückgriff auf § 12 BGB neben den markenrechtlichen Bestimmungen regelmäßig nicht in Betracht.[131] Bei einem Handeln im privaten Verkehr sei die Anwendbarkeit des § 12 BGB grundsätzlich nicht ausgeschlossen.[132]

Im Allgemeinen werden die Voraussetzungen des § 12 BGB bei einer Verwendung des Namens außerhalb des geschäftlichen Verkehrs meistens nicht vorliegen, da der aus § 12 BGB abgeleitete Namensschutz stets auf den Funktionsbereich des betreffenden Unternehmens beschränkt ist und nur soweit reicht, wie geschäftliche Beeinträchtigungen zu befürchten sind.[133] Diese Voraussetzungen sind aber regelmäßig bei einer nicht geschäftlichen Benutzung des Namens nicht gegeben.[134]

Der Bundesgerichtshof ist im Streitfall allerdings dennoch davon ausgegangen, dass durch die private Nutzung der Bezeichnung „Shell“ als Domainnamen in das Namensrecht der Klägerin und der Muttergesellschaft eingegriffen wurde.[135] Denn die Registrierung des Domainnahmens stellt aufgrund der technischen Unmöglichkeit der doppelten Registrierung unter der gleichen Top-Level-Domain eine massive Beeinträchtigung des Berechtigten dar.[136]

In der Verwendung eines fremden Kennzeichens als Domainnamen liegt eine Namensanmaßung, die an weitere Voraussetzungen geknüpft ist.[137] Eine Namensanmaßung liegt nur vor, wenn ein Dritter unbefugt den gleichen Namen gebraucht, dadurch eine Zuordnungsverwirrung auslöst und schutzwürdige Interessen des Namensträgers verletzt.[138] Diese Voraussetzungen lägen im Allgemeinen vor, wenn ein Fremder den Namen als Internetadresse verwendet, wobei dies bereits mit der Registrierung der Domain erfolge.[139]

130 BGH GRUR 2002, 622, 623 – shell.de.
131 BGH GRUR 2002, 622, 624 – shell.de.
132 BGH GRUR 2002, 622, 624 – shell.de.
133 BGH GRUR 2002, 622, 624 – shell.de.
134 BGH GRUR 2002, 622, 624 – shell.de.
135 BGH GRUR 2002, 622, 624 – shell.de.
136 BGH GRUR 2002, 622, 624 – shell.de.
137 BGH GRUR 2002, 622, 624 – shell.de.
138 BGH GRUR 2002, 622, 624 – shell.de.
139 BGH GRUR 2002, 622, 624 – shell.de.

Im Streitfall war es jedoch so, dass der Beklagte selbst Namensträger ist und der Gebrauch des Namens als Internetdomain daher nicht als unbefugt anzusehen sei.[140] Gleichwohl seien im vorliegenden Fall der Verwendung des Namens durch den Beklagten Grenzen gesetzt.[141] Denn die im Falle der Gleichnamigkeit vorzunehmende Interessenabwägung führe dazu, dass der Beklagte seinen Namen nur mit einem unterscheidenden Zusatz als Internetdomain verwenden dürfe.[142]

> *„Wird durch den Gebrauch des Namens die Gefahr der Verwechslung mit einem anderen Namensträger hervorgerufen, kann ausnahmsweise auch im privaten Verkehr die Pflicht bestehen, den Namen nur in einer Art und Weise zu verwenden, dass diese Gefahr nach Möglichkeit ausgeschlossen ist (...). Ein derartiges Gebot zur Rücksichtnahme trifft den Namensträger jedoch nur, wenn sein Interesse an der uneingeschränkten Verwendung seines Namens gegenüber dem Interesse der Gleichnamigen, eine Verwechslungsgefahr der beiden Namensträger zu vermeiden, klar zurücktritt.“*[143]

Ausgehend hiervon hat der Bundesgerichtshof entschieden, dass der Beklagte seine Internet-Adresse nur unter Hinzufügung eines individualisierenden Zusatzes weiterhin benutzen darf.[144]

8. *Zusammenfassung*

Insgesamt lassen sich der neueren Rechtsprechung zum Recht der Gleichnamigen folgende Grundsätze entnehmen:

Der Verwender eines prioritätsjüngeren Kennzeichens muss ein schutzwürdiges Interesse an der Benutzung des Kennzeichens haben, redlich handeln und alles Erforderliche und Zumutbare tun, um eine Verwechslungsgefahr auszuschließen oder auf ein hinnehmbares Maß zu beschränken.

Das Recht der Gleichnamigen berechtigt in der Regel nicht dazu, dass die Bezeichnung neben der Verwendung als Unternehmenskennzeichen auch für die Kennzeichnung von Waren verwendet wird. Ein markenmäßiger Gebrauch des Namens kann nach den Grundsätzen des Rechts der Gleichnamigen allenfalls unter engen Voraussetzungen gerechtfertigt werden. Möglich ist dies nur, wenn besondere und gewichtige Gründe vorliegen, nach denen eine so enge Beziehung zwischen Ware und Namen besteht, dass es für den Namensträger

---

140 BGH GRUR 2002, 622, 624 – shell.de.
141 BGH GRUR 2002, 622, 624 – shell.de.
142 BGH GRUR 2002, 622, 624 – shell.de.
143 BGH GRUR 2002, 622, 624 f. – shell.de.
144 BGH GRUR 2002, 622, 625 – shell.de.

unzumutbar wäre, auf die Benutzung seines Namens als Marke zu verzichten. Dies kann in Betracht kommen, wenn ein Namensträger bei der Schaffung oder Gestaltung einer bestimmten Ware oder Warenart unter seinem Namen besondere schöpferische Leistungen erbracht hat und der Verkehr das Produkt auf Grund dieser schöpferischen Leistung ohnehin mit dem Namensträger identifiziert.

Ist durch eine über längere Zeit unbeanstandete parallele Nutzung der sich gegenüberstehenden Kennzeichen eine Gleichgewichtslage entstanden, muss der Inhaber eines Kennzeichenrechts die Erhöhung der Verwechslungsgefahr oder die Störung der Gleichgewichtslage in aller Regel nur dann hinnehmen, wenn der prioritätsjüngere Kennzeicheninhaber ein schutzwürdiges Interesse an der Benutzung hat und alles Erforderliche und Zumutbare tut, um einer Erhöhung der Verwechslungsgefahr weitestgehend entgegenzuwirken.

Im Rahmen von überregionaler Werbung kann einer Verwechslungsgefahr zwischen zwei gleichnamigen Unternehmen durch einen hinweisenden Zusatz in der Werbung begegnet werden. Der danach erforderliche Hinweis muss hinreichend deutlich machen, welchem Unternehmen die Werbung zuzuordnen ist.

Das Recht der Gleichnamigen kommt auch im Bereich der Domainnamen zur Anwendung. Die in Fällen der Gleichnamigkeit vorzunehmende Abwägung der Interessen der Namensträger kann dazu führen, dass der Namensträger seinen Namen nur mit einem unterscheidenden Zusatz als Internet-Adresse verwenden darf und dies auch dann, wenn er die Domain als erster registriert hat. Wird durch den Gebrauch des Namens die Gefahr der Verwechslung mit einem anderen Namensträger hervorgerufen, kann ausnahmsweise auch im privaten Verkehr die Pflicht bestehen, den Namen nur in einer Art und Weise zu verwenden, dass diese Gefahr nach Möglichkeit ausgeschlossen ist. Ein derartiges Gebot zur Rücksichtnahme trifft den Namensträger jedoch nur, wenn sein Interesse an der uneingeschränkten Verwendung seines Namens gegenüber dem Interesse des Gleichnamigen, eine Verwechslungsgefahr der beiden Namensträger zu vermeiden, klar zurücktritt.

C. Rechtsgrundlage des Rechts der Gleichnamigen

Die Grundsätze des Rechts der Gleichnamigen stellen – wie zuvor dargelegt – ein von der Rechtsprechung entwickeltes Institut dar, was im Falle einer Zeichenkollision zum Tragen kommt, bei der aufgrund der sich gegenüberstehenden widerstreitenden Interessen ein Festhalten am markenrechtlichen Prioritätsgrundsatz nicht als interessengerechte Konfliktlösung angesehen wird. Es stellt sich daher die Frage nach der Rechtsgrundlage für die Anwendung der Grundsätze des Rechts der Gleichnamigen.

I. §§ 12 BGB, 16 Abs. 1 UWG a.F.

Die Grundlage des gesamten Kennzeichenrechts wird heute fast einhellig in der Regelung des § 12 BGB gesehen.[145] Denn nach § 12 S. 1 BGB kann der Berechtigte von dem anderen die Beseitigung der Beeinträchtigung verlangen, wenn das Recht zum Gebrauch seines Namens von einem anderen bestritten oder das Interesse des Berechtigten dadurch verletzt wird, dass ein anderer unbefugt den gleichen Namen gebraucht. Auch das Recht der Gleichnamigen wurde in der Malzmann-Entscheidung des Reichsgerichts unter diesen Tatbestand subsumiert.[146]

Durch die Rechtsprechung des Reichsgerichts wurde der originäre Anwendungsbereich des § 12 BGB – namentlich dessen Zuschnitt auf den bürgerlichen Namen natürlicher Personen – auch auf juristische Personen, deren Firma gleichzeitig ihren alleinigen Namen darstellt, erweitert und damit zu einer sog. Generalklausel des Kennzeichenrechts umgestaltet.[147] Die extensive Ausdehnung des Begriffes „Namen" im Sinne des § 12 BGB ist auf den Grundgedanken zurückzuführen, dass es sich bei dem Namensrecht um ein Persönlichkeitsrecht handelt.[148] Die Prüfung der rechtmäßigen Verwendung der Bezeichnung im Falle einer Kollision zwischen einem prioritätsälterem und einem prioritätsjüngeren Kennzeichenrecht erfolgte dabei dann im Rahmen des Tatbestandsmerkmals des „unbefugten Namensgebrauchs" und der dort angesiedelten Interessenabwägung. Bei der Prüfung des genannten Tatbestandmerkmals ist ein Rückgriff auf lauterkeitsrechtliche Tatbestände zulässig und gleichzeitig auch notwendig.[149] Denn die seinerzeit ständige Rechtsprechung sah das Tatbestandsmerkmal des „unbefugten Namensgebrauchs" erst dann als erfüllt an, wenn und soweit die Verwendung des Namens im geschäftlichen Verkehr geeignet ist, Verwechslungen im lauterkeitsrechtlichen Sinne herbeizuführen.[150] Im Umkehrschluss

---

145 *Knaak*, Das Recht der Gleichnamigen, S. 18 m.w.N.

146 RGZ 110, 234, 236 f. – Malzmann.

147 RGZ 78, 101 – Gesangsverein Germania; RGZ 100, 182, 186 – Gervais; *Knaak*, Das Recht der Gleichnamigen, S. 18 f.

148 *Knaak*, Das Recht der Gleichnamigen, S. 19.

149 *Knaak*, Das Recht der Gleichnamigen, S. 20.

150 RGZ 117, 215, 219 – Eskimo-Pie; BGH GRUR 1951, 410, 412 – Luppy; *Knaak*, Das Recht der Gleichnamigen, S. 20.

bedeutete dies, dass bei Verneinung der lauterkeitsrechtlichen Verwechslungsgefahr nach § 16 Abs. 1 UWG a.F. oder einem sonstigen Verstoß gegen lauterkeitsrechtliche Vorschriften ein unbefugter Namensgebrauch im Sinne von § 12 BGB regelmäßig ausschied und damit die Verwendung des Namens in der Firmenbezeichnung als zulässig eingestuft wurde;[151] eine Ausnahme von diesem Grundsatz wurde beim Schutz berühmter Unternehmenskennzeichen nach § 12 BGB vorgenommen.[152] Denn eine überragende Bekanntheit eines prioritätsälteren Kennzeichens kann zu einer Verschärfung der Anforderungen an Abstand und Unterscheidung führen, die eine Namensverwendung des Prioritätsjüngeren im geschäftlichen Verkehr innerhalb derselben Branche ausschließt.[153] Dies insbesondere deshalb, weil in solchen Fällen der noch in Betracht kommenden Zusätze mit eindeutig klarstellendem Charakter wie beispielsweise „... nicht zu verwechseln mit ...“[154] den Namensträger zu dem Gebrauch seines Namens noch eher verleitet.[155]

Daneben wurde der Schutz von Unternehmensbezeichnungen auch direkt unter den Tatbestand des § 16 Abs. 1 UWG a.F. gefasst. Hiernach kann derjenige, der im geschäftlichen Verkehr einen Namen, eine Firma oder eine besondere Bezeichnung eines Erwerbsgeschäftes, eines gewerblichen Unternehmens oder einer Druckschrift in einer Weise benutzt, welche geeignet ist, Verwechslungen mit dem Namen, der Firma oder der besonderen Bezeichnung hervorzurufen, deren sich ein anderer befugter Weise bedient, von diesem auf Unterlassung der Benutzung in Anspruch genommen werden. Ansprüche nach § 16 Abs. 1 UWG a.F. waren nach der Ansicht des Reichsgerichts dann gegeben, wenn es zu einer Kollision des § 16 Abs. 1 UWG a.F. mit den firmenrechtlichen Bestimmungen in den §§ 18, 19 HGB a.F. kam.[156] Demnach wurde der Schutz des prioritätsälteren Kennzeicheninhabers nur dann eingeschränkt, wenn der prioritätsjüngere Kennzeicheninhaber sich auf die zwingenden Vorschriften der §§ 18, 19 HGB

151 *Knaak*, Das Recht der Gleichnamigen, S. 20 f.

152 BGH GRUR 1960, 550, 552 – Promonta; BGH GRUR 1977, 503, 504 – Datenzentrale; *Knaak*, Das Recht der Gleichnamigen, S. 21.

153 *Teplitzky*, in: Jacobs/Lindacher/Teplitzky, UWG, 2. Band, 1. Aufl., Stand: 1.5.1991, § 16 Rn. 402.

154 *Teplitzky*, in: Jacobs/Lindacher/Teplitzky, UWG, 2. Band, 1. Aufl., Stand: 1.5.1991, § 16 Rn. 402 m.w.N.

155 *Teplitzky*, in: Jacobs/Lindacher/Teplitzky, UWG, 2. Band, 1. Aufl., Stand: 1.5.1991, § 16 Rn. 402.

156 RGZ 116, 209, 210 ff. – Stollwerk; *Teplitzky*, in: Jacobs/Lindacher/Teplitzky, UWG, 2. Band, 1. Aufl., Stand: 1.5.1991, § 16 Rn. 384.

a.F. stützen konnte und eine dementsprechende Rechtsform gewählt hatte.[157] Folgerichtig fand dann keine Privilegierung des prioritätsjüngeren Kennzeicheninhabers statt, wenn er eine Firmierung gewählt hatte, in der die Verwendung des persönlichen Eigennamens nicht vorgeschrieben war.[158]

In der Kupferberg-Entscheidung des Bundesgerichtshofes wurde diese Beschränkung durch die Rechtsprechung aufgegeben. Es wurde nunmehr darauf abgestellt, dass der prioritätsjüngere Kennzeicheninhaber ein schutzwürdiges Interesse an der Verwendung des Namens haben müsse und alles Zumutbare und Erforderliche getan habe, um Verwechslungen zwischen den Firmenbezeichnungen zu vermeiden. Der Bundesgerichtshof hat damit den Weg zu einer Interessenabwägung eröffnet, die zwar nicht unmittelbar durch § 16 UWG a.F., wohl aber durch § 12 BGB gerechtfertigt werden könnte.[159] Dementsprechend ließ sich eine lange Zeit die dogmatische Grundlage des Rechts der Gleichnamigen in der Anwendung des § 12 BGB in Verbindung mit § 16 Abs. 1 UWG a.F. sehen.[160]

II. § 23 Abs. 1 Nr. 1, Abs. 2 MarkenG

Eine Änderung der dogmatischen Einstufung des Rechts der Gleichnamigen ergab sich dann mit dem Inkrafttreten des Markengesetzes zum 1.1.1995. Denn mit dem Inkrafttreten des Markengesetzes ist an die Stelle verschiedener kennzeichenrechtlicher Regelungen, die früher im Warenzeichengesetz oder im UWG enthalten waren, eine umfassende und in sich geschlossene kennzeichenrechtliche Regelung in Form des Markengesetzes getreten.[161] Das Recht der Gleichnamigen wurde sodann dogmatisch bei der Regelung in § 23 Abs. 1 Nr. 1 MarkenG n.F. verortet.[162]

---

157 *Teplitzky*, in: Jacobs/Lindacher/Teplitzky, UWG, 2. Band, 1. Aufl., Stand: 1.5.1991, § 16 Rn. 384.

158 RGZ 110, 234, 236 f. – Malzmann; RGZ 116, 209, 211 f. – Stollwerk; *Teplitzky*, in: Jacobs/Lindacher/Teplitzky, UWG, 2. Band, 1. Aufl., Stand: 1.5.1991, § 16 Rn. 384.

159 *Teplitzky*, in: Jacobs/Lindacher/Teplitzky, UWG, 2. Band, 1. Aufl., Stand: 1.5.1991, § 16 Rn. 385.

160 *Teplitzky*, in: Jacobs/Lindacher/Teplitzky, UWG, 2. Band, 1. Aufl., Stand: 1.5.1991, § 16 Rn. 385; *Knaak*, Das Recht der Gleichnamigen, S. 53.

161 AmtlBegr. MarkenG, S. 74; BGH NJW 2002, 2031, 2032 – shell.de; *Thiering*, in: Ströbele/Hacker/Thiering, MarkenG, 12. Aufl. 2018, § 23 Rn. 25.

162 AmtlBegr. MarkenG, S. 74; BGH NJW 2002, 2031, 2032 – shell.de; BGH GRUR 2008, 801, 802 – Hansen-Bau; *Thiering*, in: Ströbele/Hacker/Thiering, MarkenG, 12. Aufl. 2018, § 23 Rn. 25.

Nach § 23 Abs. 1 Nr. 1, Abs. 2 MarkenG hat der Inhaber einer Marke oder einer geschäftlichen Bezeichnung nicht das Recht, einem Dritten zu untersagen, im geschäftlichen Verkehr dessen Namen oder Anschrift zu benutzen, sofern die Benutzung nicht den anständigen Gepflogenheiten in Gewerbe und Handel entspricht. Da es sich bei der Regelung in § 23 Abs. 1 Nr. 1 MarkenG n.F. um eine Schrankenbestimmung[163] handelt, setzt die Anwendung dieser Regelungen grundsätzlich voraus, dass einer der Eingriffstatbestände des § 14 Abs. 2 oder – bei richtlinienkonformer Auslegung von § 23 MarkenG auf geschäftliche Bezeichnungen[164] – des § 15 Abs. 2 MarkenG einschlägig ist.

1. Funktion und Anwendungsbereich

Ausgehend von dem gesetzlichen Wortlaut in § 23 Abs. 1 Nr. 1 MarkenG n.F. besteht die Funktion dieser Vorschrift darin, es jedermann zu ermöglichen, seinen Namen oder seine Anschrift im geschäftlichen Verkehr zu benutzen und zwar auch dann, wenn es aufgrund dieser Benutzung zu einer Kollision mit einem prioritätsälteren Kennzeichenrecht kommt.[165] Der Umstand, dass die Bezeichnung im Rahmen des geschäftlichen Verkehrs zu erfolgen hat, resultiert bereits daraus, dass anderenfalls schon gar keine Verletzungshandlung im Sinne der §§ 14, 15 MarkenG vorliegt und es dementsprechend auch keiner Freistellung der Benutzung des Namens und/oder der Anschrift im Rahmen des § 23 Abs. 1 Nr. 1 MarkenG n.F. bedarf. Im Falle der Verwendung des Namens im geschäftlichen Verkehr ist die Regelung in § 23 Abs. 1 Nr. 1 MarkenG n.F. „Ausdruck des allgemeinen Grundsatzes, dass niemand an der lauteren Führung seines Namens im geschäftlichen Verkehr gehindert werden soll".[166] Damit schafft die Regelung in § 23 MarkenG den notwendigen Ausgleich zwischen den widerstreitenden Interessen des Kennzeicheninhabers als Inhaber des Ausschließlichkeitsrechts und den Interessen der Mitbewerber und der Allgemeinheit an einer

163 *Thiering*, in: Ströbele/Hacker/Thiering, MarkenG, 12. Aufl. 2018, § 23 Rn. 1; *Fezer*, in: Fezer, MarkenR, 4. Aufl. 2009, § 23 Rn. 1; *Ingerl/Rohnke*, in: Ingerl/Rohnke, MarkenG, 3. Aufl. 2010, § 23 Rn. 1.

164 *Thiering*, in: Ströbele/Hacker/Thiering, MarkenG, 12. Aufl. 2018, § 23 Rn. 1 f.

165 *Traumann*, Beschränkungen des Schutzes von Kennzeichen gemäß § 23 MarkenG, 2012, S. 151; *Thiering*, in: Ströbele/Hacker/Thiering, MarkenG, 12. Aufl. 2018, § 23 Rn. 4.

166 Amtl. Begr. zum Reg.-Entw. des Markenrechtsreformgesetzes, BT-Drucks. 12/6581, S. 53, 80.

freien wirtschaftlichen Betätigung.[167] Dies resultiert zum einen daraus, dass bis zur Reform des Handelsgesetzbuches im Jahr 1998 die Führung des bürgerlichen Namens im Rahmen der Firmenbezeichnung gemäß §§ 18, 19 HGB a.F. gesetzlich vorgeschrieben war und zum anderen daraus, dass der Name einer natürlichen Person das üblichste und effektivste Mittel darstellt, sich und seine Firma von anderen Personen zu unterscheiden.[168] Darüber hinaus kennzeichnet der Name einer natürlichen Person deren Identität und Individualität und gehört damit zum nach Art. 2 Abs. 1 in Verbindung mit Art. 1 Abs. 1 GG grundrechtlich geschützten Bereich des allgemeinen Persönlichkeitsrecht eines jeden Menschen;[169] dieses Grundrecht des allgemeinen Persönlichkeitsrechts umfasst dabei nicht nur den persönlichen Bereich jedes Menschen, sondern auch dessen Handeln im geschäftlichen Bereich.[170]

2. Name im Sinne von § 23 Abs. 1 Nr. 1 MarkenG

a) Ursprüngliche Auslegung

Der Begriff des „Namens" im Sinne von § 23 Nr. 1 MarkenG a.F. sollte ursprünglich – entsprechend der in Nr. 7 des Markenrichtlinienprotokolls geäußerten Auffassung des Europäischen Rates und der Europäischen Kommission sowie des deutschen Gesetzgebers – auf die Namen natürlicher Personen beschränkt sein und damit eng ausgelegt werden.[171] Demnach sollte nur die Benutzung des Familiennamens natürlicher Personen privilegiert sein;[172] vereinzelt wurde auch argumentiert, dass sich diese Privilegierung zusätzlich auf die Benutzung des Vornamens erstreckt.[173] Wortwörtlich heißt es in Nr. 7

---

167 *Thiering*, in: Ströbele/Hacker/Thiering, MarkenG, 12. Aufl. 2018, § 23 Rn. 4; *Stuckel*, in: v. Schultz, MarkenG, 3. Aufl. 2012, § 23 Rn. 1.

168 *Körber*, Jura 1998, 452, 455.

169 BVerfG NJW 2004, 1155.

170 *Schalk*, in: Büscher/Dittmer, Schiwy, Gewerblicher Rechtschutz, 3. Aufl. 2015, Teil 1, Kap. 3, § 23 MarkenG, Rn. 3.

171 Gemeinsame Erklärungen des Rates und der Kommission der Europäischen Gemeinschaften im Protokoll des Rates anlässlich der Annahme der Ersten Richtlinie des Rates vom 21.12.1988 zur Angleichung der Rechtsvorschriften der Mitgliedstaaten über die Marken; *Thiering*, in: Ströbele/Hacker/Thiering, MarkenG, 12. Aufl. 2018, § 23 Rn. 9; *Ingerl/Rohnke*, in: Ingerl/Rohnke, MarkenG, 3. Aufl. 2010, § 23 Rn. 17; *Fezer*, in: Fezer, MarkenR, 4. Aufl. 2009, § 23 Rn. 35.

172 *Thiering*, in: Ströbele/Hacker/Thiering, MarkenG, 12. Aufl. 2018, § 23 Rn. 9; *Fezer*, in: Fezer, MarkenR, 4. Aufl. 2009, § 23 Rn. 34 f.; *Ingerl/Rohnke*, in: Ingerl/Rohnke, MarkenG, 3. Aufl. 2010, § 23 Rn. 17.

173 *Ingerl/Rohnke*, in: Ingerl/Rohnke, MarkenG, 3. Aufl. 2010, § 23 Rn. 12.

des Markenrichtlinienprotokolls zu Art. 6 Abs. 1 lit. a) MarkenRL-1989[174] wie folgt: *„Der Rat und die Kommission sind der Auffassung, dass die Befugnis eines Dritten, seinen Namen gemäß Buchstabe a) zu benutzen, nur für natürliche Personen gilt.“* Darüber hinaus führte der deutsche Gesetzgeber in seiner amtlichen Begründung zu der auf Art. 6 Abs. 1 lit. a) MarkenRL-1989 basierenden Vorschrift des § 23 Nr. 1 MarkenG a.F. aus, dass der Begriff „Name“ im Sinne des „Familiennamens“ zu verstehen sei.[175] Insgesamt sollte der Begriff „Name“ im Sinne von § 23 Nr. 1 MarkenG a.F. nach Auffassung der Gesetzgeber enger ausgelegt werden, als die Verwendung des „Namens“ im Sinne der §§ 5 Abs. 2 S. 1, 13 Abs. 2 Nr. 1 MarkenG und § 12 BGB.[176]

Die Beschränkung auf den Namen – d.h. nach früherer herrschender Meinung[177] auf den Familiennamen – natürlicher Personen wurde damit argumentiert, dass nur diesem auch der grundrechtliche Persönlichkeitsschutz zukomme und dieser mit der Persönlichkeit seines Inhabers eng verbunden sei; zudem sei der Familienname – abgesehen von den seltenen Fällen der Namensänderung – nicht frei wählbar und hafte daher jeder natürlichen Person unmittelbar an.[178] Hinzu kommt, dass der Familienname vor dem Handelsrechtsreformgesetz im Jahre 1998 noch zwingend im Rahmen der Bezeichnung der Firma verwendet werden musste. Zudem würde eine Ausdehnung des Namensbegriffs auf die frei wählbaren Bezeichnungen im Sinne des § 5 Abs. 2 S. 1 MarkenG

---

174 Erste Richtlinie 89/104/EWG des Rates vom 21.12.1988 zur Angleichung der Rechtsvorschriften der Mitgliedstaaten über die Marken (nachfolgend nur noch „MarkenRL-1989“ genannt).

175 Amtl. Begr. zum Reg.-Entw. des Markenrechtsreformgesetzes, BT-Drucks. 12/6581, S. 53, 80.

176 *Thiering*, in: Ströbele/Hacker/Thiering, MarkenG, 12. Aufl. 2018, § 23 Rn. 9; *Schalk*, in: Büscher/Dittmer/Schiwy, Gewerblicher Rechtsschutz, Teil 1, Kap. 3, 3. Aufl. 2015, § 5 MarkenG Rn. 4 ff.; *Fezer*, in: Fezer, MarkenG, 4. Aufl. 2009, § 15 Rn. 53; *Nägele*, GRUR 2007, 1007, 1010.

177 Amtl. Begr. zum Reg.-Entw. des Markenrechtsreformgesetzes, BT-Drucks. 12/6581, S. 53, 80; Gemeinsame Erklärungen des Rates und der Kommission der Europäischen Gemeinschaften im Protokoll des Rates anlässlich der Annahme der Ersten Richtlinie des Rates vom 21.12.1988 zur Angleichung der Rechtsvorschriften der Mitgliedstaaten über die Marken; *Thiering*, in: Ströbele/Hacker/Thiering, MarkenG, 12. Aufl. 2018, § 23 Rn. 9; *Ingerl/Rohnke*, in: Ingerl/Rohnke, MarkenG, 3. Aufl. 2010, § 23 Rn. 17; *Stuckel*, in: v. Schultz, MarkenG, 3. Aufl. 2012, § 23 Rn. 8.

178 *Traumann*, Beschränkungen des Schutzes von Kennzeichen gemäß § 23 MarkenG, S. 153.

den Zeichenschutz in erheblichem Maße ohne sachlichen Grund aushöhlen.[179] In diesem Fall würde dann das im Kennzeichenrecht vorherrschende Prioritätsprinzip in ungerechtfertigterweise durch eine Lauterkeitsprüfung ersetzt werden.[180]

b) Weite Auslegung nach der Rechtsprechung des Europäischen Gerichtshofs

Indessen hatte der Europäische Gerichtshof diese enge Auslegung des Begriffs „Namen" unter Hinweis auf die fehlende Bindungswirkung des Markenrichtlinienprotokolls in seinen Entscheidungen „Anheuser Busch/Budvar"[181], „Robeco/Robelco"[182] und „Céline"[183] verworfen.[184]

In der Entscheidung „Anheuser Busch/Budvar" stellte der Europäische Gerichtshof fest, dass der Anwendungsbereich des Art. 6 Abs. 1 lit. a) MarkenRL-1989 sich entgegen der Gemeinsamen Erklärung des Rates der Europäischen Union und der Kommission der Europäischen Gemeinschaften bei Verabschiedung der MarkenRL-1989 nicht allein auf die redliche Benutzung des Namens natürlicher Personen beziehe.[185] Vielmehr könne sich ein Dritter auf die Schrankenbestimmung des Art. 6 Abs. 1 lit. a) MarkenRL-1989 auch dann berufen, wenn er seinen Handelsnamen in einer den anständigen Gepflogenheiten in Gewerbe und Handel entsprechenden Weise benutze.[186] Zwar habe – so der Europäische Gerichtshof in seiner Entscheidung Anheuser Busch/Budvar – der Rat der Europäischen Union und die Kommission der Europäischen Gemeinschaften in der Ratssitzung, in der die MarkenRL-1989 angenommen wurde, eine gemeinsame Erklärung zu Protokoll gegeben, wonach die Regelung in Art. 6 Abs. 1 lit. a) MarkenRL-1989 nur[187] für den Namen natürlicher Personen gelte.[188]

179 *Traumann*, Beschränkungen des Schutzes von Kennzeichen gemäß § 23 MarkenG, S. 153.

180 *Ingerl/Rohnke*, in: Ingerl/Rohnke, MarkenG, 3. Aufl. 2010, § 23 Nr. 12.

181 EuGH GRUR 2005, 153 – Anheuser Busch/Budvar.

182 EuGH Urt. vom 21.11.2002, C-23/01, MarkenR 2003, 23 – Robeco/Robelco.

183 EuGH Urt. vom 11.09.2007, C-17/06, MarkenR 2007, 424 – Céline.

184 *Thiering*, in: Ströbele/Hacker/Thiering, MarkenG, 12. Aufl. 2018, § 23 Rn. 10.

185 EuGH GRUR 2005, 153, 156 – Anheuser Busch/Budvar.

186 EuGH GRUR 153, 156 – Anheuser Busch/Budvar; *Traumann*, Beschränkungen des Schutzes von Kennzeichen gemäß § 23 MarkenG, 2012, Seite 155.

187 EuGH GRUR 2005, 153, 156 – Anheuser Busch/Budvar. In Rn. 78 des Urteils wird das Protokoll zur MarkenRL offensichtlich falsch wiedergegeben. Statt „nicht" muss es an dieser Stelle „nur" heißen (vgl. auch *Thiering*, in: Ströbele/Hacker/Thiering, MarkenG, 12. Aufl. 2018, § 23 Fn. 18).

188 EuGH GRUR 2005, 153, 156 – Anheuser Busch/Budvar.

Allerdings könne eine solche Erklärung bei der Auslegung des Begriffs „Namen" im Sinne der Schrankenbestimmung des Art. 6 Abs. 1 lit. a) MarkenRL-1989 nicht berücksichtigt werden, wenn ihr Inhalt in der fraglichen Bestimmung keinen Ausdruck gefunden habe und ihm somit keine rechtliche Bedeutung zukomme.[189] Überdies haben der Rat der Europäischen Union und die Kommission der Europäischen Gemeinschaften diese Beschränkung im Übrigen in der Vorbemerkung zu ihrer Erklärung ausdrücklich anerkannt; dort heißt es wie folgt: *„Die Erklärungen des Rates und der Kommission, die im Folgenden wiedergegeben sind, sind nicht Bestandteil des Rechtsakts und präjudizieren daher nicht dessen Auslegung durch den Gerichtshof der Europäischen Gemeinschaften."*[190]

Demnach kann sich ein Dritter grundsätzlich auf die Ausnahme des Art. 6 Abs. 1 lit. a) MarkenRL-1989 berufen, um ein mit einer Marke identisches oder ihr ähnliches Zeichen als Handelsnamen zu benutzen.[191] Der Europäische Gerichtshof erstreckte damit den Anwendungsbereich von Art. 6 Abs. 1 lit. a) MarkenRL-1989 neben Namen natürlicher Personen auch auf Handelsnamen.

Die weite Auslegung des Begriffs „Name" im Sinne von Art. 6 Abs. 1 lit. a) MarkenRL-1989 wurde vom Europäischen Gerichtshof in seiner Entscheidung „Céline" bestätigt und zudem auch auf Gesellschaftsbezeichnungen und Firmenzeichen ausgeweitet.[192] Damit erfasste der Namensbegriff in Art. 6 Abs. 1 lit. a) MarkenRL-1989 nunmehr neben dem Namen natürlicher Personen auch sämtliche Unternehmenskennzeichen gemäß § 5 Abs. 2 S. 1 MarkenG, die über Namensfunktion verfügten.[193] Hingegen fielen Geschäftsabzeichen und sonstige Zeichen im Sinne von § 5 Abs. 2 S. 2 MarkenG, die nicht über eine entsprechende Namensfunktion verfügten, nach vorherrschender Meinung[194] nicht unter den Begriff des Namens im Sinne von Art. 6 Abs. 1 lit. a) MarkenRL-1989 und § 23 Nr. 1 MarkenG a.F.[195]

Ausgehend von den Urteilen zu „Anheuser Busch/Budvar" und „Céline" hatte der Europäische Gerichtshof eine verbindliche Auslegung des Begriffs „Name" im Sinne von Art. 6 Abs. 1 lit. a) MarkenRL-1989 – und damit auch für die darauf basierende deutsche Regelung in § 23 Nr. 1 MarkenG a.F. – festgelegt.

---

189 *Thiering*, in: Ströbele/Hacker/Thiering, MarkenG, 12. Aufl. 2018, § 23 Rn. 13.

190 EuGH GRUR 2005, 153, 155 – Anheuser Busch/Budvar.

191 EuGH GRUR 2005, 153, 155 – Anheuser Busch/Budvar.

192 EuGH GRUR 2007, 971, 973 – Céline.

193 *Fezer*, in: Fezer, MarkenR, 4. Aufl. 2009, § 23 Rn. 40; *Büscher*, MarkenR 2007, 453, 455.

194 *Fezer*, in: Fezer, MarkenR, 4. Aufl. 2009, § 23 Rn. 40; *Büscher*, MarkenR 2007, 453, 455; a.A. *Thiering*, in: Ströbele/Hacker/Thiering, MarkenG, 12. Aufl. 2018, § 23 Rn. 10 ff.

195 *Fezer*, in: Fezer, MarkenR, 4. Aufl. 2009, § 23 Rn. 40; *Büscher*, MarkenR 2007, 453, 455.

Demnach waren unter dem Begriff „Namen“ nicht nur Namen natürlicher Personen zu verstehen, sondern auch Handelsnamen, Gesellschaftsbezeichnungen und Firmenzeichen. Damit war grundsätzlich der Anwendungsbereich von § 23 Nr. 1 MarkenG a.F. im Falle des Vorliegens eines Handelsnamens, einer Gesellschaftsbezeichnung oder eines Firmenzeichens eröffnet, sofern diese über die notwendige Namensfunktion verfügten. Trotz dieser Ausdehnung des Anwendungsbereiches der Schutzschranke war allerdings zu bedenken, dass innerhalb der bei § 23 Nr. 1 MarkenG a.F.durchzuführenden Interessenabwägung im Falle von Handelsnamen oder Zeichen, die nicht aus dem Namen einer natürlichen Person bestehen, die Interessen des Dritten gegebenenfalls dennoch zurückzustehen hatten, da diese Zeichen frei wählbar waren und damit nicht dem grundrechtlich privilegierten Persönlichkeitsrechtsschutz per se unterfielen.[196]

c) Markenrechtsreform

Die neue Markenrechtsrichtlinie 2015/2436 der Europäischen Union[197] sieht vor, dass die Schrankenbestimmung in Art. 14 Abs. 1 lit. a) nunmehr explizit auf den Namen natürlicher Personen beschränkt ist und nicht mehr nur das Merkmal „Namen“ enthält, unter den der Europäische Gerichtshof in seiner Rechtsprechung auch Handelsnamen und Phantasiebezeichnungen erfasste. Die Regelung in Art. 14 Abs. 1 lit. a) MarkenRL-2015 wurde vom deutschen Gesetzgeber im Rahmen des Markenrechtsmodernisierungsgesetzes umgesetzt. § 23 Abs. 1 Nr. 1 MarkenG n.F. führt nunmehr nur noch den Namen natürlicher Personen auf.

Sowohl mit der Formulierung in Art. 14 Abs. 1 lit. a) MarkenRL-2015 wie auch in § 23 Abs. 1 Nr. 1 MarkenG n.F. wird deutlich, dass die Privilegierung des Namens nur noch für die Benutzung von Personennamen gelten soll.[198] Die Auslegung dieser Vorschrift wird aller Voraussicht dahingehend erfolgen, dass nicht nur der Personenname von § 23 Abs. 1 Nr. 1 MarkenG n.F. erfasst wird, sondern auch Namensfirmen und vergleichbare Handelsnamen oder Unternehmenskennzeichen auf einer persönlichkeitsrechtlichen Grundlage.[199] Denn auch vor der Rechtsprechung des Europäischen Gerichtshofes in Sachen „Robeco/Robelco“, „Anheuser Busch/Budvar“ und „Celiné“ war die Firma nach der

---

196 *Traumann*, Beschränkungen des Schutzes von Kennzeichen gemäß § 23 MarkenG, S. 159.

197 Richtlinie (EU) 2015/2436 des Europäischen Parlamentes und des Rates vom 16.12.2015 zur Angleichung der Rechtsvorschriften der Mitgliedstaaten über die Marken (nachfolgend nur noch „MarkenRL-2015“ genannt).

198 *Fezer*, MarkenR 2017, 141, 146.

199 *Fezer*, MarkenR 2017, 141, 146.

bis dorthin geltenden Auslegung des Namensprivilegs in § 23 Nr. 1 MarkenG a.F. unter den Begriff des „Namens" erfasst worden, wenn und soweit die Firma den bürgerlichen Namen des Inhabers der Firma darstellte oder diesen als Firmenbestandteil enthielt.[200] Insoweit galt die Schranken-Schranke in § 23 Nr. 1 MarkenG a.F. zunächst unmittelbar für die ursprüngliche Firma, die nach den handelsrechtlichen Vorschriften der §§ 17 ff. HGB a.F. gegründet wurde.[201] Das Namensprivileg aus § 23 Nr. 1 MarkenG a.F. galt sodann auch für die abgeleitete Firma, wenn in der Person des Firmeninhabers eine Rechtsnachfolge eintrat und der neue Firmeninhaber die alte Firma mit dem Namen des ursprünglichen Firmeninhabers rechtmäßig nach den handelsrechtlichen Vorschriften fortführte.[202] Denn niemand kann an der Führung seines Namens innerhalb des redlichen Geschäftsverkehrs gehindert werden.[203] Eine dahingehende Auslegung erscheint vor dem Hintergrund der Schutzintention des Gesetzgebers konsequent. Denn letztendlich soll durch die Beschränkung des Namensprivilegs in § 23 Abs. 1 Nr. 1 MarkenG n.F. einer uferlosen Ausweitung des Namensbegriffs und damit einer zunehmenden Anzahl an verwechslungsfähigen Kennzeichen, die ansonsten unter das Namensprivileg fallen würden, begegnet werden. Zudem war Ziel der MarkenRL-2015, die ausufernde Rechtsprechung des Europäischen Gerichtshofes zur Begrifflichkeit des „Namens" in der Schrankenbestimmung rückgängig zu machen.

Die Neufassung des § 23 Abs. 1 Nr. 1 MarkenG hat zur Folge, dass im Falle der Geltendmachung von Ansprüchen gegen die Benutzung eines Unternehmenskennzeichens zukünftig bei dem Vorliegen einer tatbestandsmäßigen Verletzung nicht mehr zwingend in die Prüfung der Schutzschranke des § 23 Abs. 1 Nr. 1 MarkenG n.F.eingestiegen werden muss.[204] Weiterhin einschlägig ist die Schutzschranke aber, wenn und soweit es um die Benutzung eines aus dem Namen einer dahinterstehenden natürlichen Person gebildeten Unternehmenskennzeichens geht.[205]

Die MarkenRL-2015 wie auch die Regelungen im Markenrechtsmodernisierungsgesetz („MaMoG") sehen keine Übergangsbestimmungen vor. Es stellt sich daher die Frage, wie mit der Neureglung in § 23 Abs. 1 Nr. 1 MarkenG n.F. im Falle einer Kennzeichenkollision zu verfahren ist. Insoweit sind zwei Konstellationen

200 *Fezer*, MarkenR, 4. Aufl. 2009, § 23 Rn. 43.
201 *Fezer*, MarkenR, 4. Aufl. 2009, § 23 Rn. 43.
202 *Fezer*, MarkenR, 4. Aufl. 2009, § 23 Rn. 43.
203 *Fezer*, MarkenR, 4. Aufl. 2009, § 23 Rn. 43.
204 *Thiering*, in: Ströbele/Hacker/Thiering, MarkenG, 12. Aufl. 2018, § 23 Rn. 140.
205 *Thiering*, in: Ströbele/Hacker/Thiering, MarkenG, 12. Aufl. 2018, § 23 Rn. 140.

zu unterscheiden: Handelt es sich beispielsweise um eine Kennzeichenkollision, die erst nach dem In-Kraft-Treten der MarkenRL-2015 entstanden ist, ist die neue Schrankenbestimmung in § 23 Abs. 1 Nr. 1 MarkenG n.F. und damit die Begrenzung auf den Namen natürlicher Personen für die rechtliche Beurteilung heranzuziehen. Handelt es sich aber um eine Kennzeichenkollision, die vor dem In-Kraft-Treten der MarkenRL-2015 entstanden ist, ist aufgrund des Vertrauensschutzes und/oder des aufgrund jahrelanger unbeanstandeter Parallelnutzung erworbenen redlichen Besitzstandes von einem Weiterbenutzungsrechts auszugehen. Denn aufgrund der Rechtsprechung des Europäischen Gerichtshofes in Sachen „Robeco/Robelco", „Anheuser Busch/Budvar" und „Celiné" konnte und musste der Kennzeichennutzer von einer gesicherten Rechtslage bezüglich der Auslegung des Namensbegriffs in § 23 Nr. 1 MarkenG a.F. ausgehen, auf deren Basis sein Handeln ausgerichtet gewesen ist. Dies kann jedoch nicht nachträglich durch eine Rechtsänderung tangiert werden; insbesondere auch dann nicht, wenn die Kennzeichen jahrelang unbeanstandet nebeneinander verwendet wurden. Dementsprechend hat die Rechtsänderung auf die Anwendbarkeit der Grundsätze des Rechts der Gleichnamigen nur dann Auswirkungen, wenn und soweit eine erstmalige Kollisionslage nach In-Kraft-Treten der MarkenRL-2015 entstanden ist. Anderenfalls ist auf die Rechtsprechungsgrundsätze zu der Regelung in § 23 Nr. 1 MarkenG a.F. zurückzugreifen.

3. *Unlauterkeitsvorbehalt*

Nach § 23 Abs. 2 MarkenG n. F. unterliegt der Namensgebrauch dem Vorbehalt, dass die Benutzung den anständigen Gepflogenheiten in Gewerbe und Handel entspricht. Demgemäß hat der Namensinhaber alles zu unterlassen, was den berechtigten Interessen des Kennzeicheninhabers in unlauterer Weise zuwiderläuft.[206] Ob die Benutzung des Namens in unlauterer Weise erfolgt, ist dabei grundsätzlich anhand der konkreten Umstände des Einzelfalls zu beurteilen.[207] Handelt es sich um einen unlauteren Gebrauch des Namens bzw. Kennzeichens – beispielsweise bei einer Strohmannkonstellation[208] oder im Falle einer

---

206 EuGH GRUR 2005, 153, 157 – Anheuser Busch/Budvar; EuGH GRUR 2007, 971, 973 – Céline.

207 EuGH GRUR 2005, 153, 157 – Anheuser Busch/Budvar; *Schalk*, in: Büscher/Dittmer/Schiwy, Gewerblicher Rechtsschutz, 3. Aufl. 2015, Teil 1 Kap. 3, § 23 Rn. 5; *Thiering*, in: Ströbele/Hacker/Thiering, MarkenG, 12. Aufl. 2018, § 23 Rn. 15.

208 Es handelt sich um eine Strohmannkonstellation, wenn ein Strohmann, d.h. ein Unbeteiligter, seinen Namen einem Dritten zur Bildung einer verwechslungsfähigen Firma überlässt (*Fezer*, in: Fezer, MarkenR, 4. Aufl. 2009, § 15 Rn. 143; BGH GRUR 1966,

Verwechslungsabsicht[209] – kommt eine Interessenabwägung im Rahmen des Rechts der Gleichnamigen erst gar nicht in Betracht, da der Anwendungsbereich des Rechts der Gleichnamigen bereits nicht eröffnet ist.[210]

Im Rahmen der Beurteilung, ob die Benutzung den anständigen Gepflogenheiten in Gewerbe und Handel entspricht, ist insoweit von grundlegender Bedeutung, ob es sich um die Freistellung einer Markenverletzung gemäß § 14 MarkenG oder einer Verletzung eines Unternehmenskennzeichens nach § 15 MarkenG handelt.

a) Namensgebrauch gegenüber Marken

Bei der Beurteilung, ob ein sittenwidriger Namensgebrauch gegenüber Marken im Sinne von § 23 Abs. 2 MarkenG vorliegt, kommt es maßgebend darauf an, ob die angesprochenen Verkehrskreise die konkrete Art und Weise der Namensführung als Hinweis auf eine Verbindung zwischen den Produkten des Namensinhabers und denen des Markeninhabers auffassen könnten.[211] Dies ist jedoch nicht nur rein objektiv zu bestimmen, sondern auch subjektiv.[212] Im Rahmen der subjektiven Bewertung ist dann darauf abzustellen, inwieweit dem Namensinhaber das gedankliche Inverbindungbringen des Namens mit dem Markeninhaber hätte bewusst sein müssen bzw. inwieweit er dieses hätte erkennen müssen.[213]

In Bezug auf dieses subjektive Element gibt es verschiedene Kriterien anhand derer man die subjektive Verantwortlichkeit des Namensinhabers beurteilen

---

623, 625 – Kupferberg; *Kurbel,* Neue Entwicklungen im Recht der Gleichnamigen, 2016, S. 91).

209 Unter Verwechslungsabsicht sind solche Konstellationen zu verstehen, in denen die Verwendung des Namens in der Absicht geschieht, Verwechslungen herbeizuführen oder den Ruf eines anderen auszubeuten (BGH GRUR 1966, 623, 625 – Kupferberg; *Ellenberger,* in: Palandt, 78. Aufl. 2019, § 12 Rn. 29; *Kurbel,* Neue Entwicklungen im Recht der Gleichnamigen, 2016, S. 92 f.).

210 BGH GRUR 1993, 579, 580 – Römer GmbH; *Ingerl/Rohnke,* in: Ingerl/Rohnke, MarkenG, 3. Aufl. 2010, § 23 Rn. 35; *Fezer,* in: Fezer, MakenR, 4. Aufl. 2009, § 15 Rn. 143 ff.; *Kurbel,* Neue Entwicklungen im Recht der Gleichnamigen, 2016, S. 90.

211 EuGH GRUR 2005, 153, 157 – Anheuser Busch/Budvar; EuGH GRUR 2007, 971, 973 – Céline; *Thiering,* in: Ströbele/Hacker/Thiering, MarkenG, 12. Aufl. 2018, § 23 Rn. 17.

212 *Thiering,* in: Ströbele/Hacker/Thiering, MarkenG, 12. Aufl. 2018, § 23 Rn. 17; *Schalk,* in: Büscher/Dittmer/Schiwy, Gewerblicher Rechtsschutz, 3. Aufl. 2015, Teil 1 Kap. 3, § 23 Rn. 5.

213 EuGH GRUR 2005, 153, 157 – Anheuser Busch/Budvar; EuGH GRUR 2007, 971, 973 – Céline.

kann. Zum einen wird darauf abgestellt, ob der Namensinhaber die erforderliche Sorgfalt hat walten lassen.[214] Liegt also ein Fall geringer Vorwerfbarkeit und geringem Verletzungspotential vor, dann ist ein Eingriff in das Markenrecht durch entsprechenden Namensgebrauch erlaubt.[215] Zum anderen kann eine durch eine kompetente Kanzlei durchgeführte Markenrecherche entlastend wirken.[216] Zudem könnte die Erkennbarkeit der Zeichenähnlichkeit dadurch verneint werden, dass die unbewusste Herbeiführung der Markenverletzung als privilegiert einzustufen sei.[217] Die Privilegierung sollte allerdings nur dann eintreten, wenn die Benutzung des ähnlichen Unternehmenskennzeichens die Rolle der Marke im unverfälschten Wettbewerb nicht gefährdet und somit die Herkunft der Waren gegenüber dem Verkehr und insbesondere gegenüber dem Verbraucher gewährleistet wird.[218] Ein allgemeiner Produktbezug des Unternehmenskennzeichens in Form der unternehmensidentifizierenden Funktion ist dem System des unverfälschten Wettbewerbs ohnehin immanent.[219] Diese ganzen Aspekten zur Verneinung der Erkennbarkeit der rechtsverletzenden Handlung sind im konkreten Einzelfall unter Berücksichtigung der Schwere des Eingriffs in das prioritätsältere Kennzeichenrecht zu bewerten und gegebenenfalls aufgrund der zu niedrig angesetzten Anforderungen an die vom Namensinhaber vorzunehmenden Handlungen zu verwerfen.

Bei der Beurteilung des Grades der Vorwerfbarkeit des Namensinhabers kann man auf folgende Beurteilungsparameter zurückgreifen: Zum einen ist bedeutsam, ob das Unternehmenskennzeichen primär das Unternehmen kennzeichnet und ob daraus resultierend nur ein geringes Verletzungspotential besteht.[220] Zum anderen ist zu berücksichtigen, ob das Unternehmenskennzeichen auf der Ware angebracht wird. Denn durch das Anbringen auf der Ware muss mit der Möglichkeit der Verletzung einer nicht erkannten prioritätsälteren Marke gerechnet werden.[221] Ergänzend sind im Rahmen der Prüfung des sittenwidrigen Gebrauches und der dabei durchzuführenden Interessenabwägung zusätzlich der Bekanntheitsgrad der Marke einzubeziehen[222] und die Einschätzung,

---

214 *Büscher*, MarkenR 2007, 453, 463.

215 *Sharpston*, Schlussanträge vom 18.1.2007, C-17/06, Rn. 56 – Céline.

216 *Rohnke*, in: FS Ullmann, 2006, S. 359 (369).

217 *Knaak*, in: FS von Mühlendahl, 2005, S. 83 (91).

218 *Lange*, MarkenR 2007, 457, 463.

219 *Lange*, MarkenR 2007, 457, 463; *Lange*, Marken- und Kennzeichenrecht, Rn. 20.

220 *Lange*, MarkenR 2007, 457, 464.

221 *Lange*, MarkenR 2007, 457, 464.

222 EuGH GRUR 2005, 153, 157 – Anheuser Busch/Budvar; EuGH GRUR 2007, 971, 973 – Céline.

ob durch die Benutzung des Namens durch den Dritten die Marke herabgesetzt oder schlechtgemacht wird.[223]

b) Namensgebrauch gegenüber Unternehmenskennzeichen

Im Gegensatz dazu kommt es bei der Beurteilung, ob ein sittenwidriger Namensgebrauch gegenüber Unternehmenskennzeichen vorliegt, zunächst maßgeblich darauf an, ob es sich bei dem Unternehmenskennzeichen um einen frei wählbaren Namen handelt oder ob das Unternehmenskennzeichen aus einem bürgerlichen Namen besteht. Handelt es sich um einen frei wählbaren Namen, dürfte eine Freistellung nach § 23 Abs. 1 Nr. 1 MarkenG n.F. in aller Regel nicht in Betracht kommen. Denn wer sich eines frei wählbaren Handelsnamens bedient und damit in Konflikt mit einem prioritätsälteren Kennzeichenrecht gerät, wird sich in Anbetracht der Recherchemöglichkeiten regelmäßig nicht darauf berufen können, dass sein Verhalten mit den guten Sitten im Einklang steht.[224] Eine Freistellung der Verwendung des Unternehmenskennzeichens nach § 23 Abs. 1 Nr. 1 MarkenG n.F. dürfte in dieser Konstellation nur dann ausnahmsweise zu bejahen sein, wenn das prioritätsältere Kennzeichenrecht schwer recherchierbar und die Verletzungsintensität gering ist.[225] Handelt es sich bei dem Unternehmenskennzeichen jedoch um einen bürgerlichen Namen, dürfte die Freistellung nach § 23 Abs. 1 Nr. 1 MarkenG n.F. nach Maßgabe des Rechts der Gleichnamigen regelmäßig zu bejahen sein.[226]

4. Interessenabwägung

Liegt ein lauterer Gebrauch des Namens vor, ist bei den Grundsätzen des Rechts der Gleichnamigen im Rahmen einer umfassenden Interessenabwägung zu ermitteln, ob und wem Vorgaben zur Ausräumung der Verwechslungsgefahr im Rahmen der Zumutbarkeit auferlegt werden können.[227] Bei der Interessenabwägung handelt es sich um das Kernelement des Rechts der Gleichnamigen.[228] Bei

---

223 EuGH MarkenR 2005, 179 Rn. 43, 44 – Gilette Company/LA Laboratories; *Sharpston*, Schlussanträge vom 18.1.2007, C-17/06, Rn. 51 – Céline.

224 *Bott/Hacker/Heise/Joachim/Jonas/Nordemann-Schiffel*, GRUR Int. 2007, 509, 511; *Büscher*, MarkenR 2007, 453, 456.

225 *Thiering*, in: Ströbele/Hacker/Thiering, MarkenG, 12. Aufl. 2018, § 23 Rn. 54.

226 *Thiering*, in: Ströbele/Hacker/Thiering, MarkenG, 12. Aufl. 2018, § 23 Rn. 22.

227 BGH GRUR 2008, 801 f. – Hansen Bau; BGH GRUR 2002, 622 – shell.de; *Bamberger*, in: BeckOK-BGB, 50. Edition, Stand: 1.5.2019, § 12 Rn. 85.

228 BGH GRUR 1991, 475, 478 – Caren Pfleger; *Schmitt-Gaedke/Arz*, GRUR 2012, 565, 566; *Thiering*, in: Ströbele/Hacker/Thiering, MarkenG, 12. Aufl. 2018, § 23 Rn. 34; *Kurbel*, Neue Entwicklungen im Recht der Gleichnamigen, 2016, S. 112.

der Abwägung der widerstreitenden Interessen ist eine Vielzahl von Belangen zu berücksichtigen. Die abwägungsrelevanten Belange sind zu sammeln und zu gewichten, um sodann in einem weiteren Schritt ermitteln zu können, welche Maßnahmen wer zu ergreifen hat, um den Grad an Verwechslungen auf ein Minimum zu reduzieren.[229]

a) Verpflichteter

Aus dem für Kollisionsfälle maßgebenden Gerechtigkeitsprinzip der Priorität lässt sich der Grundsatz ableiten, dass derjenige, der in eine vorhandene Situation eingreift oder eine solche abändert/beeinträchtigt, zur Rücksichtnahme verpflichtet ist und damit geeignete und zumutbare Maßnahmen vorzunehmen hat, um die Störung zu beseitigen oder zu minimieren.[230] Im Falle der Kollision Gleichnamiger ist daher grundsätzlich der prioritätsjüngere Kennzeicheninhaber verpflichtet, Rücksicht auf die Rechte des prioritätsälteren Kennzeicheninhabers zu nehmen, da dieses grundsätzlich weniger schutzwürdig ist.[231] Allerdings sind auch von diesem Grundsatz Ausnahmen aufgrund der besonderen Umstände des Einzelfalls denkbar, etwa dann, wenn dem prioritätsälteren Kennzeicheninhaber geeignete und zumutbarere Maßnahmen zur Verfügung stehen, um sich von dem prioritätsjüngeren Kennzeichen abzugrenzen.[232]

b) Abwägungsrelevante Kriterien

In einem weiteren Schritt sind sodann die abwägungsrelevanten Belange beider Parteien zu sammeln und zu gewichten. Überblicksartig lassen sich folgende Kriterien nennen, die regelmäßig zu berücksichtigen sind, wobei nicht ausgeschlossen ist, dass weitere Kriterien je nach Fallkonstellation noch hinzukommen können:

Die Grundrechtspositionen der Kennzeicheninhaber (zum einen das Namensrecht aus Art. 2 Abs. 1 GG und zum anderen das Eigentumsrecht aus Art. 14 Abs. 1 GG), das Interesse der Allgemeinheit an einem täuschungsfreien Wirtschaftsverkehr, die Priorität der sich gegenüberstehenden Kennzeichen,

229 BGH GRUR 1995, 754, 759 – Altenburger Spielkartenfabrik; BGH GRUR 1987, 182, 183 – Stoll; *Kurbel,* Neue Entwicklungen im Recht der Gleichnamigen, 2016, S. 113.

230 *Ingerl/Rohnke,* in: Ingerl/Rohnke, MarkenG, 3. Aufl. 2010, § 6 Rn. 1; *Fezer,* in: Fezer, MarkenR, 4. Aufl. 2009, § 6 Rn. 6; *Kurbel,* Neue Entwicklungen im Recht der Gleichnamigen, 2016, S. 113.

231 *Scholz,* GRUR 1996, 679, 680.

232 *Kurbel,* Neue Entwicklungen im Recht der Gleichnamigen, 2016, S. 114.

der Anteil des Goodwill (soweit diesem ein eigenständiger Vermögenswert im Unternehmen zugesprochen wird), der Besitzstand und subjektive Kriterien.[233]

aa) Grundrechtspositionen

Der prioritätsältere Kennzeicheninhaber kann sich im Falle einer Kollision zunächst auf sein Kennzeichenrecht als absolutes Recht stützen, das als Eigentumsposition auch nach Art. 14 Abs. 1 GG geschützt ist.[234] Bei Verwendung des bürgerlichen Namens kann sich der Inhaber des prioritätsälteren Kennzeichens zusätzlich auch auf sein Namensrecht gemäß Art. 2 Abs. 1 in Verbindung mit Art. 1 Abs. 1 GG berufen.[235]

Im Übrigen spielt das Namensrecht aus Art. 2 Abs. 1 in Verbindung mit Art. 1 Abs. 1 GG für den Inhaber des prioritätsjüngeren Kennzeichenrechts eine Rolle.[236] Denn es kann niemandem verwehrt werden, unter seinem bürgerlichen Namen im geschäftlichen Verkehr aufzutreten.

bb) Interesse der Allgemeinheit

Bei der Interessenabwägung spielt auch das Interesse der Allgemeinheit an der Konfliktlösung eine nicht unerhebliche Rolle. Dabei resultiert das Interesse der Allgemeinheit aus der Gefahr von Verwechslungen, welche sich aus einer Konfliktsituation ergeben können und denen dann die Allgemeinheit unterliegen könnte.[237] Die Beseitigung der Verwechslungsgefahr ist zum einen Hauptaufgabe des MarkenG, obgleich neben dem MarkenG auch das UWG einschlägig sein könnte, wenn und soweit die Art und Weise der Verwechslungsgefahr über den markenrechtlichen Sinn hinausgeht und eine konkrete Irreführung darstellt oder sich hierfür eignet.[238] Bei der Prüfung lauterkeitsrechtlicher Vorschriften ist allerdings zu berücksichtigen, dass im Rahmen des Wettbewerbs ein geringes

---

233 *Schmitt-Gaedke/Arz,* GRUR 2012, 565, 567; *Kurbel,* Neue Entwicklungen im Recht der Gleichnamigen, 2016, S. 115 ff.

234 BVerfGE 51, 193, 216 f.; BGH GRUR 2009, 678 – POST/Regio-Post; *Ingerl/Rohnke,* in: Ingerl/Rohnke, MarkenG, 3. Aufl. 2010, § 14 Rn. 10; *Schmitt-Gaedke/Arz,* GRUR 2012, 565, 567.

235 *Schmitt-Gaedke/Arz,* GRUR 2012, 565, 567; *Plaß,* WRP 2000, 40, 43; *Kurbel,* Neue Entwicklungen im Recht der Gleichnamigen, 2016, S. 116.

236 *Schmitt-Gaedke/Arz,* GRUR 2012, 565, 567.

237 *Kurbel,* Neue Entwicklungen im Recht der Gleichnamigen, 2016, S. 111 f.; *Scholz,* GRUR 1996, 679, 683.

238 *Kur,* GRUR 1989, 240; *Bornkamm,* GRUR 2011, 1, 6; *Kurbel,* Neue Entwicklungen im Recht der Gleichnamigen, 2016, S. 112.

Maß an unlauteren Handlungen aufgrund der Grenze der Zumutbarkeit hinzunehmen ist.[239] Nichtsdestotrotz sind strenge Anforderungen an das hinnehmbare Maß an verbleibender Verwechslungsgefahr zu stellen, da aufgrund der UGP-Richtlinie der Verbraucherschutzgedanke nunmehr im Vordergrund steht.

cc) Priorität

Bei dem zeitlichen Moment der Priorität spielt letztendlich der Zeitabstand eine entscheidende Rolle bei der Gewichtung der Priorität im Rahmen der Interessenabwägung. Denn je größer die Priorität ist, desto verfestigter ist die Eigentumsposition des prioritätsälteren Kennzeicheninhabers.[240]

dd) Grad der Verwechslungsgefahr / Bekanntheitsgrad des Kennzeichens

Der Grad an Verwechslungsgefahr hängt von der Kennzeichnungskraft, der Zeichennähe und der Branchennähe ab, die jeweils in Wechselwirkung zueinanderstehen, ab.[241] Eine Verwechslungsgefahr besteht umso eher, je größer die Kennzeichnungskraft des älteren Kennzeichens ist.[242] Zudem kann eine hohe Verwechslungsgefahr eine geringere Zeichen-, Produkt-, Branchen- oder Werknähe ausgleichen.[243] Hat beispielsweise das prioritätsältere Kennzeichen nur eine geringe Kennzeichnungskraft, kann dies unter Umständen dazu führen, dass die Kollision mit dem prioritätsjüngeren Kennzeichen und die damit verbundene Verwechslungsgefahr hinzunehmen ist.[244]

Daneben steigt die Gefahr die Kennzeichen miteinander zu verwechseln, je ähnlicher die sich gegenüberstehenden Kennzeichen sind.[245] Dasselbe gilt auch für die Produkt-, Branchen- und Werknähe.

Auf Seiten des prioritätsälteren Kennzeicheninhabers spielt ebenso der Bekanntheitsgrad seines Kennzeichens eine entscheidende Rolle, da von diesem

---

239 *Scholz,* GRUR 1996, 679; *Kurbel,* Neue Entwicklungen im Recht der Gleichnamigen, 2016, S. 112.

240 *Kurbel,* Neue Entwicklungen im Recht der Gleichnamigen, 2016, S. 149.

241 BGH GRUR 2011, 824 – Kappa; BGH GRUR 2008, 903 – SIERRA ANTIGUO; BGH GRUR 2010, 833 – Malteserkreuz II.

242 EuGH GRUR 1998, 387, 390 – Sabèl/Puma; *Ingerl/Rohnke,* in: Ingerl/Rohnke, MarkenG, 3. Aufl. 2010, § 14 Rn. 497.

243 EuGH GRUR 2008, 343, 345 – Il Ponte Finanziaria Spa/HABM; BGH MarkenR 2006, 402, 404 – Malteserkreuz.

244 *Kurbel,* Neue Entwicklungen im Recht der Gleichnamigen, 2016, S. 118 mit Verweis auf BGH GRUR 1997, 661, 663 – B.Z./Berliner Zeitung.

245 *Kurbel,* Neue Entwicklungen im Recht der Gleichnamigen, 2016, S. 119.

die Kennzeichnungskraft und der einzuhaltende Abstand wie auch der Wert der prioritätsälteren Kennzeichnung hiervon abhängen können.[246] Auf der Seite des prioritätsjüngeren Kennzeicheninhabers kann im Rahmen der Interessenabwägung von Bedeutung sein, wie groß die Branchennähe zwischen den kollidierenden Kennzeichen ist und wie groß sein Interesse gerade daran ist, die gewählte Bezeichnung zu nutzen.[247]

ee) Anteil des Goodwill

Der Anteil des Goodwill ist immer dann im Rahmen der Abwägung zu berücksichtigen, wenn diesem ein eigenständiger Vermögenswert im Unternehmen beigemessen wird. Dies vor dem Hintergrund, dass dem Goodwill teilweise ein nicht zu unterschätzender Vermögenswert beizumessen ist, der sich an dem Bekanntheitsgrad und der Wertschätzung des Kennzeichens orientiert.

Der Anteil des Goodwill kann vor allem dann im Rahmen der Interessenabwägung von Bedeutung sein, wenn das namensgebende Familienmitglied aus dem Unternehmen ausgeschieden ist.[248] Dann kann sich nämlich die Frage stellen, welchen Einfluss der Ausgeschiedene auf den Goodwill des Unternehmens hatte.[249] Wird nämlich ein Unternehmen nach § 24 HGB dergestalt fortgeführt, dass kein Namensträger mehr beteiligt ist, führt dies zu einer Abschwächung des namensrechtlichen Schutzes, da in diesem Fall ein im allgemeinem Persönlichkeitsrecht fußendes Namensführungsrecht nicht mehr existiert.[250]

ff) Besitzstand

Das Kriterium des Besitzstandes spielt eher auf der Seite des Inhabers des prioritätsjüngeren Kennzeichenrechts eine Rolle. Ein schutzwürdiger Besitzstand auf Seiten des prioritätsjüngeren Kennzeicheninhabers entsteht dadurch, dass der prioritätsjüngere Kennzeicheninhaber sein eigentlich verwechslungsfähiges Kennzeichen über einen längeren Zeitraum neben dem prioritätsälteren Kennzeichen benutzen konnte, ohne dass dies beanstandet wurde, mit der Folge, dass sich der prioritätsjüngere Kennzeicheninhaber auf die Grundsätze des Rechts

---

246 BGH GRUR 1993, 579, 580 – Römer-GmbH.

247 BGH GRUR 1993, 579, 580 – Römer-GmbH.

248 *Knaak*, Das Recht der Gleichnamigen, 1979, S. 38; *Schmitt-Gaedke/Arz*, GRUR 2012, 565, 568.

249 *Knaak*, Das Recht der Gleichnamigen, 1979, S. 38; *Schmitt-Gaedke/Arz*, GRUR 2012, 565, 568.

250 *Schmitt-Gaedke/Arz*, GRUR 2012, 565, 568.

der Gleichnamigen berufen kann.[251] Dem Kriterium des Besitzstandes kommt aber im Rahmen der Interessenabwägung zur dann eine entscheidende Rolle zu, wenn und soweit es sich um einen erstmaligen (primären) Konflikt handelt.[252] In diesem Fall ist der Besitzstand nach seinem konkret schützenswerten Umfang zu beurteilen, der sich nach der objektiven Bedeutung für den prioritätsjüngeren Kennzeicheninhaber bemisst.[253] Hierbei spielt die Bekanntheit des prioritätsjüngeren Kennzeichens und die Verfestigung des Besitzstandes im Verkehr eine nicht unerhebliche Bedeutung.[254]

Handelt es sich hingegen um einen Folgekonflikt (sekundären Konflikt) bei einer zwischen den Parteien bestehenden Gleichgewichtslage, sind die auf beiden Seiten vorhandenen Besitzstände bereits erschöpft und können nicht erneut im Rahmen der Interessenabwägung berücksichtigt werden.[255]

gg) Subjektive Kriterien

Bei den subjektiven Kriterien spielt die Frage eine Rolle, weshalb der prioritätsjüngere Kennzeicheninhaber gerade dieses Kennzeichen verwenden möchte. Eine Verwechslungsabsicht ist hier nicht erforderlich, da im Falle des Vorliegens einer solchen bereits die Grundsätze des Rechts der Gleichnamigen bereits nicht zur Anwendung kommen würden.[256] Die subjektiven Kriterien spielen aber dann eine Rolle, wenn eine Verwechslungsabsicht nicht nachgewiesen werden kann, aber eine solche naheliegend ist bzw. bestimmte Anhaltspunkte dafür sprechen, dass der prioritätsjüngere Kennzeicheninhaber von dem Ruf des prioritätsälteren Kennzeicheninhabers profitieren wollte.[257]

---

251 BGH GRUR 1984, 378 – Hotel Krone; *Ingerl/Rohnke,* in: Ingerl/Rohnke, MarkenG, 3. Aufl. 2010, § 23 Rn. 46; *Kurbel,* Neue Entwicklungen im Recht der Gleichnamigen, 2016, S. 129.

252 *Kurbel,* Neue Entwicklungen im Recht der Gleichnamigen, 2016, S. 130.

253 BGH NJW 1993, 918, 921 – Universitätsemblem; *Kurbel,* Neue Entwicklungen im Recht der Gleichnamigen, 2016, S. 130.

254 *Scholz,* GRUR 1996, 679, 680; *Kurbel,* Neue Entwicklungen im Recht der Gleichnamigen, 2016, S. 130 f.

255 *Kurbel,* Neue Entwicklungen im Recht der Gleichnamigen, 2016, S. 130.

256 BGH GRUR 1993, 579, 580 – Römer GmbH; *Ingerl/Rohnke,* in: Ingerl/Rohnke, MarkenG, 3. Aufl. 2010, § 23 Rn. 35; *Fezer,* in: Fezer, MakenR, 4. Aufl. 2009, § 15 Rn. 143 ff.; *Kurbel,* Neue Entwicklungen im Recht der Gleichnamigen, 2016, S. 90.

257 BGH GRUR 1993, 579, 580 ff. – Römer GmbH; *Kurbel,* Neue Entwicklungen im Recht der Gleichnamigen, 2016, S. 132.

Auf der Seite des prioritätsälteren Kennzeicheninhabers kommt der subjektiven Komponente insoweit eine Bedeutung zu, als dass es eine Rolle spielt, seit wann er Kenntnis von der Verwendung des verwechslungsfähigen Kennzeichens Kenntnis hatte.[258]

c) Zwischenergebnis – Darstellung möglicher Abgrenzungsmaßnahmen

Die Gewichtung der abwägungsrelevanten Belange hängt zum einen von der Schwere der Beeinträchtigung ab – d.h. vorrangig dem Grad der geschaffenen Verwechslungsgefahr – sowie zum anderen von der Bedeutung der erlangten Position – demgemäß insbesondere dem erlangten Besitzstand.[259] Dabei überwiegen regelmäßig die Interessen des prioritätsälteren Kennzeicheninhabers, da für ihn der erlangte Besitzstand an dem Kennzeichen spricht, wohingegen sich der prioritätsjüngere Kennzeicheninhaber in der Hauptsache meist nur auf sein Persönlichkeitsrecht stützen kann.

Insgesamt kann die Interessenabwägung letztendlich zu zwei Ergebnissen führen: Entweder man kommt zu dem Schluss, dass den prioritätsjüngeren Kennzeicheninhaber zugemutet werden kann, jegliche Verwechslungsgefahr zu vermeiden oder man kommt zu dem Schluss, dass ein Rest an Verwechslungsgefahr durch den prioritätsälteren Kennzeicheninhaber zu dulden ist.[260] In letzterem Fall entsteht dann die sog. Gleichgewichtslage zwischen den Parteien.[261]

Kommt man also zu dem Ergebnis, dass der prioritätsjüngere Kennzeicheninhaber nicht verpflichtet werden kann, jegliche Verwechslungsgefahr zu vermeiden, ist anhand der konkreten Umstände des Einzelfalls zu eruieren, welche Abgrenzungsmaßnahmen von wem vorzunehmen sind. Dabei stellt sich auch die Frage, welche Abgrenzungsmaßnahmen überhaupt geeignet sind, die Gefahr von Verwechslungen auszuschließen oder zumindest auf ein hinnehmbares Maß zu minimieren.[262] Zwar hängt es jeweils vom Einzelfalls ab, welche Abgrenzungsmaßnahmen zur Reduzierung der Verwechslungsgefahr zu unternehmen sind, nichtsdestotrotz haben sich in der Rechtsprechung vor allem folgende Abgrenzungsmaßnahmen herauskristallisiert:

---

258 *Kurbel,* Neue Entwicklungen im Recht der Gleichnamigen, 2016, S. 150.
259 *Schmitt-Gaedke/Arz,* GRUR 2012, 565, 568; BGH GRUR 1993, 579, 580 – Römer GmbH.
260 *Schmitt-Gaedke/Arz,* GRUR 2012, 565, 566.
261 *Scholz,* GRUR 1996, 679, 680 f.; *Knaak,* Das Recht der Gleichnamigen, 1979, S. 52; *Schmitt-Gaedke/Arz,* GRUR 2012, 565, 566.
262 *Kurbel,* Neue Entwicklungen im Recht der Gleichnamigen, 2016, S. 133.

- Die Aufnahme von klarstellenden/unterscheidenden Zusätzen zum Kennzeichen,[263]
- das Hinzufügen des Vor- oder Nachnamens,[264]
- die Aufnahme aufklärender Hinweise (z.B. auf der ersten Seite einer Internethomepage)[265] oder
- anderweitige Gestaltungsformen, die für die angesprochenen Verkehrskreise eine Unterscheidung ermöglichen.[266]

Bei den gefundenen Abgrenzungsmaßnahmen ist dann im Anschluss zu fragen, ob es sich bei diesen um zumutbare Maßnahmen für den Verpflichteten handelt. Sollten die Maßnahmen den grundsätzlich Verpflichteten (regelmäßig der prioritätsjüngere Kennzeicheninhaber) unzumutbar stark beeinträchtigen, ist zu eruieren, ob nicht aufgrund des Interesses der Allgemeinheit an einer Reduzierung der Verwechslungsgefahr der prioritätsältere Kennzeicheninhaber ausnahmsweise zumutbare Abgrenzungsmaßnahmen vorzunehmen hat.[267]

5. *Zusammenfassung*

Abschließend kann daher folgendes festgehalten werden: Nach der Rechtsprechung des Europäischen Gerichtshofes umfasst der Begriff des Namens in § 23 Abs. 1 Nr. 1 MarkenG n.F. nicht nur den bürgerlichen Namen einer Person, sondern auch Firmen- und Phantasiebezeichnungen. Dementsprechend erfasst die Norm eine Vielzahl von etwaigen Kollisionsfällen, bei denen dann in einem weiteren Schritt geprüft werden muss, ob die Benutzung den anständigen Gepflogenheiten in Gewerbe und Handel entspricht. Dieser sog. Unlauterkeitsvorbehalt wird auch als Schranken-Schranke bezeichnet, in deren Rahmen im Einzelfall zu prüfen ist, ob die Namensbenutzung in einem Ausmaß erfolgt, die dem prioritätsälteren Kennzeicheninhaber zugemutet werden kann und ob der prioritätsjüngere Kennzeicheninhaber an der Benutzung des Namens überhaupt

---

263 *v. Schultz,* GRUR 1992, 487, 488.

264 Beispielsweise bei „JOOP“: Wolfgang Joop tritt unter dem Kennzeichen „JOOP“ auf, Jette Joop unter dem Kennzeichen „Jette Joop“.

265 So der Bundesgerichtshof in der Entscheidung „Peek & Cloppenburg I“ (BGH GRUR 2010, 738 ff. – Peek & Cloppenburg).

266 *v. Schultz,* GRUR 1992, 487, 488; *Kurbel,* Neue Entwicklungen im Recht der Gleichnamigen, 2016, S. 133.

267 *Kurbel,* Neue Entwicklungen im Recht der Gleichnamigen, 2016, S. 134.

ein legitimes und schützenswertes Interesse verfolgt. Ist dies der Fall und handelt es sich um eine lautere Namensverwendung ist im Wege einer Interessenabwägung zu ermitteln, wer welche Maßnahmen zur Verringerung einer bestehenden Verwechslungsgefahr zwischen den Kennzeichen vorzunehmen hat.

Kapitel 3: Darstellung kollisionsspezifischer Abwehrrechte

Kollidiert ein prioritätsjüngeres Kennzeichen mit einem prioritätsälteren Kennzeichen stellt sich stets die Frage, wie die Kollisionslage aufzulösen ist. Nachfolgend sollen daher der Anwendungsbereich der Grundsätze des Rechts der Gleichnamigen sowie die einzelnen Abwehrrechte dargestellt werden, bevor im Kapitel 5 auf die einzelnen Kollisionslagen im Detail eingegangen wird.

A. Anwendungsbereich des Rechts der Gleichnamigen

Besteht zwischen zwei Kennzeichen aufgrund der Ähnlichkeit der Zeichenbestandteile und der Ähnlichkeit der Waren und Dienstleistungen eine Verwechslungsgefahr und kann sich der prioritätsjüngere Kennzeicheninhaber auf sein mit dem Kennzeichen übereinstimmendes Namensrecht berufen, so ist grundsätzlich der Anwendungsbereich des Rechts der Gleichnamigen eröffnet.[268] Nachfolgend soll daher dargestellt werden, wie die Prüfungsreihenfolge beim Recht der Gleichnamigen aussieht.

I. Primäre Konfliktsituation: Herstellung der Gleichgewichtslage

Eine primäre Konfliktsituation zwischen zwei Kennzeichen liegt dann vor, wenn es erstmalig zu einer Kollision der Kennzeichen kommt.

Da als Rechtsgrundlage für die Anwendung der Grundsätze des Rechts der Gleichnamigen die Schrankenregelung in § 23 Abs. 1 Nr. 1 MarkenG n.F. herangezogen wird, ist zunächst erforderlich, dass – rein objektiv gesehen – der Verletzungstatbestand der §§ 14, 15 MarkenG erfüllt ist und damit dem Grunde nach ein Unterlassungsanspruch des prioritätsälteren Kennzeicheninhabers gegenüber dem prioritätsjüngerem Kennzeicheninhaber besteht.

Im zweiten Schritt ist dann im Rahmen des § 23 Abs. 1 Nr. 1 MarkenG n.F. zu prüfen, ob es sich um eine lautere Namensverwendung handelt, um dann im Rahmen der durchzuführenden Interessenabwägung zu entscheiden, welcher Kennzeicheninhaber die Verwechslungsgefahr auszuräumen und auf welche Weise dies zu erfolgen hat.[269] In diesem Kontext spielt dann auch der im

268 *Schmitt-Gaedke/Arz,* GRUR 2012, 565, 566.

269 BGH GRUR 1993, 579, 580 – Römer GmbH; *Schmitt-Gaedke/Arz,* GRUR 2012, 565, 566.

Markenrecht maßgebliche Prioritätsgrundsatz erneut eine Rolle. Denn nach der Rechtsprechung des Bundesgerichtshofes ist es vornehmlich die Aufgabe des prioritätsjüngeren Kennzeicheninhabers, alles Zumutbare und Erforderliche zu unternehmen, um eine Verwechslungsgefahr mit dem prioritätsälteren Kennzeicheninhaber zu vermeiden.[270] In der Interessenabwägung ist dann festzustellen, wie groß der einzuhaltende Abstand des prioritätsjüngeren Kennzeichens zu dem prioritätsälteren Kennzeichen ist und welche Maßnahmen hierfür erforderlich sind.[271]

Führt die Interessenabwägung zu dem Ergebnis, dass eine Verwechslungsgefahr vermieden werden kann, besteht fortan kein Kennzeichenkonflikt mehr zwischen den beiden Kennzeichen. Ist jedoch das Ergebnis der Interessenabwägung, dass von dem prioritätsälteren Kennzeicheninhaber ein unvermeidbarer Rest an Verwechslungsgefahr geduldet werden muss, so entsteht eine sog. Gleichgewichtslage zwischen den beiden Kennzeichen.[272]

II. Sekundäre Konfliktsituation: Bewahrung der Gleichgewichtslage

1. *Echte Gleichnamigenfälle*

Von einer sekundären Konfliktsituation ist bei echten Gleichnamigenfällen[273] dann die Rede, wenn das Ergebnis im Rahmen der bei der primären Konfliktsituation vorgenommenen Interessenabwägung dahingehend lautet, dass der prioritätsältere Kennzeicheninhaber einen unvermeidbaren Rest an Verwechslungsgefahr hinnehmen muss. In diesem Fall ist das Resultat der Interessenabwägung also das Fortbestehen einer unvermeidbaren Verwechslungsgefahr zwischen den Kennzeichen, wodurch quasi eine zweite Konfliktebene – die Gleichgewichtslage – entsteht, auf der erneut die Grundsätze des Rechts der Gleichnamigen zur Anwendung kommen.[274] Auf dieser Ebene ist in jeder

270 BGH GRUR 1993, 579, 580 – Römer GmbH; *Schmitt-Gaedke/Arz,* GRUR 2012, 565, 566.

271 *Schmitt-Gaedke/Arz,* GRUR 2012, 565, 566.

272 *Scholz,* GRUR 1996, 679, 680 f.; *Knaak,* Das Recht der Gleichnamigen, S. 52; *Schmitt-Gaedke/Arz,* GRUR 2012, 565, 566.

273 Unter „echten Gleichnamigenfällen" sind solche zu verstehen, in denen ein aus dem bürgerlichen Namen gebildetes Kennzeichen (Firma, sonstiges Unternehmenskennzeichen oder Marke) mit einem älteren Kennzeichen kollidiert (vgl. *Thiering,* in: Ströbele/Hacker/Thiering, MarkenG, 12. Aufl. 2018, § 23 Rn. 24 ff.).

274 BGH GRUR 2010, 738 ff. – Peek & Cloppenburg; BGH GRUR 2011, 623 ff. – Peek & Cloppenburg II; BGH GRUR 2013, 397 ff. – Peek & Cloppenburg III; *Schmitt-Gaedke/Arz,* GRUR 2012, 565, 566.

Erhöhung der bereits bestehenden und von dem prioritätsälterem Kennzeicheninhaber zu duldenden Verwechslungsgefahr durch eine der beiden Parteien eine Beeinträchtigung der Gleichgewichtslage zu sehen.[275] Die Beeinträchtigung der Gleichgewichtslage kann beispielsweise in der Ausdehnung des Tätigkeitsfeldes[276] sowie der Manifestierung einer kennzeichenrechtlichen Situation durch verwechslungsfähige Markenanmeldungen[277] bestehen. Im Rahmen einer weiteren Interessenabwägung ist sodann zu beurteilen, ob in der Steigerung der Verwechslungsgefahr eine unzulässige Störung der Gleichgewichtslage zu sehen ist, die aufgrund der Gleichgewichtslage unterbunden werden kann.[278] Die Störung der Gleichgewichtslage ist dann hinzunehmen, wenn der Störende wiederum ein schutzwürdiges Interesse an der Benutzung hat und alles Erforderliche und Zumutbare tut, um eine Erhöhung der Verwechslungsgefahr weitestgehend zu vermeiden.[279]

2. *Unechte Gleichnamigenfälle*

Bei den unechten Gleichnamigenfällen[280] ist die Gleichgewichtslage nicht in Folge der bei einer primären Kollision erfolgten Interessenabwägung entstanden, sondern durch jahrelange unbeanstandete parallele Benutzung der kollidierenden Kennzeichen,[281] in Folge von Abgrenzungsvereinbarungen,[282] aufgrund des Ausscheidens zweier Unternehmen aus einem Konzern[283] oder verselbstständigter Namensrechte von Grundstücken.[284] Aber auch in diesen Fällen kommen die

275 *Ingerl/Rohnke,* in: Ingerl/Rohnke, MarkenG, 3. Aufl. 2010, § 23 Rn. 42; *Scholz,* GRUR 1996, 679, 681; *Schmitt-Gaedke/Arz,* GRUR 2012, 565, 566 f.

276 BGH GRUR 2010, 738 ff. – Peek & Cloppenburg; *Scholz,* GRUR 1996, 679, 681.

277 BGH GRUR 2011, 835 – Gartencenter Pöschke; BGH GRUR 2011, 623 ff. – Peek & Cloppenburg II; *Büscher,* MarkenR 2007, 453, 457.

278 *Ingerl/Rohnke,* in: Ingerl/Rohnke, MarkenG, 3. Aufl. 2010, § 23 Rn. 42; *Schmitt-Gaedke/Arz,* GRUR 2012, 565, 567.

279 BGH GRUR 2010, 738 – Peek & Cloppenburg; *Schmitt-Gaedke/Arz,* GRUR 2012, 565, 567.

280 Von „unechten Gleichnamigenfällen" spricht man dann, wenn zwei Kennzeichen über einen längeren Zeitraum unbeanstandet parallel nebeneinander verwendet wurden.

281 BGH GRUR 1984, 378 – Hotel Krone; BGH GRUR 2011, 623 – Peek & Cloppenburg II; *Schmitt-Gaedke/Arz,* GRUR 2012, 565, 567.

282 *Thiering,* in: Ströbele/Hacker/Thiering, MarkenG, 12. Aufl. 2018, § 23 Rn. 41; *Schmitt-Gaedke/Arz,* GRUR 2012, 565, 567.

283 *OLG Düsseldorf* GRUR-RR 2008, 80 – Mannesmann; *Schmitt-Gaedke/Arz,* GRUR 2012, 565, 567.

284 *BGH* GRUR 2012, 534 – Landgut Borsig; *Schmitt-Gaedke/Arz,* GRUR 2012, 565, 567.

Grundsätze des Rechts der Gleichnamigen auf der sekundären Konfliktebene bei den Gleichgewichtslagen – wie zuvor beschrieben – zur Anwendung. Hierbei ist zu berücksichtigen, dass grundsätzlich derjenige zur Vornahme von Abgrenzungshandlungen verpflichtet ist, der die zwischen den Parteien bestehende Gleichgewichtslage stört, d.h. dies kann ebenso den prioritätsälteren Kennzeicheninhaber treffen.

B. Markengesetzliche Anspruchsgrundlagen

Bei der Benutzung von Kennzeichen im geschäftlichen Verkehr, stellt sich zuvorderst die Frage nach dem Eingreifen markengesetzlicher Anspruchsgrundlagen als lex specialis. Hierbei wird dann je nach Art des verletzten Kennzeichens in die Unterlassungstatbestände nach § 14 Abs. 2 MarkenG für Marken und nach § 15 Abs. 2 und 3 MarkenG für geschäftliche Bezeichnungen differenziert. Eine Sonderstellung bei den markengesetzlichen Abwehrrechten stellen die §§ 126 ff. MarkenG für die geografische Herkunftsangabe dar.

Insgesamt lässt sich zunächst festhalten, dass als prioritätsältere Rechte neben der Registermarke auch sonstige nach dem MarkenG geschützten Kennzeichen (Marke aufgrund Verkehrsgeltung, notorisch bekannte Marke, geschäftliche Bezeichnungen, Werktitel und die geografische Herkunftsangabe) in Betracht kommen, die absolut geschützte Immaterialgüterrechte darstellen.[285]

I. Schutzbereich des § 14 Abs. 2 MarkenG – Schutz der Marke

Dem Markeninhaber steht über § 14 MarkenG gegen die unberechtigte Nutzung der Marke durch Dritte ein Unterlassungsanspruch zu. Der Unterlassungsanspruch in § 14 MarkenG ist in drei Fälle untergliedert: § 14 Abs. 2 Nr. 1 MarkenG erfasst die Fälle der Doppelidentität, § 14 Abs. 2 Nr. 2 MarkenG die Fälle der Verwechslungsgefahr und § 14 Abs. 2 Nr. 3 MarkenG erfasst die Fälle der Verletzung einer bekannten Marke.

Hauptanwendungsfall für die Grundsätze des Rechts der Gleichnamigen sind die Fälle der Verwechslungsgefahr, wenngleich auch im Falle einer vollständigen Zeichen- und Waren-/Dienstleistungsidentität auch der Tatbestand des § 14 Abs. 2 Nr. 1 MarkenG oder im Falle einer bekannten Marke der Tatbestand des

---

285 *Fezer*, in: Fezer, MarkenR, Einl. C. Rn. 4 und 16, § 126 Rn. 4; *v. Schultz*, in: v. Schultz, MarkenG, 3. Aufl. 2012, Einführung Rn. 2; *Ingerl/Rohnke*, in: Ingerl/Rohnke, 3. Aufl. 2010, MarkenG, Einl. Rn. 1; BVerfGE 51, 193 – Weinbergsrolle; BGH GRUR 2016, 741 ff. – Himalaya Salz.

§ 14 Abs. 2 Nr. 3 MarkenG in Betracht kommt. Nachfolgend soll schwerpunktmäßig auf die Verwechslungsgefahr eingegangen werden.

1. Benutzung im geschäftlichen Verkehr

Der Tatbestand des § 14 Abs. 2 MarkenG sieht insgesamt vor, dass als Markenverletzungen nur solche Benutzungshandlungen anzusehen sind, die im geschäftlichen Verkehr erfolgen.[286] Der Begriff der geschäftlichen Handlung ist dabei weit auszulegen.[287] Der Begriff umfasst daher jede wirtschaftliche Betätigung, mit der in Wahrnehmung oder Förderung eigener oder fremder Geschäftsinteressen am Erwerbsleben teilgenommen wird.[288] Die Geschäftsinteressen können dabei beliebiger Natur sein.[289]

Bei der Beurteilung einer geschäftlichen Handlung ist auf den konkreten Einzelfall abzustellen und zu berücksichtigen, dass an das Vorliegen einer markenrechtlich relevanten Handlung im geschäftlichen Verkehr keine allzu hohen Anforderungen zu stellen sind.[290] Es kommt daher nicht darauf an, dass eine Gewinnerzielungsabsicht oder eine Entgeltlichkeit der angebotenen Waren/Dienstleistungen zu bejahen ist oder dass zwischen dem Kennzeicheninhaber und dem in Anspruch genommenen Dritten ein Wettbewerbsverhältnis besteht.[291]

Bei Gewerbetreibenden wird ein Handeln im geschäftlichen Verkehr vermutet, sofern es sich um eine Tätigkeit handelt, die dem äußeren Anschein nach der gewerblichen Tätigkeit zuzuordnen ist.[292] Rein privates Handeln ist hiervon

---

286 *Hacker*, in. Ströbele/Hacker, MarkenG/Thiering, 12. Aufl. 2018, § 14 Rn. 47; *Büscher*, in: Büscher/Dittmer/Schiwy, Gewerblicher Rechtsschutz, Teil 1 Kap. 3, § 14 Rn. 108; *Fezer*, in: Fezer, MarkenR, 4. Aufl. 2009, § 14 Rn. 23.

287 BGH GRUR 1987, 438, 440 – Handtuchspender; BGH GRUR 2004, 860, 863 – Internet-Versteigerung; OLG Frankfurt GRUR 2004, 1042 – Cartierschmuck; *Hacker*, in. Ströbele/Hacker, MarkenG/Thiering, 12. Aufl. 2018, § 14 Rn. 48.

288 EuGH GRUR 2003, 55, 57 – Arsenal FC; EuGH GRUR 2007, 318, 319 – Adam Opel/Autec; EuGH GRUR 2007, 971, 972 – Céline; BGH GRUR 2007, 780, 782 – Pralinenform; *Hacker*, in. Ströbele/Hacker, MarkenG/Thiering, 12. Aufl. 2018, § 14 Rn. 38; *Fezer*, in: Fezer, MarkenR, 4. Aufl. 2009, § 14 Rn. 24.

289 *Fezer*, in: Fezer, MarkenR, 4. Aufl. 2009, § 14 Rn. 24.

290 BGH GRUR 2009, 871 – Ohrclips.

291 BGH GRUR 1987, 440, 442 – Handtuchspender; OLG Frankfurt GRUR 2004, 1042 – Cartierschmuck; *Hacker*, in. Ströbele/Hacker, MarkenG/Thiering, 12. Aufl. 2018, § 14 Rn. 38.

292 BGH GRUR 1993, 761, 762 – Makler-Privatangebot; BGH GRUR 2007, 708, 710 – Internet-Versteigerung II; BGH GRUR 2008, 702, 705 – Internet-Versteigerung III; *Hacker*, in. Ströbele/Hacker, MarkenG/Thiering, 12. Aufl. 2018, § 14 Rn. 49.

nicht erfasst. Die Abgrenzung zwischen privaten Handeln und einem Handeln im geschäftlichen Verkehr ist aufgrund der erkennbar nach außen tretenden Zielrichtung des Handelnden vorzunehmen.[293]

2. Markenmäßige Benutzung

Aufgrund der offenen Formulierung der Regelungen in § 14 MarkenG sowie der Erwägungsgründe in der MarkenRL-2015 ist es nach wie vor umstritten, ob die verletzende Bezeichnung im Geschäftsverkehr auch markenmäßig/zeichenmäßig erfolgen muss oder ob nicht bereits jede Benutzungshandlung ausreicht.[294] Eine markenmäßige Benutzung liegt immer dann vor, wenn das betreffende Kennzeichen als Unterscheidungsmittel gegenüber Waren und Dienstleistungen anderer Unternehmen eingesetzt wird.[295]

Die eine Ansicht vertritt hierbei die Auffassung, dass auch gegen nicht-zeichenmäßige Benutzungshandlungen markenrechtlicher Schutz gewährt werden soll, solange der Europäische Gerichtshof den Anwendungsbereich der MarkenRL-1989/2015 und der MarkenVO nicht auf eine zeichenmäßige Benutzungshandlung beschränkt.[296] Diese Ansicht begründet ihre These mit einem Vergleich zum Schutzzweck des alten Warenzeichengesetzes. In das alte Warenzeichengesetz wurde das Erfordernis einer zeichenmäßigen Benutzungshandlung mit der Begründung hineininterpretiert, dass dieses Gesetz den Schutz der Herkunftsfunktion der Marke bezwecke, die nur durch zeichenmäßige Benutzungshandlungen beeinträchtigt werde.[297] Nachdem jedoch durch das neue MarkenG und die darauf basierende Rechtsprechung des Europäischen Gerichtshofes auch andere Funktionen – wie beispielsweise die Werbefunktion – Schutz genießen, erscheint das Verlangen einer kennzeichenmäßigen Benutzung mit den einschlägigen rechtlichen Regelungen nicht mehr in Einklang zu stehen.[298]

Demgegenüber fordert die Gegenansicht zur Bejahung eines Unterlassungsanspruchs nach § 14 MarkenG auch weiterhin das Vorliegen einer zeichenmäßigen Benutzung. Hierbei beruft sie sich darauf, dass die Regelungen in Art. 5

293 BGH GRUR 2002, 622, 624 – shell.de; BGH GRUR 2008, 1099, 1110 – afilias.de; *Hacker*, in. Ströbele/Hacker, MarkenG/Thiering, 12. Aufl. 2018, § 14 Rn. 53.

294 *Sack*, GRUR 1995, 81, 94; vgl. zum Meinungsstand insgesamt *Fezer*, in: Fezer, MarkenR, 4. Aufl. 2009, § 14 Rn. 21 ff. m.w.N.; *Ingerl/Rohnke*, in: Ingerl/Rohnke, MarkenG, 3. Auflage 2010, § 14 Rn. 63 ff.

295 BGH GRUR 2002, 812 – FRÜHSTÜCKS-DRINK II.

296 *Sack*, GRUR 1995, 81, 94.

297 *Sack*, GRUR 1995, 81, 94.

298 *Sack*, GRUR 1995, 81, 94; *Kraft*, GRUR 1991, 339 ff., 342.

Abs. 1, 2 MarkenRL-1989 (Art. 10 Abs. 2 MarkenRL-2015), Art. 9 Abs. 1 MarkenVO und § 14 MarkenG die „Benutzung" eines Zeichens untersagen bzw. eine Zeichenbenutzung „im geschäftlichen Verkehr" verlangen.[299] Der Umstand, dass diese Begründung nicht vollumfänglich überzeugen kann, zeigt sich bereits an der Rolls-Royce-Entscheidung des Bundesgerichtshofes, bei der im Falle einer Werbesendung für eine Flasche Whisky im Hintergrund ein Rolls-Royce mit den deutlich erkennbaren Marken Kühlerfigur „Flying Lady", dem Emblem „RR" und dem charakteristischer Kühlergrill zu sehen war.[300] Eine zeichenmäßige Benutzung wurde jedoch vom Bundesgerichtshof trotz der Benutzung der Marken im geschäftlichen Verkehr verneint.[301] Nichtsdestotrotz kann die Gegenansicht ihre Argumentation auf die Regelung in Art. 5 Abs. 5 MarkenRL-1989 (Art. 10 Abs. 6 MarkenRL-2015) stützen.[302] Denn nach Art. 5 Abs. 5 MarkenRL-1989 berühren „die Absätze 1 bis 4 nicht die in einem Mitgliedstaat geltenden Bestimmungen über den Schutz gegenüber der Verwendung eines Zeichens zu anderen Zwecken als der Unterscheidung von Waren oder Dienstleistungen, wenn die Benutzung dieses Zeichens die Unterscheidungskraft oder die Wertschätzung der Marke ohne rechtfertigenden Grund in unlauterer Weise ausnutzt oder beeinträchtigt". Aus der Formulierung kann der Rückschluss gezogen werden, dass der in Art. 5 Abs. 1-4 der MarkenRL-1989 vorgesehene Schutz nur die Benutzung einer Marke zu Zwecken der Unterscheidung und damit nur die kennzeichenmäßige Benutzung erfasst.[303]

Der vorliegend dargestellte Streit wurde vom Europäischen Gerichtshof im Sinne einer vermittelnden Auffassung entschieden, wonach grundsätzlich ein markenmäßiger Gebrauch im Rahmen der Verletzungstatbestände des § 14 Abs. 2 MarkenG erforderlich ist.[304] Ausnahmsweise kann aber auch eine etwa

---

299 *Keller*, Der Schutz eingetragener Marken gegen Rufausbeutung nach deutschem und europäischem Recht, 1994, S. 75; *Kunz-Hallstein*, GRUR Int. 1990, 747 ff., 757; *Sack*, GRUR 1995, 81, 94.

300 *Sack*, GRUR 1995, 81, 94.

301 BGH GRUR 1983, 247 ff. – Rolls Royce.

302 *Sack*, GRUR 1995, 81, 94; *Kunz-Hallstein*, GRUR Int. 1990, 747 ff., 757; *Keller*, Der Schutz eingetragener Marken gegen Rufausbeutung nach deutschem und europäischem Recht, 1994, S. 75.

303 *Sack*, GRUR 1995, 81, 94.

304 EuGH GRUR Int. 1999, 438, 441 – BMW/Deenik. Die Entscheidung bezieht sich auf den Schutz der bekannten Marke, wobei die Grundsätze insgesamt auf die Verletzungstatbestände des § 14 Abs. 2 MarkenG übertragbar sind. In dem Urteil des Europäischen Gerichtshofes zu „Anheuser Busch/Budvar" wurde nochmals betont, dass die Ausübung des ausschließlichen Rechts des Markeninhabers, die Benutzung

nur dekorative Nutzung einer bekannten Marke eine rechtsverletzende Markennutzung darstellen, wenn die beteiligten Verkehrskreise eine gedankliche Verknüpfung mit der bekannten Marke herstellen.[305] Diesen Ausführungen des Europäischen Gerichtshofes ist zu entnehmen, dass eine herkunftshinweisende Zeichennutzung nicht zwingend erforderlich ist, wohl aber eine Benutzung, die geeignet ist, eine tatbestandsmäßige Beeinträchtigung der Marke hervorzurufen.[306] Schließlich hat sich der Bundesgerichtshof der Ansicht des Europäischen Gerichtshofes angeschlossen und erachtet grundsätzlich eine markenmäßige Benutzung als erforderlich.[307] Im Hinblick auf den Schutz der bekannten Marke nach § 14 Abs. 2 Nr. 3 MarkenG soll es anstelle eines herkunftshinweisenden Gebrauchs aber auch ausreichen, wenn eine gedankliche Verknüpfung mit der bekannten Marke durch die konkreten Benutzungshandlung entsteht.[308]

3. Verwechslungsgefahr im Sinne des § 14 Abs. 2 Nr. 2 MarkenG

Gemäß § 14 Abs. 2 Nr. 2 MarkenG ist es Dritten untersagt, ohne Zustimmung des Inhabers der Marke im geschäftlichen Verkehr ein Zeichen zu benutzen, wenn wegen der Identität oder Ähnlichkeit des Zeichens mit der Marke und der Identität oder Ähnlichkeit der durch die Marke und das Zeichen erfassten Waren oder Dienstleistungen für das Publikum die Gefahr von Verwechslungen besteht, einschließlich der Gefahr, dass das Zeichen mit der Marke gedanklich in Verbindung gebracht wird.

a) Definition der Verwechslungsgefahr

Eine Verwechslungsgefahr im Sinne des Markenrechts liegt vor, wenn das Publikum bzw. die angesprochenen Verkehrskreise glauben können, dass die von den Vergleichszeichen erfassten Waren und/oder Dienstleistungen aus demselben oder gegebenenfalls aus wirtschaftlich miteinander verbundenen Unternehmen

---

eines Zeichens zu verbieten, auf die Fälle beschränkt sein muss, in denen die Benutzung des Zeichens durch Dritte die Funktionen der Marke uns insbesondere ihre Hauptfunktion, beeinträchtigte oder beeinträchtigen könne (vgl. EuGH GRUR 2005, 153, 155 f. – Anheuser Busch/Budvar; EuGH GRUR 2007, 318, 319 – Adam Opel/Autec; EuGH GRUR 2007, 971, 972 – Céline; *Hacker*, in. Ströbele/Hacker, MarkenG/Thiering, 12. Aufl. 2018, § 14 Rn. 87 ff.).

305 EuGH GRUR 2004, 58, 60 – Adidas/Fitnessworld.

306 *Hacker*, in: Ströbele/Hacker/Thiering, MarkenG, 12. Aufl. 2018, § 14 Rn. 109 ff.

307 BGH GRUR 2005, 583, 584 – Lila Postkarte; BGH GRUR 2006, 329, 331 – Gewinnfahrzeug mit Fremdemblem; BGH GRUR 2008, 912, 915 – Metrosex.

308 BGH GRUR 2005, 583, 584 – Lila Postkarte.

stammen.[309] Ob eine Verwechslungsgefahr vorliegt, beurteilt sich nach dem oben dargestellten Tatbestand in § 14 Abs. 2 Nr. 2 MarkenG im Hinblick auf die Identität oder Ähnlichkeit der sich gegenüberstehenden Zeichen einerseits und der Identität oder Ähnlichkeit der von diesen erfassten Waren und Dienstleistungen andererseits.[310]

Im Rahmen der MarkenRL-2015 wird bereits die Komplexität des Begriffs der Verwechslungsgefahr in Erwägungsgrund 16 betont, wonach die Verwechslungsgefahr insbesondere vom Bekanntheitsgrad der Marke im Markt, der gedanklichen Verbindung, die das benutzte oder eingetragenen Zeichen zu ihr hervorrufen kann, sowie dem Grad der Ähnlichkeit zwischen der Marke und dem Zeichen und zwischen den damit gekennzeichneten Waren und Dienstleistungen abhängt. Die in diesem Erwägungsgrund angedeutete Vielzahl von Umständen, die bei der Beurteilung der Verwechslungsgefahr maßgebend sind, stellt keine abschließende Aufzählung dar, sondern bildet vielmehr nur einen Rahmen der zu berücksichtigenden Faktoren.[311]

Die Verwechslungsgefahr ist nach Erwägungsgrund 16 der MarkenRL-2015 sowie deren Umsetzung in § 14 Abs. 2 Nr. 2 MarkenG die spezifische Voraussetzung für den Markenschutz gegen nicht identische Zeichen.[312] In diesem Zusammenhang kommt der Hauptfunktion der Marke, namentlich der Herkunftsfunktion, eine besondere Bedeutung zu. Denn die Hauptfunktion der Marke besteht darin, dem Verbraucher oder Endabnehmer die Ursprungsidentität der gekennzeichneten Waren und/oder Dienstleistungen zu garantieren, die dann wiederum den Ausgangspunkt für die Beurteilung der Verwechslungsgefahr bildet.[313] Insoweit

309 EuGH GRUR 1998, 922, 924 – Canon; EuGH GRUR Int. 1999, 734, 736 – Lloyd; EuGH GRUR Int. 2007, 718, 720 – TRAVATAN II; EuGH GRUR 2008, 343, 346 – Il Ponte Finanziaria Spa/HABM; EuGH GRUR 2008, 503, 504 adidas/Marca Mode u.a.; EuGH GRUR 2010, 841, 844 – Portakabin/Primakabin; EuGH GRUR 2010, 451 – BergSpechte; EuGH Beschl. v. 10.7.2009 – C-416/08 P – Apple Computer; EuGH MarkenR 2008, 387 – Nestle; EuGH GRUR 2005, 1042 – Medion; *Hacker*, in. Ströbele/Hacker, MarkenG/Thiering, 12. Aufl. 2018, § 9 Rn. 31; *Ingerl/Rohnke,* in: Ingerl/Rohnke, MarkenG, 3. Aufl. 2010, § 14 Rn. 369.

310 *Hacker*, in. Ströbele/Hacker, MarkenG/Thiering, 12. Aufl. 2018, § 9 Rn. 31.

311 *Ingerl/Rohnke,* in: Ingerl/Rohnke, MarkenG, 3. Aufl. 2010, § 14 Rn. 366.

312 EuGH GRUR 2008, 698 – O2 Holdings und O2; EuGH GRUR 2005, 503 – adidas und adidas Benelux; EuGH GRUR-RR 2009, 356 – Editions Albert René; *Ingerl/Rohnke,* in: Ingerl/Rohnke, MarkenG, 3. Aufl. 2010, § 14 Rn. 368.

313 EuGH GRUR 1998, 922 – Canon; EuGH GRUR Int. 2007, 718 – Alcon; EuGH GRUR 2005, 1042 – Medion; *Ingerl/Rohnke,* in: Ingerl/Rohnke, MarkenG, 3. Aufl. 2010, § 14 Rn. 369.

muss die Marke die Gewähr dafür bieten, dass alle mit ihr versehenen Waren und/oder Dienstleistungen unter der Kontrolle eines einzigen Unternehmens hergestellt bzw. erbracht werden, das für ihre Qualität verantwortlich gemacht werden kann.[314] Ausgehend hiervon ist dann die Verwechslungsgefahr bei sich gegenüberstehenden Zeichen zu bejahen, wenn und soweit die angesprochenen Verkehrskreise sich in Bezug auf die Herkunft der betreffenden Waren und/oder Dienstleistungen täuschen könnten, wenn also die angesprochenen Verkehrskreise glauben könnten, dass die betreffenden Waren und/oder Dienstleistungen aus demselben oder aber gegebenenfalls auch nur aus wirtschaftlich miteinander verbundenen Unternehmen stammten.[315]

Die Verwechslungsgefahr ist in drei Kategorien aufzuteilen, die sich wie folgt darstellen: Die „unmittelbare" Verwechslungsgefahr, die „Verwechslungsgefahr unter dem Aspekt des Serienzeichens" (= Unterfall des Begriffs des „gedanklichen Inverbindungbringens") und dieVerwechslungsgefahr „im weiteren Sinne".[316] Von einer unmittelbaren Verwechslungsgefahr spricht man in der Regel dann, wenn die Gefahr besteht, dass die Zeichen selbst miteinander verwechselt werden, d.h. das eine Zeichen irrtümlich für das andere Zeichen gehalten wird.[317] Demgegenüber ist von einer sog. „Verwechslungsgefahr unter dem Aspekt des Serienzeichens" auszugehen, wenn zwar die Unterschiede zwischen den sich gegenüberstehenden Zeichen ausreichen, um sie selbst auseinander halten zu können, aber gemeinsame Merkmale bei den angesprochenen Verkehrskreisen dennoch die Vorstellung bewirken, die Zeichen seien ein und demselben Unternehmen zu zuordnen; insoweit spricht man bei dieser Fallgruppe der Verwechslungsgefahr auch von einem Unterfall des Begriffs des „gedanklichen Inverbindungbringens".[318] Früher wurde diese Art der Verwechslungsgefahr

314 EuGH GRUR 1998, 922 – Canon; EuGH GRUR Int. 2007, 718 – Alcon; EuGH GRUR 2006, 495 – Levi Strauss; EuGH GRUR 2009, 593 – Copad; *Ingerl/Rohnke,* in: Ingerl/Rohnke, MarkenG, 3. Aufl. 2010, § 14 Rn. 369.

315 EuGH GRUR 1998, 922 – Canon; EuGH GRUR 2010, 451 – BergSpechte; EuGH Beschl. v. 10.7.2009 – Az.: C-416/08 P – Apple Computer; EuGH GRUR 2008, 503 – adidas und adidas Benelux; EuGH MarkenR 2008, 387 – Nestle; EuGH GRUR 2007, 700 – Shaker; EuGH GRUR 2005, 1042 – Medion; *Ingerl/Rohnke,* in: Ingerl/Rohnke, MarkenG, 3. Aufl. 2010, § 14 Rn. 369.

316 *Ingerl/Rohnke,* in: Ingerl/Rohnke, MarkenG, 3. Aufl. 2010, § 14 Rn. 391.

317 BGH GRUR 2008, 485 – METROBUS; *Ingerl/Rohnke,* in: Ingerl/Rohnke, MarkenG, 3. Aufl. 2010, § 14 Rn. 391.

318 BGH GRUR 2008, 485 – METROBUS; *Ingerl/Rohnke,* in: Ingerl/Rohnke, MarkenG, 3. Aufl. 2010, § 14 Rn. 391.

auch unter dem Begriff der „mittelbaren Verwechslungsgefahr" erfasst.[319] Unter dem Begriff der „Verwechslungsgefahr im weiteren Sinne" werden hingegen Fälle erfasst, in denen zwar sowohl die Zeichen als auch die Unternehmen auseinander gehalten werden können, übereinstimmende Merkmale der sich gegenüberstehenden Zeichen allerdings den unzutreffenden Eindruck hervorzurufen drohen, die betreffenden Waren und/oder Dienstleistungen stammen aus wirtschaftlich miteinander verbundenen Unternehmen beispielsweise aufgrund einer lizenzvertraglichen oder (konzern-) organisatorischen Vereinbarung.[320]

b) Kennzeichnungskraft der prioritätsälteren Marke

Bei der Kennzeichnungskraft der älteren Marke handelt es sich um einen ungeschriebenen Faktor der Verwechslungsgefahr.[321] Gemäß der Formel des Europäischen Gerichtshofes besteht die Verwechslungsgefahr umso eher, je größer die Kennzeichnungskraft des älteren Zeichens ist.[322] Im Gegensatz zur Unterscheidungskraft im Sinne von § 8 Abs. 2 Nr. 1 MarkenG ist der Begriff der Kennzeichnungskraft in § 14 Abs. 2 Nr. 2 MarkenG nicht auf die originäre und einer Marke anhaftenden Kennzeichnungskraft beschränkt, sondern hierunter werden auch nachträgliche Änderungen der Kennzeichnungskraft erfasst.[323] D.h. die Kennzeichnungskraft kann durch intensive Benutzung gesteigert oder infolge der Benutzung von Drittzeichen oder als beschreibende Angabe geschwächt werden.[324]

Im Falle der Kollision von zwei Zeichen ist die Kennzeichnungskraft des älteren Zeichens anhand der konkreten Umstände des Einzelfalls festzustellen.[325] Eine Ausnahme von diesem Grundsatz ist nur dann gegeben, wenn und soweit aufgrund der absoluten Unähnlichkeit der sich gegenüberstehenden Waren/ Dienstleistungen und/oder Zeichen eine Verwechslungsgefahr ohnehin nicht in Betracht kommt.[326] Besteht das ältere Zeichen aus mehreren Bestandteilen, so ist

---

319 BGH GRUR 1998, 927, 929 – COMPO-SANA; *Ingerl/Rohnke,* in: Ingerl/Rohnke, MarkenG, 3. Aufl. 2010, § 14 Rn. 391.

320 BGH GRUR 2008, 905 – Panthohexal; *Ingerl/Rohnke,* in: Ingerl/Rohnke, MarkenG, 3. Aufl. 2010, § 14 Rn. 391.

321 *Ingerl/Rohnke,* in: Ingerl/Rohnke, MarkenG, 3. Aufl. 2010, § 14 Rn. 497.

322 EuGH GRUR 1998, 387, 390 – Sabèl/Puma; *Ingerl/Rohnke,* in: Ingerl/Rohnke, MarkenG, 3. Aufl. 2010, § 14 Rn. 497.

323 *Ingerl/Rohnke,* in: Ingerl/Rohnke, MarkenG, 3. Aufl. 2010, § 14 Rn. 498.

324 *Ingerl/Rohnke,* in: Ingerl/Rohnke, MarkenG, 3. Aufl. 2010, § 14 Rn. 498.

325 BGH GRUR-RR 2010, 205, 208 – Haus & Grund IV.

326 BGH GRUR 2002, 544, 546 – Bank 24; EuGH GRUR Int 2009, 911, 913 – Waterford Stellenbosch.

die Kennzeichnungskraft für das Zeichen als Ganzes, d.h. nach dessen Gesamteindruck zu bestimmen.[327]

Hinsichtlich des Grades der Kennzeichnungskraft wird differenziert zwischen schwacher, normaler und starker Kennzeichnungskraft, die zu einem entsprechenden eingeschränkten, geringen oder erweiterten Schutzbereich führt.[328]

c) *Zeichenähnlichkeit*

Der Tatbestand der Verwechslungsgefahr greift gemäß § 14 Abs. 2 Nr. 2 MarkenG nur dann ein, wenn die sich gegenüberstehenden Zeichen identisch oder ähnlich sind. Dabei kommt der Zeichenähnlichkeit eine Doppelfunktion im Rahmen des Tatbestandes der Verwechslungsgefahr zu.[329] Denn durch diese Doppelfunktion wird der Markenschutz auf Zeichen, die der Markeninhaber nicht für sich hat eintragen lassen bzw. für die er keine Verkehrsgeltung oder notorische Bekanntheit erlangt hat, erweitert.[330] Die Rechtfertigung dieses erweiterten Schutzes ist dadurch gegeben, weil die Verwechslungsgefahr gerade auch bei nur ähnlichen Zeichen vorhanden sein kann.[331] Dies deshalb, weil die Unterschiede zwischen den Zeichen nicht in Gänze wahrgenommen oder erinnert werden oder weil trotz erkannter Unterschiede die Gefahr des gedanklichen Inverbindungbringens besteht.[332]

Die Prüfung der Zeichenähnlichkeit der sich gegenüberstehenden Zeichen hat durch einen Vergleich in den Kategorien Klang, Bild und Bedeutung zu erfolgen.[333] Entscheidend ist insoweit der jeweilige Gesamteindruck, den die Marken hervorrufen.[334] Dabei ist die Beurteilung des Gesamteindrucks der Marken anhand der angesprochenen Verkehrskreise zu beurteilen.[335] Bei den

---

327 BGH GRUR 1995, 50, 52 – Indorektal/Indohexal; *Ingerl/Rohnke*, in: Ingerl/Rohnke, MarkenG, 3. Aufl. 2010, § 14 Rn. 518.

328 *Thalmaier*, in: Kur/v. Bomhard/Albrecht, BeckOK-MarkenR, 3. Edition, Stand: 1.8.2015, § 14 Rn. 264 ff.

329 *Ingerl/Rohnke*, in: Ingerl/Rohnke, MarkenG, 3. Aufl. 2010, § 14 Rn. 805.

330 *Ingerl/Rohnke*, in: Ingerl/Rohnke, MarkenG, 3. Aufl. 2010, § 14 Rn. 805.

331 *Ingerl/Rohnke*, in: Ingerl/Rohnke, MarkenG, 3. Aufl. 2010, § 14 Rn. 805.

332 *Ingerl/Rohnke*, in: Ingerl/Rohnke, MarkenG, 3. Aufl. 2010, § 14 Rn. 805.

333 EuGH GRUR Int. 2010, 129, 132 – Carbonell/La Española; BGH GRUR 2010, 235, 235 f. – AIDU/AIDA; *Ingerl/Rohnke*, in: Ingerl/Rohnke, MarkenG, 3. Aufl. 2010, § 14 Rn. 849.

334 EuGH GRUR Int. 2010, 129, 132 – Carbonell/La Española; BGH GRUR 2012, 64, 64 f. – Maalox/Melox-GRY; *Hacker*, in. Ströbele/Hacker, MarkenG/Thiering, 12. Aufl. 2018, § 9 Rn. 228.

335 *Hacker*, in. Ströbele/Hacker, MarkenG/Thiering, 12. Aufl. 2018, § 9 Rn. 248.

maßgeblichen Verkehrskreisen ist auf die Sicht eines normal informierten, angemessen aufmerksamen und verständigen Durchschnittsverbrauchers abzustellen.[336]

Im Rahmen der Beurteilung des Gesamteindrucks der Marken kommt zudem die sog. Neutralisierungstheorie des Europäischen Gerichtshofes zur Anwendung, wonach die Unterschiede in der einen Wahrnehmungsrichtung die Ähnlichkeit in einer anderen Richtung neutralisieren können.[337] Dies bedeutet, dass schriftbildliche Unterschiede klangliche oder begriffliche Übereinstimmungen ausgleichen und klangliche Unterschiede eine schriftbildliche oder auch begriffliche Ähnlichkeit kompensieren können.[338]

Im Gegensatz dazu genügte der früheren deutschen Rechtsprechung regelmäßig schon das Vorliegen einer Ähnlichkeit in einer Komponente (Schrift, Klang oder Begrifflichkeit), um die Verwechslungsgefahr zu bejahen.[339] Nur ausnahmsweise konnte eine klangliche Ähnlichkeit durch schriftbildliche Unterschiede kompensiert werden, wobei in diesem Fall dann auch begriffliche Unterschiede gefordert wurden.[340] Angesichts der eindeutigen Rechtsprechung des Europäischen Gerichtshofes ist jedoch an dieser Auffassung nicht mehr festzuhalten. Dementsprechend darf die Beurteilung der Zeichenähnlichkeit nicht auf eine bestimmte Wahrnehmungsrichtung beschränkt werden, sondern es ist stets eine Gesamtbewertung unter Berücksichtigung aller Erscheinungsformen der Zeichenähnlichkeit vorzunehmen.[341]

---

336 *Hacker*, in. Ströbele/Hacker, MarkenG/Thiering, 12. Aufl. 2018, § 9 Rn. 249, 251.

337 EuGH GRUR 2006, 237, 238 – Ruiz-Picasso.

338 EuGH Urt. v. 26. 3. 2009 – C-21/08 P – Sunplus Technology, Rn. 37; *Ingerl/Rohnke,* in: Ingerl/Rohnke, MarkenG, 3. Aufl. 2010, § 14 Rn. 851.

339 BGH GRUR 2006, 60, 62 – coccodrillo; BGH GRUR 2005, 326, 327 – il Padrone/Il Portone; BGH GRUR 2004, 783, 784 – NEURO-VIBOLEX/NEURO-FIBRAFLEX; BGH GRUR 2004, 779, 782 – Zwilling/Zweibrüder; BGH GRUR 2003, 1047, 1049 – Kellogg's/Kelly's; BGH GRUR 2003, 1044, 1046 – Kelly; BGH GRUR 1999, 990, 991 – Schlüssel.

340 BGH GRUR 1958, 81, 82 f. – Thymopect/Rigopect; BGH GRUR 1956, 321 – Synochem/Firmochem; *Ingerl/Rohnke,* in: Ingerl/Rohnke, MarkenG, 3. Aufl. 2010, § 14 Rn. 852.

341 BGH GRUR 2008, 714, 717 – idw; BGH GRUR 2008, 719, 722 – idw Informationsdienst Wissenschaft; *Ingerl/Rohnke,* in: Ingerl/Rohnke, MarkenG, 3. Aufl. 2010, § 14 Rn. 854.

d) Waren-/Dienstleistungsähnlichkeit

Ferner setzt der Tatbestand der Verwechslungsgefahr gemäß § 14 Abs. 2 Nr. 2 MarkenG die Verwendung der sich gegenüberstehenden Zeichen für identische oder ähnliche Waren und Dienstleistungen voraus. Nach der Rechtsprechung des Europäischen Gerichtshofes[342] ist eine Ähnlichkeit der sich gegenüberstehenden Waren und/oder Dienstleistungen anzunehmen, wenn diese *„in Berücksichtigung aller erheblichen Faktoren, die ihr Verhältnis zueinander kennzeichnen – insbesondere ihre Beschaffenheit, ihrer regelmäßigen betrieblichen Herkunft, ihrer regelmäßigen Vertriebs- oder Erbringungsart, ihrem Verwendungszweck und ihrer Nutzung, ihrer wirtschaftlichen Bedeutung, ihrer Eigenart als miteinander konkurrierende oder einander ergänzende Produkte und Leistungen oder andere für die Frage der Verwechslungsgefahr wesentlicher Gründe – so enge Berührungspunkte aufweisen, dass die beteiligten Verkehrskreise der Meinung sein könnten, sie stammten aus denselben oder gegebenenfalls wirtschaftlich verbundenen Unternehmen."*[343]

e) Anwendbarkeit des Rechts der Gleichnamigen?

Auch wenn der Terminus „Recht der Gleichnamigen" dies indiziert, ist eine Zeichenidentität nicht Voraussetzung für das Eingreifen der Grundsätze des Rechts der Gleichnamigen.[344] Dies deshalb, weil eine Zeichenidentität bereits bei kleinsten Abweichungen wie beispielsweise unterschiedliche Groß- und Kleinschreibung ausscheidet.[345] Es kommt vielmehr darauf an, dass eine Kennzeichenkollision vorliegt, die einen markenrechtlichen Unterlassungsanspruch begründet, der gegebenenfalls aufgrund der widerstreitenden Interessen zu begrenzen ist.

Zudem kommt dem Recht der Gleichnamigen beim Tatbestand der Verwechslungsgefahr neben der grundlegenden Anspruchsbegründung noch eine weitere Bedeutung zu.[346] Denn grundsätzlich genügt für die Bejahung des Tatbestandes der Verwechslungsgefahr das Vorhandensein von Verwechslungsgefahr an sich. Beim Recht der Gleichnamigen gewinnt der Grad an Verwechslungsgefahr an

---

342 EuGH GRUR 1998, 922, 924 – Canon; EuGH GRUR 2006, 582, 584 – VITAFRUIT; EuGH MarkenR 2009, 47, 53 – Edition Albert René.

343 *Hacker*, in. Ströbele/Hacker, MarkenG/Thiering, 12. Aufl. 2018, § 9 Rn. 59.

344 *Kurbel,* Neue Entwicklungen im Recht der Gleichnamigen, 2016, S. 60.

345 BGH GRUR 2002, 898, 899 – defacto; EuGH GRUR 2003, 422, 425 – Arthur/Arthur et Felicie; *Kurbel,* Neue Entwicklungen im Recht der Gleichnamigen, 2016, S. 60.

346 *Kurbel,* Neue Entwicklungen im Recht der Gleichnamigen, 2016, S. 69.

Bedeutung, da das Ziel des Kennzeichenrechts, nämlich die Gefahr von Verwechslungen zu vermeiden, durch das Recht eines Namensträgers nicht aufgehoben wird.[347]

II. Anwendungsbereich des Rechts der Gleichnamigen beim Schutz der bekannten Marke (§ 14 Abs. 2 Nr. 3 MarkenG)

Beim Bekanntheitsschutz des § 14 Abs. 2 Nr. 3 MarkenG wird nicht auf das Vorliegen einer Verwechslungsgefahr abgestellt. Der Bekanntheitsschutz von Marken findet zwar beim Vorliegen einer Waren- und/oder Dienstleistungsähnlichkeit bzw. Branchenähnlichkeit statt, jedoch gibt es auch Fälle, bei denen keine – wie auch immer gearteten – Verwechslungsgefahr vorliegt, die aber dennoch einen Unterlassungsanspruch nach § 14 Abs. 2 Nr. 3 MarkenG begründen und die wegen eines Namensrechts in den Anwendungsbereich des Rechts der Gleichnamigen fallen.[348] Dabei wirkt sich der Schutz des bekannten Kennzeichens im Rahmen der Grundsätze des Rechts der Gleichnamigen auf die Frage aus, welche Maßnahmen von dem Verpflichteten im Rahmen der vorzunehmenden Abwägung der widerstreitenden Interessen und insbesondere bei dem Gebot der Rücksichtnahme zu erwarten sind.[349] Eine ausdrückliche Antwort auf diese Frage lässt sich der Rechtsprechung nicht entnehmen. Die Rechtsprechung wendet auch bei Kollisionsfällen Gleichnamiger im Schutzbereich des § 14 Abs. 2 Nr. 3 MarkenG die Grundsätze des Rechts der Gleichnamigen wie gewohnt an und verlangt im Rahmen der Interessenabwägung beispielsweise die Aufnahme unterscheidender Zusätze zur Abgrenzung gegenüber dem Inhaber der bekannten Marke.[350] Das Hinzufügen unterscheidender Zusätze dient bei der bekannten Marke der Vermeidung des gedanklichen Inverbindungbringens.[351]

---

347 *Kurbel,* Neue Entwicklungen im Recht der Gleichnamigen, 2016, S. 69.

348 *Kurbel,* Neue Entwicklungen im Recht der Gleichnamigen, 2016, S. 62.

349 *Kurbel,* Neue Entwicklungen im Recht der Gleichnamigen, 2016, S. 62, 211.

350 BGH GRUR 2002, 622, 626 – shell.de; LG Hamburg MMR 2000, 620, 622 – joop.de; BGH GRUR 1966, 623, 625 – Kupferberg; *Kurbel,* Neue Entwicklungen im Recht der Gleichnamigen, 2016, S. 211.

351 *Ingerl/Rohnke,* in: Ingerl/Rohnke, MarkenG, 3. Aufl. 2010, § 15 Rn. 123; *Kurbel,* Neue Entwicklungen im Recht der Gleichnamigen, 2016, S. 211.

III. Schutzbereich des § 15 Abs. 2 und 3 MarkenG – Schutz der geschäftlichen Bezeichnung

Die geschäftliche Bezeichnung wird in § 15 MarkenG geschützt. So sieht § 15 Abs. 2 MarkenG einen Schutz vor Doppelidentität und Verwechslungsgefahr vor. In § 15 Abs. 3 MarkenG wird der Schutz der bekannten geschäftlichen Bezeichnung verortet. Dabei entspricht der Schutzumfang nach § 15 Abs. 2 und 3 MarkenG dem des § 14 Abs. 2 Nr. 1-3 MarkenG, so dass insoweit auf die obigen Ausführungen verwiesen wird.

IV. Schutzbereich des § 127 MarkenG – Schutz der geografischen Herkunftsangabe

1. Rechtsverletzende Benutzung im geschäftlichen Verkehr

Den Tatbeständen des § 127 MarkenG ist es insgesamt gemein, dass sie alle voraussetzen, dass die geografische Herkunftsangabe für Waren und/oder Dienstleistungen benutzt wird.[352] Eine kennzeichenmäßige Benutzung wird hingegen nicht gefordert.[353] Zudem scheidet eine rechtsverletzende Benutzung im Sinne von § 127 MarkenG aus, wenn und soweit die geografische Herkunftsbezeichnung lediglich als Unternehmenskennzeichen oder Firmenbestandteil verwendet wird; in diesem Fall dürfte nämlich regelmäßig die Benutzung für Waren und/oder Dienstleistungen zu verneinen sein.[354]

2. Irreführungsschutz nach § 127 Abs. 1 und 2 MarkenG

In dem § 127 Abs. 1 und 2 MarkenG ist der Schutz der einfachen und der qualifizierten geografischen Herkunftsangabe geregelt. Der Schutz einer Bezeichnung als geografische Herkunftsangabe setzt nach § 127 MarkenG nicht voraus, dass die Angabe dem Verkehr als solche, beispielsweisen als ein Ort oder eine Region mit dem entsprechenden Namen, bekannt ist.[355] Es ist allerdings erforderlich, dass der angegebene Ort oder die angegebene Region nicht auf Grund seiner

---

352 *Hacker*, in. Ströbele/Hacker, MarkenG/Thiering, 12. Aufl. 2018, § 127 Rn. 51.

353 BGH GRUR 2005, 958 – Champagnerbratbirne; BGH GRUR 2002, 426 – Champagner bekommen, Sekt bezahlen; *Gruber*, in: von Schultz, MarkenR, 3. Aufl. 2012, § 127 Rn. 2.

354 BGH GRUR 2001, 73, 76 – Stich den Buben; BGH GRUR 2007, 884, 886 – Cambridge Institute; *Hacker*, in. Ströbele/Hacker/Thiering, MarkenG, 12. Aufl. 2018, § 127 Rn. 51.

355 BGH GRUR 1963, 469, 470 – Nola; BGH GRUR 1999, 252 – Warsteiner II; *Fezer*, in: Fezer, MarkenR, 4. Aufl. 2009, § 127 Rn. 4.

Eigenart oder der Art der Produktion erkennbar ausscheidet.[356] So wird beispielsweise die Bezeichnung „Mozzarella“ von den angesprochenen Verkehrskreisen heutzutage nicht mehr als eine Herkunftsangabe verstanden, da die angesprochenen Verkehrskreise die Bezeichnung nicht mehr auf die Herstellung des Käses in Italien beziehen, sondern hierin vielmehr eine Käsesorte und damit eine Gattungsbezeichnung sehen.[357]

Bei der Beurteilung der Irreführungsgefahr ist auf die Verkehrsauffassung der angesprochenen Verkehrskreise abzustellen;[358] d.h. ein nicht unerheblicher Teil der angesprochenen Verkehrskreise muss irregeführt werden.[359]

Umstritten ist jedoch, ob § 127 MarkenG das Vorliegen einer konkreten Irreführung im Sinne von § 5 UWG verlangt oder ob eine abstrakte Irreführungsgefahr zur Bejahung des Tatbestandes ausreicht. Die herrschende Meinung sieht in dem Irreführungsschutz nach § 127 MarkenG eine nunmehr im Markengesetz statuierte Regelung des früheren Schutzes der geografischen Herkunftsangabe über das wettbewerbsrechtliche Irreführungsverbot in § 3 UWG a.F.[360] Insofern käme es dann bei der Bejahung des Tatbestandes auf das Vorliegen einer konkreten Irreführungsgefahr an.[361] Die andere Ansicht will hingegen das Vorliegen einer abstrakten Irreführungsgefahr zur Bejahung des Tatbestandes von § 127 MarkenG genügen lassen.[362] Zur Begründung wird hier angeführt, dass beim Fordern des Vorliegens einer konkreten Irreführungsgefahr die angesprochenen Verkehrskreise mit der unrichtigen geografischen Herkunftsangabe in

---

356 BGH GRUR 1957, 430, 431 – Havana; BGH GRUR 1983, 768, 769 – Capri-Sonne; BGH GRUR 1999, 252 – Warsteiner II; *Fezer,* in: Fezer, MarkenR, 4. Aufl. 2009, § 127 Rn. 4.

357 OLG Frankfurt WRP 2001, 558 – Deutscher Mozzarella; *Fezer,* in: Fezer, MarkenR, 4. Aufl. 2009, § 127 Rn. 6.

358 *Hacker*, in: Ströbele/Hacker/Thiering, MarkenG, 12. Aufl. 2018, § 127 Rn. 1.

359 *Dickertmann,* Die geographische Herkunftsangabe zwischen Gewerblichem Rechtsschutz und Wettbewerbsrecht, 2001, S. 139.

360 *Hacker*, in: Ströbele/Hacker/Thiering, MarkenG, 12. Aufl. 2018, § 127 Rn. 2; BGH GRUR 2001, 420, 422 – SPA; BGH GRUR 2001, 73, 77 – Stich den Buben; BGH GRUR Int. 1999, 70, 71 – Warsteiner I; BGH GRUR 1999, 252, 253 f. – Warsteiner II; OLG Hamburg GRUR-RR 2004, 36, 37 – Spreewälder Gurken; OLG Köln GRUR 2007, 793, 794 – Altenburger Ziegenkäse; *Ingerl/Rohnke*, in: Ingerl/Rohnke, MarkenG, 3. Aufl. 2010, Vorb. zu §§ 126-139 Rn. 1; *Bornkamm*, GRUR 2005, 97; *Lange*, Marken- und Kennzeichenrecht, 2. Aul. 2012, Rn. 4717, 4723; *Sosnitza*, MarkenR 2000, 77 ff.

361 *Hacker*, in: Ströbele/Hacker/Thiering, MarkenG, 12. Aufl. 2018, § 127 Rn. 2.

362 *Hacker*, in: Ströbele/Hacker/Thiering, MarkenG, 12. Aufl. 2018, § 127 Rn. 2; *Knaak*, GRUR 1995, 103, 105; *Fezer*, in: Fezer, MarkenR, 4. Aufl. 2009, § 127 Rn. 8 ff.

Berührung kommen müssten, was mit der in § 127 MarkenG statuierten objektiven Verletzungshandlung nicht in Einklang zu bringen wäre.[363] Dies deshalb, weil die Verletzungshandlung nach § 127 MarkenG darin besteht, dass eine geografische Herkunftsangabe für Waren und/oder Dienstleistungen anderer Herkunft benutzt wird und die Formulierung *„wenn bei der Benutzung (...) eine Gefahr der Irreführung über die geografische Herkunft besteht"* gerade nicht verlange, dass die angesprochenen Verkehrskreise mit der unrichtigen geografischen Herkunftsangabe de facto in Kontakt kommen.[364] Die Formulierung *„wenn bei der Benutzung ... eine Gefahr der Irreführung über die geografische Herkunft besteht"* stellt in diesem Zusammenhang lediglich den objektiven Anknüpfungspunkt für die Beurteilung der (abstrakten) Irreführungsgefahr dar.

a) Verwendung der Bezeichnung als geografische Herkunftsangabe

Voraussetzung für das Eingreifen des Tatbestandes der Irreführungsgefahr ist zunächst, dass die angesprochenen Verkehrskreise die verwendete Bezeichnung überhaupt als geografische Herkunftsangabe auffassen.[365] Fassen die angesprochenen Verkehrskreise die verwendete Bezeichnung hingegen als Phantasiebezeichnung auf, mit der sie keinen ernsthaften Hinweis auf eine geografische Herkunft des Produktes in Verbindung bringen,[366] so ist das Verwenden als geografische Herkunftsangabe zu verneinen und der Irreführungstatbestand scheidet aus. In Betracht kommen bei der Annahme von Phantasiebezeichnungen beispielsweise Ortsnamen, die den angesprochenen Verkehrskreisen völlig unbekannt sind.[367] Allerdings muss das Vorliegen einer Phantasiebezeichnung zweifelsfrei sein.[368]

b) Benutzung für Waren und/oder Dienstleistungen anderer Herkunft

Ferner ist für die Bejahung des Tatbestandes von § 127 MarkenG erforderlich, dass die mit der geografischen Herkunftsangabe gekennzeichneten Produkte nicht aus dem Ort, der Gegend, dem Gebiet oder dem Land stammen,

---

363 *Hacker*, in: Ströbele/Hacker/Thiering, MarkenG, 12. Aufl. 2018, § 127 Rn. 2.

364 *Hacker*, in: Ströbele/Hacker/Thiering, MarkenG, 12. Aufl. 2018, § 127 Rn. 2.

365 *Hacker*, in: Ströbele/Hacker/Thiering, MarkenG, 12. Aufl. 2018, § 127 Rn. 6.

366 *Hacker*, in: Ströbele/Hacker/Thiering, MarkenG, 12. Aufl. 2018, § 127 Rn. 6.

367 *Hacker*, in: Ströbele/Hacker/Thiering, MarkenG, 12. Aufl. 2018, § 127 Rn. 6; BGH GRUR 1963, 469, 470 – Nola; BGH GRUR 1971, 255, 257 – Plym-Gin.

368 *Hacker*, in: Ströbele/Hacker/Thiering, MarkenG, 12. Aufl. 2018, § 127 Rn. 6; BGH GRUR 1963, 482, 484 – Hollywood Duftschaumbad; BGH GRUR 1965, 681, 682 – de Paris.

auf das mit der Angabe hingewiesen wird. Insoweit ist allerdings unklar, ob der Begriff des „Stammens“ eine Erzeugung, Verarbeitung oder Herstellung umfassen muss bzw. welche Produktionsschritte diesbezüglich ausreichend sind.[369] In der Entscheidung Ski-Sicherheitsbindungen hat der Bundesgerichtshof bei der Beurteilung der Irreführungsgefahr darauf abgestellt, ob nach den maßgebenden Vorstellungen der angesprochenen Verkehrskreise für die Wertschätzung des Produktes ein Element im Vordergrund steht, das auf einer Leistung beruht, die in dem Gebiet erbracht wird, auf die sich die Herkunftsangabe bezieht.[370] Daneben hat der Bundesgerichtshof in seiner Entscheidung Produktionsstätte anerkannt, dass gerade bei technischen Produkten für den Käufer nicht ohne Bedeutung ist, wo dieses Produkt hergestellt wird.[371] In diesem Fall ist der Bundesgerichtshof sodann von einer Irreführung in Bezug auf die geografische Herkunftsangabe ausgegangen, da auf der Ware die Firma mit ihrem Geschäftssitz angegeben war, an diesem Ort aber das Produkt nicht hergestellt wurde.[372]

Problematisch kann zudem die Beurteilung der Irreführungsgefahr auch dann sein, wenn und soweit die geografische Herkunftsangabe lediglich auf einen Teil des Produktes und/oder des Produktionsprozesses zutrifft.[373] Insoweit ist dann die Verkehrsauffassung für die Beurteilung der Herkunft der Produkte maßgeblich.[374] Bei industriell hergestellten Produkten wird regelmäßig auf den Ort abzustellen sein, der für die Herstellung der Endprodukte prägend ist.[375] Demgegenüber wird bei unbehandelten Naturprodukten regelmäßig der Ort der Förderung bzw. des Abbaus für die Beurteilung der geografischen Herkunftsangabe im Lichte des § 127 Abs. 1 MarkenG maßgeblich sein.[376]

369 *Dickertmann,* Die geographische Herkunftsangabe zwischen Gewerblichem Rechtsschutz und Wettbewerbsrecht, 2001, S. 139.

370 BGH GRUR 1973, 594, 595 – Ski-Sicherheitsbindung.

371 BGH GRUR 1995, 65, 66 – Produktionsstätte.

372 BGH GRUR 1995, 65, 66 – Produktionsstätte.

373 *Hacker*, in: Ströbele/Hacker/Thiering, MarkenG, 12. Aufl. 2018, § 127 Rn. 7.

374 OLG Hamm GRUR-RR 2011, 72, 73 – Himalaya-Salz; LG Düsseldorf WRP 2010, 1420 – Made in Germany; *Hacker*, in: Ströbele/Hacker/Thiering, MarkenG, 12. Aufl. 2018, § 127 Rn. 7.

375 LG Düsseldorf WRP 2010, 1420 – Made in Germany; BGH GRUR 1973, 594, 595 – Ski-Sicherheitsbindung; *Hacker*, in: Ströbele/Hacker/Thiering, MarkenG, 12. Aufl. 2018, § 127 Rn. 8.

376 *Hacker*, in: Ströbele/Hacker/Thiering, MarkenG, 12. Aufl. 2018, § 127 Rn. 9.

c) *Irreführungsquote*

Da der Bundesgerichtshof in seiner bisherigen Rechtsprechung zu der Regelung in § 127 MarkenG und insbesondere im Hinblick auf das Vorliegen einer Irreführungsgefahr auf seine Rechtsprechung zu § 3 UWG a.F. zurückgreift,[377] dürfte diesbezüglich auf die im Rahmen dieser Rechtsprechung manifestierten Irreführungsquoten abgestellt werden können.[378] Für die Annahme der Irreführungsgefahr reicht es demnach aus, wenn ein nicht nur unbeträchtlicher Teil der angesprochenen Verkehrskreise eine unrichtige Vorstellung mit der geografischen Herkunftsangabe verbindet.[379] Insoweit hat der Bundesgerichtshof in seiner Rechtsprechung zu § 3 UWG a.F. eine Quote von 10-15% genügen lassen, um eine Irreführungsgefahr bei einem nicht unbeträchtlichen Teil anzunehmen,[380] wobei diese Quote nicht als strenge Richtschnur anzusehen ist, sondern lediglich als Orientierungshilfe dient.[381] Letztendlich ist in jedem Einzelfall unter Berücksichtigung der sich gegenüber stehenden Interessen zu prüfen, ob eine Irreführungsgefahr bei einem nicht unerheblichen Teil der angesprochenen Verkehrskreise vorliegt.[382]

d) *Relevanz der geografischen Herkunftsangabe für die Kaufentscheidung?*

Des Weiteren ist zu klären, ob der Tatbestand des § 127 MarkenG – im Gegensatz zu § 5 UWG – auch dann eingreift, wenn und soweit die Irreführung für die Kaufentscheidung der angesprochenen Verkehrskreise nicht relevant war.[383] Bevor das Irreführungsverbot bei der Verwendung von geografischen Herkunftsangaben in das MarkenG integriert wurde und sich die Zulässigkeit alleine nach § 3 UWG a.F. richtete, setzte ein Verbot voraus, dass die unrichtige geografische Herkunftsangabe geeignet war, die Kaufentscheidung der angesprochenen

---

377 BGH GRUR 1999, 251, 252 – Warsteiner I; BGH GRUR 1999, 252 – Warsteiner II.

378 *Hacker*, in: Ströbele/Hacker/Thiering, MarkenG, 12. Aufl. 2018, § 127 Rn. 12.

379 *Hacker*, in: Ströbele/Hacker/Thiering, MarkenG, 12. Aufl. 2018, § 127 Rn. 12.

380 BGH GRUR 1981, 71, 74 – Lübecker Marzipan; BGH GRUR 1981, 666, 667 – Ungarische Salami I; *Hacker*, in: Ströbele/Hacker/Thiering, MarkenG, 12. Aufl. 2018, § 127 Rn. 12.

381 *Hacker*, in: Ströbele/Hacker/Thiering, MarkenG, 12. Aufl. 2018, § 127 Rn. 12.

382 BGH GRUR 2002, 550, 552 – Elternbriefe; BGH GRUR 2003, 247, 248 – Thermal-Bad; *Hacker*, in: Ströbele/Hacker/Thiering, MarkenG, 12. Aufl. 2018, § 127 Rn. 12; *Büscher*, GRUR Int. 2005, 801, 804.

383 *Hildebrandt*, Marken und andere Kennzeichen, 3. Aufl. 2015, § 23 Rn. 16; *Hacker*, in: Ströbele/Hacker/Thiering, MarkenG, 12. Aufl. 2018, § 127 Rn. 13.

Verkehrskreise wesentlich zu beeinflussen.[384] Nach der Aufnahme der geografischen Herkunftsangabe in das MarkenG hat der Bundesgerichtshof zunächst an dem Erfordernis der Relevanz der Irreführung für die Kaufentscheidung nicht festgehalten,[385] dies jedoch in den Entscheidungen „Warsteiner III“ und „Original Oettinger“ zuletzt ausdrücklich offen gelassen.[386] Der Bundesgerichtshof dürfte die Frage in den genannten Entscheidungen deshalb offen gelassen haben, da die Schlussanträge des Generalanwalts *Jacobs* in der Rechtssache „Warsteiner“ noch ausstanden.[387]

In den Schlussanträgen zu der Rechtssache „Warsteiner“ führt der Generalanwalt *Jacobs* aus, dass der Schutz der geografischen Herkunftsangabe nicht den Vorschriften zum Schutz des geistigen Eigentums zugeordnet werden können.[388] Dies führe dazu, dass der Schutz vor Irreführung nach § 127 MarkenG nur nach der Maßgabe der Cassis de Dijon-Doktrin im Rahmen des Art. 28 EGV (jetzt Art. 34 AEUV) gerechtfertigt sein kann, wenn und soweit der Schutz zur Wahrung der Lauterkeit des Handelsverkehrs und des Verbraucherschutzes geboten sei.[389] Wird jedoch der durchschnittlich verständige und informierte Verbraucher nicht irregeführt, sei es nach Ansicht des Generalanwalts *Jacobs* schwer erkennbar, welchem Allgemeininteresse es dient, die Verwendung der Herkunftsangabe einzuschränken.[390] Es sei damit offenkundig unverhältnismäßig, unter solchen Umständen den Vertrieb eines Erzeugnisses unter einer Herkunftsangabe zu verbieten.[391] § 127 MarkenG sei nur dann aus Gründen des Verbraucherschutzes

384 BGH GRUR 1981, 71, 73 – Lübecker Marzipan; BGH GRUR 1982, 564, 566 – Elsässer Nudeln; BGH GRUR 1973, 594, 595 – Ski-Sicherheitsbindung; *Hacker*, in: Ströbele/Hacker/Thiering, MarkenG, 12. Aufl. 2018, § 127 Rn. 13.

385 BGH GRUR 1999, 252, 254 – Warsteiner II; BGH GRUR 2001, 420, 421 – SPA; *Ullmann*, GRUR 1999, 666, 667; *Hacker*, in: Ströbele/Hacker/Thiering, MarkenG, 12. Aufl. 2018, § 127 Rn. 13.

386 BGH GRUR 2002, 160, 162 – Warsteiner III; BGH GRUR 2002, 1074, 1076 – Original Oettinger; *Hildebrandt*, Marken und andere Kennzeichen, 3. Aufl. 2015, § 23 Rn. 16.

387 *Hacker*, in: Ströbele/Hacker/Thiering, MarkenG, 12. Aufl. 2018, § 127 Rn. 13.

388 Schlussantrag des Generalanwalts *Jacobs* vom 25.5.2000, Rechtssache C-312/98, BeckEuRS 2000, 242122 Rn. 52.

389 Schlussantrag des Generalanwalts *Jacobs* vom 25.5.2000, Rechtssache C-312/98, BeckEuRS 2000, 242122 Rn. 55 ff.; *Hacker*, in: Ströbele/Hacker/Thiering, MarkenG, 12. Aufl. 2018, § 127 Rn. 14.

390 Schlussantrag des Generalanwalts *Jacobs* vom 25.5.2000, Rechtssache C-312/98, BeckEuRS 2000, 242122 Rn. 63.

391 Schlussantrag des Generalanwalts *Jacobs* vom 25.5.2000, Rechtssache C-312/98, BeckEuRS 2000, 242122 Rn. 63.

gerechtfertigt und damit mit Art. 30 EGV (jetzt: Art. 36 AEUV) vereinbar, wenn er von den deutschen Gerichten dahingehend ausgelegt würde, dass er eine hinreichend ernsthafte Gefahr voraussetzte, den Durchschnittsverbraucher nach der Definition des Gerichtshofes über die geografische Herkunft irrezuführen.[392] Aus den Äußerungen des Generalanwalts *Jacobs* lässt sich der Rückschluss ziehen, dass die Irreführung des Verbrauchers für die Kaufentscheidung relevant geworden sein muss.

In der Literatur gehen die Meinungen in Bezug auf das Erfordernis der Relevanz ebenfalls auseinander. Nach der einen Ansicht soll der Tatbestand des § 127 MarkenG auch dann eingreifen, wenn und soweit es bei der Irreführung an der notwendigen Relevanz für die Kaufentscheidung der angesprochenen Verkehrskreise mangelt.[393] Zur Begründung wird hierbei darauf verwiesen, dass der Wortlaut in § 127 MarkenG bereits das Vorliegen einer abstrakten Irreführungsgefahr genügen lässt und es damit nicht einer Relevanz für die Kaufentscheidung bedarf.[394] Nach der anderen Ansicht soll der Tatbestand des § 127 MarkenG nur dann eingreifen, wenn die unrichtige geografische Herkunftsangabe zu einer Irreführung bei den angesprochenen Verkehrskreisen geführt hat, die sich auch auf deren Kaufentscheidung in relevanter Weise ausgewirkt hat.[395] Zur Begründung wird hierbei darauf hingewiesen, dass es sich bei dem Schutz von geografischen Herkunftsangaben nach § 127 MarkenG um einen rein wettbewerbsrechtlichen Schutz handelt.[396] Zwar soll § 127 Marken im Gegensatz zu § 5 UWG neben den Verbrauchern auch die Mitbewerber schützen, der Schutz der Mitbewerber darf aber nur so weit reichen wie dieser eine Markenrelevanz aufweist.[397] In diesem Fall müsse dann folglich auch eine zumindest mittelbare Relevanz für die Kaufentscheidung der angesprochenen Verkehrskreise gefordert werden.[398]

---

392 Schlussantrag des Generalanwalts *Jacobs* vom 25.5.2000, Rechtssache C-312/98, BeckEuRS 2000, 242122 Rn. 63.

393 *Hacker*, in: Ströbele/Hacker/Thiering, MarkenG, 12. Aufl. 2018, § 127 Rn. 15; *Büscher*, GRUR Int. 2005, 801, 806 f.; *Büscher*, GRUR Int. 2008, 977, 983 m.w.N.; *Fezer*, in: Fezer, MarkenR, 4. Aufl. 2009, § 127 Rn. 12; *Ullmann*, GRUR 1999, 666, 667.

394 *Hacker*, in: Ströbele/Hacker/Thiering, MarkenG, 12. Aufl. 2018, § 127 Rn. 15.

395 *Hildebrandt*, Marken und andere Kennzeichen, 3. Aufl. 2015, § 23 Rn. 16; *Ingerl/Rohnke*, MarkenG, 3. Aufl. 2010, § 127 Rn. 5; *Sosnitza*, GRUR 2007, 462, 464.

396 *Sosnitza*, GRUR 2007, 462, 466; *Hildebrandt*, Marken und andere Kennzeichen, 2. Aufl. 2010, § 23 Rn. 17.

397 *Hildebrandt*, Marken und andere Kennzeichen, 3. Aufl. 2015, § 23 Rn. 16.

398 *Hildebrandt*, Marken und andere Kennzeichen, 3. Aufl. 2015, § 23 Rn. 16; EuGH Urt. v. 28.1.1999, C-303/97 – Sektkellerei Kessler (Tz.38).

Die Frage nach der Relevanz der Irreführung über die geografische Herkunftsangabe für die Kaufentscheidung des Verbrauchers kann von entscheidender Bedeutung sein. So führt *Büscher* in einem Aufsatz zur prozentualen Ausgestaltung der Relevanz für die Kaufentscheidung bei einer Verkehrsbefragung in den Verfahren „Warsteiner" und „Original Oettinger" folgendes aus: „*Nach der in dem Verfahren „Warsteiner" eingeholten Verkehrsbefragung wurden zwar 50% der angesprochenen Verkehrskreise über die geographische Herkunft eines außerhalb Warsteins gebrauten Bieres getäuscht; für die Kaufentscheidung relevant sollte dies allerdings nur für 8%, allenfalls 12% der Verkehrskreise sein. Im Fall „Original Oettinger" wurden zwar nach dem eingeholten demoskopischen Gutachten 41,4% der Verbraucher über die Herkunft des Bieres getäuscht, relevant für die Kaufentscheidung war dies aber nur für 5% der Verbraucher.*"[399] Angesichts dieser prozentualen Verteilung kann das Erfordernis einer wettbewerbsrechtlichen Relevanz der Irreführung für die Kaufentscheidung das Zünglein an der Waage sein. Bereits der Wortlaut des § 127 MarkenG spricht dafür, dass eine wettbewerbsrechtliche Relevanz für das Eingreifen des Tatbestandes nicht erforderlich ist. Hiergegen spricht auch nicht die Entscheidung des Europäischen Gerichtshofes in der Rechtssache „Warsteiner". Denn der Europäische Gerichtshof hat in dieser Entscheidung nur die Angaben des Generalanwalts *Jacobs* referiert, ohne sich mit diesen auseinanderzusetzen. Zudem beantwortete der Europäische Gerichtshof nur die Vorlagefrage dahingehend, dass „*die Verordnung Nr. 2081/92 vom 14.7.1992 zum Schutz von geographischen Angaben und Ursprungsbezeichnungen für Agrarerzeugnisse und Lebensmittel der Anwendung einer nationalen Rechtsvorschrift nicht entgegen [steht], die die irreführende Verwendung einer einfachen geographischen Herkunftsangabe verbietet. Wirkt sich eine solche nationale Rechtsvorschrift tatsächlich oder potentiell auf den Handel zwischen den Mitgliedstaaten aus und wird sie vom nationalen Gericht dahin ausgelegt, dass sie die Verwendung einer einfachen geographischen Herkunftsangabe auch dann verbietet, wenn dadurch ein durchschnittlich informierter, aufmerksamer und verständiger Verbraucher nicht irregeführt werden kann, so verstößt sie gegen Artikel 30 EG-Vertrag (nach Änderung jetzt Artikel 28 EG).*"[400] Dementsprechend kann dieser Entscheidung nicht der Rückschluss entnommen werden, dass der Tatbestand in § 127 MarkenG bei fehlendem Erfordernis der wettbewerbsrechtlichen Relevanz gegen das EU-Recht verstößt.

---

399 *Büscher*, GRUR Int. 2005, 801, 805.
400 EuGH LMRR 2000, 72 Rn. 66 – Warsteiner.

Im Anschluss an die Rechtssache „Warsteiner" hat sich der Europäische Gerichtshof mit der Rechtssache „American Bud" beschäftigt, in der es wiederum um den Schutz einfacher geografischer Herkunftsangaben ging. In der Entscheidung hat der Europäische Gerichtshof im Wesentlichen folgende Grundsätze ausgesprochen:

Die Verordnung Nr. 2081/92 steht einem Schutz einfacher geografischer Herkunftsangaben auf nationaler Ebene nicht entgegen.[401] Dies gilt auch dann, wenn und soweit aufgrund der nationalen Vorschriften ein absoluter, von einer Irreführungsgefahr unabhängiger Schutz gewährt wird.[402]

Die Beschränkung des freien Warenverkehrs im Sinne von Art. 28 EGV durch einen nationalen absoluten Schutz einfacher geografischer Herkunftsangabe ist nach Art. 30 EGV zum Schutz des gewerblichen und kommerziellen Eigentums gerechtfertigt.[403]

Handelt es sich bei der geschützten Bezeichnung allerdings nicht um eine geografische Herkunftsangabe ist ein absoluter, von jeglicher Irreführungsgefahr unabhängiger Schutz nach Art. 30 EGV nicht gerechtfertigt und es liegen auch keine zwingenden Gründe des Allgemeininteresses vor, die eine Beschränkung der Freiheit des Warenverkehrs rechtfertigen könnten.[404]

Ausgehend von den vorstehenden Grundsätzen lässt sich damit der Entscheidung „American Bud" entnehmen, dass es mit den Regelungen in dem AEUV durchaus vereinbar ist, einen von der Irreführungsgefahr losgelösten und gegebenenfalls absoluten Schutz einfacher geografischer Herkunftsangaben vorzusehen.[405]

Daneben ist auch zu berücksichtigen, dass die Cassis de Dijon-Doktrin nicht allein Fragen des Verbraucherschutzes umfasst.[406] Diese Doktrin gestattet auch eine Beschränkung des freien Warenverkehrs zur Wahrung der Lauterkeit des Handelsverkehrs und zwar auch unabhängig von Verbraucherinteressen.[407] Demzufolge können auch die Interessen von Mitbewerbern den Schutz einfacher geografischer Herkunftsangaben rechtfertigen, so dass auf dieser Basis das

---

401 EuGH GRUR Int. 2001, 51 – Warsteiner; *Büscher,* GRUR Int. 2005, 801, 806.

402 EuGH, GRUR Int. 2004, 131, 135 – American Bud; *Büscher,* GRUR Int. 2005, 801, 806.

403 EuGH, GRUR Int. 2004, 131, 135 – American Bud; *Büscher,* GRUR Int. 2005, 801, 806.

404 EuGH, GRUR Int. 2004, 131, 136 – American Bud; *Büscher,* GRUR Int. 2005, 801, 806.

405 *Büscher,* GRUR Int. 2005, 801, 806.

406 *Hacker*, in: Ströbele/Hacker/Thiering, MarkenG, 12. Aufl. 2018, § 127 Rn. 15.

407 EuGH GRUR Int. 1979, 468, 471 – Cassis de Dijon; *Hacker*, in: Ströbele/Hacker/Thiering, MarkenG, 12. Aufl. 2018, § 127 Rn. 15.

Verneinen in Bezug auf das Erfordernis der Relevanz für die Kaufentscheidung begründet werden kann.[408]

Darüber hinaus statuiert § 127 MarkenG keinen von der Irreführungsgefahr vollständig unabhängigen Schutz einfacher geografischer Herkunftsangaben. Denn bereits nach dem Wortlaut der Vorschrift muss eine abstrakte Irreführungsgefahr vorliegen. Zudem handelt es sich bei der Regelung in § 127 MarkenG um keinen wettbewerbsrechtlichen Schutz, sondern um einen Sonderschutz im Rahmen kennzeichenrechtlicher Regelungen, so dass auch insoweit nicht mit den §§ 3, 5 UWG argumentiert werden kann. Auch die Rechtsprechung des Europäischen Gerichtshofes macht den Schutz geografischer Herkunftsangaben nicht von der Relevanz der Irreführung für die Kaufentscheidung abhängig. Im Ergebnis ist damit festzuhalten, dass es bei § 127 MarkenG bei der Irreführung nicht auf die Relevanz für die Kaufentscheidung ankommt.

3. *Schutz für Herkunftsangaben mit besonderem Ruf nach § 127 Abs. 3 MarkenG*

Wie auch bei anderen Kennzeichen findet sich in § 127 Abs. 3 MarkenG die Ausgestaltung des Schutzes einer geografischen Herkunftsangabe mit besonderem Ruf gegen Rufausbeutung und -schädigung. Dabei zieht die amtliche Begründung bei dem Erfordernis des besonderen Rufes eine Parallele zur Bekanntheit oder Berühmtheit,[409] wobei sich die Bekanntheit – anders als bei Marken – bei der geografischen Herkunftsangabe nach § 127 Abs. 3 MarkenG auf eine qualifizierte Bekanntheit des Gesamtproduktes beziehen muss.[410] Eine Verkehrsdurchsetzung mit einem bestimmten Bekanntheitsgrad ist damit bei dem Schutz nach § 127 Abs. 3 MarkenG nicht erforderlich.[411]

Bei der Verletzung des Tatbestandes von § 127 Abs. 3 MarkenG sind zwei Varianten möglich: Zum einen kann die Verletzungshandlung in einer

---

408 *Hacker*, in: Ströbele/Hacker/Thiering, MarkenG, 12. Aufl. 2018, § 127 Rn. 15.

409 Amtliche Begründung S. 112; *Hacker*, in: Ströbele/Hacker/Thiering, MarkenG, 12. Aufl. 2018, § 127 Rn. 34; *Rößler*, GRUR 1994, 559, 561.

410 *Dickertmann*, Die geographische Herkunftsangabe zwischen Gewerblichem Rechtsschutz und Wettbewerbsrecht, 2001, S. 141.

411 *Kur*, GRUR 1994, 330, 332 f.; BGH GRUR 1985, 550, 552 – Dimple; BGH GRUR 1991, 465, 466 – Salomon; BGH GRUR 1991, 609, 612 – SL; *Dickertmann*, Die geographische Herkunftsangabe zwischen Gewerblichem Rechtsschutz und Wettbewerbsrecht, 2001, S. 142.

Rufausbeutung gesehen werden, zum anderen in der Beeinträchtigung der Unterscheidungskraft liegen.[412]

4. *Schutz nach § 127 Abs. 4 MarkenG: Ähnlichkeitsbereich*

Der Tatbestand des § 127 Abs. 4 MarkenG erweitert den Schutzbereich des § 127 Abs. 1 – 3 MarkenG auf den Ähnlichkeitsbereich bzw. auf die Verwendung mit klarstellenden Zusätzen, wenn nach wie vor die Gefahr einer Irreführung, eine Eignung zur unlauteren Ausnutzung oder eine Beeinträchtigung des Rufs bzw. der Unterscheidungskraft fort besteht.[413] Die „Ähnlichkeit" im Sinne von § 127 Abs. 4 MarkenG ist so zu beurteilen wie bei dem Tatbestand der Verwechslungsgefahr in § 14 Abs. 2 Nr. 2 MarkenG;[414] d.h. die Ähnlichkeit ist bei Kennzeichen dann gegeben, wenn und soweit diese verwechslungsfähig oder sinngleich sind.[415] Neben der Ähnlichkeit muss weiterhin die Gefahr einer Irreführung oder eine Rufausbeutung bestehen.[416]

C. Außermarkenrechtliche Anspruchsgrundlagen / Abwehrrechte

Bei der Kollision von Kennzeichen können neben dem MarkenG auch Anspruchsgrundlagen außerhalb des MarkenG – beispielsweise solche aus UWG oder aus § 12 BGB – in Betracht kommen, weshalb sich dann die Frage stellt, inwieweit diese Anspruchsgrundlagen neben dem MarkenG überhaupt zur Anwendung gebracht werden können. Nachfolgend wird daher erläutert, welche außermarkenrechtliche Anspruchsgrundlagen in Frage kommen und in welchem Verhältnis diese zum MarkenG stehen.

---

412 *Dickertmann,* Die geographische Herkunftsangabe zwischen Gewerblichem Rechtsschutz und Wettbewerbsrecht, 2001, S. 142.

413 *Dickertmann,* Die geographische Herkunftsangabe zwischen Gewerblichem Rechtsschutz und Wettbewerbsrecht, 2001, S. 143.

414 EuGH Urt. v. 11.11.1997, Rs. C-251/95, Slg. 1997, I-6191 – Puma/Sabel; *Dickertmann,* Die geographische Herkunftsangabe zwischen Gewerblichem Rechtsschutz und Wettbewerbsrecht, 2001, S. 143.

415 *Ingerl/Rohnke,* in: Ingerl/Rohnke, MarkenG, 3. Aufl. 2010, § 127 Rn. 20; *Dickertmann,* Die geographische Herkunftsangabe zwischen Gewerblichem Rechtsschutz und Wettbewerbsrecht, 2001, S. 143.

416 *Dickertmann,* Die geographische Herkunftsangabe zwischen Gewerblichem Rechtsschutz und Wettbewerbsrecht, 2001, S. 143.

I. Lauterkeitsrechtliche Anspruchsgrundlagen – Verhältnis MarkenG – UWG

Bei den lauterkeitsrechtlichen Anspruchsgrundlagen ist zu klären, in welchem Verhältnis die Regelungen des MarkenG und die des UWG zueinander stehen. Dabei sind insbesondere die Regelungen im MarkenG zur Verwechslungsgefahr sowie die Regelung in § 5 Abs. 2 UWG näher zu beleuchten.

1. Kontrollmechanismus des UWG

Das UWG dient dem Schutz der Mitbewerber, der Verbraucher sowie der sonstigen Marktteilnehmer vor unlauteren geschäftlichen Handlungen; es schützt zugleich das Interesse der Allgemeinheit an einem unverfälschten Wettbewerb (§ 1 UWG). Der Sinn und Zweck des UWG besteht demgemäß darin, das Marktverhalten der Unternehmen im Interesse der Marktteilnehmer und der Allgemeinheit an einem unverfälschten Wettbewerb zu regeln.[417] D.h. das UWG stellt die „Spielregeln" für die Teilnahme am Wettbewerb auf. Auch wenn der Verbraucher als Schutzsubjekt in § 1 UWG unmittelbar aufgeführt ist, bedeutet dies nicht, dass der Verbraucher gleichzeitig Unterlassungs- und Folgeansprüche – wie beispielsweise Schadenersatzansprüche – auf die Tatbestände des UWG stützen kann, selbst wenn er durch eine unlautere geschäftliche Handlung unmittelbar betroffen ist.[418] Das UWG ist daher kein Verbraucherschutzgesetz im eigentlichen Sinn, vielmehr wird dem Schutz der Verbraucher dadurch Rechnung getragen, dass die in § 8 Abs. 3 UWG aufgeführten Mitbewerber und Verbände den Schutz der Verbraucher mittelbar wahrnehmen.[419]

Im Hinblick auf das Markenrecht regelt das UWG nicht den Schutz der Kennzeichen an sich, sondern die Verwendung der Kennzeichen im Rahmen geschäftlicher Handlungen. D.h. die Regelungen des UWG kontrollieren die konkrete Art und Weise der Verwendung von Kennzeichen im geschäftlichen Verkehr hinsichtlich des vom UWG verfolgten Zweckes der Sicherung und Aufrechterhaltung eines unverfälschten Wettbewerbs. Dies hat Auswirkungen im Bereich der Anwendung des Rechts der Gleichnamigen. Denn gerade in Fällen der Gleichnamigkeit besteht für die angesprochenen Verkehrskreise ein nicht gerade geringfügiges Irreführungs- bzw. Verwechslungspotential. Insoweit

---

417 *Sosnitza*, in: MüKo-UWG, Band 1, 2. Aufl. 2014, § 1 Rn. 11.

418 *Büscher*, in: Büscher, UWG, 1. Aufl. 2019, § 1 Rn. 28; *Sosnitza*, in: MüKo-UWG, Band 1, 2. Aufl. 2014, § 1 Rn. 14.

419 *Büscher*, in: Büscher, UWG, 1. Aufl. 2019, § 1 Rn. 28.

wurden daher im Rahmen der Interessenabwägung, die bei Anwendung der Grundsätze des Rechts der Gleichnamigen stets durchzuführen ist, seit jeher lauterkeitsrechtliche Gesichtspunkte berücksichtigt. Zukünftig werden – aufgrund der UWG-Reform 2008 – im Rahmen der Interessenabwägung bei den Grundsätzen des Rechts der Gleichnamigen die Interessen und der Schutz der Verbraucher zu berücksichtigen sein. Insoweit wird auf die nachfolgenden Ausführungen verwiesen.

2. *Kollidierende Regelungen im MarkenG und UWG*

Nachfolgend werden die divergierenden Regelungen im MarkenG sowie im UWG gegenübergestellt, um sodann das Verhältnis der beiden Regelungssysteme zueinander zu klären. In diesem Zusammenhang wird dann weiter zu klären sein, welche Rolle das Recht der Gleichnamigen in Zukunft spielen wird und welchen Einfluss gegebenenfalls die Neuregelungen zur Gemeinschaftsmarkenverordnung / Unionsmarkenverordnung und zur Europäischen Markenrechtsrichtlinie auf das Verhältnis zwischen Markenrecht und UWG sowie auf das Recht der Gleichnamigen haben werden.

Im MarkenG finden sich sowohl in § 9 Abs. 1 Nr. 2, § 14 Abs. 2 Nr. 2 als auch in § 15 Abs. 2 MarkenG Regelungen zur Verwechslungsgefahr und daraus – im Falle der Regelungen in §§ 14, 15 MarkenG – resultierender Unterlassungsansprüche des Kennzeicheninhabers gegenüber Dritten. Zur Vereinfachung der Darstellung der Verwechslungsgefahr und deren Gegenüberstellung mit den Regelungen im UWG wird die Verwechslungsgefahr an dieser Stelle exemplarisch am Tatbestand des § 14 Abs. 2 Nr. 2 MarkenG erörtert.[420]

a) *MarkenG*

aa) Schutzzweck

Das Markengesetz dient in vielen Vorschriften der Umsetzung der MarkenRL und der damit verbundenen Angleichung der nationalen Rechte der Mitgliedstaaten zum Schutz eingetragener Marken.

420 Die Auslegung des Begriffs der Verwechslungsgefahr im Rahmen von § 14 Abs. 2 Nr. 2 MarkenG gilt inhaltlich deckungsgleich auch für die Auslegung der Verwechslungsgefahr im Rahmen von § 15 Abs. 2 MarkenG.

(1) Markenrichtlinie

Die MarkenRL-2015 dient – wie bereits eingangs erwähnt – der Angleichung der nationalen Rechte der Mitgliedstaaten zum Schutz der eingetragenen Marken. Gerade durch diese Angleichung der nationalen Rechte der Mitgliedstaaten zum Schutz der eingetragenen Marken soll das Funktionieren des Binnenmarktes im Sinne eines unverfälschten Wettbewerbs sichergestellt werden.[421] Insgesamt soll durch die MarkenRL-2015 ein einheitlicher Schutzstandard für die eingetragene Marke geschaffen werden, die auch eine grenzüberschreitende Durchsetzung der damit verbundenen Rechte dem Markeninhaber ermöglichen soll.

Daneben enthält die MarkenRL-2015 in Erwägungsgrund 16 die Regelung, dass der durch die eingetragene Marke gewährte Schutz, der insbesondere die Herkunftsfunktion der Marke gewährleisten soll, im Falle der Identität zwischen Marke und dem Zeichen und zwischen den Waren oder Dienstleistungen absolut sein soll. Dieser Schutz soll sich ebenfalls auf die Fälle der Ähnlichkeit von Zeichen und Marke und der jeweiligen Ware oder Dienstleistung erstrecken. Die dabei erforderliche Verwechslungsgefahr zwischen Marke und Zeichen und den jeweiligen Waren und Dienstleistungen soll spezifische Voraussetzung für den Schutz darstellen. Im Rahmen der Prüfung der Verwechslungsgefahr soll – nach dem Willen des Europäischen Parlaments und des Rates – insbesondere auf den Bekanntheitsgrad der Marke im Markt, die gedankliche Verbindung zwischen Marke und Zeichen, die durch das Zeichen hervorgerufen werden können, sowie den Grad der Ähnlichkeit zwischen der Marke und dem Zeichen und zwischen den damit gekennzeichneten Waren oder Dienstleistungen ausschlaggebend sein. Dabei wird durch die Formulierung in Erwägungsgrund 16 der MarkenRL-2015 deutlich, dass die Herkunftsfunktion als Hauptfunktion der Marke geschützt sein soll, gleichwohl aber auch andere Schutzfunktionen der Marke durch das Europäische Parlament und den Rat nicht ausgeschlossen werden. Zudem sind die Hauptsäulen des Schutzes der Marke durch den Identitätsschutz und den Schutz vor Verwechslungsgefahr gekennzeichnet.

(2) MarkenG

Die von der MarkenRL-2015 aufgestellte Schutzrichtung der Marke wurde durch den deutschen Gesetzgeber vor allem in § 14 MarkenG umgesetzt, der inhaltlich den Vorgaben von Art. 10 Abs. 2 der MarkenRL-2015 entspricht und überdies noch den Schutz der bekannten Marke vorsieht, der in der MarkenRL in Art. 10

---

421 Vgl. Erwägungsgrund 2 der Richtlinie 2008/95/EG des Europäischen Parlaments und des Rates vom 22.10.2008 zur Angleichung der Rechtsvorschriften der Mitgliedstaaten über die Marken.

Abs. 6 vorgesehen, aber der Umsetzung durch den nationalen Gesetzgeber überlassen wurde. Darüber hinaus weist das MarkenG auch Regelungen zum Schutz von geschäftlichen Bezeichnungen im Sinne von § 5 MarkenG auf, die in § 15 MarkenG geregelt sind und sich im Hinblick auf die Eingriffstatbestände an denen aus Art. 10 Abs. 2 MarkenRL-2015 orientieren, gleichwohl aber nicht harmonisiertes Recht darstellen.

Die Hauptfunktion des deutschen Markengesetzes besteht in dem Schutz der Marken und der geschäftlichen Bezeichnung vor Ausbeutung durch Dritte. Denn Voraussetzung für das Funktionieren eines unverfälschten Wettbewerbs ist, dass die mit der Marke oder geschäftlichen Bezeichnung in Berührung kommenden Verkehrskreise diese auch von Marken und geschäftlichen Bezeichnungen der Wettbewerber unterscheiden können. Dies deshalb, weil sich die angesprochenen Verkehrskreise nur dann bewusst für ein Produkt eines bestimmten Unternehmens entscheiden können, wenn sich dieses in wahrnehmbarer Weise von den Produkten anderer Unternehmen absetzen und abgrenzen kann.

Der Schutz der Marke nach § 4 Nr. 1 MarkenG entsteht durch die Eintragung des Zeichens beim Deutschen Patent- und Markenamt. Ansonsten kann die Marke auch ohne Eintragung Schutz erlangen. Dies setzt voraus, dass der Marke entweder Verkehrsgeltung (§ 4 Nr. 2 MarkenG) oder notorische Bekanntheit (§ 4 Nr. 3 MarkenG) zugutekommt. Der Schutz der Marke setzt allerdings in allen drei Fällen zwingend voraus, dass das Zeichen im Sinne von § 3 MarkenG abstrakt markenfähig ist.[422]

Darüber hinaus sieht das deutsche MarkenG auch den Schutz von geografischen Herkunftsbezeichnungen vor, was bereits in Kapitel 3 Ziff. B. IV. dargestellt wurde.

bb) Kennzeichenbegriff

Unter den Begriff des Kennzeichens wird das Bezeichnungsrecht erfasst.[423] Zu unterscheiden sind dabei Produktkennzeichen und die besonderen Herkunftskennzeichen, die geografische Herkunftsangaben darstellen.[424] D.h. der Begriff des Kennzeichens ist dahingehend zu verstehen, dass hiervon Namen unternehmerischer Leistungen erfasst werden.[425] Nach § 1 MarkenG werden Marken

422 *v. Schultz*, in: v. Schultz, MarkenG, 3. Aufl. 2012, Einführung Rn. 19 ff.; *Ingerl/Rohnke*, in: Ingerl/Rohnke 3. Aufl. 2010, MarkenG, Einf. Rn. 9.

423 *Fezer*, in: Fezer, MarkenR, 4. Aufl. 2009, § 1 Rn. 2.

424 *Fezer*, in: Fezer, MarkenR, 4. Aufl. 2009, § 1 Rn. 2.

425 *Fezer*, in: Fezer, MarkenR, 4. Aufl. 2009, § 1 Rn. 2.

(Nr. 1), geschäftliche Bezeichnungen (Nr. 2) und geografische Herkunftsangaben (Nr. 3) geschützt, wenn und soweit die in §§ 4 ff. MarkenG statuierten Schutzvoraussetzungen vorliegen.

cc) Verwechslungsgefahr

Eine Verwechslungsgefahr im Sinne des Markenrechts liegt vor, wenn das Publikum/die angesprochenen Verkehrskreise glauben könnten, dass die von den Vergleichszeichen erfassten Waren und/oder Dienstleistungen aus demselben oder gegebenenfalls aus wirtschaftlich miteinander verbundenen Unternehmen stammen.[426] Ob eine Verwechslungsgefahr vorliegt, beurteilt sich nach dem oben dargestellten Tatbestand in § 14 Abs. 2 Nr. 2 MarkenG im Hinblick auf die Identität oder Ähnlichkeit der sich gegenüberstehenden Zeichen einerseits und der Identität oder Ähnlichkeit der von diesen erfassten Waren und Dienstleistungen andererseits.[427] Gleichzeitig hängt die Beurteilung der Verwechslungsgefahr aufgrund von Erwägungsgrund 16 der MarkenRL-2015 von einer Vielzahl von Umständen ab, die miteinander in einer Art Wechselbeziehung stehen. In der Praxis konzentriert sich die Prüfung des Vorliegens von Verwechslungsgefahr regelmäßig auf die nachfolgenden Punkte:

- Identität oder Ähnlichkeit der Waren und/oder Dienstleistungen,
- Kennzeichnungskraft der älteren Marke,
- Identität oder Ähnlichkeit der sich gegenüberstehenden Zeichen sowie
- Abwägung der beiderseitigen Interessen im Rahmen einer Gesamtwürdigung der konkreten Umstände des Einzelfalls.[428]

Bezugspunkt für die Beurteilung der Verwechslungsgefahr bei Marken ist regelmäßig deren Anmeldung, da ab diesem Zeitpunkt – jedenfalls bei eingetragenen Marken – der Markenschutz besteht.

---

426 EuGH GRUR 1998, 922, 924 – Canon; EuGH GRUR Int. 1999, 734, 736 – Lloyd; EuGH GRUR Int. 2007, 718, 720 – TRAVATAN II; EuGH GRUR 2008, 343, 346 – Il Ponte Finanziaria Spa/HABM; EuGH GRUR 2008, 503, 504 adidas/Marca Mode u.a.; EuGH GRUR 2010, 841, 844 – Portakabin/Primakabin; EuGH GRUR 2010, 451 – BergSpechte; EuGH Beschl. v. 10.7.2009 – C-416/08 P – Apple Computer; EuGH MarkenR 2008, 387 – Nestle; EuGH GRUR 2005, 1042 – Medion; *Hacker*, in: Ströbele/Hacker/Thiering, MarkenG, 12. Aufl. 2018, § 9 Rn. 31; *Ingerl/Rohnke,* in: Ingerl/Rohnke, MarkenG, 3. Aufl. 2010, § 14 Rn. 369.

427 *Hacker*, in: Ströbele/Hacker/Thiering, MarkenG, 12. Aufl. 2018, § 9 Rn. 31.

428 *Hacker*, in: Ströbele/Hacker/Thiering, MarkenG, 12. Aufl. 2018, § 9 Rn. 32.

b) UWG

Das deutsche Gesetz gegen unlauteren Wettbewerb (UWG) dient – betreffend die Regelungen zu dem Verhältnis zwischen Verbrauchern und Unternehmern – der Umsetzung der Europäischen Richtlinie über unlautere Geschäftspraktiken (UGP-Richtlinie).[429] Die Umsetzung der Regelungen der UGP-Richtlinie im Rahmen des UWG traten am 30.12.2008 in Kraft.

aa) Schutzzweck

(1) UGP-Richtlinie

Die UGP-Richtlinie hat einen neuen Rechtsrahmen für Werbemaßnahmen und Vertriebsaktionen gegenüber Verbrauchern geschaffen, der aufgrund des in Art. 4 UGP-Richtlinie verankerten Prinzips der Vollrechtsharmonisierung innerhalb der Mitgliedstaaten der Europäischen Union einen einheitlichen Schutzrechtsstandard gewährt;[430] d.h. die Mitgliedstaaten haben die Vorgaben der UGP-Richtlinie eins-zu-eins umzusetzen und weder eine Unterschreitung des Schutzstandards noch eine Überschreitung bei der Umsetzung in nationales Recht vorzunehmen.

Ziel der UGP-Richtlinie ist eine Stärkung des Binnenmarktes durch einen verbesserten und effektiveren Verbraucherschutz.[431] Die UGP-Richtlinie regelt daher auch nur das Verhältnis zwischen Unternehmer und Verbraucher („business to consumer"; vgl. Art. 3 Abs. 1 UGP-Richtlinie); das Verhältnis zwischen zwei Unternehmern („business to business") ist von dem Regelungsbereich der UGP-Richtlinie nicht erfasst und unterliegt demnach lediglich den Vorschriften des UWG, die auf der Irreführungs-Richtlinie[432] beruhen. Zudem dient die UGP-Richtlinie insgesamt dem Schutz des unverfälschten Wettbewerbs im

---

429 Richtlinie 2005/29/EG des Europäischen Parlaments und des Rates vom 11.5.2005 über unlautere Geschäftspraktiken im binnenmarktinternen Geschäftsverkehr zwischen Unternehmen und Verbrauchern und zur Änderung der Richtlinie 84/450/EWG des Rates, der Richtlinie 97/7/EG und 2002/65/EG des Europäischen Parlaments und des Rates sowie der Verordnung (EG) Nr. 2006/2004 des Europäischen Parlaments und des Rates (Richtlinie über unlautere Geschäftspraktiken).

430 Leitfaden UGP-Richtlinie – Neue Regeln für Werbung und Vertrieb, Wettbewerbszentrale 7/2009.

431 Vgl. Art. 1 UGP-Richtlinie; Leitfaden UGP-Richtlinie – Neue Regeln für Werbung und Vertrieb, Wettbewerbszentrale 7/2009.

432 Richtlinie 2006/114/EG des Europäischen Parlaments und des Rates vom 12.12.2006 über irreführende und vergleichende Werbung.

Binnenmarkt.[433] Die mit der UGP-Richtlinie bezweckte vollständige Rechtsangleichung in den Mitgliedsstaaten richtet sich gegen Verzerrungen des Wettbewerbs durch unterschiedliche Regulierungsniveaus und soll Rechtssicherheit und unionsweite einheitliche Marktbedingungen zur Förderung grenzüberschreitender Angebots- und Nachfrageaktivitäten gewährleisten.[434]

Insgesamt ist trotz des in der UGP-Richtlinie nahegelegten wettbewerbsfunktionalen Verständnisses, wonach die Interessen der Mitbewerber, der Verbraucher und der Allgemeinheit gleichberechtigt nebeneinanderstehen, davon auszugehen, dass durch das Ziel eines hohen Verbraucherschutzes in der UGP-Richtlinie die Auslegung der normativen Tatbestände entscheidend geprägt werden.[435] Das von der UGP-Richtlinie verfolgte hohe Verbraucherschutzniveau trägt zwar per se keine marktbegrenzenden Züge, es soll aber die Selbstbestimmung des Verbrauchers im Hinblick auf seine grundsätzlich schwache Position am Markt ausgleichend sicherstellen.[436]

(2) UWG

Der Zweck des deutschen UWG besteht gemäß § 1 UWG darin, die Mitbewerber, die Verbraucher sowie die sonstigen Marktteilnehmer vor unlauteren geschäftlichen Handlungen zu schützen. Zugleich dient das deutsche UWG auch dem Interesse der Allgemeinheit an einem unverfälschten Wettbewerb (vgl. § 1 S. 2 UWG), was dadurch zum Ausdruck kommt, dass gemäß § 8 Abs. 3 Nr. 2 UWG ebenfalls Verbände – wie beispielsweise die Verbraucherschutzverbände – zur Geltendmachung von Unterlassungs- und Schadenersatzansprüche berechtigt sind. Daneben dienen die Verbraucherschutzregelungen im UWG der Umsetzung der UGP-Richtlinie in deutsches Recht. Überdies finden sich in dem deutschen UWG – wie bereits zuvor erwähnt – Regelungen betreffend wettbewerbswidriger Verhaltensweisen in dem Verhältnis zwischen zwei Unternehmern, die von dem Anwendungsbereich der UGP-Richtlinie nicht umfasst sind.

(3) Verbraucherschutz nach der UGP-Richtlinie und Schutzzwecktrias des Lauterkeitsrechts

Wie bereits eben dargestellt, dienen die Bestimmungen der UGP-Richtlinie und des deutschen UWG dem Schutz eines unverfälschten Wettbewerbs. Zur

433 *Peukert,* in: Teplitzky/Peifer/Leistner, UWG, Band 1, 2. Aufl. 2014, § 1 Rn. 119.

434 vgl. Erwägungsgrund 2-5, 12, 17 der UGP-Richtlinie; *Peukert,* in: Teplitzky/Peifer/Leistner, UWG, Band 1, 2. Aufl. 2014, § 1 Rn. 119.

435 *Peukert,* in: Teplitzky/Peifer/Leistner, UWG, Band 1, 2. Aufl. 2014, § 1 Rn. 123, 128.

436 *Peukert,* in: Teplitzky/Peifer/Leistner, UWG, Band 1, 2. Aufl. 2014, § 1 Rn. 127; EuGH, GRUR Int. 2013, 1155, 1158 – BKK Mobil Oil.

genaueren Bestimmung des Schutzzweckes sowohl der UGP-Richtlinie als auch des deutschen UWG ist jedoch zwischen dem Schutzobjekt und dem Schutzsubjekt zu differenzieren;[437] d.h. es ist zwischen der Frage „*Was schützt das Wettbewerbsrecht?*“[438] als Gegenstand des gesetzlichen Schutzzweckes (Schutzobjekt) und der Frage „*Wen schützt das Wettbewerbsrecht?*“[439] im weitesten Sinne als Personenkreise (Schutzsubjekt) zu unterscheiden.[440]

(a) Schutzobjekt: Was schützt das Wettbewerbsrecht?

Aus § 1 Abs. 2 UWG ergibt sich als Schutzobjekt des UWG ganz eindeutig der Schutz des Wettbewerbs an sich. Dies geht auch aus der Gesetzesbegründung zum UWG in der Fassung von 2004 hervor, wonach das Interesse der Marktteilnehmer an einem unverfälschten Wettbewerb geschützt werden soll.[441] Insoweit kommen daher die Interessen der Allgemeinheit im Rahmen des UWG nur dann zu tragen, wenn und soweit eine Beeinträchtigung des unverfälschten Wettbewerbs vorliegt.[442] Ist dies nicht der Fall, können Allgemeininteressen nicht über die Tatbestände des UWG geltend gemacht werden.

(b) Schutzsubjekt: Wen schützt das Wettbewerbsrecht?

Wer Schutzsubjekt des Wettbewerbsrechts ist, hat sich in den letzten Jahrzehnten deutlich gewandelt. Das Wettbewerbsrecht diente ursprünglich lediglich dem Schutz der Mitbewerber.[443] Ende des 19. Jahrhunderts stand bei der wettbewerbsrechtlichen Beurteilung die Sicht des „anständigen Kaufmanns“ im Mittelpunkt, der vor den Praktiken (Nachahmung, Herabsetzung und Irreführung) seiner weniger anständigen Mitbewerber geschützt werden sollte.[444] In diesem Zusammenhang spielte der Schutz der Verbraucher als eigenständiger

437 *Wogner,* Die Schnittstellen zwischen Marken- und Wettbewerbsrecht im Lichte der neuen Markenfunktionen, 1. Aufl. 2015, 158.

438 *Götting,* in: Götting/Nordemann, UWG, 2. Aufl. 2013, § 1 Rn. 2.

439 *Götting,* in: Götting/Nordemann, UWG, 2. Aufl. 2013, § 1 Rn. 2.

440 *Wogner,* Die Schnittstellen zwischen Marken- und Wettbewerbsrecht im Lichte der neuen Markenfunktionen, 1. Aufl. 2015, 158.

441 BT-Drucksache 15/1487; S. 16.

442 *Wogner,* Die Schnittstellen zwischen Marken- und Wettbewerbsrecht im Lichte der neuen Markenfunktionen, 1. Aufl. 2015, 164.

443 *Henning-Bodewig,* GRUR 2013, 238.

444 *Henning-Bodewig,* GRUR 2013, 238, 239; *Peukert,* in: Teplitzky/Peifer/Leistner, UWG, Band 1, 2. Aufl. 2014, § 1 Rn. 31.

Schutzzweck noch überhaupt keine Rolle.[445] Es galt dementsprechend ein reiner Mitbewerberschutz auf horizontaler Ebene.

Von diesem reinen Mitbewerberschutz ausgehend setzte sich im Laufe der Zeit die Erkenntnis durch, dass es auch eines unmittelbaren Schutzes des Verbrauchers vor unlauteren Wettbewerbspraktiken bedarf.[446] Das Reichsgericht entwickelte daher das UWG unter einem sog. „sozialrechtlichen Verständnis" fort.[447] Nach der so fortentwickelten Rechtsprechung des Reichsgerichts umfasste der Schutzbereich des UWG als Schutzsubjekte nicht nur die Mitbewerber, sondern auch die Verbraucher und die Allgemeinheit.[448] Das spezielle Interesse der Verbraucher fand Eingang in die Interessenabwägung und prägte somit zunehmend den Begriff der „guten Sitten" im Sinne der damaligen Generalklausel des UWG von 1909.[449] Die vom Reichsgericht angefangene Rechtsfortbildung wurde vom Bundesgerichtshof weitergeführt und fand auch Eingang in den Gesetzeswortlaut, als 1965 die Einführung der Verbraucherverbandsklage erfolgte.[450] Schließlich wurde mit dem UWG 2004 die Schutzzwecktrias bestehend aus dem Schutz der Mitbewerber, Verbraucher und der Allgemeinheit in § 1 Abs. 1 UWG ausdrücklich aufgenommen.[451] Durch diese ausdrückliche gesetzliche Normierung sollte der Verbraucherschutz als gleichberechtigt neben den Mitbewerberschutz im UWG treten.[452]

Das durch die Schutzzwecktrias geschützte Interesse der Mitbewerber, der Verbraucher und der Allgemeinheit lässt sich dabei wie folgt darlegen:

---

445 *Henning-Bodewig*, GRUR 2013, 238, 239; *Peukert*, in: Teplitzky/Peifer/Leistner, UWG, Band 1, 2. Aufl. 2014, § 1 Rn. 32 m.w.N.

446 *Henning-Bodewig*, GRUR 2013, 238, 239.

447 *Wogner*, Die Schnittstellen zwischen Marken- und Wettbewerbsrecht im Lichte der neuen Markenfunktionen, 1. Aufl. 2015, 159; *Köhler*, in: Köhler/Bornkamm/Feddersen, UWG, 36. Aufl. 2018, § 1 Rn. 1.

448 RGZ 128, 330, 342; *Köhler*, in: Köhler/Bornkamm/Feddersen, UWG, 36. Aufl. 2018, § 1 Rn. 1; *Kisseler*, WRP 1972, 557 ff.; *Peukert*, in: Teplitzky/Peifer/Leistner, UWG, Band 1, 2. Aufl. 2014, § 1 Rn. 204.

449 *Henning-Bodewig*, GRUR 2013, 238, 239.

450 *Henning-Bodewig*, GRUR 2013, 238, 239; *Wogner*, Die Schnittstellen zwischen Marken- und Wettbewerbsrecht im Lichte der neuen Markenfunktionen, 1. Aufl. 2015, 161.

451 RefE UWG 2004, GRUR 2003, 298, 302 f.; RegE UWG 2004 BT-Drucksache 15/1487, S. 13; *Henning-Bodewig*, GRUR 2013, 238, 239; *Peukert*, in: Teplitzky/Peifer/Leistner, UWG, Band 1, 2. Aufl. 2014, § 1 Rn. 38.

452 BT-Drucksache 15/1487, S. 16; *Wogner*, Die Schnittstellen zwischen Marken- und Wettbewerbsrecht im Lichte der neuen Markenfunktionen, 1. Aufl. 2015, 162; *Peukert*, in: Teplitzky/Peifer/Leistner, UWG, Band 1, 2. Aufl. 2014, § 1 Rn. 38.

(aa) Das geschützte Interesse der Mitbewerber
Das geschützte Interesse des Mitbewerbers besteht darin, dass der Mitbewerber im Rahmen der Wettbewerbsfreiheit seine unternehmerische Leistung entfalten und ungehindert auf dem Markt anbieten kann.[453] Geschützt ist insoweit der gesamte unternehmerische Wirkungskreis des Mitbewerbers, wie insbesondere die Produktion, die Werbung und der Vertrieb.[454] Schutz genießt dabei das Unternehmen als Vermögensgegenstand.[455]

Im Hinblick auf die Intensität des Mitbewerberschutzes hat sich bislang kein dem Verbraucherleitbild vergleichbarer Bewertungsmaßstab herausgebildet.[456] Zur Feststellung des Schutzumfanges des Mitbewerberschutzes sind daher im Rahmen einer umfassenden Interessenabwägung im Einzelfall die Interessen des betroffenen Mitbewerbers gegenüber den Interessen anderer Marktteilnehmer und der Allgemeinheit abzuwägen.[457] Allerdings findet der Schutzumfang des Mitbewerberschutzes seine natürliche Grenze darin, dass die wettbewerbsrechtliche Entfaltungsfreiheit dadurch relativiert und beschränkt wird, dass die Behinderung oder Verdrängung eines Mitbewerbers ein wettbewerbsimmanentes und wettbewerbskonformes Phänomen des Konkurrenzkampfes ist.[458] Dementsprechend ergibt sich nicht allein aus einer behindernden Wirkung ein unlauteres Verhalten eines Mitbewerbers; vielmehr müssen weitere, die Unlauterkeit begründende Umstände hinzukommen, damit die Tatbestände des UWG einschlägig sind.[459] Dementsprechend greift der Mitbewerberschutz nur dort ein, wo die von dem Mitbewerber eingesetzten Mittel zur Behinderung des Wettbewerbs unzulässig sind.[460] Zusammenfassend kann daher festgehalten werden, dass das schützenswerte Interesse des Mitbewerbers darin besteht, dass sie ihre Angebots- und Nachfrageaktivitäten frei von wettbewerbsfremden Manipulationen durch Konkurrenten entfalten können.[461] Die Konkretisierung dieses

---

453 *Götting,* in: Götting/Nordemann, UWG, 2. Aufl. 2013, § 1 Rn. 5; *Peukert,* in: Teplitzky/Peifer/Leistner, UWG, Band 1, 2. Aufl. 2014, § 1 Rn. 190.

454 *Götting,* in: Götting/Nordemann, UWG, 2. Aufl. 2013, § 1 Rn. 5.

455 *Köhler,* in: Köhler/Bornkamm, UWG, 36. Aufl. 2018, § 1 Rn. 10.; *Götting,* in: Nordemann, UWG, 2. Aufl. 2013, § 1 Rn. 5.

456 *Götting,* in: Götting/Nordemann, UWG, 2. Aufl. 2013, § 1 Rn. 5.

457 *Köhler,* in: Köhler/Bornkamm, UWG, 36. Aufl. 2018, § 1 Rn. 11; *Götting,* in: Nordemann, UWG, 2. Aufl. 2013, § 1 Rn. 5.

458 *Götting,* in: Götting/Nordemann, UWG, 2. Aufl. 2013, § 1 Rn. 6.

459 *Götting,* in: Götting/Nordemann, UWG, 2. Aufl. 2013, § 1 Rn. 6.

460 *Götting,* in: Götting/Nordemann, UWG, 2. Aufl. 2013, § 1 Rn. 6.

461 *Peukert,* in: Teplitzky/Peifer/Leistner, UWG, Band 1, 2. Aufl. 2014, § 1 Rn. 192.

Interesses erfolgt in zahlreichen Verbotstatbeständen des UWG, die sich speziell auf den Mitbewerberschutz beziehen.[462]

(bb) Das geschützte Interesse der Verbraucher

Neben dem Mitbewerberschutz ist nunmehr im UWG auch ausdrücklich der Verbraucherschutz gesetzlich normiert. Über den Verbraucherschutz oder auch Konsumentenschutz wird die Entscheidungsfreiheit des Verbrauchers geschützt.[463] Der Schutz der Verbraucher im Sinne von § 1 S. 1 UWG zielt darauf ab, eine unlautere Kundenwerbung durch unsachlichen Einfluss zu verhindern.[464] Demzufolge stimmt der Zweck des Verbraucherschutzes im UWG weitgehend mit dem in Art. 1 UGP-Richtlinie festgelegten Schutzzweck überein, wonach die Verbraucher vor der Beeinträchtigung ihrer wirtschaftlichen Interessen durch unlautere Geschäftspraktiken geschützt werden sollen.[465] Hierbei ist jedoch zu berücksichtigen, dass jeder Werbung quasi immanent ist, dass eine unsachliche Beeinflussung der Verbraucher durch beispielsweise emotionale Elemente bezweckt wird, die aber nicht per se unzulässig sind.[466] Eine Werbung, die sich ausschließlich an sachlichen Informationen für den Verbraucher orientiert, dürfte insoweit als lebensfremd einzustufen sein. Die Grenze der zulässigen unsachlichen Beeinflussung ist allerdings dann erreicht, wenn und soweit der Verbraucher daran gehindert wird, eine informierte und rationale Entscheidung zu treffen.[467] Dies ist dann zu bejahen, wenn die Rationalität der Nachfrageentscheidung auch bei einem durchschnittlich verständigen Verbraucher vollständig in den Hintergrund tritt.[468]

Insoweit ist der Verbraucherschutz in zwei Unterkategorien aufzugliedern: Zum einen in den Schutz der Entscheidungsgrundlage und zum anderen in den Schutz des Entscheidungsprozesses.[469] Der Schutz der Entscheidungsgrundlage besteht im Wesentlichen darin, dass dafür zu sorgen ist, dass der Werbecharakter von Informationen für den Verbraucher erkennbar ist und

462 *Peukert,* in: Teplitzky/Peifer/Leistner, UWG, Band 1, 2. Aufl. 2014, § 1 Rn. 192.

463 *Götting,* in: Götting/Nordemann, UWG, 2. Aufl. 2013, § 1 Rn. 9.

464 *Peukert,* in: Teplitzky/Peifer/Leistner, UWG, Band 1, 2. Aufl. 2014, § 1 Rn. 208.

465 *Peukert,* in: Teplitzky/Peifer/Leistner, UWG, Band 1, 2. Aufl. 2014, § 1 Rn. 208.

466 *Götting,* in: Götting/Nordemann, UWG, 2. Aufl. 2013, § 1 Rn. 9.

467 *Peukert,* in: Teplitzky/Peifer/Leistner, UWG, Band 1, 2. Aufl. 2014, § 1 Rn. 210; *Götting,* in: Götting/Nordemann, UWG, 2. Aufl. 2013, § 1 Rn. 9.

468 BGH WRP 2008, 780, 781 – Hagelschaden; *Götting,* in: Götting/Nordemann, UWG, 2. Aufl. 2013, § 1 Rn. 9.

469 *Götting,* in: Götting/Nordemann, UWG, 2. Aufl. 2013, § 1 Rn. 10; *Peukert,* in: Teplitzky/Peifer/Leistner, UWG, Band 1, 2. Aufl. 2014, § 1 Rn. 239.

dass diese nicht irreführend sind.[470] Demgegenüber besteht der Schutz des Entscheidungsprozesses darin, dass der Verbraucher nicht nur auf der richtigen Grundlage, sondern auch in der richtigen Art und Weise seine Entscheidungen treffen kann.[471] Diese Komponente des wettbewerblichen Verbraucherschutzes zielt damit auf den Schutz des Verbrauchers vor unlauterer Beeinflussung durch äußerlichen Druck, durch Ausnutzung der geschäftlichen Unerfahrenheit, Angst oder einer sonstigen Zwangslage ab.[472]

Die Intensität des Verbraucherschutzes im UWG ist geprägt durch das Verbraucherleitbild, das der Beurteilung zugrunde gelegt wird.[473] Nach dem Verbraucherleitbild ist das Schutzbedürfnis höher, je niedriger der Grad der Aufmerksamkeit und das Informationsniveau des Verbrauchers veranschlagt wird.[474] Nach der Rechtsprechung des Europäischen Gerichtshofes ist insoweit auf ein normatives Verbraucherleitbild abzustellen, wonach es auf den „durchschnittlich informierten, aufmerksamen und verständigen Durchschnittsverbraucher" ankommt.[475] Dieses Verbraucherleitbild des Europäischen Gerichtshofes wurde vom Bundesgerichtshof übernommen, weshalb nunmehr bei der Beurteilung wettbewerbsrechtlicher Tatbestände das Leitbild eines durchschnittlich informierten, verständigen Verbrauchers, der das Werbeverhalten mit situationsbedingt angemessener Aufmerksamkeit verfolgt, maßgebend ist.[476] Dieses Verständnis wurde vom Gesetzgeber nunmehr auch in der Gesetzesbegründung ausdrücklich aufgenommen[477] und auch in § 3 Abs. 2 S. 2 und 3 verankert.[478] Für die UGP-Richtlinie ist das normative Verbraucherleitbild in Erwägungsgrund 18 manifestiert worden.[479] Allerdings ist im Rahmen der wettbewerbsrechtlichen Beurteilung auf den Durchschnittsverbraucher des jeweils angesprochenen

470 *Peukert*, in: Teplitzky/Peifer/Leistner, UWG, Band 1, 2. Aufl. 2014, § 1 Rn. 239; *Götting*, in: Götting/Nordemann, UWG, 2. Aufl. 2013, § 1 Rn. 11.

471 *Götting*, in: Götting/Nordemann, UWG, 2. Aufl. 2013, § 1 Rn. 12.

472 *Götting*, in: Götting/Nordemann, UWG, 2. Aufl. 2013, § 1 Rn. 12.

473 *Götting*, in: Götting/Nordemann, UWG, 2. Aufl. 2013, § 1 Rn. 15.

474 *Götting*, in: Götting/Nordemann, UWG, 2. Aufl. 2013, § 1 Rn. 15.

475 EuGH GRUR Int. 1998, 795, 797 – Gut Springenheide; EuGH GRUR Int. 1999, 345, 348 – Sektkellerei Kessler; *Götting*, in: Götting/Nordemann, UWG, 2. Aufl. 2013, § 1 Rn. 17.

476 BGH NJW 2002, 600, 602 – Warsteiner III; BGH GRUR 2000, 619, 621 – Orient-Teppichmuster; BGH GRUR 2005, 438, 440 – Epson-Tinte; *Götting*, in: Götting/Nordemann, UWG, 2. Aufl. 2013, § 1 Rn. 17.

477 Begr. RegE BT-Drucksache 15/1487, S. 19.

478 *Götting*, in: Götting/Nordemann, UWG, 2. Aufl. 2013, § 1 Rn. 24.

479 *Götting*, in: Götting/Nordemann, UWG, 2. Aufl. 2013, § 1 Rn. 23.

Personenkreises abzustellen und nicht auf den Durchschnittsverbraucher der Bevölkerung insgesamt.[480]

(cc) Das geschützte Interesse der Allgemeinheit

Der Schutz der Allgemeinheit im Rahmen der Schutzzwecktrias des Wettbewerbs dient vorwiegend der Erhaltung der Funktionsfähigkeit des Wettbewerbs.[481] Gemessen an dem Interesse der Allgemeinheit darf eine geschäftliche Handlung nur dann als unlauter eingestuft werden, wenn und soweit sie den Zielerreichungsgrad des selbststeuernden Systems des Wettbewerbs beeinträchtigt.[482]

(4) Umsetzung der UGP-Richtlinie und Schaffung des § 5 Abs. 2 UWG

Wie bereits oben ausgeführt, mussten die Vorgaben der UGP-Richtlinie eins-zu-eins ins deutsche Recht umgesetzt werden. Von besonderem Interesse – auch im Hinblick auf einen unverfälschten Wettbewerb – ist dabei die Regelung in § 5 Abs. 2 UWG, die aufgrund des Wortlautes „Verwechslungsgefahr" eine Parallele zu den markenrechtlichen Vorschriften in den §§ 14, 15 MarkenG aufweist. Insoweit stellt sich im Folgenden die Frage, wie der Begriff der Verwechslungsgefahr in § 5 Abs. 2 UWG auszulegen ist und ob es diesbezüglich Unterschiede zu dem markenrechtlichen Begriff der Verwechslungsgefahr gibt. In diesem Zusammenhang wird es auch eine Rolle spielen, wie § 5 Abs. 2 UWG in seiner deutschen Übersetzung zu der Originalfassung in Art. 6 Abs. 2 lit. a) UGP-Richtlinie steht. Denn § 5 Abs. 2 UWG soll gerade der Umsetzung von Art. 6 Abs. 2 lit. a) UGP-Richtlinie in deutsches Recht dienen. Art. 6 Abs. 2 lit. a) UGP-Richtlinie sieht in seiner deutschen Fassung die Regelung vor, dass eine Geschäftspraxis als irreführend anzusehen ist, die bei jeglicher Vermarktung eines Produktes eine „Verwechslungsgefahr" mit einem Produkt, Warenzeichen, Warennamen oder anderen Kennzeichen eines Mitbewerbers begründet. Die englische Fassung von Art. 6 Abs. 2 lit. a) UGP-Richtlinie spricht hingegen von „creates confusion".

Die Umsetzung ins deutsche Recht in § 5 Abs. 2 UWG stellt jedoch – orientiert an der deutschen Übersetzung der UGP-Richtlinie – auf eine „Verwechslungsgefahr" ab.

Insoweit zeigt sich bereits bei der Gegenüberstellung der wörtlichen Übersetzungen, dass zwischen der deutschen Übersetzung mit „Verwechslungsgefahr" und dem englischen Originaltext „creates confusion" (= Verwechslung erzeugen)

480 *Götting*, in: Götting/Nordemann, UWG, 2. Aufl. 2013, § 1 Rn. 17.

481 *Götting*, in: Götting/Nordemann, UWG, 2. Aufl. 2013, § 1 Rn. 27.

482 *Peukert*, in: Teplitzky/Peifer/Leistner, UWG, Band 1, 2. Aufl. 2014, § 1 Rn. 311.

ein gewichtiger Unterschied besteht. Ob und inwieweit sich dieser Unterschied auf die Auslegung des Begriffes der Verwechslungsgefahr in § 5 Abs. 2 UWG auswirkt, soll nachfolgend erörtert werden.

(a) Notwendigkeit einer Verwechslung oder Verwechslungsgefahr ausreichend?

Aufgrund der sprachlichen Diskrepanz zwischen der englischsprachigen Fassung des Art. 6 Abs. 2 lit. a) UGP-Richtlinie und § 5 Abs. 2 UWG stellt sich die Frage, ob eine Verwechslung zum Zeitpunkt der Geltendmachung des Anspruchs eingetreten sein muss. Wie bereits zuvor dargestellt, verwendet sowohl die deutschsprachige Fassung der UGP-Richtlinie als auch § 5 Abs. 2 UWG den Begriff der „Verwechslungsgefahr", wohingegen die englischsprachige Fassung des Art. 6 Abs. 2 lit. a) UGP-Richtlinie von „creates confusion" und gerade nicht den aus dem Markenrecht für Verwechslungsgefahr bekannten Begriff der „likelihood of confusion" verwendet. Zu klären ist daher, ob im Rahmen der deutschsprachigen Fassung ein Übersetzungsfehler erfolgt ist und daher in Bezug auf den Tatbestand des § 5 Abs. 2 UWG eine tatsächlich eingetretene Verwechslung zu fordern ist.

In der Gesetzesbegründung zu dem nunmehr geltenden UWG findet sich lediglich die Formulierung, dass eine Verwechslungsgefahr begründet werden muss;[483] ansonsten ist der Gesetzesbegründung zu der vorstehenden Fragestellung kein Hinweis zu entnehmen.[484] In der Begründung des Referentenentwurfes zum UWG wird jedoch im Hinblick auf den Begriff der Verwechslungsgefahr herausgearbeitet, dass eine „konkrete Verwechslungsgefahr" festgestellt werden muss.[485] Voraussetzung für eine konkrete Verwechslungsgefahr soll sein, dass die verwendete Bezeichnung geeignet sein muss, die geschäftliche Entscheidung des Verbrauchers zu beeinflussen.[486]

Daneben findet sich auch in der deutschen Fassung der UGP-Richtlinie kein ausdrücklicher Hinweis darauf, wie der Begriff der Verwechslungsgefahr

---

483 *Wogner,* Die Schnittstellen zwischen Marken- und Wettbewerbsrecht im Lichte der neuen Markenfunktionen, 1. Aufl. 2015, 182.

484 *Wogner,* Die Schnittstellen zwischen Marken- und Wettbewerbsrecht im Lichte der neuen Markenfunktionen, 1. Aufl. 2015, 182.

485 RefE vom 27.7.2007, Erstes Gesetz zur Änderung des Gesetzes gegen den unlauteren Wettbewerb, S. 31, *Wogner,* Die Schnittstellen zwischen Marken- und Wettbewerbsrecht im Lichte der neuen Markenfunktionen, 1. Aufl. 2015, 182.

486 RefE vom 27.7.2007, Erstes Gesetz zur Änderung des Gesetzes gegen den unlauteren Wettbewerb, S. 31; *Wogner,* Die Schnittstellen zwischen Marken- und Wettbewerbsrecht im Lichte der neuen Markenfunktionen, 1. Aufl. 2015, 182.

zu verstehen ist. Dem Vorschlag für die UGP-Richtlinie ist in Randnummer 67 allerdings der Hinweis zu entnehmen, dass die bloße Möglichkeit zur Verwechslung ausreichend sein soll, da insoweit von *„zur Verwechslung (…) führen kann"* die Rede ist.[487]

Demgegenüber sprechen allerdings die anderen Sprachfassungen der UGP-Richtlinie gegen die Auslegung des Begriffes der Verwechslungsgefahr im Sinne einer bloß abstrakten Möglichkeit der Verwechslungen. Vielmehr konstatieren die übrigen Sprachfassungen der UGP-Richtlinie das Vorliegen einer tatsächlichen Verletzung.[488] Allerdings dürfte mit Blick auf den mit der UGP-Richtlinie bezweckten absoluten Verbraucherschutzes wohl eher auf das Vorliegen einer bloßen, aber konkreten Verwechslungsgefahr abzustellen sein.[489] *Fezer* zieht aus Zeck des gesetzlichen absoluten Verbraucherschutz der UGP-Richtlinie insoweit daher den Rückschluss, dass die Richtlinie den *„Verbraucher vor irreführenden Kennzeichenpraktiken bei der Produktvermarktung schützt – und zwar ohne Wenn und Aber"*.[490] Legt man ein solches Begriffsverständnis zugrunde, dass mit Verwechslungsgefahr im Sinne von § 5 Abs. 2 UWG eine konkrete Verwechslungsgefahr gemeint ist, steht dieses auch im Einklang mit der englischsprachigen Fassung der UGP-Richtlinie, in der von „creates confusion" die Rede ist, was mit „Verwechslungen hervorrufen" übersetzt werden kann. Denn letztendlich ist unter einer konkreten Verwechslungsgefahr eine solche Konstellation zu verstehen, wenn im konkreten Kontext der Benutzung der Vermarktung die Gefahr besteht, dass der angesprochene Verkehr die Waren oder Dienstleistungen, die Marken oder andere Kennzeichen der Mitbewerber verwechselt bzw. annimmt, dass sie aus wirtschaftlich verbundenen Unternehmen stammen.[491] Ein solches Begriffsverständnis steht auch im Einklang mit der Generalklausel in § 3 Abs. 2 UWG, wonach eine unzulässige wettbewerbsrechtliche Handlung stets eine spürbare Beeinträchtigung des Verbrauchers fordert. Eine spürbare

487 Vorschlag für eine Richtlinie des Europäischen Parlaments und des Rates, KOM (2003) 356 Rn. 67; *Wogner,* Die Schnittstellen zwischen Marken- und Wettbewerbsrecht im Lichte der neuen Markenfunktionen, 1. Aufl. 2015, 182.

488 OLG Frankfurt, Urt. v. 10.6.2010, Az.: 6 U 53/10; *Wogner,* Die Schnittstellen zwischen Marken- und Wettbewerbsrecht im Lichte der neuen Markenfunktionen, 1. Aufl. 2015, 182.

489 *Rues,* in: MüKo-UWG, Band 2, 2. Aufl. 2014, § 5 Rn. 142; *von Nussbaum/Rues,* MarkenR 2009, 233, 234.

490 *Fezer,* GRUR 2009, 451, 455.

491 OLG Düsseldorf, Urt. v. 12.2.2015, Az.: I-15 U 70/14; *Sosnitza,* in: Ohly/Sosnitza, UWG, 7. Aufl. 2016, § 5 Rn. 718.

Beeinträchtigung ist allerdings nur bei einer konkreten und nicht bei einer abstrakten Verwechslungsgefahr gegeben.

(b) Einbindung des Art. 6 Abs. 2 lit. a) UGP-Richtlinie in das Regelungssystem des deutschen UWG

Als es um die Frage ging, wie die Regelung in Art. 6 Abs. 2 lit. a) der UGP-Richtlinie in deutsches Recht umzusetzen ist, war umstritten, ob eine Einbindung der Regelung in das bestehende System der Tatbestände des UWG erfolgen konnte bzw. die Regelung in Art. 6 Abs. 2 lit. a) der UGP-Richtlinie nicht bereits von den existenten UWG-Tatbeständen – insbesondere § 4 Nr. 9 lit. a) und § 5 UWG – umfasst war oder eine gesonderte Norm für die Umsetzung ins deutsche Recht geschaffen werden muss.[492]

Nach der Ansicht *Köhlers* wäre eine Änderung des § 4 Nr. 9 lit. a) UWG bzw. eine richtlinienkonforme Auslegung desselben zur Umsetzung des Regelungsgehaltes in Art. 6 Abs. 2 lit. a) UGP-Richtlinie ausreichend gewesen.[493] Zur Argumentation führt Köhler aus, dass der Begriff des „Anbietens" im Sinne von § 4 Nr. 9 UWG in etwa dem Begriff der „jeglichen Vermarktung" im Sinne von Art. 6 Abs. 2 lit. a) UGP-Richtlinie entsprechen dürfte, so dass insoweit keine Änderung des Wortlauts erforderlich erscheint.[494] Allerdings sieht er es in diesem Zusammenhang als nicht ratsam an, den aus der früheren Rechtsprechung des Bundesgerichtshofes übernommenen Begriff der „vermeidbaren Herkunftstäuschung" beizubehalten, da die UGP-Richtlinie nicht auf die Vermeidbarkeit der Irreführung abstellt.[495] Diesbezüglich befürwortete Köhler eine Anpassung des Wortlautes von § 4 Nr. 9 lit. a UWG dahingehend, dass der Anbieter von Nachahmungsprodukten nach § 4 Nr. 9 lit. a) UWG unlauter handelt, wenn er „eine vermeidbare Täuschung der Abnehmer über die betriebliche Herkunft herbeiführt".[496] Zudem sprach auch *Ohly* sich dafür aus, dass eine entsprechende Auslegung der bestehenden UWG-Tatbestände für die Umsetzung des Art. 6 Abs. 2 lit. a) UGP-Richtlinie möglich sei.[497]

492 Für die Ansicht, dass Art. 6 Abs. 2 lit. a) UGP-Richtlinie bereits vom Tatbestand des § 4 Nr. 9 UWG mitumfasst war: *Köhler*, GRUR 2007, 548, 551; *Ohly*, GRUR 2007, 731, 740; RefE vom 27.7.2007, Erstes Gesetz zur Änderung des Gesetzes gegen den unlauteren Wettbewerb, S. 31; für die Ansicht, dass eine Umsetzung in einer gesonderten Norm erfolgen muss: *Fezer*, GRUR 2009, 451, 453.

493 *Köhler*, GRUR 2007, 548, 551.

494 *Köhler*, GRUR 2007, 548, 551.

495 *Köhler*, GRUR 2007, 548, 551.

496 *Köhler*, GRUR 2007, 548, 551.

497 *Ohly*, GRUR 2007, 731, 740.

Auch der Referentenentwurf vom 27.7.2007 sah zunächst vor, dass Art. 6 Abs. 2 lit. a) UGP-Richtlinie als ein Unterfall der betrieblichen Herkunftstäuschung in § 5 UWG erfasst wird und daher keine gesonderte gesetzliche Regelung zwecks Umsetzung der UGP-Richtlinie in das UWG aufgenommen werden musste.[498]

Demgegenüber sprach sich *Fezer* für eine eigenständige Umsetzung des Art. 6 Abs. 2 lit. a) UGP-Richtlinie in einer separaten Norm aus. Begründet wurde dies von *Fezer* dadurch, dass eine fehlende Umsetzung in einer eigenen Norm ansonsten einer *„Bagatellisierung des verbraucherschützenden Lauterkeitstatbestandes“* gleichgekommen wäre.[499] Aus dem gleichen Grund erfolgte auch von der Europäischen Kommission deutliche Kritik an dem Referentenentwurf des deutschen Gesetzgebers.[500]

Letztendlich erfolgte die Umsetzung von Art. 6 Abs. 2 lit. a) UGP-Richtlinie im Rahmen einer eigenständigen Norm als neuer § 5 Abs. 2 UWG. Eine genaue Begründung für diesen Sinneswandel enthält die Gesetzesbegründung nicht, es ist aber davon auszugehen, dass diese auf die zahlreiche geäußerte Kritik zum Referentenentwurf zurückgeht. Zudem wäre eine richtlinienkonforme Auslegung des § 4 Nr. 9 lit. a) UWG aufgrund der unterschiedlichen Schutzausrichtungen nicht möglich gewesen, da § 4 Nr. 9 lit. a) UWG im Bereich des klassischen Mitbewerberschutzes verankert ist, wohingegen die Regelung des Art. 6 Abs. 2 lit. a) UGP-Richtlinie ausschließlich an dem Ziel eines effektiven Verbraucherschutzes ausgerichtet ist.[501] Insoweit erscheint daher die Umsetzung in einer eigenständigen Norm wie dem § 5 Abs. 2 UWG als einzig zielführend.

bb) Kennzeichenbegriff

(1) Deckungsgleichheit des markenrechtlichen Kennzeichenbegriffs mit dem Kennzeichenbegriff in § 5 Abs. 2 UWG?

Zunächst ist zu klären, ob der Begriff des Kennzeichens in § 5 Abs. 2 UWG mit dem markenrechtlichen Verständnis des Kennzeichenbegriffes deckungsgleich ist. Nach der Ansicht *Bornkamms* ist für den Anspruch aus § 5 Abs. 2 UWG Voraussetzung, dass ein Kennzeichen im markenrechtlichen Sinne existiert.[502] Unter

498 RefE vom 27.7.2007, Erstes Gesetz zur Änderung des Gesetzes gegen den unlauteren Wettbewerb, S. 31.

499 *Fezer*, GRUR 2009, 451, 453.

500 *Fezer*, GRUR 2009, 451, 453.

501 *Wogner*, Die Schnittstellen zwischen Marken- und Wettbewerbsrecht im Lichte der neuen Markenfunktionen, 1. Aufl. 2015, 172.

502 *Bornkamm*, in: Köhler/Bornkamm/Feddersen, UWG, 36. Aufl. 2018, § 5 Rn. 9.16.

Kennzeichen im markenrechtlichen Sinne sind Namen von unternehmerischen Leistungen zu verstehen;[503] d.h. durch Kennzeichen werden Unternehmensleistungen im weitesten Sinne am Markt identifiziert.[504] Der Begriff des Kennzeichens dient im Markengesetz daher als Oberbegriff für die in § 1 MarkenG aufgeführten und schutzfähigen Zeichen.[505] Zur Begründung fügt *Bornkamm* folgendes Beispiel an: „*A versieht sein Produkt mit einem Zeichen, das er nicht als Marke hat registrieren lassen und das – mangels Verkehrsgeltung – auch nicht als Benutzungsmarke nach § 4 Nr. 2 MarkenG geschützt ist. B bringt sein Konkurrenzprodukt unter demselben Zeichen auf den Markt. Die Voraussetzungen des § 5 II sind nicht erfüllt. Denn B's Verhalten ruft keine Gefahr der Verwechslung mit der Marke des Mitbewerbers A hervor, weil A gar nicht Inhaber einer Marke ist.*“[506] Argumentativ könnte man die Ansicht *Bornkamms* damit begründen, dass ansonsten über die wettbewerbsrechtliche Vorschrift des § 5 Abs. 2 MarkenG eine Aushöhlung der markenrechtlichen Ansprüche zu befürchten ist.[507]

Demgegenüber steht die Ansicht *Fezers*, der als Kennzeichen im Sinne von § 5 Abs. 2 MarkenG jede Art von Unterscheidungskennzeichen als ausreichend betrachtet.[508] Als Argument führt *Fezer* diesbezüglich an, dass anderenfalls der Verbraucherschutzzweck der UGP-Richtlinie umgangen würde und so eine Annäherung wieder an das Markenrecht erfolgen würde.[509] Das Tatbestandsmerkmal des Kennzeichens in § 5 Abs. 2 UWG sei jedoch im Lichte der UGP-Richtlinie verbraucherschützend auszulegen, so dass die Interessen und die Grundlagen des Markenrechtes nicht entscheidend seien.[510] Zur Begründung kann diesbezüglich auch auf das zur vergleichenden Werbung ergangene Urteil des Europäischen Gerichtshofes in Sachen „Toshiba/Katun“[511] verwiesen werden. Nach diesem Urteil des Europäischen Gerichtshofes ist ein von einem Unternehmen verwendetes Zeichen ein Unterscheidungszeichen i.S. des Art. 3a lit. g RL 2006/114/EG, wenn es vom Verkehr als von einem bestimmten Unternehmen stammend identifiziert wird.[512] Ob ein Zeichen als Unterscheidungszeichen

503 *Fezer*, in: Fezer, MarkenR, 4. Aufl. 2009, § 1 Rn. 9.
504 *Fezer*, in: Fezer, MarkenR, 4. Aufl. 2009, § 1 Rn. 9.
505 *Fezer*, in: Fezer, MarkenR, 4. Aufl. 2009, § 1 Rn. 9.
506 *Bornkamm*, in: Köhler/Bornkamm/Feddersen, UWG, 36. Aufl. 2018, § 5 Rn. 9.16.
507 *Wogner*, Die Schnittstellen zwischen Marken- und Wettbewerbsrecht im Lichte der neuen Markenfunktionen, 1. Aufl. 2015, 178.
508 *Fezer*, GRUR 2009, 451, 456.
509 *Fezer*, GRUR 2009, 451, 456.
510 *Fezer*, GRUR 2009, 451, 456.
511 EuGH, GRUR 2002, 354 – Toshiba/Katun.
512 EuGH, GRUR 2002, 354, 356 – Toshiba/Katun.

vom Verkehr angesehen wird, bestimmt sich nach dem Verkehrsverständnis des mündigen Marktbürgers.[513]

Der Ansicht *Fezers* ist zuzustimmen, den Begriff des Kennzeichens anhand der UGP-Richtlinie verbraucherschützend auszulegen. Denn der Tatbestand des § 5 Abs. 2 UWG dient ausschließlich der Umsetzung der UGP-Richtlinie, die gerade dem Verbraucherschutz verschrieben ist und die ausschließlich das „B2C"-Verhältnis – und gerade nicht das „B2B" Verhältnis – regeln will. Zudem hat der Bundesgerichtshof in seiner „Hard Rock Cafe"-Entscheidung festgehalten, dass die markenrechtlichen und lauterkeitsrechtlichen Ansprüche wegen Verwechslungsgefahr eigenständig nebeneinander stehen[514] und damit gerade keine Wechselwirkung zwischen beiden Regelungssystemen besteht. Insgesamt dürften daher als Kennzeichen im Sinne von § 5 Abs. 2 UWG solche Zeichen zu verstehen sein, die – wie *Fezer* bereits ausgeführt hat – unterscheidungskräftig sind; rein beschreibende Angaben würden dann nicht unter den Begriff des Kennzeichens zu erfassen sein.[515] Insoweit ist daher auch der Ansicht *Wogners* zu widersprechen, der in diesem Bereich die Bejahung des Tatbestandsmerkmals des Kennzeichens von einer inzidenten/hypothetischen Prüfung der Eintragungsfähigkeit im Sinne des MarkenG abhängig machen will.[516] Einer solchen inzidenten bzw. hypothetischen Prüfung bedarf es gerade nicht, da im Sinne der verbraucherschützenden Auslegung des Kennzeichenbegriffs in § 5 Abs. 2 UWG nur solche Zeichen als Kennzeichen zu qualifizieren sind, die Unterscheidungskraft aufweisen. Ist dies nämlich nicht der Fall, würde auch bereits das weitere Tatbestandsmerkmal der Verwechslungsgefahr zu verneinen sein, da dieses zwingend eine Unterscheidungskraft des Kennzeichens erforderlich macht. Zudem würde – bei der Ansicht *Wogners* – durch eine implizite Prüfung der markenrechtlichen Eintragungsfähigkeit der markenrechtliche Individualschutz über die Hintertür in den wettbewerbsrechtlichen und vor allem am Verbraucherschutz orientierten Unterlassungsanspruch eingreifen.

Es bleibt damit abschließend festzuhalten, dass der Begriff des Kennzeichens im Sinne von § 5 Abs. 2 UWG nicht deckungsgleich mit dem markenrechtlichen Kennzeichenbegriff ist. Allerdings erfordert der lauterkeitsrechtliche

---

513 *Fezer*, GRUR 2009, 451, 456.

514 BGH GRUR 2013, 1161, 1165 – Hard Rock Cafe.

515 *Fezer*, GRUR 2009, 451, 456.

516 *Wogner*, Die Schnittstellen zwischen Marken- und Wettbewerbsrecht im Lichte der neuen Markenfunktionen, 1. Aufl. 2015, 179.

Kennzeichenbegriff eine gewisse Unterscheidungskraft des Zeichens als Beweis einer Verwechslungsgefahr.

(2) Schutzumfang

Der Schutzumfang des lauterkeitsrechtlichen Kennzeichenbegriffs in § 5 Abs. 2 UWG ist unabhängig von dem markenrechtlichen Kennzeichenbegriff und daher auch unabhängig von den markenrechtlichen Schutzvoraussetzungen wie Eintragung oder Erlangung von Verkehrsgeltung.[517] Erforderlich ist allenfalls, dass das Zeichen von den angesprochenen Verkehrskreisen tatsächlich als Kennzeichen verstanden wird.[518] Zudem ist nach der Schutzintention des § 5 Abs. 2 UWG erforderlich, dass das Kennzeichen im geschäftlichen Verkehr auch tatsächlich benutzt wird.[519] Lediglich registrierte, aber nicht benutzte Kennzeichen sind nicht vom Schutzumfang des § 5 Abs. 2 UWG erfasst, da diese den angesprochenen Verkehrskreisen nicht geläufig sind und damit auch keine Verwechslungsgefahr bestehen kann.[520]

cc) Verwechslungsgefahr im Sinne des § 5 Abs. 2 UWG

(1) Deckungsgleichheit mit dem markenrechtlichen Begriff der Verwechslungsgefahr?

Als nächstes ist zu klären, ob der Begriff der Verwechslungsgefahr in § 5 Abs. 2 UWG mit dem markenrechtlichen Begriff der Verwechslungsgefahr deckungsgleich ist. Wie bereits oben dargestellt, bedarf es bei der Verwechslungsgefahr im Sinne des § 5 Abs. 2 UWG einer konkreten Verwechslungsgefahr und damit einer tatsächlich eingetretenen Verwechslung. Im Gegensatz dazu wird bei dem markenrechtlichen Begriff der Verwechslungsgefahr nur eine abstrakte Verwechslungsgefahr gefordert.[521] Dies bedeutet, dass der Markenschutz nicht vom Vorliegen einer irrtümlichen Verbraucherassoziation und damit einer tatsächlichen Irreführung der angesprochenen Verkehrskreise abhängt, sondern es genügt bereits die Möglichkeit einer Irreführung der angesprochenen

517 *Goldmann*, GRUR 2012, 857, 861.

518 *Goldmann*, GRUR 2012, 857, 861.

519 *Bornkamm*, in: FS Loschelder, 2010, S. 31, 35; *Goldmann*, GRUR 2012, 857, 861.

520 *Bornkamm*, GRUR 2011, 1, 3; *Bornkamm/Feddersen*, in: *Köhler/Bornkamm/Feddersen, UWG, 36. Aufl. 2018, § 5 Rn. 9.6*; *Hacker*, in: Ströbele/Hacker/Thiering, MarkenG, 12. Aufl. 2018, § 2 Rn. 33; *Goldmann*, GRUR 2012, 857, 861.

521 *Sack*, GRUR 2013, 4; *Fezer*, in: Fezer, MarkenR, 4. Aufl. 2009, § 14 Rdnr. 279; *Ingerl/Rohnke*, in: Ingerl/Rohnke, MarkenG, 3. Aufl. 2010, § 14 Rn. 396.

Verkehrskreise.[522] Abstraktheit der Verwechslungsgefahr bedeutet in diesem Zusammenhang auch, dass es insoweit grundsätzlich nicht auf die konkrete Verkaufssituation ankommt, in der eine an sich vorhandene Verwechslungsgefahr durch aufklärende Hinweise oder auf andere Weise ausgeräumt werden kann, sondern dass es auf eine abstrakte Betrachtung ankommt.[523] Im Gegensatz dazu erfordert die Verwechslungsgefahr im Sinne des § 5 Abs. 2 UWG das Vorliegen einer tatsächlichen Irreführung bzw. Irreführungsgefahr der angesprochenen Verkehrskreise und zwar in der konkret zu beurteilenden Situation.

Der Markenschutz ist nicht vom Vorliegen einer fehlsamen Verbraucherassoziation und damit einer tatsächlichen Irreführung des Publikums abhängig.[524] Einer Feststellung, dass tatsächliche Verwechslungen im geschäftlichen Verkehr bereits eingetreten sind, bedarf es nicht. Es genügt das Vorliegen einer abstrakten Verwechslungsgefahr und damit die Möglichkeit einer Irreführung des Publikums.[525]

Daneben ist auch ein Gleichlauf der Begriffe vor dem Hintergrund der unterschiedlichen Schutzintentionen des § 5 Abs. 2 UWG und dem markenrechtlichen Kennzeichenschutz abzulehnen. Wie bereits mehrfach ausgeführt, ist die Regelung in § 5 Abs. 2 UWG auf die Umsetzung der UGP-Richtlinie in deutsches Recht zurückzuführen. Die UGP-Richtlinie dient ausschließlich der Zielsetzung eines effektiven und absoluten Verbraucherschutzes. In diesem Blickwinkel ist auch die Verwechslungsgefahr im Sinne von § 5 Abs. 2 UWG entsprechend auszulegen, wobei eine Verwechslungsgefahr in diesem Sinne nur bestehen kann, wenn das fragliche Kennzeichen auch tatsächlich unterscheidungskräftig ist und damit den Verbraucher in die Irre führen kann. Demgegenüber betrifft die markenrechtliche Verwechslungsgefahr die Störung von Funktionen der Marke, die sich aus den Individualrechten des Markeninhabers ableiten.[526]

Ferner ergeben sich auch bei den Anknüpfungstatsachen Unterschiede zwischen der markenrechtlichen und der lauterkeitsrechtlichen Verwechslungsgefahr. Die markenrechtliche Verwechslungsgefahr ist stets im Rahmen der Wechselwirkung zwischen der Ähnlichkeit der Kennzeichen und der Ähnlichkeit

---

522 *Fezer*, in: Fezer, MarkenR, 4. Aufl. 2009, § 14 Rn. 279; BGH GRUR 1962, 647, 650 – Strumpf-Zentrale; BGH GRUR 1958, 143, 146 – Schwardmann.

523 *Fezer*, in: Fezer, MarkenR, 4. Aufl. 2009, § 14 Rn. 280; BGH GRUR 2004, 860, 863 – Internetauktion I.

524 BGH GRUR 1962, 647, 650 – Strumpf-Zentrale.

525 BGH GRUR 1958, 143, 146 – Schwardmann.

526 *Wogner*, Die Schnittstellen zwischen Marken- und Wettbewerbsrecht im Lichte der neuen Markenfunktionen, 1. Aufl. 2015, 183.

der Waren und/oder Dienstleistungen zu beurteilen.[527] Dementsprechend kann eine absolute Unähnlichkeit entweder auf Seiten der Waren oder Dienstleistungen oder auf Seiten der sich gegenüberstehenden Zeichen die Ähnlichkeit auf der jeweils anderen Seite aufheben.[528] Eine isolierte Betrachtung der beiden Komponenten der Ähnlichkeit kommt nicht in Betracht.

Demgegenüber knüpft § 5 Abs. 2 UWG daran an, dass im Zusammenhang mit der Vermarktung von Waren oder Dienstleistungen einschließlich vergleichender Werbung eine Verwechslungsgefahr mit einer anderen Ware oder Dienstleistung oder mit der Marke oder einem anderen Kennzeichen eines Mitbewerbers bestehen muss. Aus dem Wortlaut des § 5 Abs. 2 UWG lässt sich entnehmen, dass die Verwechslungsgefahr entweder aufgrund der Waren und/oder Dienstleistung oder aufgrund der verwendeten Marke bzw. Kennzeichen besteht. Dementsprechend reicht es aus, wenn die Verwechslungsgefahr bei einer dieser Komponenten zu bejahen ist. Es besteht also kein dem Markenrecht vergleichbares Wechselwirkungsverhältnis zwischen den einzelnen Komponenten, die die Verwechslungsgefahr begründen können.[529]

Zudem ist Bezugspunkt für die Beurteilung der markenrechtlichen Verwechslungsgefahr die Anmeldung des Kennzeichens und bei der Beurteilung der lauterkeitsrechtlichen Verwechslungsgefahr ist es die tatsächliche Nutzung des Kennzeichens in der konkreten Situation.

Insgesamt bleibt damit festzuhalten, dass zum einen aufgrund der unterschiedlichen Schutzrichtungen, die der markenrechtlichen und lauterkeitsrechtlichen Verwechslungsgefahr zugrunde liegen, und zum anderen aufgrund der unterschiedlichen Anknüpftatsachen für die Verwechslungsgefahr eine einheitliche Auslegung der beiden Begriffe nicht möglich ist und auch nicht sachgerecht erscheint.

(2) Definition des lauterkeitsrechtlichen Begriffes der Verwechslungsgefahr

Aufgrund der zuvor festgestellten fehlenden Deckungsgleichheit des markenrechtlichen und lauterkeitsrechtlichen Begriffes der Verwechslungsgefahr, soll nachfolgend geklärt werden, was genau unter dem lauterkeitsrechtlichen Begriff der Verwechslungsgefahr zu verstehen ist. Der UGP-Richtlinie an sich ist keine Definition des Begriffes der Verwechslungsgefahr zu entnehmen. Auch der Gesetzesbegründung zum deutschen UWG lassen sich keine Anhaltspunkte

527 *Ingerl/Rohnke,* in: Ingerl/Rohnke, MarkenG, 3. Aufl. 2010, § 14 Rn. 430.

528 *Ingerl/Rohnke,* in: Ingerl/Rohnke, MarkenG, 3. Aufl. 2010, § 14 Rn. 851 ff.

529 *Wogner,* Die Schnittstellen zwischen Marken- und Wettbewerbsrecht im Lichte der neuen Markenfunktionen, 1. Aufl. 2015, 184.

entnehmen, wie dieser Begriff auszulegen ist. Mithin ist auf die Ausführungen der Rechtsprechung zu dem Begriff der lauterkeitsrechtlichen Verwechslungsgefahr zurückzugreifen, wobei sich die Ausführungen zu § 5 Abs. 2 UWG bislang noch in Grenzen halten.

Das Oberlandesgericht Düsseldorf bejahte in einem Fall den Tatbestand des § 5 Abs. 2 UWG mit der Begründung, dass durch die konkrete Benutzung des Kennzeichens der Eindruck einer wirtschaftlichen Verbindung erweckt würde.[530] Das Landgericht Düsseldorf machte in einem anderen Fall die Bejahung der Verwechslungsgefahr im Sinne von § 5 Abs. 2 UWG davon abhängig, dass die angesprochenen Verkehrskreise den unzutreffenden Eindruck gewinnen würden, dass die mit dem Kennzeichen versehenen Produkte von dem berechtigten Markeninhaber stammen würden.[531] Eine weitere Entscheidung, die sich mit dem lauterkeitsrechtlichen Begriff der Verwechslungsgefahr befasste, ist die Entscheidung des Oberlandesgerichts Köln in der Sache „weg.de/mcweg.de". In dieser Entscheidung stellte das Oberlandesgericht Köln bei der Beurteilung der Verwechslungsgefahr im Sinne des § 5 Abs. 2 UWG darauf ab, dass eine gewisse Ähnlichkeit zwischen den sich gegenüberstehenden Zeichen bestehen muss, damit eine Verwechslungsgefahr bei den angesprochenen Verkehrskreisen begründet wird.[532] Daneben findet man in der Bananabay II-Entscheidung des Bundesgerichtshofes[533] die derzeit wohl detailliertesten Ausführungen zu dem lauterkeitsrechtlichen Begriff der Verwechslungsgefahr. Zu § 5 Abs. 2 UWG enthält die Bananabay II-Entscheidung folgende Ausführungen: *„Die Benutzung des Schlüsselworts stellt schließlich auch keine irreführende geschäftliche Handlung i.S. des § 5 Absatz II UWG dar. Die bei Eingabe des dem Schlüsselwort entsprechenden Suchworts erscheinende Anzeige ruft keine Verwechslungsgefahr mit der Klagemarke hervor. Wie dargelegt lässt sie bei einem normal informierten und angemessen aufmerksamen Internetnutzer nicht den Eindruck entstehen, dass die dort beworbenen Produkte von der Kl. oder einem mit ihr wirtschaftlich verbundenen Unternehmen stammen."*[534] Der Formulierung des Bundesgerichtshofes lässt sich insoweit entnehmen, dass er bei der Beurteilung der lauterkeitsrechtlichen Verwechslungsgefahr auf die gleichen Anforderungen wie bei der

530 OLG Düsseldorf, Urt. v. 5.9.2011, Az. 20 U 98/10.
531 LG Düsseldorf, Urt. v. 27.7.2011, Az.: 2a O 72/11.
532 OLG Köln, Urt. v. 22.1.2010, Az.: 6 U 141/09.
533 BGH GRUR 2011, 828 – Bananabay II.
534 BGH GRUR 2011, 828, 831 – Bananabay II.

Verletzung der Herkunftsfunktion der Marke zurückgreift.[535] Die Verletzung weiterer Markenfunktionen dürfte im Rahmen des § 5 Abs. 2 UWG nicht von Relevanz sein, da diese eher dem Individualinteresse des Markeninteresses entstammen als dem Interesse der Verbraucher dienen.[536] Allerdings ist eine sich nur auf die Verletzung der Herkunftsfunktion beschränkende Auslegung des lauterkeitsrechtlichen Begriffes der Verwechslungsgefahr vor dem Hintergrund eines umfassenden Verbraucherschutzes zu kurz gegriffen; vielmehr ist die Verwechslungsgefahr verbraucherbezogen im Interesse des Schutzes der Konsumentensouveränität und der Markttransparenz zu verstehen.[537]

Insgesamt bleibt damit festzuhalten, dass sich die Beurteilung der lauterkeitsrechtlichen Verwechslungsgefahr an der Beeinträchtigung der Herkunftsfunktion der Marke orientiert, dies aber aus dem Blickwinkel des Verbrauchers auszurichten ist.

(3) Schlussfolgerung

Ausgehend von den vorgenannten Ausführungen kann festgehalten werden, dass aufgrund des Erfordernisses der konkreten Verwechslungsgefahr bei § 5 Abs. 2 UWG der Verwechslungsbereich wesentlich enger ist als im Markenrecht.[538] Dies deshalb, weil die Begleitunterschiede bei der Zeichenbenutzung im Markenrecht und Lauterkeitsrecht von unterschiedlicher Relevanz sind.[539] Denn bei der markenrechtlichen Verwechslungsgefahr werden nur die kollidierenden Zeichen miteinander verglichen; nicht von Bedeutung sind hingegen die außerhalb der Kennzeichen liegenden Begleitumstände, wie z.B. klarstellende Hinweise.[540] Bei der Verwechslungsgefahr nach § 5 Abs. 2 UWG spielen aber gerade die Begleitumstände der Kennzeichennutzung eine erhebliche Rolle bei

---

535 *Wogner,* Die Schnittstellen zwischen Marken- und Wettbewerbsrecht im Lichte der neuen Markenfunktionen, 1. Aufl. 2015, 186.

536 *Wogner,* Die Schnittstellen zwischen Marken- und Wettbewerbsrecht im Lichte der neuen Markenfunktionen, 1. Aufl. 2015, 186.

537 *Fezer,* GRUR 2009, 451, 456; *Wogner,* Die Schnittstellen zwischen Marken- und Wettbewerbsrecht im Lichte der neuen Markenfunktionen, 1. Aufl. 2015, 187.

538 *Goldmann,* GRUR 2012, 857, 862.

539 BGH GRUR 2004, 860, 863 – Internet-Versteigerung I; BGH GRUR 2007, 780, 783 – Pralinenform; BGH GRUR-RR 2010, 205, 207 – Haus & Grund IV; *Goldmann,* GRUR 2012, 857, 862.

540 BGH GRUR 2004, 860, 863 – Internet-Versteigerung I; BGH GRUR 2007, 780, 783 – Pralinenform; BGH GRUR-RR 2010, 205, 207 – Haus & Grund IV; *Goldmann,* GRUR 2012, 857, 862.

der Beurteilung der Verwechslungsgefahr und sind bei der Prüfung miteinzubeziehen.[541] Denn durch aufklärende Hinweise oder sonstige Begleitumstände kann eine tatsächliche/konkrete Verwechslungsgefahr wiederum entfallen.[542]

c) Verhältnis MarkenG – UWG

Aufgrund der Regelung in Art. 6 Abs. 2 lit. a) der UGP-Richtlinie und deren Umsetzung in § 5 Abs. 2 UWG wird nachfolgend zu klären sein, ob und wie sich das Verhältnis zwischen Markenrecht und Lauterkeitsrecht ändert. In diesem Zusammenhang wird ein Schwerpunkt der folgenden Erörterung das Verhältnis zwischen dem Ausnahmetatbestand in § 23 Abs. 1 Nr. 1 MarkenG n.F. und dem dort verankerten Recht der Gleichnamigen zu der wettbewerbsrechtlichen Regelung in § 5 Abs. 2 UWG sein.

In diesem Zusammenhang ist denkbar, dass von der ursprünglichen herrschenden Meinung in Literatur und Rechtsprechung, die dem Markenrecht den Vorrang vor dem Wettbewerbsrecht einräumte, aufgrund der Regelung in § 5 Abs. 2 UWG und der damit bezweckten Vollharmonisierung durch die UGP-Richtlinie abgerückt werden muss und es so zu einem Nebeneinander von Marken- und Lauterkeitsrecht kommt. Genauso denkbar ist auch die Möglichkeit, dass die Grundsätze, die zu der Schrankenbestimmung in § 23 Abs. 1 Nr. 1 MarkenG n.F. entwickelt wurden, nunmehr im Rahmen der lauterkeitsrechtlichen Prüfung berücksichtigt werden. Gleichermaßen ist es aber auch möglich, dass die Wertungen von § 5 Abs. 2 UWG zukünftig bei der Auslegung der Schrankenbestimmung von § 23 Abs. 1 Nr. 1 MarkenG n.F. zur Anwendung kommen.

Zunächst wird daher der Meinungsstand zum Verhältnis zwischen Markenrecht und Lauterkeitsrecht vor der UGP-Richtlinie erörtert (hierzu unter aa)), um sodann den Meinungsstand nach Erlass der UGP-Richtlinie bzw. § 5 Abs. 2 UWG (hierzu unter bb)) und den aktuellen Stand der Rechtsprechung (hierzu unter cc)) darzustellen. Im Anschluss daran wird noch Bezug genommen auf die Begründung der Regelung in § 5 Abs. 2 UWG im Regierungsentwurf sowie der Gesetzesbegründung (hierzu unter dd)). Daran anschließend soll auf die Neuerungen in der Unionsmarkenverordnung und der Markenrechtsrichtlinie (hierzu unter ee)) eingegangen werden, um sodann im Rahmen der

---

541 *Bornkamm/Feddersen*, in: *Köhler/Bornkamm/Feddersen, UWG, 36. Aufl. 2018, § 5 Rn. 9.6; Hacker*, in. Ströbele/Hacker, MarkenG/Thiering, 12. Aufl. 2018, § 2 Rdnr. 28; *Goldmann*, GRUR 2012, 857, 862.

542 *Bornkamm/Feddersen*, in: *Köhler/Bornkamm/Feddersen, UWG, 36. Aufl. 2018, § 5 Rn. 9.6; Goldmann*, GRUR 2012, 857, 862.

Stellungnahme die Auswirkungen auf verschiedene Institutionen des Markenrechts wie auch auf das Recht der Gleichnamigen (hierzu unter ff)) zu beleuchten.

aa) Bisheriger Meinungsstand zum Verhältnis zwischen Markenrecht und Lauterkeitsrecht

Bis zum Erlass der UGP-Richtlinie ging der Bundesgerichtshof[543] sowie die herrschende Meinung in der Literatur[544] davon aus, dass die Vorschriften des Markengesetzes eine umfassende und in sich geschlossene Regelung darstellen, die in ihrem Anwendungsbereich grundsätzlich den Schutz aus dem UWG sowie anderen Rechtsnormen aus dem allgemeinen Zivilrecht vorgehen und diese verdrängen. Insoweit sprach man einhellig von dem Vorrang des Markenrechts im Sinne der sog. Vorrangthese.[545]

Der Vorrang des Markenrechts vor dem Lauterkeitsrecht wurde durch die Rechtsprechung dadurch begründet, dass der spezialgesetzlichen Regelung durch das MarkenG zugleich eine gesetzgeberische Wertung für die Reichweite des Markenschutzes zukommt, die dann eine sog. Begrenzungsfunktion gegenüber anderen gesetzlichen Vorschriften einnimmt.[546] Hierbei wird insbesondere auf die Bestimmung in § 30 Abs. 3 und 4 MarkenG Bezug genommen, die regelt, wer im Falle einer Lizenzerteilung gegen eine Markenverletzung durch einen Dritten vorgehen kann.[547] Diese Regelung ginge allerdings weitgehend ins Leere, wenn und soweit neben dem Markenrecht parallel die Regelungen

---

543 BGH GRUR 1999, 161, 162 – MAC DOG; BGH GRUR 1999, 252, 253 – Warsteiner II; BGH GRUR 2000, 70, 73 – SZENE; BGH GRUR 2001, 1050, 1051 – Tagesschau; BGH GRUR 2001, 1054, 1055 – Tagesreport; BGH GRUR 2002, 622, 623 – shell.de; BGH GRUR 2002, 706, 707 – vossius.de; BGH GRUR 2002, 898, 900 – defacto; BGH GRUR 2005, 163, 165 – Aluminiumräder; BGH GRUR 2005, 419, 422 – Räucherkate; BGH GRUR 2005, 423, 427 – Staubsaugerfiltertüten; BGH GRUR 2005, 583, 585 – Lila-Postkarte; BGH GRUR 2006, 329, 332 – Gewinnfahrzeug mit Fremdemblem; BGH GRUR 2007, 339, 342 – Stufenleiter; BGH GRUR 2008, 793, 795 – Rillenkoffer; BGH GRUR 2008, 917, 919 – EROS.

544 *Ingerl/Rohnke*, in: Ingerl/Rohnke, MarkenG, 3. Aufl. 2010, § 2 Rn. 2; *Stieper*, WRP 2006, 291, 300; *Sack*, WRP 2004, 1405, 1413; *Ingerl*, WRP 2004, 809 ff.; *Starck*, MarkenR 2000, 73, 74; *Bornkamm/Feddersen*, in: Köhler/Bornkamm, UWG, 36. Aufl. 2018, § 5 Rn. 0.100 ff.

545 So bezeichnet von *Bornkamm*, GRUR 2005, 97 ff.; *Fezer*, in: Fezer, MarkenR, 4. Aufl. 2009, § 2 Rn. 15.

546 BGH GRUR 1999, 161, 162 – MAC DOG.

547 BGH GRUR 1999, 161, 162 – MAC DOG.

im Lauterkeitsrecht oder in § 823 BGB zur Anwendung kämen.[548] Denn dann käme es auf eine Zustimmung des Lizenzgebers bei einer etwaig zu erhebenden Klage bei Kennzeichenverletzung durch den Lizenznehmer nicht an. Daneben wird auch die Entstehungsgeschichte des MarkenG als Begründung für die Vorrangthese herangezogen, wonach das MarkenG erstmalig eine einheitliche und vor allem abschließende spezialgesetzliche Regelung des Kennzeichenrechts in Deutschland schaffen sollte.[549] Diese Zielsetzung würde dann unterlaufen und konterkariert werden, wenn neben dem MarkenG gleichzeitig auch die lauterkeitsrechtlichen Vorschriften zur Anwendung kommen würden. Denn im MarkenG wurden die in vielen Bereichen (BGB, UWG, etc.) geregelten Normen für den Fall einer Markenverletzung einheitlich und vollumfänglich geregelt. In diesem Zusammenhang ist auch darauf hinzuweisen, dass die Regelung in § 2 MarkenG lediglich besagt, dass die Anwendung anderer Vorschriften zum Schutz von Kennzeichen nicht ausgeschlossen ist, sondern in geeigneten Fällen ergänzend herangezogen werden können; hierdurch sollte der Schutzstandard, den das MarkenG setzt, jedoch nicht unterlaufen oder in sonstiger Weise tangiert werden.[550] In Ergänzung hierzu kann auch die mit der MarkenRL angestrebte Harmonisierung der Regelungen für die eingetragenen Marken herangezogen werden. Die MarkenRL-2015 schließt die Anwendung der Vorschriften gegen unlauteren Wettbewerb auf Marken nicht aus, wie es sich aus Erwägungsgrund 40 der MarkenRL-2015 ergibt. Darauf hat auch Generalanwalt *Jacobs* in seinen Schlussanträgen zu „THOMSON LIFE“ hingewiesen.[551] Allerdings war bislang erkennbar, dass die gleichzeitige Anwendung der harmonisierten Regelungen im Markenrecht und nicht harmonisierter Regelungen im Lauterkeitsrecht geeignet waren, den eigentlich bezweckten freien Waren- und Dienstleistungsverkehr zu behindern und damit die durch die MarkenRL-2015 bezweckte Rechtsharmonisierung zu tangieren.[552]

In Ergänzung zu den vorangegangenen Ausführungen ist jedoch zu beachten, dass die Vorrangthese des Bundesgerichtshofes nur „grundsätzlichen“ Charakter

---

548 BGH GRUR 1999, 161, 162 – MAC DOG.

549 *Ingerl/Rohnke*, in: Ingerl/Rohnke, MarkenG, 3. Aufl. 2010, § 2 Rn. 1; *Fezer*, in: Fezer, MarkenR, 4. Aufl. 2009, §§ 2 Rn. 15 ff.

550 *Ingerl/Rohnke*, in: Ingerl/Rohnke, MarkenG, 3. Aufl. 2010, § 2 Rn. 1; *Fezer*, in: Fezer, MarkenR, 4. Aufl. 2009, §§ 2 Rn. 15 ff.

551 Schlussanträge des Generalanwalts Jacobs vom 9.6.2005, Rs. C-120/04, BeckEuRS 2005, 412759 – THOMSON LIFE.

552 *Traumann*, Beschränkungen des Schutzes von Kennzeichen gemäß § 23 MarkenG, 2012, S. 334.

hat und damit nicht ausnahmslos zur Anwendung kommt. Denn auf die Bestimmungen des Lauterkeitsrechts wird immer dann zurückgegriffen, wenn und soweit der zu beurteilende Sachverhalt nicht vom Anwendungsbereich des MarkenG erfasst ist,[553] so beispielsweise wenn kein Handeln im geschäftlichen Verkehr oder keine markenmäßige Benutzung vorliegt.[554] Es ist auch dann der Rückgriff auf die Regelungen im Lauterkeitsrecht zulässig, wenn der zugrunde liegende Sachverhalt im Rahmen der lauterkeitsrechtlichen Prüfung unter einem anderen rechtlichen Gesichtspunkt gewürdigt wird als nach dem MarkenG[555] oder ein Unlauterkeitstatbestand hinzutritt, der im MarkenG nicht geregelt ist.[556] Zudem wurde bereits in einigen Entscheidungen des Bundesgerichtshofes auf den lauterkeitsrechtlichen Irreführungstatbestand zurückgegriffen, wenn es um die Verletzung des Allgemeininteresses ging, insbesondere dann, wenn das fragliche Zeichen kennzeichenrechtlichen Schutz in Anspruch nehmen konnte und der Verkehr mit diesem Zeichen besondere Gütevorstellungen verbindet;[557] insoweit ist dann von Bedeutung, ob die Gütevorstellungen der angesprochenen Verkehrskreise den Irreführungstatbestand des Lauterkeitsrechts erfüllen.

bb) Meinungsstand zum Verhältnis zwischen Markenrecht und Lauterkeitsrecht nach Erlass der UGP-Richtlinie

Durch die Umsetzung des Art. 6 Abs. 2 lit. a) der UGP-Richtlinie in § 5 Abs. 2 UWG hat sich der Meinungsstand in der Literatur und der Rechtsprechung zum Verhältnis zwischen Markenrecht und Lauterkeitsrecht geändert. Nachfolgend werden daher die einzelnen Ansichten in Literatur und Rechtsprechung dargestellt.

---

553 BGH GRUR 2008, 628, 629 – Imitationswerbung; BGH GRUR 2005, 419, 422 – Räucherkate; BGH GRUR 2004, 1039, 1041 – SB-Beschriftung; BGH GRUR 2004, 235, 238 – Davidoff II; BGH GRUR 2003, 332, 335 f. – Abschlussstück; BGH GRUR 2002, 167, 171 – Bit/Bud; BGH GRUR 2001, 73, 76 – Stich den Buben; *Traumann*, Beschränkungen des Schutzes von Kennzeichen gemäß § 23 MarkenG, 2012, S. 334.

554 *Traumann*, Beschränkungen des Schutzes von Kennzeichen gemäß § 23 MarkenG, 2012, S. 334.

555 BGH GRUR 2008, 628, 629 – Imitationswerbung.

556 *Traumann*, Beschränkungen des Schutzes von Kennzeichen gemäß § 23 MarkenG, 2012, S. 334 f.

557 BGH GRUR 1997, 754, 755 – grau/magenta; BGH GRUR 1966, 267, 270 – White Horse; *Steinbeck*, WRP 2006, 632, 637 f.

(1) Ansichten, die sich für eine parallele Anwendung der Vorschriften des MarkenG und des UWG aussprechen

(a) Auffassung von Hacker

Hacker vertritt die Ansicht, dass nach der Umsetzung von Art. 6 Abs. 2 lit. a) UGP-Richtlinie in § 5 Abs. 2 UWG nicht mehr uneingeschränkt an der These zum Vorrang des Markenrechts festgehalten werden kann.[558] Die Vorrangklausel des Art. 3 Abs. 4 UGP-RL lasse sich zur Begründung des Vorrang des Markenrechts nicht heranziehen.[559] Aus den Materialien zur UGP-RL ergebe sich nämlich, dass mit den darin angesprochenen *„Rechtsvorschriften der Gemeinschaft, die besondere Aspekte unlauterer Geschäftspraktiken regeln"* nur spezifische Regeln unlauterer Geschäftspraktiken gemeint seien, über das Verhältnis zum Markenrecht sage die Vorschrift nichts aus.[560] Auch der 2. Satz des 9. Erwägungsgrundes der UGP-RL, wonach die gemeinschaftlichen und nationalen Vorschriften im Bereich des geistigen Eigentums nicht durch die Vorgaben der UGP-RL berührt werden, führe nicht zu einem Anwendungsvorrang des MarkenG.[561] Denn dieser Regelung stehe die Öffnungsklausel im 40. Erwägungsgrund der MarkenRL-2015 gegenüber, die es ausdrücklich nicht ausschließe, dass neben den markenrechtlichen Vorschriften auch die Vorschriften gegen den unlauteren Wettbewerb zur Anwendung kommen.[562]

Hacker spricht sich daher für eine konkurrierende Anwendung der Vorschriften des UWG neben dem Markenrecht aus, sofern mit einer Kennzeichenverletzung zugleich auch eine konkrete und lauterkeitsrechtlich relevante Irreführung oder Irreführungsgefahr verbunden ist.[563] Damit der Tatbestand des § 5 Abs. 2 UWG eingreife, müsse das nachgeahmte Kennzeichen eine gewisse Verkehrsbekanntheit bei einem nicht unerheblichen Teil der angesprochenen Verkehrskreise erlangt haben.[564] In diesem Fall käme es dann zu einer parallelen Anwendung der markenrechtlichen Vorschriften neben denen des Lauterkeitsrechts.

---

558 *Hacker*, in: Ströbele/Hacker/Thiering, MarkenG, 12. Aufl. 2018, § 2 Rn. 17.
559 *Hacker*, in: Ströbele/Hacker/Thiering, MarkenG, 12. Aufl. 2018, § 2 Rn. 17.
560 *Hacker*, in: Ströbele/Hacker/Thiering, MarkenG, 12. Aufl. 2018, § 2 Rn. 17.
561 *Hacker*, in: Ströbele/Hacker/Thiering, MarkenG, 12. Aufl. 2018, § 2 Rn. 18.
562 *Hacker*, in: Ströbele/Hacker/Thiering, MarkenG, 12. Aufl. 2018, § 2 Rn. 18.
563 *Hacker*, in: Ströbele/Hacker/Thiering, MarkenG, 12. Aufl. 2018, § 2 Rn. 19 und 32 ff.
564 *Hacker*, in: Ströbele/Hacker/Thiering, MarkenG, 12. Aufl. 2018, § 2 Rn. 15 und 21.

(b) Auffassung von Bornkamm

Bornkamm vertritt die Ansicht, dass zwar an der von der Rechtsprechung entwickelten Vorrangthese in Gänze nicht mehr festzuhalten ist, die Wertungen des Kennzeichenrechts aber auch im Rahmen des § 5 Abs. 2 UWG beachtet werden müssten.[565] Insbesondere seien die im Markenrecht vorgesehenen abschließenden Regelungen zu beachten, die einen lauterkeitsrechtlichen Verwechslungsschutz ausschließen würden.[566] Als Beispiel nennt *Bornkamm* insoweit die markenrechtlichen Schutzschranken.

Die Ausgestaltung des § 5 Abs. 2 UWG mache deutlich, dass der Schutz der Verbraucher und der Mitbewerber nun nicht mehr gegenüber den markenrechtlichen Individualansprüchen zurückstehen solle.[567] Daraus schlussfolgert *Bornkamm* folgende drei Konfliktsituationen, in denen es zu einer parallelen Anwendung des MarkenG und des UWG kommen könne: Zum einen seien dies Fälle, in denen die Ansprüche des Kennzeicheninhabers potentiell mit den Ansprüchen der lauterkeitsrechtlichen Berechtigten in Konkurrenz treten.[568] Zweitens seien dies Fälle, in denen durch lauterkeitsrechtliche Ansprüche die markenrechtlichen Individualansprüche des Markeninhabers begrenzt würden und drittens seien dies Fälle, in denen der markenrechtliche Sonderschutz versagt und sich die Folgefrage anschließt, ob der lauterkeitsrechtliche Anspruch weiter gehen darf als der markenrechtliche Individualanspruch.

(c) Auffassung von Fezer

Für *Fezer* stellt Art. 6 Abs. 2 lit. a) UGP-Richtlinie und dessen Umsetzung in § 5 Abs. 2 UWG einen gänzlichen Abschied von der Vorrangthese des Bundesgerichtshofes dar.[569] Gleichzeitig misst *Fezer* jedoch dem Markenrecht eine Begrenzungsfunktion zu, die aber nicht zu einer allgemeingültigen Aufstellung von Vorrangthesen führen könne.[570] Die Begrenzungsfunktion des Markenrechts käme darin zum Ausdruck, dass man bei der Beurteilung lauterkeitsrechtlicher

565 *Bornkamm/Feddersen*, in: Köhler/Bornkamm/Feddersen, UWG, 36. Aufl. 2018, § 5 Rn. 9.8.

566 *Bornkamm/Feddersen*, in: Köhler/Bornkamm/Feddersen, UWG, 36. Aufl. 2018, § 5 Rn. 9.8.

567 *Bornkamm/Feddersen*, in: Köhler/Bornkamm/Feddersen, UWG, 36. Aufl. 2018, § 5 Rn. 9.2.

568 *Bornkamm*, GRUR 2011, 1, 3 f.; *Traumann*, Beschränkungen des Schutzes von Kennzeichen gemäß § 23 MarkenG, 2012, S. 338.

569 *Fezer*, GRUR 2009, 451, 454.

570 Fezer, GRUR 2010, 953, 957.

Tatbestände die Wertungen des Markenrechts berücksichtigen müsse.[571] Es müsse im Wege der praktischen Konkordanz eine Schutzzweckkompatibilität zwischen Immaterialgüterrecht und Lauterkeitsrecht hergestellt werden.[572]

(d) Weitere Stimmen in der Literatur

Daneben ist auch *Köhler* der Ansicht, dass aufgrund des Art. 6 Abs. 2 lit. a) UGP-Richtlinie das Verhältnis des Lauterkeitsrechts zum Markenrecht neu bestimmt werden muss.[573] *Von Nussbaum/Rues* kommen ebenfalls im Anwendungsbereich des § 5 Abs. 2 UWG zu dem Ergebnis, dass hier nicht mehr an der Vorrangthese des Bundesgerichtshofes festzuhalten ist, da ansonsten die Wertungen der UGP-Richtlinie unterlaufen werden würden.[574] Auch *Goldmann* ist der Auffassung, dass an der Vorrangthese des Bundesgerichtshofes nunmehr nicht mehr festgehalten werden kann.[575] Das UWG werde nicht durch die Normen des MarkenG verdrängt; vielmehr stünden die sich aus dem UWG ergebenden Ansprüche prinzipiell selbstständig neben jenen des MarkenG.[576] Zudem lässt sich auch der Begründung des deutschen Gesetzgebers kein grundsätzlicher Vorrang des Markenrechts entnehmen, wobei er die genauere Beurteilung des Gegenseitigkeitsverhältnisses zwischen beiden Rechtsinstituten ausdrücklich der Rechtsprechung überlässt.[577]

(2) Ansichten, die sich weiterhin für einen grundsätzlichen Vorrang des Markenrechts aussprechen

(a) Auffassung von Sosnitza

Demgegenüber stellt sich *Sosnitza* auf den Standpunkt, dass die Vorrangthese des Bundesgerichtshofes nach wie vor vollumfänglich zur Anwendung kommt.[578] Zur Begründung führt er an, dass die UGP-Richtlinie kein anderes Verständnis des Verhältnisses von Lauterkeitsrecht und Sonderschutzrecht erfordere.[579] Dies folge vor allem aus der Vorrangregel des Art. 3 Abs. 4 der UGP-Richtlinie,[580] wonach bei einer Kollision der Bestimmungen dieser Richtlinie

---

571 *Fezer*, in: Fezer, MarkenR, 4. Aufl. 2009, § 2 Rn. 59.
572 *Fezer*, GRUR 2010, 953, 957.
573 *Köhler*, GRUR 2007, 548, 551.
574 *von Nussbaum/Rues*, MarkenR 2009, 233, 236.
575 *Goldmann*, GRUR 2012, 857, 859.
576 *Goldmann*, GRUR 2012, 857, 859.
577 BT-Drucksache 16/10145, S. 17.
578 *Sosnitza*, in: Ohly/Sosnitza, UWG, 7. Aufl. 2016, § 5 Rn. 710.
579 *Sosnitza*, in: Ohly/Sosnitza, UWG, 7. Aufl. 2016, § 5 Rn. 710.
580 *Sosnitza*, in: Ohly/Sosnitza, UWG, 7. Aufl. 2016, § 5 Rn. 710.

mit anderen Rechtsvorschriften der Gemeinschaft, die besonderen Aspekte unlauterer Geschäftspraktiken regeln, die Letzteren vorgehen und für diese besonderen Aspekte maßgebend sind. Da die Verwechslungstatbestände der Markenrechtsrichtlinie und der Gemeinschaftsmarkenverordnung besondere Tatbestände unlauterer Geschäftspraktiken darstellen, tritt nach Ansicht *Sosnitzas* die UGP-RL insoweit hinter dem markenrechtlichen Schutz zurück.[581] Dafür spräche zudem auch der Erwägungsgrund 9 der UGP-RL, wonach die gemeinschaftlichen und nationalen Vorschriften zum Schutz des geistigen Eigentums durch die UGP-Richtlinie nicht berührt werden.[582]

(b) Auffassung von Böxler

Eine ähnliche Ansicht vertritt *Böxler*, der eine vollständige Abkehr vom Vorrang des Markenrechts aufgrund der UGP-Richtlinie nicht für erforderlich erachtet.[583] Zur Begründung führt er unter anderem an, dass Sinn und Zweck von § 2 MarkenG, wonach der Schutz von Kennzeichen auch nach anderen Vorschriften außerhalb des Markengesetzes möglich ist, ein möglichst hohes Schutzniveau gewährleisten soll.[584] Dieses, in § 2 MarkenG statuierte Ziel gebiete es aber nicht, neben dem MarkenG stets auch außermarkenrechtliche Vorschriften anzuwenden, wenn Schutz nach dem MarkenG besteht.[585] § 2 MarkenG solle vielmehr sicherstellen, dass im Falle des Nichteingreifens des Markengesetzes ein Schutz über andere Vorschriften im Rahmen eines ergänzenden Schutzniveaus möglich ist.[586] Dementsprechend könne § 2 MarkenG keine Aussage zu einem Rangverhältnis und gegebenenfalls Gleichrangigkeit zwischen MarkenG und UWG treffen.[587] Daneben führt *Böxler* zur Begründung an, dass Erwägungsgrund 9 S. 2 der UGP-Richtlinie ausdrücklich die gemeinschaftsrechtlichen und die mitgliedsstaatlichen Vorschriften im Bereich des Geistigen Eigentums vom Anwendungsbereich der UGP-Richtlinie ausnimmt.[588] Der Erwägungsgrund 9 S. 2 der UGP-Richtlinie lasse sich nach der Ansicht *Böxlers* nur dahingehend interpretieren, dass die Richtlinie das Recht des Geistigen Eigentums, gerade soweit nationale Besonderheiten wie beispielsweise die Vorrangthese bestehen,

581 *Sosnitza*, in: Ohly/Sosnitza, UWG, 7. Aufl. 2016, § 5 Rn. 710.
582 *Sosnitza*, in: Ohly/Sosnitza, UWG, 67 Aufl. 2016, § 5 Rn. 710.
583 *Böxler*, ZGE 2009, 357 ff.
584 *Böxler*, ZGE 2009, 357, 364.
585 *Böxler*, ZGE 2009, 357, 364.
586 *Böxler*, ZGE 2009, 357, 364.
587 *Böxler*, ZGE 2009, 357, 364.
588 *Böxler*, ZGE 2009, 357, 365.

möglichst wenig tangiert werden sollen.[589] Daraus zieht er die Schlussfolgerung, dass nur dort Ausnahmen vom Vorrang des Markenrechts erforderlich sind, wo zwingende Ziele der UGP-Richtlinie ansonsten berührt würden.[590] Eine solche Ausnahme bildet beispielsweise der Tatbestand in § 5 Abs. 2 UWG, so dass in dessen Anwendungsbereich der Vorrang vom Markenrecht nicht mehr aufrecht erhalten werden kann.[591]

cc) Aktueller Stand der Rechtsprechung

Auch in der Rechtsprechung unterlag die Bewertung des Verhältnisses zwischen Marken- und Lauterkeitsrecht Schwankungen. So hielt beispielsweise das Oberlandesgericht Köln in seiner Entscheidung vom 13.2.2009 noch an der Vorrangthese des Bundesgerichtshofes fest und führte folgendes aus:

> *„Nach Auffassung des Senats spricht viel dafür, die Vorschriften des Markenrechts in ihrem Anwendungsbereich – nicht zuletzt bei markenmäßiger Benutzung eines mit einer geschützten Marke im Rechtssinne verwechslungsfähigen Zeichens – auch weiterhin als abschließende Spezialregelung anzusehen, neben der sich der Rückgriff auf eine nach Irreführungsaspekten zu beurteilende tatsächliche Verwechslungsgefahr verbietet. Für die Anwendung von § 5 Abs. 2 UWG verbliebe nach dieser Ansicht der Bereich nicht kennzeichenmäßiger Verwendung fremder Marken und Kennzeichen.“*[592]

Im weiteren Lauf der Rechtsprechung zu § 5 Abs. 2 UWG sprach sich das Oberlandesgericht Düsseldorf in seiner Entscheidung vom 5.9.2011 für eine Anwendbarkeit des § 5 Abs. 2 UWG neben dem Kennzeichenrecht aus.[593] In der Begründung führt das Oberlandesgericht Düsseldorf aus, dass die Anwendung des Lauterkeitsrechts nicht an einem etwaigen Vorrang des Kennzeichenrechts scheitere, da der Wortlaut des § 5 Abs. 2 UWG ausdrücklich eine irreführende Verwendung von Kennzeichen erfasse.[594] Dieser Ansicht schloss sich der Bundesgerichtshof in der Entscheidung „Hard Rock Cafe“ an, in der er ausdrücklich ausführte, dass der lauterkeitsrechtliche Schutz in § 5 Abs. 2 UWG neben dem markenrechtlichen Schutz steht.[595] Dementsprechend ist in Deutschland auf höchstrichterlicher Ebene über das Verhältnis des MarkenG zum UWG entschieden worden. Die Vorrangthese kommt somit nicht mehr zur Anwendung.

---

589 *Böxler*, ZGE 2009, 357, 365.
590 *Böxler*, ZGE 2009, 357, 365.
591 *Böxler*, ZGE 2009, 357, 383.
592 OLG Köln, BeckRS 2009, 08025.
593 OLG Düsseldorf, GRUR-Prax 2011, 429.
594 OLG Düsseldorf, GRUR-Prax 2011, 429.
595 BGH GRUR 2013, 1161, 1165 – Hard Rock Cafe.

dd) Ausführungen im Gesetzesentwurf der Bundesregierung zu § 5 Abs. 2 UWG

Der Gesetzesentwurf der Bundesregierung führt zunächst an, dass die Regelung in Art. 6 Abs. 2 lit. a) UGP-Richtlinie als verwandte Vorschrift zu § 5 Abs. 2 Nr. 1 UWG und zu § 4 Nr. 9 lit. a) UWG angesehen werden kann. Aufgrund der darin geregelten Irreführung über die betriebliche Herkunft wird weiter ausgeführt, dass sich die Rechtsprechung in diesen Fallkonstellationen für einen Anwendungsvorrang der markenrechtlichen Vorschriften ausgesprochen habe.[596] Demgegenüber sehe Art. 6 Abs. 2 lit. a) UGP-RL einen solchen Vorrang des Markenrechts nicht vor.[597] Es sei auch zweifelhaft, ob diese Bestimmung ausschließlich Fallkonstellationen betreffe, bei denen weitere Informationen, die über den Hinweis auf die betriebliche Herkunft hinausgehen, vermittelt werden.[598] Es solle aber der Rechtsprechung überlassen bleiben, das Verhältnis zwischen MarkenG und Lauterkeitsrecht im Lichte der Neufassung des Gesetzes weiter zu konkretisieren.[599]

Insgesamt ist damit dem Gesetzesentwurf das genaue Verhältnis zwischen markenrechtlichen und wettbewerbsrechtlichen Ansprüchen nicht zu entnehmen; vielmehr wird die Bewertung dieser Frage ausdrücklich der Rechtsprechung überlassen. In der Entscheidung des Bundesgerichtshofes „Hard Rock Cafe“ hat sich dieser nunmehr für ein Nebeneinander von markenrechtlichen und wettbewerbsrechtlichen Ansprüchen ausgesprochen.

ee) Neuerungen in der Unionsmarkenverordnung und der MarkenRL-2015

Ferner sind die Neuerungen in der Unionsmarkenverordnung („UMVO“) und der MarkenRL-2015 nicht unbedeutender Natur, wenn es um das Verhältnis zwischen Markengesetz und UWG geht. So sah beispielsweise der Vorschlag für eine Richtlinie des Europäischen Parlaments und des Rates zur Angleichung der Rechtsvorschriften der Mitgliedstaaten über die Marken[600] unter 5.1 Ziffer 4 folgendes vor:

> *„In der Richtlinie 2006/114/EG des Europäischen Parlaments und des Rates vom 12. Dezember 2006 über die irreführende und vergleichende Werbung ist geregelt, unter*

596 BT-Drucksache 16/10145, S. 16 ff.
597 BT-Drucksache 16/10145, S. 16 ff.
598 BT-Drucksache 16/10145, S. 16 ff.
599 BT-Drucksache 16/10145, S. 16 ff.
600 Fassung COM (2013) 162 final.

welchen Bedingungen Werbung als zulässig gilt, die unmittelbar oder mittelbar einen Mitbewerber oder die von ihm angebotenen Erzeugnisse oder Dienstleistungen erkennbar macht. Das Verhältnis zwischen der Richtlinie 2006/114/EG und den Markenrechtsbestimmungen ist nicht ganz klar. Es sollte daher präzisiert werden, dass der Markeninhaber die Benutzung seiner Marke in vergleichender Werbung verbieten kann, wenn diese Werbung nicht den Anforderungen des Artikels 4 der Richtlinie 2006/114/EG genügt."

Eine entsprechende Regelung oder Erwägungsgrund wurde in der MarkenRL-2015 schließlich nicht aufgenommen.

Zudem findet sich in Erwägungsgrund 40 der neugefassten MarkenRL-2015 die Regelung, dass die Markenrechtsrichtlinie nicht ausschließen soll, dass auf die Marken andere Rechtsvorschriften der Mitgliedstaaten als die des Markenrechts, wie etwa die Vorschriften gegen den unlauteren Wettbewerb, über die zivilrechtliche Haftung oder den Verbraucherschutz, Anwendung finden.

ff) Stellungnahme und Erörterung einzelner Spannungsfelder

Der Gesetzgeber hat bei der Neufassung des § 5 Abs. 2 UWG im Rahmen der Umsetzung von Art. 6 Abs. 2 lit. a) der UGP-Richtlinie die Bestimmung des Rangverhältnisses zwischen MarkenG und UWG ausdrücklich der Rechtsprechung überlassen. Auch der UGP-Richtlinie und der Markenrichtlinie lässt sich kein ausdrücklicher Hinweis auf das Rangverhältnis beider Rechtsinstitute entnehmen.

Gegen die Aufgabe vom Vorrang des Markenrechts wird angeführt, dass anderenfalls die Gefahr bestünde, dass das Markenrecht aufgrund der parallelen Anwendung des UWG entwertet würde.[601] Zudem wird zur Stützung des Vorrangs des Markenrechts angeführt, dass anderenfalls auch Dritte Ansprüche geltend machen könnten, die ansonsten nur zur Disposition des Markeninhabers gestanden hätten. Insoweit könnte der Markeninhaber nicht mehr eigenständig über seine Markenrechte entscheiden, so dass hieraus eine Ungewissheit sowohl zu Lasten des Markeninhabers als auch des potentiellen Verletzers bestehen könnte, wenn sich der Markeninhaber und der potentielle Verletzer über eine parallele Benutzung grundsätzlich einig sind, diese Einigung aber im Verhältnis zu den Verbrauchern gegebenenfalls keine Wirkung entfalten würde.

Nichtsdestotrotz ist an der These vom Vorrang des Markengesetzes aufgrund der Neuregelung in § 5 Abs. 2 UWG nicht mehr festzuhalten. Denn die Neuregelung in § 5 Abs. 2 UWG geht auf Art. 6 Abs. 2 lit. a) UGP-Richtlinie zurück, die einen umfassenden Verbraucherschutz bezwecken soll. Dieser Schutzzweck

601 *Henn*, Markenschutz und UWG, 2009, S. 74 f.

würde umgangen werden, wenn im Bereich der Kollision von markenrechtlichen und lauterkeitsrechtlichen Vorschriften der Vorrang des Markenrechts aufrechterhalten würde. Dies auch deshalb, weil den markenrechtlichen Schrankenregelungen in den §§ 23 ff. MarkenG ein entsprechendes Pendant im UWG fehlt. Insoweit kann daher der markenrechtliche Schutz weiter gehen als der lauterkeitsrechtliche Schutz, so dass der umfassende Verbraucherschutzgedanke der UGP-Richtlinie beeinträchtigt würde, wenn man dem Vorrang des Markenrechts weiter stattgeben würde.

Zudem ist der Tatbestand der markenrechtlichen Verwechslungsgefahr in den §§ 14, 15 MarkenG nicht deckungsgleich mit dem Tatbestand in § 5 Abs. 2 UWG, so dass auch unter diesem Gesichtspunkt ein Vorrang des Markenrechts ausscheiden muss. Denn der markenrechtliche Begriff der Verwechslungsgefahr in §§ 14, 15 MarkenG bezieht sich auf eine abstrakte Verwechslungsgefahr, wohingegen die Begrifflichkeit in § 5 Abs. 2 UWG eine konkrete Verwechslungsgefahr erfordert, so dass insoweit die einzelnen Tatbestände eine unterschiedliche Schutzrechtsausprägung propagieren. Aufgrund der im UWG erforderliche konkreten Verwechslungsgefahr werden in die Beurteilung derselben auch die Begleitumstände der Art und Weise der Benutzung des Kennzeichens einbezogen, wohingegen im Bereich des Markenrechts die sich gegenüberstehenden Kennzeichen – unter Außerachtlassung der konkreten Umstände der Benutzung – die abstrakte Verwechslungsgefahr geprüft wird; d.h. klarstellende Hinweise oder Zusätze bei der Verwendung der Kennzeichen würden bei der markenrechtlichen Verwechslungsgefahr nicht berücksichtigt werden.

Daneben besteht auch ein Unterschied bei der materiell-rechtlichen Prüfung der markenrechtlichen und lauterkeitsrechtlichen Tatbestände. Die markenrechtliche Verwechslungsgefahr bestimmt sich nach drei Faktoren, die im Verhältnis zueinander eine gewisse Wechselwirkung intendieren. Bei den drei Faktoren handelt es sich um den Grad der Ähnlichkeit der sich gegenüberstehenden Waren- und/oder Dienstleistungen, der Grad der Ähnlichkeit der sich gegenüberstehenden Kennzeichen sowie die Kennzeichnungskraft der sich gegenüberstehenden Kennzeichen. In diesem Bereich gilt daher der Grundsatz, dass je größer die Kennzeichnungskraft des prioritätsälteren Kennzeichens ist, desto größer ist auch dessen Schutzumfang und desto eher ist die Verwechslungsgefahr mit einem prioritätsjüngeren Kennzeichen zu bejahen. Dieser Grundsatz resultiert aus der normativen Betrachtung des Markenrechts, wonach das Markenrecht den Markeninhaber schützen soll. Einen anderen Blickwinkel verfolgt dagegen das UWG, das vorrangig den Schutz der Marktgegenseite und im speziellen die der Verbraucher bezweckt. Daher kommt es bei der materiellrechtlichen Prüfung der Verwechslungsgefahr lediglich darauf an, ob für die

Marktgegenseite die Gefahr einer konkreten Verwechslung aufgrund der Nutzung des Kennzeichens besteht oder nicht.[602]

Ferner greift der markenrechtliche Schutz des Kennzeicheninhabers bereits bei der Anmeldung eines potentiell verletzenden Kennzeichens ein. Im Bereich des § 5 Abs. 2 UWG ist hingegen eine Anmeldung eines potentiell verletzenden Kennzeichens zur Begründung der Verwechslungsgefahr nicht ausreichend, vielmehr ist eine konkrete Benutzungshandlung erforderlich.[603]

Auch der Bundesgerichtshof hat in seiner Entscheidung „Hard Rock Cafe" daher den Vorrang des Markenrechts aufgegeben und eine parallele Anwendung des UWG neben dem Markenrecht bejaht.

Schließlich würde eine fortgesetzte Anwendung der These vom Vorrang des Markenrechts dazu führen, dass der Schutz der Marktgegenseite und insbesondere der Verbraucher vom Verhalten des Markeninhabers abhinge[604] und dieser damit nicht nur die Dispositionsfreiheit über seine Markenrechte ausüben könnte, sondern gleichzeitig auch über den Verbraucherschutz disponieren könnte, was dem Schutzzweck der UGP-Richtlinie diametral widersprechen würde.

Insgesamt bleibt damit festzuhalten, dass die Regelungen im Markengesetz und im UWG parallel zur Anwendung kommen, wobei der Tatbestand des § 5 Abs. 2 UWG mit Blick auf das Merkmal der wettbewerbsrechtlichen Relevanz wesentlich enger sein dürfte als der Tatbestand der kennzeichenrechtlichen Verwechslungsgefahr.[605]

Nachfolgend soll darauf eingegangen werden, welche Auswirkungen sich aus dem neuen Verhältnis zwischen MarkenG und UWG auf die Anwendbarkeit der markenrechtlichen Schutzschranken und auf die Anwendbarkeit des Rechts der Gleichnamigen ergeben.

(1) Markenrechtliche Schranken

Die Schranken des Markenrechts sind abschließend in den §§ 23 ff. MarkenG geregelt. Gemein ist diesen Schranken, dass sie alle eine Beschränkung der subjektiven Rechte des Markeninhabers bewirken. Insoweit stellt sich die Frage, ob

602 *Steinbeck,* KSzW 2010, S. 223, 228.

603 *Bornkamm/Feddersen,* in: Köhler/Bornkamm/Feddersen, UWG, 36. Aufl. 2018, § 5 Rn. 9.6.

604 *Traumann,* Beschränkungen des Schutzes von Kennzeichen gemäß § 23 MarkenG, 2012, S. 348.

605 *Hacker,* in. Ströbele/Hacker, MarkenG/Thiering, 12. Aufl. 2018, § 2 Rn. 30.

sich die Schranken des Markenrechts auch auf den Tatbestand des § 5 Abs. 2 UWG auswirken.

Ganz abstrakt kann hierzu festgehalten werden, dass es sich bei den Schrankenregelungen in den §§ 23 ff. MarkenG um spezifische kennzeichenrechtliche Regelungen handelt, die nicht unmittelbar auf lauterkeitsrechtliche Ansprüche übertragen werden können.[606] Eine solche strikte Trennung ist jedoch angesichts der Überschneidung zwischen markenrechtlicher und lauterkeitsrechtlicher Verwechslungsgefahr nicht aufrechtzuerhalten,[607] da es anderenfalls zu signifikanten Wertungswidersprüchen kommen könnte, wenn ein Anspruch nach §§ 14, 15 MarkenG wegen einem Eingreifen der Schutzschranken nicht bestehen würde, ein Anspruch nach § 5 Abs. 2 UWG allerdings bejaht werden würde. Demgemäß sind die aufgrund der parallelen Anwendung des MarkenG und UWG teilweise auftretenden Wertungswidersprüche durch Beachtung des jeweiligen Schutzzweckes des Gesetzes und der jeweiligen Norm zu bereinigen.[608] Nachfolgend wird zur näheren Erörterung der Verzahnung zwischen Markenrecht und UWG nur auf die Schutzschranke des § 23 MarkenG eingegangen.

Der Tatbestand des § 5 Abs. 2 MarkenG entscheidet im Hinblick auf die Verwechslungsgefahr nicht zwischen einer nach § 23 MarkenG freigestellten und einer verletzenden Verwendung.[609] Im Hinblick auf den Tatbestand in § 23 Abs. 1 Nr. 2 MarkenG (Freistellung beschreibender Angaben) entschied der Bundesgerichtshof in Bezug auf das Kennzeichen „POST", dass ein nicht unerheblicher Teil der angesprochenen Verkehrskreises die damit gekennzeichneten Dienstleistungen mit denen der Deutschen Post AG verwechseln würde;[610] gleichwohl wurde der Tatbestand des § 14 Abs. 2 Nr. 2 MarkenG verneint, da der Bundesgerichtshof in diesem Fall die Schranke des § 23 Abs. 1 Nr. 2 MarkenG als einschlägig erachtete.[611] Zu dem Zeitpunkt, als das Urteil des Bundesgerichtshofes erging, existierte der Anspruch aus § 5 Abs. 2 UWG noch nicht, so dass sich

606 *Ingerl/Rohnke*, in: Ingerl/Rohnke, MarkenG, 3. Aufl. 2010, § 23 Rn. 6; *Wogner*, Die Schnittstellen zwischen Marken- und Wettbewerbsrecht im Lichte der neuen Markenfunktionen, 1. Aufl. 2015, S. 189.

607 *Wogner*, Die Schnittstellen zwischen Marken- und Wettbewerbsrecht im Lichte der neuen Markenfunktionen, 1. Aufl. 2015, S. 189.

608 *Jonas/Hamacher*, WRP 2009, 535, 539; *Wogner*, Die Schnittstellen zwischen Marken- und Wettbewerbsrecht im Lichte der neuen Markenfunktionen, 1. Aufl. 2015, S. 189.

609 *Wogner*, Die Schnittstellen zwischen Marken- und Wettbewerbsrecht im Lichte der neuen Markenfunktionen, 1. Aufl. 2015, S. 192.

610 BGH GRUR 2008, 798 ff. – POST; BGH GRUR 2009, 678 – POST/Regio Post.

611 BGH GRUR 2009, 678 – POST/Regio Post.

der Bundesgerichtshof mit der Frage des Verhältnisses zwischen Markenrecht und UWG noch nicht beschäftigen musste.[612] Heute ist allerdings davon auszugehen, dass bei dieser Konstellation ein Anspruch aus § 5 Abs. 2 UWG durchaus in Betracht kommen könnte. Würde man das Markengesetz und das UWG völlig getrennt voneinander betrachten, käme man vorliegend zu dem Ergebnis, dass ein Anspruch aus § 14 Abs. 2 MarkenG wegen der Schutzschranke in § 23 MarkenG ausscheiden würde, gleichwohl aber ein lauterkeitsrechtlicher Unterlassungsanspruch nach § 5 Abs. 2 UWG bestehen würde.

Ingerl/Rohnke und *Schalk* vertreten die Ansicht, dass die Schutzschranke in § 23 MarkenG nicht unmittelbar auf lauterkeitsrechtliche Ansprüche übertragbar ist, da es sich bei dieser Schrankenregelung um eine spezifische kennzeichenrechtliche Regelung handele.[613] Gleichwohl erkennen beide an, dass der der kennzeichenrechtlichen Schrankenbestimmung zugrunde liegende Rechtsgedanke bei der Beurteilung lauterkeitsrechtlicher Ansprüche zu berücksichtigen sei, wobei einzelne Prüfkriterien von beiden nicht genauer benannt werden.[614]

Büscher und *Bornkamm* wollen den Wertungswiderspruch zwischen MarkenG und UWG dahingehend auflösen, dass die markenrechtlichen Schutzschranken auf einen Anspruch aus § 5 Abs. 2 UWG entsprechend zur Anwendung kommen.[615] D.h. die Schutzschranken in § 23 MarkenG würden in einen Anspruch aus § 5 Abs. 2 UWG hineingelesen und damit im Rahmen der Interessenabwägung berücksichtigt werden. Begründet wird diese Ansicht von *Bornkamm* unter anderem damit, dass sowohl die Vorschriften im MarkenG wie auch die im UWG auf unionsrechtlichen Rechtsakten beruhen.[616] Der lauterkeitsrechtliche Schutz vor Verwechslungen müsse daher so ausgelegt werden, dass er nicht mit anderen unionsrechtlichen Regelungen in einem unauflösbaren Wertungswiderspruch trete.[617] Es stellt sich jedoch die Frage, ob die entsprechende Anwendung der

---

612 *Wogner,* Die Schnittstellen zwischen Marken- und Wettbewerbsrecht im Lichte der neuen Markenfunktionen, 1. Aufl. 2015, S. 193.

613 *Ingerl/Rohnke,* in: Ingerl/Rohnke, MarkenG, 3. Aufl. 2010, § 23 Rn. 6; *Schalk,* in: Büscher/Dittmer/Schiwy, Gewerblicher Rechtsschutz, Teil 1, Kap. 3, § 23 MarkenG Rn. 2.

614 *Ingerl/Rohnke,* in: Ingerl/Rohnke, MarkenG, 3. Aufl. 2010, § 23 Rn. 6; *Schalk,* in: Büscher/Dittmer/Schiwy, Gewerblicher Rechtsschutz, Teil 1, Kap. 3, § 23 MarkenG Rn. 2; *Traumann,* Beschränkungen des Schutzes von Kennzeichen gemäß § 23 MarkenG, 2012, S. 351.

615 *Büscher,* GRUR 2009, 230, 236; *Bornkamm,* GRUR 2011, 1, 7.

616 *Bornkamm,* GRUR 2011, 1, 7.

617 *Bornkamm,* GRUR 2011, 1, 7; *Traumann,* Beschränkungen des Schutzes von Kennzeichen gemäß § 23 MarkenG, 2012, S. 353.

markenrechtlichen Schutzschranken auf den lauterkeitsrechtlichen Anspruch in § 5 Abs. 2 UWG mit dem Schutzzweck des UWG und insbesondere des § 5 Abs. 2 UWG im Einklang steht. Denn, wie bereits mehrfach ausgeführt, dient das UWG einem umfassenden Schutz der Verbraucher vor wettbewerbswidrigen Handlungen. Mit einem so umfassenden Verbraucherschutzgedanken ist es nicht vereinbar sein, dass eine bestehende Irreführung in Kauf genommen wird, um einem markenrechtlichen Freihaltebedürfnis zu entsprechen.[618]

Demgegenüber befürwortet *Wogner* mit Blick auf den umfassenden Verbraucherschutzgedanken des UWG eine Berücksichtigung der Ausprägungen in § 5 Abs. 2 UWG im Rahmen der sog. Schranken-Schranke in § 23 MarkenG.[619] Infolgedessen würde das markenrechtliche Freihaltebedürfnis durch wettbewerbsrechtliche Erwägungen begrenzt.[620] Denn auch das Markengesetz dient dem Zweck der Schaffung eines unverfälschten Wettbewerbs.[621] Unter dem Aspekt der generalklauselartigen Formulierung in § 23 Abs. 2 MarkenG n.F., wonach die Benutzung den anständigen Gepflogenheiten in Gewerbe und Handel entsprechen müsse, wäre dann implizit ein Anspruch nach § 5 Abs. 2 UWG zu prüfen.[622] Käme man dann zu dem Ergebnis, dass ein Anspruch nach § 5 Abs. 2 UWG besteht, könnte sich der Kennzeichenverwender nicht auf die Schranke des § 23 MarkenG berufen.[623]

Eine entgegengesetzte Ansicht geht dahin, dass etwaige schrankenrechtliche Bestimmungen im MarkenG auf einen lauterkeitsrechtlichen Anspruch überhaupt nicht zur Anwendung kommen. *Kiethe/Groeschke* sind der Ansicht, dass bei einem Anspruch aus § 5 Abs. 2 UWG kein markenrechtlicher Einwand zulässig ist.[624] Begründet wird dies mit dem umfassenden Verbraucherschutzgedanke, der dem Tatbestand des § 5 Abs. 2 UWG zugrunde liegt.[625] Auch *Bärenfänger*

618 *Wogner*, Die Schnittstellen zwischen Marken- und Wettbewerbsrecht im Lichte der neuen Markenfunktionen, 1. Aufl. 2015, S. 193.
619 *Wogner*, Die Schnittstellen zwischen Marken- und Wettbewerbsrecht im Lichte der neuen Markenfunktionen, 1. Aufl. 2015, S. 193.
620 *Wogner*, Die Schnittstellen zwischen Marken- und Wettbewerbsrecht im Lichte der neuen Markenfunktionen, 1. Aufl. 2015, S. 193.
621 *Fezer*, in: Fezer, MarkenR, 4. Aufl. 2009, § 23 Rn. 57.
622 *Jonas/Hamacher*, WRP 2009, 535, 539; *Wogner*, Die Schnittstellen zwischen Marken- und Wettbewerbsrecht im Lichte der neuen Markenfunktionen, 1. Aufl. 2015, S. 194.
623 *Jonas/Hamacher*, WRP 2009, 535, 539; *Wogner*, Die Schnittstellen zwischen Marken- und Wettbewerbsrecht im Lichte der neuen Markenfunktionen, 1. Aufl. 2015, S. 194.
624 *Kiethe/Groeschke*, WRP 2009, 1343, 1344 f.
625 *Kiethe/Groeschke*, WRP 2009, 1343, 1344 f.

schließt sich der Ansicht von *Kiethe/Groeschke* an und argumentiert, dass die UGP-Richtlinie gerade keine Einschränkungsmöglichkeiten der lauterkeitsrechtlichen Bestimmungen vorsehe und damit ein Rückgriff auf die markenrechtlichen Schrankenbestimmungen ausgeschlossen sei.[626]

Insgesamt ist der Ansicht zuzustimmen, die den Tatbestand des § 5 Abs. 2 UWG im Rahmen der Prüfung der Schranken-Schranke in § 23 MarkenG berücksichtigen will. Denn bei der Berücksichtigung des § 5 Abs. 2 UWG im Rahmen der Prüfung der Schranken-Schranke von § 23 MarkenG wird dem umfassenden Verbraucherschutzgedanken des UWG Rechnung getragen. Dies deshalb, weil das UWG gerade keine dem Markenrecht vergleichbaren Schrankenregelungen kennt und es damit ein Wertungswiderspruch begründen würde, wenn man die markenrechtlichen Schrankenbestimmungen auf einen lauterkeitsrechtlichen Anspruch übertragen würde, zumal gerade die Interessenabwägung im Rahmen des § 5 Abs. 2 UWG keinen offensichtlichen Anknüpfungspunkt für markenrechtliche Vorschriften bietet. Anders sieht es bei der Formulierung des § 23 Abs. 2 MarkenG n.F. aus, der gerade am Ende mit der Formulierung „nicht den anständigen Gepflogenheiten in Gewerbe und Handel entspricht" ein Einfallstor für lauterkeitsrechtliche Ansprüche bietet. Mithin ist es konsequent und stimmt auch mit den Wertungen des Markengesetzes und des UWG überein, den Tatbestand des § 5 Abs. 2 UWG inzident bei der Schranken-Schranke in § 23 MarkenG zu prüfen. Dies bietet auch die Möglichkeit, markenrechtliche Besonderheiten im Rahmen eines lauterkeitsrechtlichen Anspruchs inzident zu berücksichtigen und ein Wertungswiderspruch zwischen beiden Rechtssystemen zu vermeiden.

(2) Auswirkungen auf das Recht der Gleichnamigen?

Abschließend ist noch zu klären, wie sich das neu zu ordnende Verhältnis zwischen MarkenG und UWG auf das „ungeschriebene" Recht der Gleichnamigen auswirkt.

Rechtsprechung und Literatur verorten das Recht der Gleichnamigen in der Schrankenregelung des § 23 Abs. 1 Nr. 1 MarkenG n.F. und dort unter dem Tatbestandsmerkmal des „Namen". Dies auch vor dem Hintergrund, dass seit der „Celiné"-Entscheidung des Europäischen Gerichtshofes unter dem Begriff des „Namen" nicht nur der Name natürlicher Personen erfasst wird, sondern auch Namen juristischer Personen, Handelsnamen und Phantasienamen.

---

626 *Bärenfänger,* Das Spannungsfeld von Lauterkeitsrecht und Markenrecht unter dem neuen UWG, 2010, S. 204 f.

Im Hinblick auf das Verhältnis zwischen MarkenG und UWG führt *Bornkamm* explizit zum Recht der Gleichnamigen folgendes aus: „*Halte sich der dem Recht der Gleichnamigen eigene unvermeidbare Rest an Verwechslungsgefahr innerhalb der Grenzen, die markenrechtlich noch zulässig sind, so dürfe dieses Ergebnis der Koexistenz nicht durch lauterkeitsrechtliche Vorschriften unterlaufen werden.*“[627] Dementsprechend wäre – nach Ansicht *Bornkamms* – ein Anspruch aus § 5 Abs. 2 UWG beim Vorliegen der Grundsätze des Rechts der Gleichnamigen ausgeschlossen.

Meines Erachtens bedarf es aber gerade beim Recht der Gleichnamigen einer Einschränkung des lauterkeitsrechtlichen Tatbestandes des § 5 Abs. 2 UWG vor dem Hintergrund der markenrechtlichen Schrankenbestimmungen überhaupt nicht. Denn – wie bereits zuvor ausgeführt – ist bei § 5 Abs. 2 UWG auf eine konkrete Verwechslungsgefahr abzustellen, bei der auch Umstände außerhalb der bloßen Ausgestaltung der sich gegenüberstehenden Kennzeichen zu berücksichtigen sind, was bei der markenrechtlichen Verwechslungsgefahr gerade nicht der Fall ist. Gerade in der neueren Rechtsprechung des Bundesgerichtshofes in den Entscheidungen Peek & Cloppenburg I-III ist im Hinblick auf die markenrechtliche Zulässigkeit der Verwendung verwechslungsfähiger Zeichen der Grundsatz aufgestellt worden, dass durch die Verwendung von aufklärenden Hinweisen die Schrankenbestimmung in § 23 Abs. 1 Nr. 1 MarkenG n.F. einschlägig ist und damit ein Unterlassungsanspruch aus §§ 14, 15 MarkenG ausscheidet. Dieses Erfordernis des Zusatzes von aufklärenden Hinweisen ist auch im Rahmen der Prüfung des lauterkeitsrechtlichen Tatbestandes in § 5 Abs. 2 UWG zu berücksichtigen, so dass bei einem Vorliegen eines aufklärenden Hinweises auch die konkrete Verwechslungsgefahr in § 5 Abs. 2 UWG zu verneinen wäre. Art und Umfang des aufklärenden Hinweises wurden vom Bundesgerichtshof in der „Himalaya-Salz“-Entscheidung vom 31.3.2016 dahingehend präzisiert, dass der aufklärende Hinweis derart ausgestaltet sein muss, dass er von den angesprochenen Verkehrskreisen mit der konkreten Kennzeichnung in Verbindung gebracht wird und dementsprechend situationsadäquat wahrnehmbar ausgestaltet sein muss.[628] Unter dieser Prämisse besteht gerade bei der Anwendung des Rechts der Gleichnamigen kein Wertungswiderspruch zwischen den Vorschriften des MarkenG und des UWG. Denn bei der Beurteilung des Rechts der Gleichnamigen, das ehemals ohnehin seine Rechtsgrundlage in

---

627 *Bornkamm/Feddersen,* in: Köhler/Bornkamm/Feddersen, UWG, 36. Aufl. 2018, § 5 Rn. 9.13.

628 BGH GRUR 2016, 741 ff. – Himalaya-Salz.

lauterkeitsrechtlichen Vorschriften gefunden hatte, wurden indes stets lauterkeitsrechtliche Gesichtspunkte im Rahmen der Interessensabwägung berücksichtig, die auch bei einer inzidenten Prüfung des § 5 Abs. 2 UWG im Rahmen der Schranken-Schranke des § 23 Abs. 1 Nr. 1 MarkenG n.F. zu keiner anderen Beurteilung führen würden.

II. Namensschutz nach § 12 BGB

1. Ausschlusswirkung des MarkenG gegenüber § 12 BGB?

Der Namensschutz in § 12 BGB spielte vor Inkrafttreten des MarkenG eine tragende Rolle für das Kennzeichenrecht und gewährleistete den Schutz der Kennzeichen neben § 16 UWG a.F.[629] Auch heute gehört zum bürgerlich-rechtlichen Schutz der Kennzeichen der in § 12 BGB normierte Namensschutz.[630] Nach der Rechtsprechung des Bundesgerichtshofes wird aber bei einem Handeln im geschäftlichen Verkehr der Kennzeichenschutz vorrangig nach den §§ 14, 15 MarkenG beurteilt und nur bei außergeschäftlichem Handeln auf den bürgerlich-rechtlichen Namensschutz in den §§ 12 und 823 Abs. 1 BGB zurückgegriffen.[631] Allerdings ist die Rechtsprechung in den letzten Jahren vor allem bei Kollisionsfällen mit Domainnamen dazu übergegangen, auch bei einem Handeln im geschäftlichen Verkehr auf den Tatbestand des § 12 BGB zurückzugreifen. Denn ein Domainname bestehend aus einer Top-Level-Domain und Second-Level-Domain kann weltweit nur einmal vergeben werden und aufgrund dessen ist ein Nebeneinander von identischen Domainnamen faktisch nicht möglich.

Diese Problematik hat auch die mho.de-Entscheidung des Bundesgerichtshofes[632] aufgezeigt, wo die Beklagte die Domain mho.de auf sich hat registrieren lassen und fortan unter dieser den Aufbau von Datenbanksystemen für ihre Kunden anbot. Der Klägerin, die seit Jahren unter der Bezeichnung „MHO" ein Krankenhaus betrieb, war es daraufhin verwehrt, unter der gleichen Top-Level-Domain eine entsprechende Domain registrieren zu lassen. In diesem Fall scheidet ein markengesetzlicher Anspruch aus § 15 Abs. 2 MarkenG aus, da es an der notwendigen Branchennähe der unter der Bezeichnung „mho" vertriebenen

629 *Kurbel,* Neue Entwicklungen im Recht der Gleichnamigen, 2016, S. 72.

630 *Fezer,* MarkenR, 4. Aufl. 2009, § 2 Rn. 85.

631 BGH GRUR 2002, 622, 624 – shell.de; BGH GRUR 2002, 706, 709 – vossius.de; *Fezer,* in: Fezer, MarkenR, 4. Aufl. 2009, § 2 Rn. 85; *Ingerl/Rohnke,* in: Ingerl/Rohnke, MarkenG, 3. Aufl. 2010, § 2 Rn. 16.

632 BGH GRUR 2005, 430 ff. – mho.de.

Waren und Dienstleistungen fehlt. Es konnte daher nur auf den § 12 BGB zurückgegriffen werden.

Aufgrund der Kollisionslage mit Domains hat die Rechtsprechung des Bundesgerichtshofes den Grundsatz des Anwendungsvorrangs des MarkenG gegenüber bürgerlich-rechtlichen Normen dahingehend aufgeweicht, dass einem Kennzeicheninhaber an seiner Unternehmensbezeichnung mit Namensfunktion auch ein Namensrecht nach § 12 BGB zusteht, dies aber in seinem Schutzbereich in der Regel nicht über den eines Unternehmenskennzeichens hinausgehe.[633] Denn der aus § 12 BGB abgeleitete Namensschutz einer Unternehmensbezeichnung ist beschränkt auf den Funktionsbereich des betreffenden Unternehmens und reicht nur so weit, wie geschäftliche Beeinträchtigungen zu befürchten sind.[634] Ein Rückgriff auf das Namensrecht aus § 12 BGB scheidet daher regelmäßig aus, da sich der Funktionsbereich des Unternehmens in der Regel mit dem Anwendungsbereich des markengesetzlichen Kennzeichenschutzes aus §§ 5, 15 MarkenG deckt.[635]

Ausnahmsweise kann jedoch der Funktionsbereich des Unternehmens auch außerhalb des Anwendungsbereichs des Kennzeichenrechts durch eine Verwendung der Unternehmensbezeichnung berührt werden.[636] In diesen Fällen kann der bürgerlich-rechtliche Namensschutz aus § 12 BGB neben dem MarkenG ergänzend gegen Beeinträchtigungen der Unternehmensbezeichnung herangezogen werden, die wegen dem Fehlen einer geschäftlichen Handlung oder wegen des Fehlens der Branchennähe und der damit fehlenden kennzeichenrechtlichen Verwechslungsgefahr nicht mehr im Schutzbereich des markengesetzlichen Unternehmenskennzeichens liegen.[637]

Es kann daher festgehalten werden, dass die Ausschlusswirkung des MarkenG gegenüber bürgerlich-rechtlichen Normen nur dann eingreife, wenn ein Handeln im geschäftlichen Verkehr und zudem eine Branchennähe bei den kollidierenden Kennzeichen vorliegt.[638]

633 BGH GRUR 2005, 430 f. – mho.de.

634 BGH GRUR 2005, 430, 431 – mho.de; BGH GRUR 1998, 696, 697 – Rolex-Uhr mit Diamanten; BGH GRUR 2002, 622 – shell.de.

635 BGH GRUR 2005, 430, 431 – mho.de.

636 BGH GRUR 2005, 430, 431 – mho.de.

637 BGH GRUR 2005, 430, 431 – mho.de.

638 BGH GRUR 2008, 1099, 1100 – afilias.de; BGH GRUR 2005, 430, 431 – mho.de; *Kurbel,* Neue Entwicklungen im Recht der Gleichnamigen, 2016, S. 74.

2. Grundlagen des Namensschutzes

Der Name im Sinne des § 12 BGB dient als sprachliches Merkmal zur Bezeichnung einer Person zwecks Unterscheidung von einer anderen Person.[639] Darüber hinaus dient der Name auch der Individualisierung des Namensträgers.[640] Grundsätzlich sind daher mit Blick auf den Tatbestand des § 12 BGB zwei Arten von Namen zu unterscheiden: Der Zwangsname und der Wahlname.[641] Der Zwangsname haftet dem Rechtsträger kraft Gesetzes an und wird im Allgemein als der bürgerliche Name bezeichnet.[642] Demgegenüber handelt es sich bei dem Wahlnamen nicht um einen Namen, der dem Rechtsträger kraft Gesetzes anhaftet, sondern um einen von diesem frei und willkürlich gewählten Namen, der jederzeit abgelegt werden kann.[643] Unter dem Begriff „Wahlnamen" sind daher u.a. Pseudonyme, Decknamen, Künstlernamen, Firmennamen und Unternehmensbezeichnungen zu erfassen. Zwar ist der Tatbestand des § 12 BGB nach seinem Wortlaut und seiner systematischen Stellung im BGB eigentlich nur auf den Namen natürlicher Personen anwendbar,[644] die Rechtsprechung hat jedoch diesen Tatbestand auch auf Namen juristischer Personen und Unternehmensbezeichnungen unterschiedlicher Art ausgeweitet.[645] Geschäftsbezeichnungen, die unabhängig vom gesetzlichen Namen und der Firma geführt werden, sind vom Schutz des § 12 BGB erfasst, wenn sie Namensfunktion besitzen und unterscheidungskräftig sind.[646] Die Unterscheidungskraft fehlt beispielsweise bei reinen Gattungsbezeichnungen, Worten der Umgangssprache und geografischen Bezeichnungen.[647]

639 *I. Saenger,* in: Erman, BGB, 15. Aufl. 2017, § 12 Rn. 1; BGH NJW 1959, 525; BVerfG NJW 2007, 671 – maxem.de.

640 *Siebert,* NJW 1958, 1370; BVerfG NJW 2004, 1155; BGH NJW 1959, 525; *I. Saenger,* in: Erman, BGB, 15. Aufl. 2017, § 12 Rn. 1; *Säcker,* in: MüKo-BGB, 7. Aufl. 2015, § 12 Rn. 96; BVerfG NJW 2007, 671 – maxem.de.

641 *Ellenberger,* in: Palandt, BGB, 78. Aufl. 2019, § 12 Rn. 4.

642 *Ellenberger,* in: Palandt, BGB, 78. Aufl. 2019, § 12 Rn. 4.

643 *Ellenberger,* in: Palandt, BGB, 78. Aufl. 2019, § 12 Rn. 4.

644 *I. Saenger,* in: Erman, BGB, 15. Aufl. 2017, § 12 Rn. 10.

645 *Ellenberger,* in: Palandt, BGB, 78. Aufl. 2019, § 12 Rn. 4; *I. Saenger,* in: Erman, BGB, 15. Aufl. 2017, § 12 Rn. 12; RGZ 74, 115; RGZ 100, 182; BGHZ 14, 155, 120.

646 *Ellenberger,* in: Palandt, BGB, 78. Aufl. 2019, § 12 Rn. 10; *I. Saenger,* in: Erman, BGB, 15. Aufl. 2017, § 12 Rn. 14; BGH NJW 1970, 12; BGH NJW 1959, 2209, 2210.

647 *Ellenberger,* in: Palandt, BGB, 78. Aufl. 2019, § 12 Rn. 12.

3. *Schutzbereich*

Für die Grundsätze des Rechts der Gleichnamigen spielt § 12 BGB dann eine Rolle, wenn und soweit der Dritte den Namen des berechtigten Namensträgers (ganz, teilweise oder mit geringen Abweichungen) unbefugt gebraucht und dadurch eine Zuordnungsverwirrung auslöst und das schutzwürdige Interesse des Namensträgers verletzt.[648]

Der Gebrauch eines fremden Namens durch den Dritten kann zunächst darin liegen, dass der Dritte den Namen als bürgerlichen Namen, als Künstlernamen oder Pseudonym, als Firmenname oder als sonstige Bezeichnung eines Unternehmens nutzt.[649] Ein Namensgebrauch kann auch dann vorliegen, wenn und soweit der Name durch den Dritten zur Bezeichnung von Waren oder Dienstleistungen und dementsprechend als Marke verwendet wird.[650] Zudem wird der Gebrauch eines Namens beispielsweise dann bejaht, wenn der Name zum Eintrag in das Vereins- oder Handelsregister[651] oder in das Telefonbuch[652] verwendet wird. Insgesamt genügt für die Annahme eines Namensgebrauchs ein hinreichend deutlicher Hinweis auf den Namensträger.[653] Dies ist gegeben, wenn der Verkehr die Namensverwendung als einen Hinweis auf den Namensträger ansieht.[654] Insoweit ist eine volle Überschneidung nicht erforderlich; entscheidend ist vielmehr, ob eine Verwechslungsfähigkeit zwischen dem Namen des Berechtigten und dem des Dritten gegeben ist.[655] Hierbei ist – wie bei der markenrechtlichen Verwechslungsgefahr – auf den Gesamteindruck der beiden Namen hinsichtlich des Schriftbildes, Klangs und Sinngehalts abzustellen.[656]

---

648 *Ellenberger,* in: Palandt, BGB, 78. Aufl. 2019, § 12 Rn. 22; *I. Saenger,* in: Erman, BGB, 15. Aufl. 2017, § 12 Rn. 21; BGH NJW 2003, 2978 – maxem.de.

649 *Säcker,* in: MüKo-BGB, 7. Aufl. 2015, § 12 Rn. 96.

650 BGH GRUR 2005, 871, 872 – seicom; BGH GRUR 2004, 512 – Leysieffer; BGH GRUR 2002, 967 – Hotel Adlon; BGH GRUR 2001, 344 – DB Immobilienfonds; BGH GRUR 1995, 825, 827 – Torres; *Säcker,* in: MüKo-BGB, 7. Aufl. 2015, § 12 Rn. 96; *Ingerl/Rohnke,* in: Ingerl/Rohnke, 3. Aufl. 2009, § 15 MarkenG Rn. 31.

651 BGH GRUR 1957, 426, 427 – Getränke-Industrie.

652 KG Berlin JW 1926, 2930.

653 BGH GRUR 1994, 732 ff. – McLaren; RGZ 101, 169, 172 – Stadttheater; *Säcker,* in: MüKo-BGB, 7. Aufl. 2015, § 12 Rn. 97.

654 *Ellenberger,* in: Palandt, BGB, 78. Aufl. 2019, § 12 Rn. 27; BGH NJW 1983, 1184, 1185.

655 *Ellenberger,* in: Palandt, BGB, 78. Aufl. 2019, § 12 Rn. 27; BGH NJW 1970, 1270 – Weserklause.

656 *Ellenberger,* in: Palandt, BGB, 78. Aufl. 2019, § 12 Rn. 27; BGHZ 28, 320, 323.

Die Gefahr einer Zuordnungsverwirrung ist gegeben, wenn der Name dazu benutzt wird, eine andere Person, deren Einrichtungen oder Produkte namensmäßig zu bezeichnen.[657] In diesem Zusammenhang ist es aber auch ausreichend, wenn der Berechtigte mit Einrichtungen, Gütern oder Erzeugnissen in Verbindung gebracht wird, mit denen er nichts zu tun hat.[658] Die Zuordnungsverwirrung resultiert insoweit daraus, dass bei den angesprochenen Verkehrskreisen der unzutreffende Eindruck hervorgerufen wird, der Namensträger habe den Gebrauch seines Namens dem Dritten gestattet oder zugestimmt.[659]

Daneben muss der Gebrauch des gleichen Namens unbefugt erfolgen. Der Begriff „unbefugt“ im Sinne des § 12 BGB ist gleichbedeutend mit dem Begriff „rechtswidrig“ im Sinne des § 823 Abs. 1 BGB[660] oder „widerrechtlich“ im Sinne von § 229 BGB.[661] Ebenso wie die Rechtswidrigkeit in § 823 Abs. 1 BGB wird auch der unbefugte Gebrauch des Namens regelmäßig durch die Verletzung des Namensrechts indiziert.[662] Es kann auch dann ein unbefugter Namensgebrauch vorliegen, wenn und soweit gegen die Verwendung des Namens keine namensrechtlichen Bedenken bestehen, obwohl diese im geschäftlichen Verkehr erfolgt und Verwechslungen mit Gleichnamigen zu besorgen sind.[663] Bei Wahlnamen kann sich der unbefugte Gebrauch des Namens auch daraus ergeben, dass dieser gegen andere gesetzliche Vorschriften – beispielsweise gegen §§ 3 ff. UWG – oder gegen die guten Sitten verstößt.[664] Handelt es sich bei dem Gebrauch des Namens um den ganzen oder einen Teil des bürgerlichen Namens, so ist dessen Verwendung im Rahmen einer geschäftlichen Bezeichnung oder zur Produktkennzeichnung regelmäßig als redlich und damit rechtmäßig einzustufen.[665] Von diesem Grundsatz gibt es hingegen folgende Ausnahmen: Der Träger eines berühmten bürgerlichen Namens stellt diesen als Strohmann zur Bildung einer verwechslungsfähigen Firma zur Verfügung[666] und/oder der Träger des bürgerlichen

---

657 *Ellenberger,* in: Palandt, BGB, 78. Aufl. 2019, § 12 Rn. 22.

658 *I. Saenger,* in: Erman, BGB, 15. Aufl. 2017, § 12 Rn. 22; *Ellenberger,* in: Palandt, BGB, 78. Aufl. 2019, § 12 Rn. 22; BGH NJW 1963, 2267, 2268; BGH NJW 1980, 280.

659 *Ellenberger,* in: Palandt, BGB, 78. Aufl. 2019, § 12 Rn. 22; BGH NJW 1993, 918; BGH NJW 2005, 978, 979.

660 *Ellenberger,* in: Palandt, BGB, 78. Aufl. 2019, § 12 Rn. 28.

661 *I. Saenger,* in: Erman, BGB, 15. Aufl. 2017, § 12 Rn. 26.

662 *Ellenberger,* in: Palandt, BGB, 78. Aufl. 2019, § 12 Rn. 28.

663 *I. Saenger,* in: Erman, BGB, 15. Aufl. 2017, § 12 Rn. 26; BGH NJW 1968, 349, 350.

664 *Ellenberger,* in: Palandt, BGB, 78. Aufl. 2019, § 12 Rn. 28.

665 *Ellenberger,* in: Palandt, BGB, 78. Aufl. 2019, § 12 Rn. 28.

666 BGH NJW 1966, 343.

Namens verwendet diesen dazu, den Ruf eines bekannten gleichartigen Unternehmens für sich auszubeuten.[667]

Im Hinblick auf das schutzwürdige Interesse des berechtigten Namensträgers genügt in der Regel jedes verständliche, persönliche und vermögensrechtliche Interesse.[668] Auch das ideelle und das Affektionsinteresse sind vom Tatbestand der Namensanmaßung erfasst.[669]

667 BGHZ 4, 96, 100.

668 *I. Saenger*, in: Erman, BGB, 15. Aufl. 2017, § 12 Rn. 27; BGH NJW 1965, 859, 861.

669 BGH NJW 1965, 859, 861; *Sack*, WRP 1984, 521; *I. Saenger*, in: Erman, BGB, 15. Aufl. 2017, § 12 Rn. 27.

Kapitel 4: Auswirkungen auf Lizenzen und Abgrenzungsvereinbarungen

Ausgehend von der vorgenannten Erörterung des neuen Verhältnisses zwischen MarkenG und UWG soll im Folgenden auf die Auswirkungen von Lizenz- und Abgrenzungsvereinbarungen eingegangen werden.

Aufgrund von individualrechtlichen Abreden zwischen dem Kennzeicheninhaber und einem Dritten ist ein Nebeneinander von identischen oder ähnlichen Zeichen für identische oder ähnliche Waren und Dienstleistungen möglich. Zu den individualrechtlichen Abreden gehören beispielsweise Lizenzen und Abgrenzungsvereinbarungen. Gemeinsam ist diesen Vereinbarungen, dass sie für Außenstehende und insbesondere auch für Verbraucher in der Regel nicht erkennbar sind und damit grundsätzlich die Gefahr von Verwechslungen besteht. Im Markenrecht und den dortigen Unterlassungsansprüchen hat dieses Nebeneinander trotz eventuell bestehender Verwechslungsgefahr keine Auswirkungen, da die Erteilung von Lizenzen gemäß § 30 MarkenG und auch der Abschluss von Abgrenzungsvereinbarungen ausschließlich in der Dispositionsbefugnis des Kennzeicheninhabers steht und er sich damit ausschließlich seiner eigenen Rechte beschneidet. Etwas anderes könnte sich für den Anwendungsbereich des § 5 Abs. 2 UWG ergeben, da hier die Verwechslungsgefahr und der daraus resultierende Unterlassungsanspruch nicht zur Disposition des Kennzeicheninhabers steht und sich im Lauterkeitsrecht keine dem § 30 MarkenG entsprechende Regelung findet. Es ist daher zu klären, inwieweit die generell zulässige Lizenzerteilung bzw. der Abschluss von Abgrenzungsvereinbarungen Auswirkungen auf den Tatbestand des § 5 Abs. 2 UWG oder umgekehrt haben.

A. Lizenzen

I. Grundlagen

Bei einem Lizenzvertrag räumt der Lizenzgeber dem Lizenznehmer – je nach Art des Kennzeichens – entweder ein dingliches Lizenzrecht oder ein schuldrechtliches Benutzungsrecht an dem jeweiligen Kennzeichen ein.[670] Gegenstand einer dinglichen Lizenz kann nach der gesetzlichen Regelung in § 30 MarkenG lediglich die Marke sein. Bei einem Unternehmenskennzeichen und dem Namen

670 *Fezer*, in: Fezer, MarkenR, 4. Aufl. 2009, § 14 Rn. 1090.

im Sinne des § 12 BGB kommt daher nur die Einräumung eines schuldrechtlichen Benutzungsrechts in Betracht. Vorteil der dinglichen Lizenz ist, dass ihr aufgrund der gesetzlichen Regelung in § 30 Abs. 2 MarkenG teilweise Außenwirkung gegenüber Dritten zukommt,[671] was bei einer Abgrenzungsvereinbarung gerade nicht der Fall ist. Ein weiterer Vorteil der dinglichen Lizenz im Vergleich zur Abgrenzungsvereinbarung besteht in ihrem Sukzessionsschutz (§ 30 Abs. 5 MarkenG), der unabhängig davon ist, ob eine ausschließliche oder nicht ausschließliche Lizenz vereinbart wurde.[672] Bei der Einräumung eines schuldrechtlichen Benutzungsrechts an einem Kennzeichen greift der Sukzessionsschutz in § 30 Abs. 5 MarkenG nicht ein.[673]

Das dingliche Lizenzrecht des Lizenznehmers bleibt nach § 30 Abs. 5 MarkenG von einem Rechtsübergang des Markenrechts im Sinne des § 27 MarkenG unberührt;[674] d.h. der Lizenzvertrag besteht trotz Rechtsübergangs zwischen dem Lizenznehmer und dem bisherigen Lizenzgeber fort.[675] Nur im Falle der Zustimmung des Lizenznehmers kann der Erwerber in den Lizenzvertrag eintreten.[676]

Ein Lizenzvertrag bei verwechslungsfähigen Kennzeichen kommt nur dann in Betracht, wenn die sich gegenüberstehenden Kennzeichen vollständig identisch sind. Gibt es auch nur eine kleine Abweichung – beispielsweise in der Groß- oder Kleinschreibung – kommt nicht die Einräumung einer Lizenz zur Streitbeilegung in Betracht, sondern nur der Abschluss einer Abgrenzungsvereinbarung.

Aufgrund der Lizenzierung eines Kennzeichens kann es auf ein und demselben Markt zu einem Nebeneinander der Kennzeichen des Lizenzgebers und des Lizenznehmers kommen, was durchaus die Gefahr von Verwechslungen für die angesprochenen Verkehrskreise begründen kann, weshalb hier der Anwendungsbereich des § 5 Abs. 2 UWG eine Rolle spielen könnte. Bei der rechtlichen Beurteilung der Verwechslungsgefahr ist dann gegebenenfalls auch die Art des lizenzierten Kennzeichens von Bedeutung. Geht es um Marken, wird man regelmäßig annehmen können, dass die angesprochenen Verkehrskreise mit der

---

671 *Ingerl/Rohnke*, in: Ingerl/Rohnke, MarkenG, 3. Aufl. 2010, § 30 Rn. 13.

672 *Fezer*, in: Fezer, MarkenR, 4. Aufl. 2009, § 30 Rn. 39.

673 *Fezer*, in: Fezer, MarkenR, 4. Aufl. 2009, § 30 Rn. 39 mit Verweis auf BGHZ 83, 251, 255 ff. – Verankerungsteil und Begründung zum MarkenG, BT-Drucks. 12/6581 v. 14.1.1994, S. 86

674 *Fezer*, in: Fezer, MarkenR, 4. Aufl. 2009, § 30 Rn. 41.

675 *Fezer*, in: Fezer, MarkenR, 4. Aufl. 2009, § 30 Rn. 41.

676 *Fezer*, in: Fezer, MarkenR, 4. Aufl. 2009, § 30 Rn. 41.

Möglichkeit der Lizenzerteilung rechnen, so dass durch die Verwendung derselben Marke durch mehrere Unternehmen nicht zwingend eine Verwechslungsgefahr entsteht.[677] Etwas anderes kann sich allerdings für solche Kennzeichen ergeben, bei denen eine Lizenzierung aufgrund des damit verbundenen Irreführungspotentials bereits nicht ohne weiteres zulässig ist.[678] Beispielsweise können Unternehmenskennzeichen lediglich Gegenstand einer schuldrechtlichen Lizenz im Sinne der Einräumung eines schuldrechtlichen Benutzungsrechts sein. Daneben kann bei höchstpersönlichen Rechten wie dem Namensrecht eine schuldrechtliche Lizenzierung nur in eng begrenzten Ausnahmefällen zulässig sein.[679]

II. Markenlizenzen gemäß § 30 MarkenG

Die Grundsätze für die Erteilung von markenrechtlichen Lizenzen sind gesetzlich in § 30 MarkenG geregelt. Bei einer Markenlizenz nach § 30 MarkenG wird dem Lizenznehmer ein dingliches Nutzungsrecht an der Marke eingeräumt.[680] Die Markenlizenz kann insoweit zeitlich, räumlich, sachlich oder auch in personeller Hinsicht bestimmten Beschränkungen unterliegen.[681]

Vorliegend sind die Konstellationen von Interesse, bei denen die Einräumung einer Markenlizenz zu einem räumlichen Nebeneinander auf dem gleichen Markt führt, was beispielsweise bei Franchise-Systemen der Fall sein kann.[682] Im Falle des Nebeneinanders von vergleichbaren Kennzeichen auf dem gleichen Markt besteht für die Verbraucher stets die Gefahr, dass sie die angebotenen Produkte bzw. Dienstleistungen des Markeninhabers mit denen des Lizenznehmers verwechselt. Tatbestandlich wäre damit der § 5 Abs. 2 UWG erfüllt. Im Umkehrschluss würde dies dazu führen, dass jede markenrechtlich zulässige Lizenz lauterkeitsrechtlich nach § 5 Abs. 2 UWG verboten wäre,[683] was zu einer Diskrepanz zwischen den markenrechtlichen und lauterkeitsrechtlichen Vorschriften führen würde. Zu klären ist daher, inwieweit das Rechtsinstitut der Markenlizenz

---

677 *Bornkamm/Feddersen*, in: Köhler/Bornkamm/Feddersen, UWG, 36. Aufl. 2018, § 5 Rn. 9.14.

678 *Ingerl/Rohnke*, in: Ingerl/Rohnke, MarkenG, 3. Aufl. 2010, Vor §§ 27-31 Rn. 6; *Hacker*, in: Ströbele/Hacker/Thiering, MarkenG, 12. Aufl. 2018, § 30 Rn. 121.

679 BGH GRUR 2002, 703 ff. – *VOSSIUS & PARTNER; Bornkamm*, GRUR 2011, 1, 4 f.

680 *Hacker*, in: Ströbele/Hacker/Thiering, MarkenG, 12. Aufl. 2018, § 30 Rn. 22.

681 *Fezer*, in: Fezer, MarkenR, 4. Aufl. 2009, § 30 Rn. 12 ff.

682 *Wogner*, Die Schnittstellen zwischen Marken- und Wettbewerbsrecht im Lichte der neuen Markenfunktionen, 1. Aufl. 2015, S. 197.

683 *Wogner*, Die Schnittstellen zwischen Marken- und Wettbewerbsrecht im Lichte der neuen Markenfunktionen, 1. Aufl. 2015, S. 197.

vor dem Hintergrund des § 5 Abs. 2 UWG noch Bestand hat bzw. welchen Einschränkungen es gegebenenfalls unterliegt.

Bis zur Umsetzung der UGP-Richtlinie beanspruchten die in der Lignose-Entscheidung des Reichsgerichts[684] entwickelten Grundsätze Geltung. Nach dieser Entscheidung des Reichsgerichts ist die Gestattung über die Benutzung eines Kennzeichens unwirksam, wenn hierdurch eine Täuschung der Allgemeinheit bzw. eine Verkehrsverwirrung bewirkt wird.[685] Voraussetzung für eine solche Täuschung wäre jedoch, dass die angesprochenen Verkehrskreise mit dem bestehenden Kennzeichen eine gewisse Gütevorstellung verbinden.[686] Insoweit kamen hier die Grundsätze über die betriebliche Herkunft zum Tragen, die unter § 5 Abs. 2 UWG nicht mehr fortgeführt werden können.[687] Mithin stellt sich nunmehr die Frage, wie der Konflikt nach der Umsetzung der UGP-Richtlinie aufzulösen ist.

Die eine Meinung vertritt die Ansicht, dass sich bei Marken die Verbraucher bewusst darüber seien, dass eine Lizenzgewährung stattfinden und daher die Marke von mehreren Unternehmen gleichzeitig benutzt werden kann.[688] Etwas anderes gelte bei Unternehmenskennzeichen und Namen. Hier müsste im Rahmen der Interessenabwägung beurteilt werden, ob eine lauterkeitsrechtlich relevante Irreführung vorliege.[689]

Fezer fordert sogar, dass alle privatautonomen Regelungen bezüglich einer Kennzeichenbenutzung nicht die von § 5 Abs. 2 UWG angestrebte Markttransparenz und das Verbot der Irreführung unterlaufen dürfen.[690]

Demgegenüber wird von *Ingerl/Rohnke* die Ansicht vertreten, dass § 5 Abs. 2 UWG auf markenrechtliche Lizenzen nicht anwendbar sei.[691] Dies gelte jedenfalls, soweit es um eine Verwechslung des vom Lizenznehmer benutzten

---

684 RG GRUR 1935, 962 – Lignose.

685 RG GRUR 1935, 962 – Lignose.

686 *Fezer*, in: Fezer, MarkenR, 4. Aufl. 2009, § 30 Rn. 56; *Wogner*, Die Schnittstellen zwischen Marken- und Wettbewerbsrecht im Lichte der neuen Markenfunktionen, 1. Aufl. 2015, S. 197.

687 *Bornkamm*, GRUR 2011, 1, 4.

688 *Bornkamm/Feddersen*, in: Köhler/Bornkamm/Feddersen, UWG, 36. Aufl. 2018, § 5 Rn. 9.14.

689 *Bornkamm/Feddersen*, in: Köhler/Bornkamm/Feddersen, UWG, 36. Aufl. 2018, § 5 Rn. 9.14.

690 *Fezer*, GRUR 2009, 451, 457; *Wogner*, Die Schnittstellen zwischen Marken- und Wettbewerbsrecht im Lichte der neuen Markenfunktionen, 1. Aufl. 2015, 198.

691 *Ingerl/Rohnke*, in: Ingerl/Rohnke, MarkenG, 3. Aufl. 2010, § 30 Rn. 136.

Zeichens mit der Marke des Lizenzgebers geht.[692] Begründet wird dies damit, dass die Vorstellung des Verbrauchers der Wirklichkeit entspricht, soweit der Verkehr das vom Lizenznehmer verwendete Zeichen für die Marke des Lizenzgebers hält.[693] Denn gerade diese Marke ist dem Lizenznehmer mit der Lizenzerteilung zum Gebrauch überlassen worden.[694]

Es ist zwar zutreffend, dass bei einer Verwendung des lizenzierten Kennzeichens durch den Lizenznehmer aufgrund des zwischen den Parteien bestehenden Lizenzvertrages eine Berechtigung zur Benutzung des Kennzeichens besteht und vor diesem Hintergrund eine Verwechslungsgefahr ausscheiden könnte. Allerdings spielt bei § 5 Abs. 2 UWG auch die Sicht der Verbraucher eine entscheidende Rolle, die mit dem Kennzeichen gegebenenfalls spezielle Gütevorstellungen verbinden, die, wenn sie von dem Lizenznehmer nicht erfüllt werden, wiederum zu einer Verwechslungsgefahr führen können; d.h. eine lauterkeitsrechtliche Verwechslungsgefahr ist nicht bereits dadurch tatbestandlich ausgeschlossen, dass das Kennzeichen aufgrund einer Lizenzvereinbarung von zwei unterschiedlichen Unternehmen auf dem gleichen Markt verwendet wird.[695] Auf der anderen Seite kann der Tatbestand des § 5 Abs. 2 UWG aber nicht dazu führen, dass jegliche markenrechtliche Lizenzvereinbarung lauterkeitsrechtlich untersagt werden kann. Hintergrund der Regelung in § 5 Abs. 2 UWG ist – wie bereits mehrfach erläutert – ein umfassender und effektiver Verbraucherschutz. Dieser ist im Hinblick auf die Verwendung von Kennzeichen aus dem Grund besonders essentiell, da die Verbraucher mit Marken regelmäßig besondere Gütevorstellungen verbinden und die Marke damit auch Ausdruck einer bestimmten Qualität oder eines bestimmten Lebensgefühls ist. Gerade vor dem Hintergrund der besonderen Gütevorstellungen der Verbraucher in Verbindung mit der jeweiligen Marke könnte man die in der Lignose-Entscheidung des Reichsgerichts zugrunde gelegten Wertungen im Rahmen der Beurteilung der lauterkeitsrechtlichen Irreführung nach wie vor berücksichtigen. Dies würde dann dazu führen, dass die Erteilung einer Markenlizenz als unwirksam im Sinne von § 5 Abs. 2 UWG anzusehen wäre, wenn und soweit die durch den Lizenznehmer in Verkehr gebrachten Waren und Dienstleistungen nicht den Gütevorstellungen entsprechen, die der Verbraucher mit der lizenzierten Marke

---

692 *Ingerl/Rohnke*, in: Ingerl/Rohnke, MarkenG, 3. Aufl. 2010, § 30 Rn. 136.

693 *Ingerl/Rohnke*, in: Ingerl/Rohnke, MarkenG, 3. Aufl. 2010, § 30 Rn. 136.

694 *Ingerl/Rohnke*, in: Ingerl/Rohnke, MarkenG, 3. Aufl. 2010, § 30 Rn. 136.

695 *Wogner*, Die Schnittstellen zwischen Marken- und Wettbewerbsrecht im Lichte der neuen Markenfunktionen, 1. Aufl. 2015, 198.

berechtigterweise in Verbindung bringt.[696] Eine solche Beurteilung im Rahmen des § 5 Abs. 2 UWG entspricht auch – mit Blick auf die aus der Herkunftsfunktion resultierenden Qualitätsfunktion der Marken – den Wertungen des Markengesetzes, so dass hierdurch eine widerspruchsfreie Lösung erzielt werden kann.[697] Zudem ist dem Verbraucher in der heutigen Situation durchaus bekannt, dass eine Marke nicht nur durch ein Unternehmen vertrieben werden kann, sondern dass auch Lizenzverträge zwischen Unternehmen bezüglich Marken und deren Vertrieb geschlossen werden. Nichtsdestotrotz verbindet der Verbraucher mit den Marken regelmäßige eine bestimmte Güte-/Qualitätsvorstellung, die im Falle des Lizenznehmers dann ebenso zu erfüllen ist, damit keine Irreführung im lauterkeitsrechtlichen Sinne eintritt. Denn bei der Beurteilung nach § 5 Abs. 2 UWG ist auf die berechtigten Vorstellungen der angesprochenen Verkehrskreise abzustellen, die diese mit der lizenzierten Marke in Verbindung bringen. Zudem wird es auch im Interesse des Lizenzgebers sein, dass die von dem Lizenznehmer mit der lizenzierten Marke in Verkehr gebrachten Waren den Güte- und Qualitätsanforderungen entsprechen, die die angesprochenen Verkehrskreise mit der „Originalmarke" des Lizenzgebers in Verbindung bringen. Anderenfalls würde nämlich dann auch das Image der „Originalmarke" des Lizenzgebers leiden.

III. Lizenzen bezüglich Unternehmenskennzeichen

Unternehmenskennzeichen sind wie Marken ebenfalls über das MarkenG geschützt. Allerdings regelt § 30 des MarkenG nur Lizenzen an Marken und nicht an Unternehmenskennzeichen. Der Inhaber eines Unternehmenskennzeichens kann einem Dritten auf schuldrechtlicher Basis gestatten, das Unternehmenskennzeichen als Bezeichnung zu führen (sog. schuldrechtlicher Gestattungs-/Nutzungsvertrag).[698] Demgegenüber ist eine dingliche Lizenz, d.h. die Einräumung eigener Rechte an dem Unternehmenskennzeichen nach herrschender Meinung nicht möglich, da es an einem nach § 23 HGB erforderlichen

696 *Ingerl/Rohnke,* in: Ingerl/Rohnke, MarkenG, 3. Aufl. 2010, § 30 Rn. 133 ff.; *Wogner,* Die Schnittstellen zwischen Marken- und Wettbewerbsrecht im Lichte der neuen Markenfunktionen, 1. Aufl. 2015, 199.

697 *Wogner,* Die Schnittstellen zwischen Marken- und Wettbewerbsrecht im Lichte der neuen Markenfunktionen, 1. Aufl. 2015, 199.

698 BGH GRUR 2002, 967, 970 – Hotel Adlon; BGH GRUR 2002, 703, 704 – VOSSIUS & PARTNER; OLG Düsseldorf GRUR-RR 2008. 80 – Mannesmann; OLG Hamburg GRUR-RR 2005, 381, 385 – abebooks; OLG Düsseldorf GRUR-RR 2001, 49, 52 – combit/ComIT; *Ingerl/Rohnke,* in: Ingerl/Rohnke, 3. Aufl. 2010, Vorb. Zu §§ 27-31 Rn. 9.

Betriebsübergang fehlt.[699] Eine wichtige Einschränkung erfährt selbst die Möglichkeit der schuldrechtlichen Nutzungseinräumung aber dann, wenn sich das jeweilige Unternehmenskennzeichen vom bürgerlichen Namen einer natürlichen Person ableitet.[700] Zwar ist in einem solchen Fall auch ein schuldrechtlicher Nutzungsvertrag möglich, dies aber nur solange, wie keine Abrede getroffen wird, die ausschließt, dass der bisherige Rechtsinhaber weiterhin unter seinem Namen aktiv bleibt.[701] Denn es darf keinem verwehrt sein, unter seinem bürgerlichen Namen ein Unternehmen zu betreiben.

Mit der Benutzung eines fremden Namens oder Kennzeichens – beispielsweise Unternehmenskennzeichens – sind im Allgemeinen Verwechslungen verbunden, die im Falle einer unbefugten Benutzung aufgrund der damit verbundenen Zuordnungsverwirrung zu kennzeichen- oder lauterkeitsrechtlichen Ansprüchen führen können.[702] Gestattet der Namensträger einem Dritten den Gebrauch des fraglichen Namens oder Kennzeichens oder erteilt er eine Lizenz, sei die damit stets verbundene Verunsicherung über die Zuordnung des Namens oder Kennzeichens zu einer bestimmten Person oder einem bestimmten Geschäftsbetrieb demgegenüber als Folge der Gestattung oder Lizenzierung hinzunehmen, es sei denn, das Allgemeininteresse sei durch täuschende Angaben über geschäftliche Verhältnisse verletzt.[703] Eine Verletzung des Allgemeininteresses durch täuschende Angaben über geschäftliche Verhältnisse soll laut Bundesgerichtshof allerdings erst dann vorliegen, wenn und soweit die angesprochenen Verkehrskreise mit dem jeweiligen Kennzeichen besondere Gütevorstellungen verbinden.[704]

IV. Lizenzen bezüglich Namen

Der bürgerliche Name ist aufgrund seiner höchstpersönlichen Natur unveräußerlich und unübertragbar.[705] Schutzintension des in § 12 BGB geregelten

---

699 BGH GRUR 2004 790, 792 – Gegenabmahnung; OLG München GRUR-RR 2007, 211, 213 – Kloster Andechs; *Ingerl/Rohnke,* in: Ingerl/Rohnke, 3. Aufl. 2010, Vorb. Zu §§ 27-31 Rn. 9.

700 *Säcker,* in: MüKo-BGB, 7. Aufl. 2015, § 12 Rn. 81.

701 *Säcker,* in: MüKo-BGB, 7. Aufl. 2015, § 12 Rn. 81.

702 BGH GRUR 2002, 703, 705 – VOSSIUS & PARTNER.

703 BGH GRUR 2002, 703, 705 – VOSSIUS & PARTNER; BG, GRUR 1966, 267, 270 – White Horse; BGH GRUR 1970, 528, 531- Migrol; BGH GRUR 1990, 68, 69 – VOGUE-Ski.

704 BGH GRUR 2002, 703, 705 – VOSSIUS & PARTNER.

705 BGH GRUR 1960, 490 ff. – Vogeler; BGH NJW 1953, 577 ff. – Pazifist; *Säcker,* in: MüKo-BGB, 7. Aufl. 2015, § 12 Rn. 76.

Namensrechts ist nicht nur der personale Zuordnungsgehalt, sondern auch das Abwehren von Zuordnungsverwirrungen im Verkehr.[706] Der Namensträger kann es aber Dritten gestatten, seinen bürgerlichen Namen beispielsweise zu Werbezwecken zu nutzen.[707] Dies resultiert daraus, dass dem Namensrecht neben einer immateriellen Seite in der heutigen Zeit auch eine kommerzielle Seite beigemessen wird.[708] Die Gestattung der Nutzung des Namens durch einen Dritten stellt eine schuldrechtliche Nutzungserlaubnis dar; die Erteilung einer dinglichen Lizenz ist aufgrund der Unübertragbarkeit des Namensrechts nicht möglich.[709]

Neben dem bürgerlichen Namen (sog. Zwangsname), den man mit der Geburt erwirbt, gibt es auch noch die Kategorien des Wahlnamens (Pseudonyme/Künstlernamen). Hierzu lässt sich festhalten, dass je weniger der betreffende Name oder das fragliche Kennzeichen durch ein personales Substrat geprägt ist, desto eher kann das Recht an Dritte lizenziert werden.[710] Dies bedeutet, dass beim Wahlnamen – im Gegensatz zum bürgerlichen Namen – weitaus großzügiger zu verfahren ist, da der Wahlname jederzeit ablegbar ist und ihm daher keine originäre Ordnungsfunktion zukommt.[711]

V. Lizenzen bezüglich geografischer Herkunftsangaben

Eine Lizenzierung von geografischen Herkunftsangaben scheidet grundsätzlich aus. Denn geografische Herkunftsangaben dürfen nur für solche Produkte verwendet werden, die auch tatsächlich aus der genannten Region stammen und daher an Gebietsfremde nicht abgegeben werden dürfen.[712] Eine Lizenzierung oder Gestattung der Verwendung der geografischen Herkunftsangabe durch einen Dritten wäre jedenfalls wegen des Verstoßes gegen § 127 Abs. 1 MarkenG nichtig.[713]

---

706 *Säcker,* in: MüKo-BGB, 7. Aufl. 2015, § 12 Rn. 76; *Bamberger,* in: Bamberger/Roth/Hau/Poseck, BeckOK-BGB, 50. Edition, Stand: 1.5.2019, § 12 Rn. 61 ff.

707 *Säcker,* in: MüKo-BGB, 7. Aufl. 2015, § 12 Rn. 77; *Bamberger,* in: Bamberger/Roth/Hau/Poseck, BeckOK-BGB, 50. Edition, Stand: 1.5.2019, § 12 Rn. 61 ff.

708 *Säcker,* in: MüKo-BGB, 7. Aufl. 2015, § 12 Rn. 77.

709 *Säcker,* in: MüKo-BGB, 7. Aufl. 2015, § 12 Rn. 77.

710 *Säcker,* in: MüKo-BGB, 7. Aufl. 2015, § 12 Rn. 81.

711 *Säcker,* in: MüKo-BGB, 7. Aufl. 2015, § 12 Rn. 81; *Koos,* GRUR 2004, 808, 810.

712 BGH GRUR 2007, 884 ff. – Cambridge Institute; *Bornkamm/Feddersen,* in: Köhler/Bornkamm/Feddersen, UWG, 36. Aufl. 2018, § 5 Rn. 0.110.

713 *Bornkamm/Feddersen,* in: Köhler/Bornkamm/Feddersen, UWG, 36. Aufl. 2018, § 5 Rn. 0.110.

VI. Schlussfolgerung

In den oben genannten Fällen, in denen eine Lizenzierung und/oder Gestattung/ Nutzungseinräumung grundsätzlich möglich und zulässig ist, führt dies praktisch gesehen dazu, dass die Vertragsparteien dafür Vorsorge treffen müssen, dass die Produkte des Nutzers mit den Produkten des Rechtsinhabers in den wertbildenden Produkteigenschaften – ausgehend von den Vorstellungen des Publikums – übereinstimmen. In besonderen Fällen kann dies dazu führen, dass eine eigene Produktkontrolle erforderlich ist oder aber auf das Bestehen eines Lizenz- oder Gestattungs-/Nutzungsverhältnisses in geeigneter Art und Weise hingewiesen werden muss.[714] Im Hinblick auf das Recht der Gleichnamigen ist hier noch anzumerken, dass eine Lizenzerteilung nur in solchen Fällen in Betracht kommt, in denen die sich gegenüberstehenden Zeichen vollständig – d.h. auch in der Groß- und Kleinschreibung – übereinstimmen; anderenfalls kommt nur eine Abgrenzungsvereinbarung in Betracht.

Rein prozessual gesehen wird die Lizenz- oder Gestattungsvereinbarung zwischen dem Kennzeicheninhaber und dem Dritten als Einrede gegen den Anspruch aus § 5 Abs. 2 UWG zu qualifizieren sein.[715]

B. Markenrechtliche Abgrenzungsvereinbarungen

I. Rechtsumfang

Neben der Erteilung von (dinglichen) Lizenzen oder dem Abschluss einer schuldrechtlichen Nutzungsvereinbarung sind die Abgrenzungsvereinbarungen ein wichtiges Instrument zur einvernehmlichen Regelung divergierender Interessen zweier Kennzeicheninhaber. Bei der Abgrenzungsvereinbarung handelt es sich um eine schuldrechtliche Absprache zwischen einem prioritätsälteren Kennzeicheninhaber und einem prioritätsjüngerem Kennzeicheninhaber, bei dem der prioritätsältere Kennzeicheninhaber dem prioritätsjüngerem die Eintragung eines Kennzeichens gestattet, obwohl dieses Kennzeichen mit dem prioritätsälteren Kennzeichen identisch oder verwechselbar ähnlich ist.[716] In den Abgrenzungsvereinbarungen werden daher die Schutzbereiche ähnlicher Kennzeichen gegeneinander abgegrenzt, um für die Zukunft Kennzeichenkollisionen

---

714 *Fezer*, in: Fezer, MarkenR, 4. Aufl. 2009, § 30 Rn. 56.

715 *Wogner*, Die Schnittstellen zwischen Marken- und Wettbewerbsrecht im Lichte der neuen Markenfunktionen, 1. Aufl. 2015, S. 199.

716 *Bökel*, GRUR 1972, 28; *Ingerl/Rohnke*, in: Ingerl/Rohnke, MarkenG, 3. Aufl. 2010, § 30 Rn. 137.

weitestgehend zu vermeiden.[717] Daraus folgt, dass die Abgrenzungsvereinbarung nur eine Wirkung inter partes bezwecken kann und nicht an der Vereinbarung unbeteiligte Dritte bindet.[718] Gegenstand der Abgrenzungsvereinbarung ist damit die rechtsgeschäftliche Regelung der Benutzung von kollidierenden Kennzeichenrechten oder Kennzeichenanwartschaften zwischen voneinander unabhängigen Kennzeicheninhabern oder Kennzeichenanmeldern.[719] Die Besonderheit der Abgrenzungsvereinbarung besteht darin, dass kein Nutzungsrecht an dem jeweiligen Kennzeichen gewährt wird,[720] sondern auf ein Abwehrrecht verzichtet wird.

Aufgrund der durch die Abgrenzungsvereinbarung bezweckten Abgrenzung der Schutzbereiche der kollidierenden Kennzeichen gegeneinander sind typische Vertragsinhalte Regelungen über die Art und Weise der Benutzung der kollidierenden Kennzeichen, eine Abgrenzung bzw. Beschränkung der Waren und Dienstleistungen im Register sowie Regelungen über die Geltendmachung und den Verzicht von markenrechtlichen Ansprüchen.[721]

Im Gegensatz zu der Lizenz ist die Abgrenzungsvereinbarung nicht von der Vorschrift des § 30 MarkenG erfasst,[722] so dass auch der Sukzessionsschutz des § 30 Abs. 5 MarkenG nicht greift.

Da die Abgrenzungsvereinbarung regelmäßig dem Zweck dient, Markenkollisionen einvernehmlich beizulegen, dürfte regelmäßig bei diesen Konfliktfällen auch der Anwendungsbereich des § 5 Abs. 2 UWG eröffnet sein. Insoweit stellt sich damit auch hier die Frage, in welchem Verhältnis die Abgrenzungsvereinbarung zu dem Tatbestand des § 5 Abs. 2 UWG steht.

Bornkamm vertritt insoweit die Ansicht, dass durch den Abschluss einer Abgrenzungsvereinbarung legitime Zwecke verfolgt werden, die nicht gegen den Tatbestand des § 5 Abs. 2 UWG verstoßen[723] und damit ähnlich wie

---

717 *Fezer,* in: Fezer, MarkenR, 4. Aufl. 2009, § 14 Rn. 1088.

718 *Ingerl/Rohnke,* in: Ingerl/Rohnke, MarkenG, 3. Aufl. 2010, § 30 Rn. 137; OLG Stuttgart WRP 1992, 57 – OUT OF COURT.

719 *Fezer,* in: Fezer, MarkenR, 4. Aufl. 2009, § 14 Rn. 1088.

720 *Wogner,* Die Schnittstellen zwischen Marken- und Wettbewerbsrecht im Lichte der neuen Markenfunktionen, 1. Aufl. 2015, S. 201; *Fezer,* in: Fezer, MarkenR, 4. Aufl. 2009, § 14 Rn. 1089.

721 *Fezer,* in: Fezer, MarkenR, 4. Aufl. 2009, § 14 Rn. 1091.

722 *Ingerl/Rohnke,* in: Ingerl/Rohnke, MarkenG, 3. Aufl. 2010, § 30 Rn. 137; *Fezer,* in: Fezer, MarkenR, 4. Aufl. 2009, § 14 Rn. 1090.

723 *Bornkamm/Feddersen,* in: Köhler/Bornkamm/Feddersen, UWG, 36. Aufl. 2018, § 5 Rn. 9.15; *Bornkamm,* GRUR 2011, 1, 5.

Markenlizenzen als Einrede gegenüber dem Tatbestand des § 5 Abs. 2 UWG einzustufen sind.

Fezer hingegen betont auch in diesem Zusammenhang den verbraucherrechtlichen Maßstab des § 5 Abs. 2 UWG, an dem sich solche Vereinbarungen zu messen haben.[724]

Wie bereits zuvor ausgeführt, bestehen zwischen Lizenzen und Abgrenzungsvereinbarungen erhebliche Unterschiede, so dass eine parallele Beurteilung beider Konstruktionen ausscheidet. Bei der Lizenz handelt es sich um die Einräumung von Rechten an einem Kennzeichen, wohingegen es sich bei der Abgrenzungsvereinbarung nicht um eine Gebrauchsüberlassung an einem Kennzeichen, sondern um die Abgrenzung zweier Kennzeichen voneinander handelt. Aufgrund dessen entfaltet die Abgrenzungsvereinbarung auch nur eine Wirkung inter partes (d.h. zwischen den Vertragsparteien) und nicht inter omnes (d.h. gegenüber Dritten, die nicht Vertragspartei sind). Diese Wirkung wird insbesondere dann relevant, wenn es sich um Rechtsstreitigkeiten zwischen einer Vertragspartei und einem Dritten handelt, der gerade nicht Partei des Lizenzvertrages oder der Abgrenzungsvereinbarung ist. Denn im Falle des Vorliegens einer Lizenzvereinbarung im Sinne des § 30 MarkenG müsste sich der Dritte gegebenenfalls Rechte aus dem Lizenzvertrag entgegenhalten lassen. So z.B. wenn der Lizenznehmer eine Lizenzvertragsverletzung begeht, die gleichfalls eine Markenrechtsverletzung darstellt und gegen die der Lizenzgeber nicht nur gegen den Lizenznehmer, sondern auch gegenüber jedem dritten Abnehmer im Vertrieb des lizenzwiedrigen Produktes vorgehen kann.[725] Dementsprechend ist die Ansicht *Bornkamms*, die einen Gleichlauf zwischen Markenlizenz und Abgrenzungsvereinbarung im Rahmen des Anwendungsbereiches des § 5 Abs. 2 UWG befürwortet, abzulehnen. Zwar dient die Abgrenzungsvereinbarung – ebenso wie die Lizenz – einem legitimen Zweck. Der Unterschied besteht aber darin, dass die Abgrenzungsvereinbarung gerade nicht gesetzlich geregelt ist und hierdurch gegebenenfalls der Grundgedanke des § 5 Abs. 2 UWG – nämlich der Verbraucherschutz – unterlaufen werden würde.[726] Auch der unterschiedliche Wirkungsbereich der Lizenz und der Abgrenzungsvereinbarung sprechen dagegen, beide Konstellationen gleichlaufend zu beurteilen. Denn gerade aufgrund der Tatsache, dass die Lizenz – im Gegensatz zur

---

724 *Fezer*, GRUR 2009, 451, 457.

725 *Fezer*, in: Fezer, MarkenR, 4. Aufl. 2009, § 30 Rn. 8.

726 *Wogner*, Die Schnittstellen zwischen Marken- und Wettbewerbsrecht im Lichte der neuen Markenfunktionen, 1. Aufl. 2015, S. 202.

Abgrenzungsvereinbarung – basierend auf der gesetzlichen Ausgestaltung in § 30 MarkenG auch Wirkung gegenüber Dritten, die nicht Vertragspartei sind, entfaltet, zeigt auf, dass beide Konstellationen unterschiedliche Reichweiten haben und damit auch unterschiedlich zu beurteilen sind. Dies führt allerdings nicht per se zu dem Rückschluss, dass jede Abgrenzungsvereinbarung gegen § 5 Abs. 2 UWG verstößt. Denn grundsätzlich ist auch insoweit zur berücksichtigen, dass Abgrenzungsvereinbarungen rechtlich zulässig sind und im Markenrecht eine durchaus praktische Relevanz im Hinblick auf eine außergerichtliche Streitbeilegung darstellen und damit auch einer Förderung des freien Warenverkehrs dienen. Zudem ist im Rahmen des § 5 Abs. 2 UWG die maßgebende Fragestellung, ob ein bestimmtes Verhalten im geschäftlichen Verkehr eine konkrete Verwechslungsgefahr in Bezug auf Kennzeichen oder in Bezug auf mit diesem Kennzeichen markierten Waren oder Dienstleistungen begründet. Regelt die Abgrenzungsvereinbarung also beispielsweise, dass die kollidierenden Kennzeichen nicht auf demselben Markt verwendet werden dürfen, scheidet bereits aus diesem Grund eine Verwechslungsgefahr im Sinne von § 5 Abs. 2 UWG aus. In allen anderen Fällen ist dann im Rahmen der Beurteilung der Verwechslungsgefahr und der anschließenden Interessenabwägung zu prüfen, inwieweit durch die Abgrenzungsvereinbarung der Tatbestand des § 5 Abs. 2 UWG wegen des Fehlens einer konkreten Verwechslungsgefahr ausgeschlossen ist. Dabei ist diesbezüglich jeweils auf die Umstände des Einzelfalls abzustellen.

II. Schlussfolgerung

In der Praxis wird daher zukünftig wichtig sein, dass die zwischen den Parteien abgeschlossene Abgrenzungsvereinbarung auch den Anforderungen des § 5 Abs. 2 UWG entspricht, d.h. eine Verwechslungsgefahr in Bezug auf Kennzeichen oder in Bezug auf mit diesem Kennzeichen markierten Waren oder Dienstleistungen ausschließt. Dementsprechend wird es mehr denn je essentiell sein, in eine Abgrenzungsvereinbarung auch die konkrete Nutzung der Kennzeichen im geschäftlichen Verkehr so detailliert wie möglich festzuhalten.

Kapitel 5: Die einzelnen Kollisionskonstellationen

Im Folgenden soll nun anhand einzelner Kollisionskonstellationen das Spannungsverhältnis zwischen Markenrecht und Lauterkeitsrecht aufgezeigt und der Schutz verwechslungsfähiger Kennzeichen im Detail dargestellt werden. Hierbei ist ein besonderes Augenmerk auf das aus dem Kennzeichenrecht stammende Recht der Gleichnamigen und dessen Entwicklung in den vergangenen Jahren zu richten.

A. Grundsatz betreffend die Kollision von Kennzeichenrechten

Kollidieren zwei Kennzeichenrechte im geschäftlichen Verkehr miteinander, so ist im Rahmen der rechtlichen Beurteilung die Kollisionssituation nach einem geeigneten Gerechtigkeitsprinzip[727] aufzulösen. Das gesamte Kennzeichenrecht wird daher vom Prioritätsgrundsatz als vorherrschendem Gerechtigkeitsprinzip geprägt.[728] Demnach konstatiert im Falle einer Kollisionssituation der Zeitrang grundsätzlich den Vorrang des prioritätsälteren Kennzeichenrechts vor dem prioritätsjüngerem, § 6 Abs. 1 MarkenG. Dennoch existieren Fälle, in denen trotz einer zeichenrechtlichen Kollision eine Koexistenzlage zwischen den verschiedenen Kennzeichenrechten entsteht. Die so entstehende Koexistenzlage hätte dann zur Folge, dass aus den Schutzrechten wechselseitig keine Löschungs- und Verletzungsansprüche geltend gemacht werden können.[729] Ein klassischer und gesetzlich normierter Fall ist die Koexistenz von Kennzeichenrechten aufgrund gleichen Zeitrangs (§ 6 Abs. 4 MarkenG). Daneben existieren aber noch eine Reihe anderer Konstellationen, die eine Koexistenzlage zwischen den Kennzeichenrechten bewirken. Diese Koexistenzsituationen stellen eine Ausnahme vom Prioritätsgrundsatz dar, da in diesen Fällen aufgrund besonderer Umstände eine andere Betrachtungsweise geboten ist.[730] Derartige besondere Umstände

---

727 BGHZ 148, 1 (10) – Mitwohnzentrale.de; BGHZ 149, 192 (200) – shell.de.

728 *Lange*, Marken- und Kennzeichenrecht, 2. Aufl. 2012, Rn. 1778; *Fezer*, in: Fezer, MarkenR, 4. Aufl. 2009, § 6 Rn. 1; *Hacker*, in: Ströbele/Hacker/Thiering, MarkenG, 12. Aufl. 2018, § 6 Rn. 1; *Ingerl/Rohnke*, in: Ingerl/Rohnke, MarkenG, 3. Aufl. 2010, § 6 Rn. 1.

729 BGHZ 150, 82 (91) = MarkenR 2002, 323 – Hotel Adlon.

730 *Lange*, Marken- und Kennzeichenrecht, 2. Aufl. 2012, Rn. 1780.

für das Entstehen von Koexistenzsituationen zwischen verschiedenen Kennzeichenrechten können zum einen aus der Verwirkung von Ansprüchen resultieren (§ 21 Abs. 3 MarkenG) oder aufgrund der Entstehung von Zwischenrechten im Sinne von § 22 MarkenG. Bei der Verwirkung wird der prioritätsältere Kennzeicheninhaber an der Geltendmachung seines kennzeichenrechtlichen Anspruchs gehindert, so dass er sich so behandeln lassen muss, als habe er auf den Anspruch verzichtet.[731] Dadurch entsteht eine Koexistenz zwischen dem prioritätsälteren und dem prioritätsjüngeren Kennzeichen.[732] Bei der Entstehung von Zwischenrechten ist Rechtsfolge der Bestandskraft einer prioritätsjüngeren eingetragenen Marke, dass der Inhaber des prioritätsälteren Kennzeichens nicht das Recht hat, die Benutzung des prioritätsjüngeren Kennzeichens zu untersagen.[733] Dementsprechend stehen dem Inhaber eines prioritätsälteren Kennzeichens gegenüber dem Inhaber des prioritätsjüngeren Kennzeichens keine Ansprüche aus einer Kennzeichenrechtsverletzung zu.[734] Allerdings stehen dem Inhaber des prioritätsjüngeren Kennzeichens auch keine Rechte zu, dem prioritätsälteren Kennzeicheninhaber die Benutzung seines Kennzeichens zu untersagen, so dass ebenfalls eine Koexistenzlage entsteht.[735]

Zudem kann eine Koexistenzlage auf dem Umstand beruhen, dass der Kennzeicheninhaber einem Dritten die Zeichenbenutzung gestattet[736] oder duldet[737], ein älteres regional beschränktes Kennzeichen mit einem jüngeren Zeichen, das den Schutz für das gesamte Bundesgebiet beansprucht, kollidiert[738] oder es kommt zur Vereinigung verschiedener Staaten.[739] Ferner können auch besondere Wertungen des Rechts der Gleichnamigen eine Durchbrechung des Prioritätsgrundsatzes gebieten.[740] Die so entstehenden Koexistenzsituationen resultieren

731 *Fezer*, in: Fezer, MarkenR, 4. Aufl. 2009, § 21 Rn. 48; *Thiering*, in: Ströbele/Hacker/Thiering, MarkenG, 12. Aufl. 2018, § 21 Rn. 41.
732 *Fezer*, in: Fezer, MarkenR, 4. Aufl. 2009, § 21 Rn. 48; *Thiering*, in: Ströbele/Hacker/Thiering, MarkenG, 12. Aufl. 2018, § 21 Rn. 41.
733 *Fezer*, in: Fezer, MarkenR, 4. Aufl. 2009, § 22 Rn. 2; *Thiering*, in: Ströbele/Hacker/Thiering, MarkenG, 12. Aufl. 2018, § 22 Rn. 12.
734 *Fezer*, in: Fezer, MarkenR, 4. Aufl. 2009, § 22 Rn. 2; *Thiering*, in: Ströbele/Hacker/Thiering, MarkenG, 12. Aufl. 2018, § 22 Rn. 12.
735 *Fezer*, in: Fezer, MarkenR, 4. Aufl. 2009, § 22 Rn. 2; *Thiering*, in: Ströbele/Hacker/Thiering, MarkenG, 12. Aufl. 2018, § 22 Rn. 12.
736 BGH GRUR 1991, 780 (781) – TRANSATLANTISCHE.
737 BGHZ 167, 322 Rn. 24 = MarkenR 2006, 402 – Malteserkreuz.
738 BGH MarkenR 2005, 140 (142) – soco.de.
739 BGH MarkenR 2003, 461 (463) – Kellogg´s/Kelly´s.
740 *Lange*, Marken- und Kennzeichenrecht, 2. Aufl. 2012, Rn. 1781.

gerade nicht aus dem spezifischen kennzeichenrechtlichen Charakter der kollidierenden Kennzeichen, sondern beruhen vielmehr zum Teil auf dem allgemeinen zivilrechtlichen Grundsatz von Treu und Glauben.

B. Kollision von Marke und Marke

Die Kollision von Marke und Marke soll anhand eines Beispielsfalls aus dem UWG-Kommentar von Köhler/Bornkamm/Feddersen[741], der in Einzelheiten noch ergänzt wird, dargestellt werden:

> *„A ist Inhaber einer Marke, die er mit Priorität 15. Januar 2006 für ein in der Entwicklung befindliches Produkt hat eintragen lassen. Als er das mit der Marke versehene Produkt Anfang 2010 auf den Markt bringt, wird er vom Mitbewerber B abgemahnt, der sein mit einer ähnlichen Marke (Priorität: 15. Januar 2008) versehenes Konkurrenzprodukt schon ein Jahr früher auf den Markt gebracht hat."*

Prägender Bestandteil der Marke des A und der Marke des B ist deren bürgerliche Name, wobei die Marken nicht vollständig identisch, sondern nur ähnlich sind.

I. Kennzeichenrechtliche Kollision

Zwischen den Kennzeichen von A und B besteht eine hohe Ähnlichkeit und zwischen den sich gegenüberstehenden Waren besteht Identität, so dass dem Grunde nach eine Verwechslungsgefahr nach § 14 Abs. 2 Nr. 2 MarkenG vorliegt.

1. Anwendbarkeit des Rechts der Gleichnamigen?

Im Folgenden stellt sich sodann die Frage nach der Anwendbarkeit des Rechts der Gleichnamigen. Dies deshalb, weil als einzuwendende Rechtsposition im Tatbestand des § 23 Abs. 1 Nr. 1 MarkenG n.F. nicht die Marke als solches, sondern nur der „bürgerliche Name" aufgeführt ist. Da das Recht der Gleichnamigen seinen Ursprung darin hat, dass nach der früheren Rechtslage ein Kaufmann gezwungen war, seinen bürgerlichen Namen im Rahmen seiner unternehmerischen Tätigkeit zu verwenden, stellt sich die Frage, ob diese Grundsätze auch bei der Kollision von Marke und Marke zur Anwendung kommen. Denn Marken ist eine solche Zwangslage im Allgemeinen fremd.[742] In den meisten Fällen wird

---

741 *Bornkamm/Feddersen*, in: Köhler/Bornkamm/Feddersen, UWG, 36. Aufl. 2018, § 5 Rn. 9.11.

742 *Kurbel*, Neue Entwicklungen im Recht der Gleichnamigen, 2016, S. 139.

daher aufgrund der fehlenden Vergleichbarkeit der Interessen eine Anwendbarkeit des Rechts der Gleichnamigen im Rahmen des § 23 Abs. 1 Nr. 1 MarkenG n.F. ausscheiden. Etwas anderes könnte nur dann in Betracht kommen, wenn der bürgerliche Name als Marke verwendet wird und hierin ein gewisser Zwang zur Verwendung des Namens als Marke gesehen werden kann.[743]

a) Begrenzung auf namensmäßige Verwendung?

Im Rahmen des § 23 Abs. 1 Nr. 1 MarkenG n.F., der als Rechtsgrundlage für die Anwendung der Grundsätze des Rechts der Gleichnamigen angesehen wird, stellt sich die Frage, ob eine Freistellung der Benutzung des strittigen Kennzeichens als Marke noch durch den Regelungszweck der Vorschrift gedeckt ist.[744] § 23 Abs. 1 Nr. 1 MarkenG n.F. sieht als Regelungszweck vor, dass der lautere Gebrauch eines eigenen Namens im geschäftlichen Verkehr dem Benutzenden nicht per se untersagt werden kann. Dieser durch § 23 Abs. 1 Nr. 1 MarkenG n.F. gestattete lautere Gebrauch des eigenen Namens erfordert es aber nicht, die Rechte des Markeninhabers über den zugelassenen namens- und firmenmäßigen Gebrauch hinaus durch eine markenmäßige Verwendung weiter zu beeinträchtigen.[745] Auch der Bundesgerichtshof argumentierte in seiner „Merck"-Entscheidung vom 11.5.1966,[746] dass – anders beim stärker persönlichkeitsrechtsorientierten Firmenrecht – keine Notwendigkeit bestehe, auch die Herkunft einer Ware durch den Namen zu kennzeichnen.[747] Dies stellte eine Abkehr von der bis dahin geltenden Rechtsprechung des Bundesgerichtshofes in der „Wyeth"-Entscheidung[748] dar, wonach zu den Rechten des redlichen Namensträgers noch das Recht auf Kennzeichnung seiner Waren mit seinem Namen zählte.[749] In der „Caren Pfleger"-Entscheidung des Bundesgerichtshofes vom 28.2.1991[750] wurde der Grundsatz in der „Merck"-Entscheidung bestätigt, aber um eine Ausnahme ergänzt. Danach ist eine markenmäßige Verwendung des Namens ausnahmsweise unter den Grundsätzen des Rechts der Gleichnamigen zu erfassen, wenn und soweit der Namensträger eine besondere persönliche schöpferische Leistung mit einem engen Bezug zu der Ware verbindet und die

---

743 *Kurbel*, Neue Entwicklungen im Recht der Gleichnamigen, 2016, S. 139.
744 *Keller*, GRUR 1996, 607, 611.
745 *Keller*, GRUR 1996, 607, 611.
746 BGH GRUR 1966, 499 ff. – Merck.
747 BGH GRUR 1966, 499, 501 – Merck.
748 BGH GRUR 1958, 185 ff. – Wyeth.
749 BGH GRUR 1958, 185, 187 – Wyeth.
750 BGH GRUR 1991, 475 ff. – Caren Pfleger.

angesprochenen Verkehrskreise den Namensträger ohnehin schon mit der Ware verbinden.[751] In diesem Fall könne es dem Namensträger nicht versagt werden, seinen Namen auch zur Kennzeichnung seiner Produkte zur verwenden.[752]

Angesichts der zunehmenden Bedeutung von Marken und des damit verbundenen Unternehmenswertes und dem Interesse eines Firmeninhabers den Firmennamen auch markenmäßig zu verwenden und zu schützen, stellt sich die Frage, ob eine solch strikte Entscheidung über den Anwendungsbereich des Rechts der Gleichnamigen erforderlich und zeitgemäß ist.[753]

Zudem erscheint bereits aus Gründen der Praktikabilität in Bezug auf die Anwendung der Grundsätze des Rechts der Gleichnamigen eine Differenzierung zwischen firmenmäßigen und markenmäßigen Gebrauch von Kennzeichen als durchaus problematisch vor allem, weil die Rechtsprechung eine weitgehende Gleichsetzung zwischen firmenmäßigen und markenmäßigen Gebrauch vollzogen hat.[754] Besonders problematisch wird eine Differenzierung dann, wenn der Firmenname und die Warenkennzeichnung unmittelbar nebeneinander und in nahezu gleicher Hervorhebung verwendet werden.[755] Eine Differenzierung zwischen firmenmäßigen und markenmäßigen Gebrauch erscheint in solchen Situationen als schlichtweg gekünstelt.[756] Hierzu merkt *Scholz* in seiner Kritik an der Rechtsprechung des Bundesgerichtshofes zur Anwendbarkeit des Rechts der Gleichnamigen in derartigen Konstellationen überdies an, dass sich die differenzierende Anwendung der Grundsätze des Rechts der Gleichnamigen bei herausragenden schöpferischen Leistungen und nicht bei anderen, beispielsweise technischen Innovationen oder Marketingleistungen, dogmatisch nicht begründen lasse.[757] Jedenfalls dann, wenn sich ein Namenskennzeichen für ein schöpferisches Erzeugnis im Verkehrs in der Art und Weise durchgesetzt habe, dass die angesprochenen Verkehrskreise die Ware ohnehin mit dem Firmennamen des herstellenden oder vertreibenden Unternehmens identifiziere, lasse sich eine unterschiedliche Behandlung rechtlich nicht begründen.[758]

---

751 BGH GRUR 1991, 475 – Caren Pfleger.

752 BGH GRUR 1991, 475 – Caren Pfleger.

753 So auch *Kurbel,* Neue Entwicklungen im Recht der Gleichnamigen, 2016, S. 141.

754 BGH GRUR 1983, 764, 766 – Haller II; BGH GRUR 1984, 354, 356 – Tina-Spezialversand II; *Scholz,* GRUR 1996, 679, 686.

755 *Scholz,* GRUR 1996, 679, 686.

756 *Scholz,* GRUR 1996, 679, 686.

757 *Scholz,* GRUR 1996, 679, 686 f.

758 *Scholz,* GRUR 1996, 679, 686, 687.

Es ist daher fraglich, ob man – wie es der Bundesgerichtshof macht – tatsächlich darauf abstellen kann, dass für die Eintragung eines Namenszeichens oder dessen Benutzung ein Bedürfnis in weit geringerem Maße bestehe als bei der Führung des Namens als Unternehmenskennzeichen.[759] Denn nicht nur Modeschöpfer praktizieren es, ihre Produkte mit dem eigenen Namen zu kennzeichnen, sondern auch in anderen Unternehmensbranchen werden die Waren mit dem Unternehmensnamen versehen und auch der Verkehr identifiziert diese Waren mit dem jeweiligen Unternehmen.[760] Letztendlich ist es so, dass die Formulierung des Bundesgerichtshofes in Bezug auf das *„dringende Bedürfnis, das … eine Einschränkung der Rechte Dritter nach den Grundsätzen des Rechts der Gleichnamigen rechtfertigen könnte"*[761] abstrakt gesehen der Güter- und Interessenabwägung entstammt und dort auch entsprechend zu verorten ist.[762] Es ist vielmehr bei der Frage nach der Anwendung der Grundsätze des Rechts der Gleichnamigen darauf abzustellen, ob die angesprochenen Verkehrskreise aufgrund der besonderen Leistung des Namensträgers die Ware/Dienstleistung ohnehin mit dem Namen des Unternehmens identifizieren[763] und das Namensrecht somit als Ausdruck eines persönlichkeitsbezogenen individuellen Entfaltungsrechts genutzt wird und der Namensträger folglich dem Publikum gegenüber mit seinem Namen für seine Produkte geradestehen will.[764] Denn letztendlich bestimmen die angesprochenen Verkehrskreise, wie der Name und das jeweilige Produkt miteinander verbunden werden.[765] Die angesprochenen Verkehrskreise können beispielsweise gerade in der Kennzeichnung einer Ware mit dem Namen des Unternehmers eine Angabe über die Produkteigenschaften verbinden, die anhand der persönlichen Eigenschaften und Fähigkeiten des Namensträgers geschaffen werden konnten, so dass es dem Verkehr gerade auf diesen persönlichkeitsbildenden Effekt ankommt.[766] In den letzten Jahren haben Namensmarken überdies zugenommen, die nicht mit den technischen Eigenschaften der

759 BGH GRUR 1991, 475, 478 – Caren Pfleger; *Scholz,* GRUR 1996, 679, 687.
760 *Scholz,* GRUR 1996, 679, 687.
761 BGH GRUR 1991, 475, 478 – Caren Pfleger.
762 *Scholz,* GRUR 1996, 679, 687; *Kurbel,* Neue Entwicklungen im Recht der Gleichnamigen, 2016, S. 142 f.
763 BGH GRUR 1991, 475, 478 – Caren Pfleger; BGH GRUR 2011, 623 – Peek & Cloppenburg II; BGH GRUR 2011, 641 – Jette Joop; *Kurbel,* Neue Entwicklungen im Recht der Gleichnamigen, 2016, S. 142.
764 *Scholz,* GRUR 1996, 679, 687.
765 *Kurbel,* Neue Entwicklungen im Recht der Gleichnamigen, 2016, S. 143.
766 *Kurbel,* Neue Entwicklungen im Recht der Gleichnamigen, 2016, S. 143.

Ware werben, sondern die eine bestimmte Qualität des Produktes transportieren wollen.[767] Als Beispiel sei an dieser Stelle „Hipp" genannt, in deren Werbeslogan Claus Hipp für die gesunde Ernährung von Babys sagt: „Dafür stehe ich mit meinem Namen" oder auch die Fernsehwerbung von Edeka, in der die Aussage getroffen wird, „dass man Produkte, auf die man besonders stolz ist, mit seinem Namen kennzeichnet". Wenn man also das persönlichkeitsbezogene Schutzrecht der unternehmerischen Identität auch als Grundfreiheit für unternehmerisches Handeln ansieht, dann umfasst das auch das Recht des Namensträgers, seine persönliche Leistung bei der Schaffung eines bestimmten Produktes bzw. dessen Vermarktung, auch wenn sie keine schöpferische Leistung darstellt, mit dem Namen zu kennzeichnen.[768]

Ob ein Bedürfnis an der markenmäßigen Nutzung eines Namens besteht, ist daher letztendlich ebenfalls nach den Grundsätzen des Rechts der Gleichnamigen zu entscheiden.[769] Insoweit ist erforderlich, dass der Namen bereits eine gewisse Popularität und ein damit verbundenes Image erreicht hat.[770] Die im Rahmen des Rechts der Gleichnamigen durchzuführende Güter- und Interessenabwägung bietet die notwendige Flexibilität, um die Interessen der Namensgleichen in einen angemessenen Einklang zu bringen.[771] Dies spielt insbesondere in solchen Fällen eine besondere Bedeutung, in denen bereits über Jahre oder Jahrzehnte hinweg namensgleiche Unternehmen unbeanstandet nebeneinander bestanden und auf ihren Waren stets den Firmennamen hervorgehoben haben.[772] Auch bietet die Anwendung des Rechts der Gleichnamigen die Möglichkeit auf unterscheidende Zusätze oder die Beschränkung des Waren-/Dienstleistungsregisters, für die die Namensmarke verwendet werden soll, hinzuwirken, um so einen ausreichenden Abstand zur Minimierung des Verwechslungsgefahr zu bewirken.[773]

Es ist daher festzuhalten, dass bei einer namensrechtlichen Gleichgewichtslage einem Gleichnamigen nicht versagt werden kann, das prioritätsjüngere Namensrecht auch markenmäßig zu verwenden, wenn und soweit sichergestellt ist, dass die prioritätsjüngere Marke zu der prioritätsälteren Marke einen

767 *Kurbel,* Neue Entwicklungen im Recht der Gleichnamigen, 2016, S. 143.

768 *Scholz,* GRUR 1996, 679, 687.

769 So auch *Scholz,* GRUR 1996, 679, 687.

770 BGH NJW 2000, 2195, 2197 – Marlene Dietrich; *Kurbel,* Neue Entwicklungen im Recht der Gleichnamigen, 2016, S. 145.

771 *Scholz,* GRUR 1996, 679, 687.

772 *Scholz,* GRUR 1996, 679, 687.

773 *Scholz,* GRUR 1996, 679, 687.

zumutbaren Abstand hält, um die Verwechslungsgefahr auf ein hinnehmbares Maß zu reduzieren.[774] Sollte mit zumutbaren Aufwand ohne die Tangierung des Namensrechts in seinem Kernbestandteil ein Rest an Verwechslungsgefahr nicht zu beseitigen sein, ist dieser Rest an Verwechslungsgefahr durch den prioritätsälteren Namensgleichen – wie es die Grundsätze des Rechts der Gleichnamigen vorsehen – zu dulden.[775] Allerdings werden bei Namensmarken im Rahmen der Interessenabwägung besondere Leistungen verlangt, um eine markenmäßige Identifizierungs- und Individualisierungsfunktion des Namens bezüglich der Waren und Dienstleistungen begründen zu können.[776]

b) Interessenabwägung

Im Rahmen der Abwägung sind regelmäßig folgende Interessen der Parteien in einen angemessenen Ausgleich zu bringen:

- Grundrechtsrelevante Positionen auf Seiten des A aus Art. 14 Abs. 1 GG (Eigentum an der Marke);[777]
- Der konkrete Grad an Priorität, d.h. je älter das Kennzeichen des A ist, desto verfestigter ist auch seine Eigentumsposition;[778]
- Kennzeichnungskraft der Marke des A: Je höher die Kennzeichnungskraft der Klagemarke ist, desto höher ist auch der kennzeichenrechtliche Schutz;[779]
- Kenntnis des A von der Verwendung des Namens durch B: Hatte A hiervon Kenntnis, kann dies für die Durchsetzung seiner Interessen nachteilhaft sein;[780]
- Kenntnis auf Seiten des B: Im Rahmen des Eintragungsverfahrens einer Namensmarke trifft B auch eine gewisse Recherchepflicht, da er gerade bei einer Gleichnamigkeit auch mit Widersprüchen zu rechnen hat;[781]
- Besondere Leistung des B in Bezug auf die Namensmarke: Da das Image einer Marke nicht nur durch die persönliche Leistung des Namensträgers geprägt

---

774 *Scholz,* GRUR 1996, 679, 688.
775 *Scholz,* GRUR 1996, 679, 688.
776 *Kurbel,* Neue Entwicklungen im Recht der Gleichnamigen, 2016, S. 145.
777 *Kurbel,* Neue Entwicklungen im Recht der Gleichnamigen, 2016, S. 148.
778 *Kurbel,* Neue Entwicklungen im Recht der Gleichnamigen, 2016, S. 149.
779 EuGH GRUR 1998, 387, 390 – Sabél/Puma; BGH GRUR 1996, 198, 199 – Springende Raubkatze; *Hacker,* in: Ströbele/Hacker/Thiering, MarkenG, 12. Aufl. 2018, § 9 Rn. 127; *Kurbel,* Neue Entwicklungen im Recht der Gleichnamigen, 2016, S. 150.
780 *Kurbel,* Neue Entwicklungen im Recht der Gleichnamigen, 2016, S. 150.
781 *Kurbel,* Neue Entwicklungen im Recht der Gleichnamigen, 2016, S. 151.

sein kann, sondern auch durch die Außenwelt, ist bei der Bestimmung der besonderen Leistung ein hoher Grad an Rufdurchsetzung im Verkehr zu fordern, um eine Beschränkung des prioritätsälteren Markenrechts überhaupt ermöglichen zu können;[782]

- Fehlende Verbindung der Namensmarke zum Namensträger: Die Schutzbedürftigkeit der Namensmarke im Rahmen des Rechts der Gleichnamigen wird überflüssig, wenn und soweit der Verkehr die Namensmarke nicht mehr mit dem Namensträger verbindet.[783] Denn die Verbindung zwischen Namensmarke und Namensträger ermöglicht gerade erst die Anwendung der Grundsätze des Rechts der Gleichnamigen.

2. *Ergebnis*

Es kann daher festgehalten werden, dass auch bei einer Kollision von Marke und Marke die Grundsätze des Rechts der Gleichnamigen dann zur Anwendung kommen können, wenn prägender Bestandteil der Marke der Name des Markeninhabers ist und eine enge Verbindung zwischen der Marke und dem Markeninhaber besteht und das mit der Marke gekennzeichnete Produkt eine besondere Leistung des Markeninhabers aus Sicht der angesprochenen Verkehrskreise darstellt.

Für den vorliegenden Beispielsfall bedeutet dies, dass, wenn und soweit die sich gegenüberstehenden Marken aus dem Namen der Markeninhaber bestehen, die Grundsätze des Rechts der Gleichnamigen zur Anwendung kommen. Bei der dann durchzuführenden Güter- und Interessenabwägung wird insbesondere der Grad der Priorität, eine etwaige Kenntnis des Klägers von der Namensverwendung durch den Beklagten und die Kenntnis des Beklagten aufgrund einer zugrunde zulegenden Recherchepflicht im Rahmen des Markenanmeldungsverfahrens sowie die besondere Leistung des Beklagten in Bezug auf die mit der Marke gekennzeichneten Waren zu berücksichtigen sein. Zudem ist zu berücksichtigen, dass das Konkurrenzprodukt des Beklagten bereits seit einem Jahr auf dem Markt ist und dadurch gegebenenfalls bereits ein besonderer Ruf der Marke entstanden ist.

Bei der Überlegung etwaiger Abgrenzungsmaßnahmen im Bereich des Zumutbaren müsste dann berücksichtigt werden, inwieweit eine Verwechslungsgefahr durch die Aufnahme unterscheidender Zusätze oder eine anderweitige grafische

---

782 *Kurbel,* Neue Entwicklungen im Recht der Gleichnamigen, 2016, S. 153.
783 *Kurbel,* Neue Entwicklungen im Recht der Gleichnamigen, 2016, S. 153.

Gestaltung der Marke oder die Aufnahme aufklärender Zusätze minimiert werden kann. Hierbei ist dann auch zu berücksichtigen, dass die sich gegenüberstehenden Kennzeichen nicht völlig identisch, sondern „nur" ähnlich sind.

II. Lauterkeitsrechtliche Situation

1. *Anspruch des prioritätsjüngeren Kennzeicheninhabers gegen den prioritätsälteren Kennzeicheninhaber?*

Ein markenrechtlicher Anspruch des prioritätsjüngeren Kennzeicheninhabers gegen den prioritätsälteren Kennzeicheninhaber scheidet aufgrund der jüngeren Priorität aus. Es stellt sich daher die Frage, ob der prioritätsjüngere Kennzeicheninhaber einen Anspruch aus § 5 Abs. 2 UWG wegen Irreführung über die betriebliche Herkunft geltend machen kann. Denn im vorliegenden Beispielsfall hat B sein Produkt bereits ein Jahr vor dem Konkurrenzprodukt des A auf den Markt gebracht.

Der Bundesgerichtshof hat in seiner „Baumann II"-Entscheidung vom 23.6.2016[784] hierzu ausgeführt, dass es der Rechtsprechung des Senats und der herrschenden Meinung im Schrifttum entspricht, dass bei der Anwendung der lauterkeitsrechtlichen Vorschriften zum Schutz vor Herkunftstäuschungen im Einzelfall Wertungswidersprüche zum Markenrecht zu vermeiden sind.[785] Letztendlich dürfe dem prioritätsjüngeren Zeicheninhaber über das Lauterkeitsrecht keine Schutzposition zugesprochen werden, die ihm nach dem Kennzeichenrecht nicht zukomme.[786] Anderenfalls würde nämlich der das Kennzeichenrecht prägende Prioritätsgrundsatz ad absurdum geführt.[787] Ein prioritätsjüngerer Kennzeicheninhaber solle gegen einen prioritätsälteren Kennzeicheninhaber nur dann einen Anspruch aus § 5 UWG haben, wenn und soweit der prioritätsältere Kennzeicheninhaber sein Kennzeichen irreführend verwendet.[788]

Dem Ergebnis des Bundesgerichtshofes in der „Baumann II"-Entscheidung ist grundsätzlich zuzustimmen, wobei die Begründung etwas zu modifizieren

---

784 BGH GRUR 2016, 965 ff. – Baumann II.

785 BGH GRUR 2016, 965, 966 – Baumann II; BGH GRUR 2013, 397 – Peek & Cloppenburg III; BGH GRUR 2013, 1161 – Hard Rock Cafe; *Büscher*, GRUR 2009, 230, 236; *Bornkamm*, GRUR 2011, 1, 4, 8; *Hacker*, in: Ströbele/Hacker/Thiering, MarkenG, 12. Aufl. 2018, § 2 Rn. 19 ff.

786 BGH GRUR 2016, 965, 966 – Baumann II; *Büscher*, GRUR 2009, 230, 236; *Bornkamm*, GRUR 2011, 1, 5 f., 8

787 BGH GRUR 2016, 965, 966 – Baumann II.

788 BGH GRUR 2016, 965, 967 – Baumann II; BGH GRUR 2013, 1161 – Hard Rock Cafe.

ist. Denn beide Schutzinstitute – d.h. die des Markenrechts und die des UWG – stehen unabhängig nebeneinander, wie es auch der Bundesgerichtshof in seiner „Hard-Rock-Cafe"-Entscheidung angemerkt hat.[789] Die Loslösung des Markenrechts und des UWG voneinander führt dann aber auch dazu, dass die Schutzbereiche unterschiedlich gefasst werden und es nicht die (automatische) Begrenzung geben kann, dass der Schutzbereich des UWG nicht größer sein darf als der des Markenrechts. Schließlich ist aber auch bei der Prüfung des Tatbestandes in § 5 Abs. 2 UWG zu berücksichtigen, wann die Kennzeichen angemeldet wurden, d.h. welche Priorität sie genießen. Denn es kann nicht sein, dass derjenige, der frühzeitige eine Marke angemeldet hat, dessen Produktentwicklung aber etwas länger gedauert hat, das Nachsehen gegenüber jemandem haben muss, der sein Produkt früher auf den Markt bringt, aber erst später hierfür seine Marke anmeldet, obwohl die eigene Markenbenutzung innerhalb der fünfjährigen Benutzungsschonfrist des § 26 MarkenG erfolgt.

2. *Anspruch des prioritätsälteren Kennzeicheninhabers gegen den prioritätsjüngeren Kennzeicheninhaber*

Die lauterkeitsrechtliche Situation ist anhand von § 5 Abs. 2 UWG zu beurteilen. B verwendet für das Konkurrenzprodukt eine ähnliche Marke wie A für sein Produkt. Bei der Beurteilung der lauterkeitsrechtlichen Verwechslungsgefahr kommt es maßgebend darauf an, ob eine konkrete Verwechslungsgefahr zwischen der Marke des B und der Marke des A besteht. Bei der Marke des B handelt es sich um ein ähnliches Kennzeichen zu der von A angemeldeten Marke. Zudem werden beide Marken für identische Produkte verwendet. Aufgrund der Produktidentität werden dieselben Verkehrskreise angesprochen, so dass basierend auf den ähnlichen Marken eine konkrete Verwechslungsgefahr im Sinne des § 5 Abs. 2 UWG anzunehmen ist. A hätte damit auch nach § 5 Abs. 2 UWG einen Unterlassungsanspruch gegenüber B.

III. Schlussfolgerungen

Die Kollision von zwei Marken im Falle der Gleichnamigkeit hat in der Rechtsprechung des Bundesgerichtshofes bislang keine Rolle gespielt. Denn in den meisten Konstellationen konnte sich eine Partei zusätzlich auch auf ein Unternehmenskennzeichen stützen, so dass sich der Bundesgerichtshof sodann mit der Kollision von Unternehmenskennzeichen und Marke auseinandergesetzt

---

789 BGH GRUR 2013, 1161ff. – Hard Rock Cafe.

hat. Nichtsdestotrotz kann zukünftig die Kollision von zwei Marken unter dem Gesichtspunkt der zunehmenden Kommerzialisierung von (bürgerlichen) Namen und deren Anmeldung als Marke zunehmen. Denn gerade in den vergangenen Jahren hat der Trend zugenommen, die Namen verschiedenster Personen im Rahmen von Marketingmaßnahmen zu nutzen und ein gewisses Image mit diesen Namen in Verbindung zu bringen und gegenüber den Verbrauchern zu transportieren. Aber gerade bei Namen zeigt sich auch, dass es keine unendliche Fülle gibt, sondern dass Kollisionen – vor allem im Familienkreis – recht häufig vorkommen. An dieser Stelle sei beispielsweise die Kollision von Wolfgang Joop und Jette Joop genannt. Insoweit wird das Recht der Gleichnamigen bei diesen Konstellationen in Zukunft vermehrt eine nicht zu unterschätzende Rolle spielen.

1. Allgemeine Regeln

Aus der vorstehenden Konstellation lassen sich folgende allgemeine Regeln ableiten:

- Die Grundsätze des Rechts der Gleichnamigen sind anwendbar, wenn und soweit der bürgerliche Name oder der Künstlername als Name verwendet wird und in der Verwendung ein gewisser „Zwang" gesehen wird. Denn die Grundsätze des Rechts der Gleichnamigen entstammen der früheren gesetzlichen Zwangslage zur Verwendung des bürgerlichen Namens im Rahmen der Firmenbezeichnung. Wenn eine vergleichbare Zwangslage besteht, sind auch bei Namensmarken die Grundsätze des Rechts der Gleichnamigen anwendbar.
- Die Grundsätze des Rechts der Gleichnamigen sind nicht auf den namensmäßigen Gebrauch begrenzt, sondern auch im Falle einer Verwendung des Namens als Marke anzuwenden, wenn und soweit eine besondere Leistung des Namensinhabers vorliegt. Es ist daher immer zu fragen, ob die angesprochenen Verkehrskreise aufgrund der besonderen Leistung des Namensträgers die Ware und/oder Dienstleistung ohnehin mit dem Namen des Unternehmens identifizieren und das Namensrecht damit als Ausdruck eines persönlichkeitsbezogenen individuellen Entfaltungsrechts genutzt wird.
- Auch im Rahmen der Prüfung des § 5 Abs. 2 UWG spielen die Kriterien des Rechts der Gleichnamigen bei der durchzuführenden Interessenabwägung eine Rolle, so dass in der Regel ein Gleichlauf von kennzeichenrechtlichen und lauterkeitsrechtlichen Ansprüchen erfolgt.
- Der prioritätsjüngere Kennzeicheninhaber kann gegen den prioritätsälteren Kennzeicheninhaber keinen Unterlassungsanspruch aus § 5 Abs. 2 UWG in

Bezug auf die Verwendung des Kennzeichens geltend machen, auch wenn er das Kennzeichen früher auf dem Markt tatsächlich verwendet, die Marke aber erst später hat ins Markenregister eintragen lassen. Denn auch im Rahmen des Tatbestandes des § 5 Abs. 2 UWG ist die Priorität der jeweiligen Kennzeichen zu berücksichtigen.

2. Mögliche Abgrenzungsmaßnahmen

Als mögliche Abgrenzungsmaßnahmen, die auch der Bejahung einer Verwechslungsgefahr im Sinne des § 5 Abs. 2 UWG entgegenstehen, kommen in Betracht:

- Die Aufnahme von klarstellenden Zusätzen. Bei Wortmarken ist ein Zusatz zu wählen, der am Gesamteindruck des Zeichens teilnimmt bzw. eine namensmäßige Unterscheidungsfunktion aufweist.[790] Ein bildlicher Zusatz ohne Namensfunktion ist grundsätzlich ungeeignet, um Namen voneinander zu unterscheiden, selbst wenn er sich im Verkehr als Kennzeichen des Unternehmens durchgesetzt hat.[791] Denn sprachlich gesehen sind nur aussprechbare Wörter geeignet, ein Unternehmen zu individualisieren[792] und zudem reicht bereits die Ähnlichkeit in klanglicher oder begrifflicher Hinsicht aus, um eine Verwechslungsgefahr zu begründen.[793]
- Hinzufügung des Vor- oder Nachnamens.
- Eine Abänderung der Verletzermarke kommt nur im Rahmen des § 26 Abs. 3 MarkenG in Betracht, da es sich anderenfalls um eine registerrechtliche Neuanmeldung handelt und damit ein Prioritätsverlust gegenüber Dritten eintritt, der dem prioritätsjüngeren Kennzeicheninhaber nicht zumutbar ist.[794]

---

790 EuGH GRUR 2010, 1098 – Calvin Klein/HABM; EuGH GRUR Int. 2010, 129 – La Espanola; BGH GRUR 2011, 148 – Goldhase II; BGH GRUR 2010, 833 – Malteserkreuz. II; *Thiering,* in: Ströbele/Hacker/Thiering, MarkenG, 12. Aufl. 2018, § 23 Rn. 37; *Kurbel,* Neue Entwicklungen im Recht der Gleichnamigen, 2016, S. 154.

791 BGH GRUR 1952, 239 – Farina I; BGHZ 14, 155 – Farina II; *Fezer,* in: Fezer, MarkenR, 4. Aufl. 2009, § 15 Rn. 152.

792 *Fezer,* in: Fezer, MarkenR, 4. Aufl. 2009, § 15 Rn. 152.

793 *Thiering,* in: Ströbele/Hacker/Thiering, MarkenG, 12. Aufl. 2018, § 23 Rn. 37; *Kurbel,* Neue Entwicklungen im Recht der Gleichnamigen, 2016, S. 154.

794 *Kurbel,* Neue Entwicklungen im Recht der Gleichnamigen, 2016, S. 155.

3. *Neujustierung der Grundsätze des Rechts der Gleichnamigen notwendig?*

Zwar ist die Anwendung der Grundsätze des Rechts der Gleichnamigen aufgrund der damit verbundenen Interessenabwägung in gewisser Hinsicht unberechenbar. Nichtsdestotrotz bieten die Kriterien für die Interessenabwägung hinreichend genaue Anhaltspunkte, was zu berücksichtigen ist, so dass der Rechtsanwender eine ausreichend sicherere Prognose für die Entscheidung in Rechtsstreitigkeiten treffen kann. Allerdings ist neben den grundrechtlichen Positionen, der Kennzeichnungskraft der Klagemarke, der Priorität der Kennzeichen sowie der subjektiven Elemente in Zukunft auch ein besonderes Augenmerkt auf die Interessen der Allgemeinheit an einem unverfälschten Wettbewerb zu legen. Denn gerade mit der Einführung des § 5 Abs. 2 UWG wurde ein Verbraucherschutz normiert, der auch im Rahmen der lauterkeitsrechtlich geprägten Ausgestaltung der Grundsätze des Rechts der Gleichnamigen zu berücksichtigen ist; d.h. es ist auch aus Sicht der angesprochenen Verkehrskreise zu fragen, welche Maßnahmen erforderlich und zumutbar sind, um die Gefahr von Verwechslungen zu beseitigen oder auf ein Minimum zu reduzieren. Dies kann im Einzelfall dazu führen, dass nicht nur der prioritätsjüngere Kennzeicheninhaber zu Abgrenzungsmaßnahmen verpflichtet werden kann, sondern gegebenenfalls auch der prioritätsältere Kennzeicheninhaber in einem größeren Maße als bisher; d.h. die Interessenabwägung kann auch zu dem Ergebnis führen, dass beide Kennzeicheninhaber verpflichtet sind, aufklärende Hinweise oder unterscheidende Zusätze aufzunehmen. Letztendlich wird der Verbraucherschutzgedanke ein Hauptkriterium bei der Interessenabwägung einnehmen müssen, um den Schutzgedanken des § 5 Abs. 2 UWG konsequent umzusetzen.

C. Kollision von geschäftlicher Bezeichnung und Marke

Die Kollision zwischen geschäftlicher Bezeichnung und Marke soll nachfolgend anhand der Entscheidung des Bundesgerichtshofes „Peek & Cloppenburg II" dargestellt werden. Die Einzelheiten der Entscheidung wurden bereits in Kapitel 2 abgebildet. In dem Verfahren standen sich im Wesentlichen folgende Kennzeichen gegenüber:

- Die Klägerin verwendet das Unternehmenskennzeichen „Peek & Cloppenburg" und tritt hiermit am Markt auf.
- Die Beklagte verwendet ebenfalls die Unternehmensbezeichnung „Peek & Cloppenburg" und ist Inhaberin diverser Wortmarken, u.a. auch der Wortmarken „Peek" und „Peek & Cloppenburg".

Bei den Parteien handelt es sich um zwei voneinander unabhängige Bekleidungshäuser. Die Klägerin hat ihren Sitz in Hamburg und führt ihren Namen seit 1911; die Beklagte hingegen hat ihren Sitz in Düsseldorf und führt ihren Namen jedenfalls seit 1972. Zudem stützt die Beklagte ihre Rechte darauf, dass ihr als Rechtsnachfolgerin der im Jahr 1900 gegründeten Peek & Cloppenburg GmbH die älteren Rechte an der Firmenbezeichnung zustehen.[795]

I. Kennzeichenrechtliche Situation

Die kennzeichenrechtliche Situation stellt sich im Einzelnen wie folgt dar:

Die Beklagte verwendet sowohl das Unternehmenskennzeichen „Peek & Cloppenburg“ als auch die beiden beispielhaft genannten Marken „Peek“ und „Peek & Cloppenburg“ im geschäftlichen Verkehr und damit markenmäßig. Zudem erfolgt die Verwendung der Kennzeichen für dieselben Produkte, für die auch die Klägerin das Unternehmenskennzeichen verwendet, so dass grundsätzlich eine unmittelbare markenrechtliche Verwechslungsgefahr zu bejahen ist. Das Unternehmenskennzeichen der Klägerin ist auch das prioritätsältere Kennzeichen, so dass dem Grunde nach ein Unterlassungsanspruch nach § 15 Abs. 2 MarkenG besteht.

Allerdings ist zu berücksichtigen, dass beide Unternehmen jahrzehntelang das Unternehmenskennzeichen „Peek & Cloppenburg“ unbeschadet nebeneinander verwendet haben. Hierdurch ist eine kennzeichenrechtliche Gleichgewichtslage entstanden, die nach den Grundsätzen des Rechts der Gleichnamigen zu lösen ist. Danach kann der Inhaber des prioritätsälteren Kennzeichenrechts dem Inhaber des prioritätsjüngeren Kennzeichenrechts die Nutzung des Zeichens nicht allein unter Berufung auf seinen zeitlichen Vorrang untersagen und damit in dessen redlich erworbenen Besitzstand eingreifen, sondern muss die Nutzung des Zeichens durch den Inhaber des prioritätsjüngeren Kennzeichenrechts trotz bestehender Verwechslungsgefahr grundsätzlich dulden.[796] Der Inhaber eines Kennzeichenrechts muss es allerdings in aller Regel nur dann hinnehmen, dass der Inhaber des anderen Kennzeichenrechts die Verwechslungsgefahr erhöht und damit die Gleichgewichtslage stört, wenn dieser ein schutzwürdiges Interesse an der Benutzung hat und alles Erforderliche und Zumutbare tut, um einer Erhöhung der Verwechslungsgefahr weitestgehend entgegenzuwirken.[797] In der vorliegenden Konstellation kommt es unter Berücksichtigung der Grundsätze

795 BGH GRUR 2011, 623 – Peek & Cloppenburg II.
796 BGH GRUR 2011, 623 ff. – Peek & Cloppenburg II.
797 BGH GRUR 2010, 738 – Peek & Cloppenburg I.

des Rechts der Gleichnamigen daher darauf an, ob hier die Beklagte durch die Markeneintragungen die zwischen den Parteien bestehende Gleichgewichtslage unberechtigterweise gestört hat.

Die Grundsätze des Rechts der Gleichnamigen können grundsätzlich nicht als Rechtfertigungsgrund dafür herangezogen werden, dass die Unternehmensbezeichnung zur Kennzeichnung von Waren oder Dienstleistungen verwendet wird.[798] Das Recht der Gleichnamigen ist ursprünglich aus der Pflicht entsprungen, sein Handelsunternehmen unter Verwendung seines bürgerlichen Namens zu führen, so dass ein erhebliches Interesse daran bestand, seinen eigenen Namen als Unternehmenskennzeichen im geschäftlichen Verkehr zu führen.[799] Ein vergleichbares rechtliches Interesse besteht allerdings für die Verwendung dieser Bezeichnung als Kennzeichen für Waren oder Dienstleistungen gerade nicht.[800] Es ist mithin nicht gerechtfertigt die zwischen den Parteien bestehende Gleichgewichtslage durch Eintragung (weiterer) Marken zu stören.[801]

Eine Ausnahme von diesem Grundsatz kommt nur in Betracht, wenn besondere, gewichtige Gründe vorliegen, nach denen eine so enge Beziehung zwischen Ware und Namen besteht, dass es für den Namensträger unzumutbar wäre, auf die Benutzung seines Namens als Marke zu verzichten.[802] Dies könnte zum Beispiel dann angenommen werden, wenn ein Namensträger bei der Schaffung oder Gestaltung einer bestimmten Ware oder Warenart unter seinem Namen besondere schöpferische Leistungen erbracht hat und der Verkehr die Ware aufgrund dieser schöpferischen Leistung ohnehin mit dem Namensträger identifiziert.[803] In der vorliegenden Konstellation sind allerdings von der Beklagten keine besonderen und gewichtigen Gründe für die Eintragung der Unternehmensbezeichnung als Marke vorgetragen worden und auch nicht ersichtlich; insbesondere ist nicht ersichtlich, dass hier eine besondere schöpferische Leistung der Beklagten vorliegt, die ausnahmsweise die Eintragung der Unternehmensbezeichnung als Marke rechtfertigen würde. Etwas anderes könnte nur dann gelten, wenn die

---

798 BGH GRUR 2011, 623 ff. – Peek & Cloppenburg II; *Fezer*, in: Fezer, MarkenR, 4. Aufl. 2009, § 15 Rn. 154; *Büscher*, MarkenR 2007, 453, 457.

799 BGH GRUR 2011, 623 ff. – Peek & Cloppenburg II.

800 BGH GRUR 2011, 623 ff. – Peek & Cloppenburg II.

801 BGH GRUR 2011, 623 ff. – Peek & Cloppenburg II; *Fezer*, in: Fezer, MarkenR, 4. Aufl., § 15 Rn. 154.

802 BGH GRUR 2011, 623 ff. – Peek & Cloppenburg II

803 BGH GRUR 1991, 475, 478 – Caren Pfleger; *Thiering*, in Ströbele/Hacker/Thiering, MarkenG, 12. Aufl. 2018, § 23 Rn. 28; *Ingerl/Rohnke*, in: Ingerl/Rohnke, MarkenG, 3. Aufl., § 23 Rn. 36; *Büscher*, MarkenR 2007, 453, 457.

angesprochenen Verkehrskreise mit dem Namen eine besondere Vorstellung verknüpfen, die dann die Ware wiederum als besondere Leistung des Namensträgers erscheinen ließen. Hierfür ist in dem vorliegenden Fall allerdings ebenfalls nichts vorgetragen worden. Mithin besteht kein Rechtfertigungsgrund für die Störung der zwischen den Parteien seit Jahrzehnten bestehenden Gleichgewichtslage.

Damit besteht für die Klägerin gegen die Beklagte grundsätzlich ein Anspruch auf Unterlassung bzw. Löschung der genannten Markeneintragungen wegen des Bestehens einer unmittelbaren markenrechtlichen Verwechslungsgefahr gemäß § 15 Abs. 2 MarkenG.

II. Lauterkeitsrechtliche Situation

Die lauterkeitsrechtliche Situation ist anhand von § 5 Abs. 2 UWG zu beurteilen. Die Beklagte verwendet sowohl die Unternehmensbezeichnung „Peek & Cloppenburg“ als auch die angemeldeten Marken „Peek“ und „Peek & Cloppenburg“ im Zusammenhang mit der Vermarktung von Waren oder Dienstleistungen. Maßgebend kommt es hier allerdings darauf an, ob eine konkrete Verwechslungsgefahr zwischen den Kennzeichen der Klägerin mit den Kennzeichen der Beklagten besteht. Hierbei ist insbesondere zu berücksichtigen, dass zwischen den Parteien eine Abgrenzungsvereinbarung besteht, wonach in einer Stadt entweder ein Geschäftshaus der Klägerin oder ein Geschäftshaus der Beklagten präsent sein darf, nicht aber beide in derselben Stadt.

Für die Beurteilung, ob eine konkrete Verwechslungsgefahr im Sinne des § 5 Abs. 2 UWG vorliegt, ist aufgrund der Ausführungen des Bundesgerichtshofes in der Bananabay II-Entscheidung darauf abzustellen, ob bei dem normal informierten und angemessen aufmerksamen Verbraucher der Eindruck entsteht, dass die dort beworbenen Produkte von der Anspruchsinhaberin oder einem mit ihr wirtschaftlich verbundenen Unternehmen stammen.[804] Dem Grunde nach wird der normal informierte und angemessen aufmerksame Verbraucher sowohl die Unternehmensbezeichnungen der Klägerin und der Beklagten als auch etwaige von diesen beiden verwendeten Marken „Peek“ und „Peek & Cloppenburg“ nicht auseinanderhalten können, wenn er beide auf ein und demselben Markt antreffen würde. Zudem dürften die angesprochenen Verkehrskreise bei einem Stadtwechsel – z.B. bei einer Reise – in der Regel nicht davon ausgehen, dass das dort angetroffene Modehaus mit der Bezeichnung „Peek & Cloppenburg“ nicht zu demselben Inhaber gehört wie das Modehaus mit derselben

804 BGH GRUR 2011, 828, 831 – Bananabay II.

Bezeichnung in der anderen Stadt, so dass grundsätzlich von einer konkreten Verwechslungsgefahr für die angesprochenen Verkehrskreise auszugehen ist.

Allerdings ist zu berücksichtigen, dass die Parteien eine Abgrenzungsvereinbarung abgeschlossen haben, wonach in einer Stadt entweder ein Geschäftshaus der Klägerin oder ein Geschäftshaus der Beklagten präsent sein darf, nicht aber beide in derselben Stadt. Diese Abgrenzungsvereinbarung könnte daher dem Anspruch aus § 5 Abs. 2 UWG als Einrede entgegengehalten werden. Denn rein praktisch gesehen, scheidet auf dem räumlichen Markt – begrenzt auf eine Stadt – eine konkrete Verwechslungsgefahr für die angesprochenen Verkehrskreise aus, weil in ein und derselben Stadt nicht zwei Modehäuser mit der Bezeichnung „Peek & Cloppenburg" auftreten. Aufgrund dieser Regelung haben die Parteien auch alles Erforderliche und Zumutbare unternommen, um die Verwechslungsgefahr auf ein Minimum zu reduzieren; ein letzter Rest an Verwechslungsgefahr – beispielsweise durch Reisen der angesprochenen Verkehrskreise – ist hinzunehmen, so dass ein Anspruch aus § 5 Abs. 2 UWG insoweit ausscheidet.

Etwas Anderes könnte jedenfalls im Hinblick auf die Internetaktivitäten der Klägerin und der Beklagten gelten, bei denen die räumliche Abgrenzungsvereinbarung gerade keine Wirkung entfaltet. Denn eine Internetseite kann von überall aus angewählt und geöffnet werden; d.h. die Verbraucher im Süden Deutschlands, die im Einzugsgebiet der Beklagten (Peek & Cloppenburg Düsseldorf) liegen, können gleichwohl auf die Internetpräsenz der Klägerin (Peek & Cloppenburg Hamburg) zurückgreifen. Beide Unternehmen haben daher auf ihrer Startseite im Internet den Hinweis aufgenommen, dass es sich bei der Klägerin und der Beklagten um zwei voneinander getrennte Unternehmen handelt; zugleich wird auf der jeweiligen Startseite darauf hingewiesen, auf wessen Internetseite man sich gerade befindet. Durch diesen aufklärenden Hinweis wird ebenfalls eine konkrete Verwechslungsgefahr im Sinne von § 5 Abs. 2 UWG vermieden, weil die angesprochenen Verkehrskreise gerade aufgrund der bestehenden Verwechslungsgefahr situationsadäquat aufgeklärt werden. Würde diese Aufklärung nicht erfolgen, wäre der Tatbestand des § 5 Abs. 2 UWG jedoch erfüllt.

III. Schlussfolgerungen

Die vorliegende Konstellation zeigt, dass der Anwendungsbereich der markenrechtlichen Verwechslungsgefahr enger ist als der Anwendungsbereich der lauterkeitsrechtlichen Verwechslungsgefahr in § 5 Abs. 2 UWG. Dies folgt daraus, dass bei der markenrechtlichen Verwechslungsgefahr in §§ 14 Abs. 2 Nr. 2, 15

Abs. 2 MarkenG auf eine abstrakte Verwechslungsgefahr abgestellt wird, d.h. hier werden ausschließlich die sich gegenüberstehenden Kennzeichen beurteilt ohne auf etwaige Begleitumstände wie beispielsweise aufklärende Hinweise abzustellen. Dementsprechend ist bei gleichnamigen Kennzeichen regelmäßig eine Verwechslungsgefahr zu bejahen, wenn und soweit gleichzeitig auch eine Waren- und/oder Dienstleistungsähnlichkeit vorliegt.

Anders ist dies bei § 5 Abs. 2 UWG. Bei der Beurteilung der lauterkeitsrechtlichen Verwechslungsgefahr ist auf die konkreten Umstände des Einzelfalls abzustellen; d.h. bei der Beurteilung der lauterkeitsrechtlichen Verwechslungsgefahr werden auch außerhalb der sich gegenüberstehenden Kennzeichen liegende Begleitumstände berücksichtigt, so dass beispielsweise aufgrund eines aufklärenden Hinweises eine lauterkeitsrechtliche Verwechslungsgefahr ausscheiden kann.

Zudem unterscheidet sich der Gegenstand der Verwechslungsgefahr nach § 5 Abs. 2 UWG von dem Gegenstand der markenrechtlichen Verwechslungsgefahr. Bei § 5 Abs. 2 UWG kommt als Objekt der Verwechslung das Produkt eines Mitbewerbers (die Ware oder die Dienstleistung) ebenso in Betracht wie eine Marke, ein Unternehmenskennzeichen oder jedes andere Kennzeichen, das ein Mitbewerber benutzt.[805] Bei der markenrechtlichen Verwechslungsgefahr besteht hingegen eine Wechselwirkung zwischen den Beurteilungskriterien Waren-/Dienstleistungsähnlichkeit, der Kennzeichenidentität oder -ähnlichkeit und der Kennzeichnungskraft des betreffenden Kennzeichens.

Der Umstand, dass ein kennzeichenrechtlicher Unterlassungsanspruch nach dem MarkenG trotz Vorliegens einer Verwechslungsgefahr ausscheidet, liegt in diesem Fall an der Anwendbarkeit der Grundsätze des Rechts der Gleichnamigen, die im Rahmen der sekundären Konfliktsituation zum Tragen kommen. Denn zwischen den Parteien entstand aufgrund der jahrzehntelangen parallelen Nutzung der Kennzeichen eine Gleichgewichtslage. Bei der diesbezüglich vorzunehmenden Interessenabwägung ist zu berücksichtigen, dass das Unternehmenskennzeichen stärker persönlichkeitsorientiert ist, insbesondere wenn der bürgerliche Name als Zeichen verwendet wird.[806] Dementsprechend kommt der grundrechtlichen Position des Namensrechts aus Art. 2 Abs. 1 in Verbindung mit Art. 1 Abs. 1 GG eine besondere Bedeutung zu. Denn aus dem allgemeinen

---

805 *Bornkamm/Feddersen,* in: Köhler/Bornkamm/Feddersen, UWG, 36. Aufl. 2018, § 5 Rn. 9.7.

806 BGH GRUR 1991, 475, 478 – Caren Pfleger; BGH GRUR 1986, 402, 403 – Fürstenberg; *Kurbel,* Neue Entwicklungen im Recht der Gleichnamigen, 2016, S. 164.

grundrechtlich geschützten Persönlichkeitsrecht geht hervor, dass jeder das Recht hat, sich im geschäftlichen Verkehr unter dem jeweiligen Firmennamen zu verwirklichen.[807]

Die im Rahmen des Rechts der Gleichnamigen durchzuführende Güter- und Interessenabwägung wird schwerpunktmäßig auf dem Kriterium des Grades der Verwechslungsgefahr liegen. Je ähnlicher die sich gegenüberstehenden Kennzeichen sind und je ähnlicher der jeweilige Produktbereich ist, desto höher ist die Gefahr, dass die angesprochenen Verkehrskreise die beiden Kennzeichen miteinander verwechseln. Dies bedeutet gerade für den prioritätsälteren Kennzeicheninhaber dann ein größeres Maß an Eingriffsintensität.[808] Allerdings ist im Rahmen der Interessenabwägung in diesem Bereich ebenfalls zu berücksichtigen, über welchen Zeitraum die beiden Kennzeichen unbeanstandet nebeneinander benutzt wurden. Letzteres kann dazu führen, dass nur gering ins Gewicht fallende Fehlvorstellungen der angesprochenen Verkehrskreise hinzunehmen wären.[809] Hier zeigt sich dann auch eine Parallele zum lauterkeitsrechtlichen Schutz nach § 5 Abs. 2 UWG, wo im Rahmen des Verhältnismäßigkeitsgrundsatzes die langjährige Koexistenz der beiden Kennzeichen zu berücksichtigen ist und nur geringe Fehlvorstellungen ebenso hinzunehmen wären.[810]

Letztendlich ist im Rahmen der kennzeichenrechtlichen Interessenabwägung beim Recht der Gleichnamigen inzident der Tatbestand des § 5 Abs. 2 UWG zu prüfen, um einen Gleichlauf zwischen dem MarkenG und dem UWG herzustellen, wobei gerade die Interessenabwägung beim Recht der Gleichnamigen ohnehin bereits lauterkeitsrechtliche Einschläge aufweist.

1. Allgemeine Regeln

Aus den vorstehenden Ausführungen lassen sich folgende allgemeinen Regeln ableiten:

- Liegen verwechslungsfähige Kennzeichen im Sinne des MarkenG vor und ist zudem eine Waren- und/oder Dienstleistungsähnlichkeit oder -identität

---

807 *Fezer,* in: Fezer, MarkenR, 4. Aufl. 2009, § 15 Rn. 159; *Kurbel,* Neue Entwicklungen im Recht der Gleichnamigen, 2016, S. 165 f.

808 *Kurbel,* Neue Entwicklungen im Recht der Gleichnamigen, 2016, S. 168.

809 BGH GRUR 2013, 397 ff. – Peek & Cloppenburg III; *Kurbel,* Neue Entwicklungen im Recht der Gleichnamigen, 2016, S. 168.

810 *Bornkamm/Feddersen,* in: Köhler/Bornkamm/Feddersen, UWG, 36. Aufl. 2018, § 5 Rn. 9.6; *Kurbel,* Neue Entwicklungen im Recht der Gleichnamigen, 2016, S. 168.

gegeben, wird regelmäßig der Tatbestand des § 14 Abs. 2 Nr. 2 oder der des § 15 Abs. 2 MarkenG zu bejahen sein.

- Ist der Tatbestand erfüllt, ist zu prüfen, ob es sich um eine primäre Konfliktsituation handelt oder um eine sekundäre Konfliktsituation. Bei einer primären Konfliktsituation ist der erworbene Besitzstand des prioritätsjüngeren Kennzeicheninhabers bei der Abwägung noch zu berücksichtigen. Demgegenüber ist im Rahmen der sekundären Konfliktsituation der erworbene Besitzstand des prioritätsjüngeren Kennzeicheninhabers nicht mehr zu berücksichtigen, da er bereits zur Begründung der Gleichgewichtslage zwischen den Parteien herangezogen wurde.
- Liegt Gleichnamigkeit vor, ist bei der vorzunehmenden Interessenabwägung ein Hauptaugenmerk auf den Grad der Verwechslungsgefahr und die damit einhergehende Zuordnungsverwirrung bei den angesprochenen Verkehrskreisen zu legen. In diesem Kontext muss dann auch inzident ein Anspruch aus § 5 Abs. 2 UWG geprüft werden, um einen Gleichlauf zwischen Marken- und Lauterkeitsrecht sicherzustellen.
- Die Zumutbarkeit bei der Vornahme von Abgrenzungsmaßnahmen ist da zu ziehen, wo eine Abänderung des Kennzeichens zu einem Prioritätsverlust gegenüber Dritten führt.

2. *Mögliche Abgrenzungsmaßnahmen*

In Bezug auf die vorzunehmenden Abgrenzungsmaßnahmen sind die Besonderheiten des prioritätsjüngeren Kennzeichens insbesondere vor dem Hintergrund des Zumutbaren zu berücksichtigen. In der Regel können aber folgende Abgrenzungsmaßnahmen als geeignet angesehen werden:

- Aufklärende Hinweise beispielsweise auf der sich zu erst öffnenden Internetseite der Firmenhomepage.[811]
  Dies stellt das mildeste Mittel dar, da hierdurch das prioritätsjüngere Kennzeichen überhaupt nicht abgeändert wird und damit die Eingriffsintensität sehr gering ist.
- Sind aufklärende Hinweise für die Abgrenzung unzureichend, könnten (klarstellende) Zusätze in Betracht kommen, beispielsweise durch das Hinzufügen

---

811 BGH GRUR 2002, 706, 708 – vossius.de; *Kurbel*, Neue Entwicklungen im Recht der Gleichnamigen, 2016, S. 170.

des Vornamens oder einer Branchenbezeichnung oder aber auch ein Hinweis auf eine territoriale Begrenzung.[812]

Insgesamt ist bei den Abgrenzungsmaßnahmen zu beachten, dass jedwede Änderung des Kennzeichens – sei es einer Marke oder eines Unternehmenskennzeichens – neue Kollisionen auslösen und die Priorität gegenüber Dritten gefährden kann.[813] Diese Auswirkungen sind bei der Beurteilung der Zumutbarkeit zu berücksichtigen. Denn die vorzunehmenden Abgrenzungsmaßnahmen sind nur so lange zumutbar, wie kein Prioritätsverlust gegenüber Dritten zu befürchten ist. Zudem ist im Falle des Vorliegens eines prioritätsjüngeren Unternehmenskennzeichens zu beachten, dass durch eine Abwandlung des Unternehmenskennzeichens ebenfalls die geschäftlichen Kontaktdaten abgeändert werden müssten, was gegebenenfalls nur mit enormen Kosten und Aufwand zu bewerkstelligen ist.

3. Abweichende Beurteilung durch Beschränkung des „Namens" in § 23 Abs. 1 Nr. 1 MarkenG n.F. auf den bürgerlichen Namen?

Wie bereits dargestellt, sieht die „MarkenRL-2015" sieht, dass die Schrankenbestimmung in Art. 14 Abs. 1 lit. a) nunmehr explizit auf den Namen natürlicher Personen beschränkt ist und nicht mehr nur das Merkmal „Namen" enthält, unter den der Europäische Gerichtshof in seiner Rechtsprechung auch Handelsnamen und Phantasiebezeichnungen erfasste. Die Umsetzung ins deutsche Recht erfolgte im Rahmen des MaMoG in § 23 Abs. 1 Nr. 1 MarkenG n.F.

Sowohl mit der Formulierung in Art. 14 Abs. 1 lit. a) MarkenRL-2015 wie auch in § 23 Abs. 1 Nr. 1 MarkenG n.F. wird deutlich, dass die Privilegierung des Namens nur noch für die Benutzung von Personennamen gelten soll.[814] Die Auslegung dieser Vorschrift wird wahrscheinlich – wie bereits in Kapitel 2 ausgeführt – dahingehend erfolgen, dass nicht nur der Personenname von § 23 Abs. 1 Nr. 1 MarkenG n.F. erfasst wird, sondern auch Namensfirmen und vergleichbare Handelsnamen oder Unternehmenskennzeichen auf einer persönlichkeitsrechtlichen Grundlage.[815] Denn auch vor der Rechtsprechung des

---

812 *Fezer*, in: Fezer, MarkenR, 4. Aufl. 2009, § 15 Rn. 152; BGH GRUR 2013, 397 – Peek & Cloppenburg III; *Kurbel*, Neue Entwicklungen im Recht der Gleichnamigen, 2016, S. 170 f.

813 *Rohnke*, in: FS Ullmann, 2006, S. 359; *Kurbel*, Neue Entwicklungen im Recht der Gleichnamigen, 2016, S. 171.

814 *Fezer*, MarkenR 2017, 141, 146.

815 *Fezer*, MarkenR 2017, 141, 146.

Europäischen Gerichtshofes in Sachen „Robeco/Robelco", „Anheuser Busch/Budvar" und „Celiné" war die Firma nach der bis dorthin geltenden Auslegung des Namensprivilegs in § 23 Nr. 1 MarkenG a.F. unter den Begriff des „Namens" erfasst worden, wenn und soweit die Firma den bürgerlichen Namen des Inhabers der Firma darstellte oder diesen als Firmenbestandteil enthielt.[816] Insoweit galt die Schranken-Schranke in § 23 Nr. 1 MarkenG a.F. zunächst unmittelbar für die ursprüngliche Firma, die nach den handelsrechtlichen Vorschriften der §§ 17 ff. HGB a.F. gegründet wurde.[817] Das Namensprivileg aus § 23 Nr. 1 MarkenG a.F. galt sodann auch für die abgeleitete Firma, wenn in der Person des Firmeninhabers eine Rechtsnachfolge eintrat und der neue Firmeninhaber die alte Firma mit dem Namen des ursprünglichen Firmeninhabers rechtmäßig nach den handelsrechtlichen Vorschriften fortführte.[818] Denn niemand kann an der Führung seines Namens innerhalb des redlichen Geschäftsverkehrs gehindert werden.[819] Eine dahingehende Auslegung erscheint vor dem Hintergrund der Schutzintention des Gesetzgebers konsequent. Denn letztendlich soll durch die Beschränkung des Namensprivilegs in § 23 Abs. 1 Nr. 1 MarkenG n.F. einer uferlosen Ausweitung des Namensbegriffs und damit einer zunehmenden Anzahl an verwechslungsfähigen Kennzeichen, die ansonsten unter das Namensprivileg fallen würden, begegnet werden.

Die Neufassung des § 23 Abs. 1 Nr. 1 MarkenG n.F. führt mit Blick auf die Grundsätze des Rechts der Gleichnamigen zu keinen gravierenden Änderungen. Bei Gleichnamigkeitsfällen, bei denen das Kennzeichen auf dem Namen einer natürlichen Person basiert, wird der Privilegierungstatbestand in § 23 Abs. 1 Nr. 1 MarkenG n.F. weiterhin zur Anwendung kommen. Etwas anderes gilt jedoch für solche Kollisionsfälle, in denen das Kennzeichen nicht auf dem Namen einer natürlichen Person basiert, d.h. wenn es sich um eine Phantasiebezeichnung handelt. Hier ist dann wie folgt zu differenzieren: Handelt es sich um eine Kennzeichenkollision, die erst nach dem In-Kraft-Treten der MarkenRL-2015 entstanden ist, ist die neue Schrankenbestimmung in § 23 Abs. 1 Nr. 1 MarkenG n.F. und damit die Begrenzung auf den Namen natürlicher Personen für die rechtliche Beurteilung heranzuziehen. Handelt es sich hingegen um eine Kennzeichenkollision, die vor dem In-Kraft-Treten der MarkenRL-2015 entstanden ist, ist aufgrund des Vertrauensschutzes und/oder

---

816 *Fezer*, MarkenR, 4. Aufl. 2009, § 23 Rn. 43.
817 *Fezer*, MarkenR, 4. Aufl. 2009, § 23 Rn. 43.
818 *Fezer*, MarkenR, 4. Aufl. 2009, § 23 Rn. 43.
819 *Fezer*, MarkenR, 4. Aufl. 2009, § 23 Rn. 43.

des aufgrund jahrelanger unbeanstandeter Parallelnutzung erworbenen redlichen Besitzstandes von einem Weiterbenutzungsrechts auszugehen. Denn aufgrund der Rechtsprechung des Europäischen Gerichtshofes in Sachen „Robeco/Robelco", „Anheuser Busch/Budvar" und „Celiné" konnte und musste der Kennzeichennutzer von einer gesicherten Rechtslage bezüglich der Auslegung des Namensbegriffs in § 23 Nr. 1 MarkenG a.F. ausgehen, auf deren Basis sein Handeln ausgerichtet gewesen ist. Dies kann jedoch nicht nachträglich durch eine Rechtsänderung tangiert werden; insbesondere auch dann nicht, wenn die Kennzeichen jahrelang unbeanstandet nebeneinander verwendet wurden. Dementsprechend hat die Rechtsänderung auf die Anwendbarkeit der Grundsätze des Rechts der Gleichnamigen nur dann Auswirkungen, wenn und soweit eine erstmalige Kollisionslage nach In-Kraft-Treten der MarkenRL-2015 entstanden ist. Anderenfalls ist auf die Rechtsprechungsgrundsätze zu der Regelung in § 23 Nr. 1 MarkenG a.F. zurückzugreifen.

4. *Neujustierung der Grundsätze des Rechts der Gleichnamigen notwendig?*

Wie bereits zuvor erwähnt, ist an den bisherigen Abwägungskriterien im Rahmen der Grundsätze des Rechts der Gleichnamigen grundsätzlich festzuhalten. Zusätzlich sind die Abwägungskriterien um die Interessen der Allgemeinheit an einem unverfälschten Wettbewerb zu ergänzen.

Allerdings ist der Grundsatz des Bundesgerichtshofes, wonach regelmäßig kein schutzwürdiges Interesse des Kennzeicheninhabers an einer markenmäßigen Verwendung des Unternehmenskennzeichens besteht, in dieser Allgemeinheit nicht aufrechtzuerhalten. Denn in den vergangenen Jahren hat die Kommerzialisierung von Namen deutlich zugenommen und nicht mehr nur Modeschöpfer es pflegen, ihre Produkte mit ihrem Namen zu kennzeichnen. Es ist daher bei der Frage nach der Anwendung der Grundsätze des Rechts der Gleichnamigen vielmehr danach zu fragen, ob die angesprochenen Verkehrskreise aufgrund der besonderen Leistung des Namensträgers die Ware/Dienstleistung ohnehin mit dem Namen des Unternehmens identifizieren[820] und das Namensrecht somit als Ausdruck eines persönlichkeitsbezogenen individuellen Entfaltungsrechts genutzt wird und der Namensträger folglich dem Publikum gegenüber mit seinem Namen für seine Produkte geradestehen will.[821] Denn

---

820 BGH GRUR 1991, 475, 478 – Caren Pfleger; BGH GRUR 2011, 623 – Peek & Cloppenburg II; BGH GRUR 2011, 641 – Jette Joop; *Kurbel,* Neue Entwicklungen im Recht der Gleichnamigen, 2016, S. 142.

821 *Scholz,* GRUR 1996, 679, 687.

letztendlich bestimmen die angesprochenen Verkehrskreise, wie der Name und das jeweilige Produkt miteinander verbunden werden.[822] Es kann aber nur dann ein Interesse an der markenmäßigen Namensführung bestehen, wenn das Ursprungsunternehmen diese verwendet. Denn mit Abnahme des persönlichkeitsrechtlichen Anteils nimmt die Beschränkung des Namensrechts entsprechend Art. 2 Abs. 1 GG durch die Rechte Dritter und der Interessen der Allgemeinheit an einem unverfälschten Wettbewerb zu.[823] Ob ein Bedürfnis an der markenmäßigen Nutzung eines Namens besteht, ist daher letztendlich ebenfalls nach den Grundsätzen des Rechts der Gleichnamigen zu entscheiden.[824] Insoweit ist erforderlich, dass der Namen bereits eine gewisse Popularität und ein damit verbundenes Image erreicht hat.[825]

Es ist daher festzuhalten, dass bei einer namensrechtlichen Gleichgewichtslage einem Gleichnamigen nicht versagt werden kann, das prioritätsjüngere Namensrecht auch markenmäßig zu verwenden, wenn und soweit sichergestellt ist, dass das prioritätsjüngere Kennzeichen zu dem prioritätsälteren Kennzeichen einen zumutbaren Abstand einhält, um die Verwechslungsgefahr auf ein hinnehmbares Maß zu reduzieren.[826] Sollte mit zumutbaren Aufwand ohne die Beeinträchtigung des Namensrechts in seinem Kernbestandteil ein Rest an Verwechslungsgefahr unvermeidbar sein, ist dieser Rest an Verwechslungsgefahr durch den prioritätsälteren Namensgleichen zu dulden.[827] Allerdings ist bei der Verwendung des Kennzeichens als Marke im Rahmen der Interessenabwägung eine besondere Leistung des Kennzeicheninhabers zu verlangen, um eine der Marke entsprechende Identifizierungs- und Individualisierungsfunktion des Namens bezüglich der Waren und Dienstleistungen begründen zu können.[828]

---

822 *Kurbel,* Neue Entwicklungen im Recht der Gleichnamigen, 2016, S. 143.

823 *Kurbel,* Neue Entwicklungen im Recht der Gleichnamigen, 2016, S. 144; *Bamberger,* in: BeckOK-BGB, 50. Edition, Stand: 1.5.2019, § 12 Rn. 3.

824 So auch *Scholz,* GRUR 1996, 679, 687.

825 BGH NJW 2000, 2195, 2197 – Marlene Dietrich; *Kurbel,* Neue Entwicklungen im Recht der Gleichnamigen, 2016, S. 145.

826 *Scholz,* GRUR 1996, 679, 688.

827 *Scholz,* GRUR 1996, 679, 688.

828 *Kurbel,* Neue Entwicklungen im Recht der Gleichnamigen, 2016, S. 145.

D. Kollision von Marke und Domain

Die Kollision zwischen Marke und Domain soll anhand der Entscheidung „joop.de" des Landgerichts Hamburg vom 1.8.2000[829] dargestellt werden. Der Entscheidung lag folgender Sachverhalt zugrunde:

Bei der Klägerin handelt es sich um das von dem Mode-Designer Wolfgang Joop gegründete Mode- und Lifestyle-Unternehmen mit Sitz in Hamburg, das seit Ende der 60er Jahre betrieben wird. Wolfgang Joop ist allerdings nicht mehr Inhaber der Klägerin. Die Klägerin ist unter anderem Inhaberin der Marke „JOOP!", die für diverse Waren und Dienstleistungen eingetragen ist. Die Priorität dieser Marke geht auf den 5.11.1980 zurück. Zudem geht das Landgericht Hamburg in seiner Entscheidung von einer überragenden Bekanntheit des Kennzeichens „JOOP" aus.[830]

Der Beklagte zu 1) ist mit dem Gründer der Klägerin verwandt und vertreibt seit Anfang der 70er Jahre unter seinem bürgerlichen Namen Pianos, Flügel, u.Ä. im norddeutschen Raum. Seit 1999 ist er formell bei der DENIC e.G. als Inhaber der Internet-Domain „joop.de" eingetragen. Zwischenzeitlich ist die Beklagte zu 3), ein von dem Stiefsohn des Beklagten zu 1) – dem Beklagten zu 2) – gegründetes Unternehmen unter der Internetseite „www.joop.de" präsent und bietet hierüber einen Überspielservice von Videokassetten und anderen Datenträgern auf DVD an.

I. Kennzeichenrechtliche Situation

Der Unterlassungsanspruch der Klägerin gegen die Beklagten könnte sich u.a. aus §§ 14 Abs. 2 Nr. 3, 15 Abs. 4 MarkenG ergeben.

Die Klägerin kann sich gegenüber den Beklagten zum einen auf die Priorität des Unternehmenskennzeichens sowie auf die Priorität der von der Klägerin eingetragenen Marke „JOOP!" stützen. Zudem handelt es sich nach der Auffassung des Landgerichts Hamburg bei dem Kennzeichen „JOOP" um eine in Deutschland überaus bekannte geschäftliche Bezeichnung, so dass auch ein Schutz nach § 15 Abs. 3 MarkenG besteht.

Mit der Nutzung der Internet-Domain „joop.de" verletzen die Beklagten das Interesse der Klägerin an der ungestörten Führung der Unternehmensbezeichnung „JOOP" als Bestandteil von „JOOP GmbH" sowie der gleichlautenden Marke „JOOP!". Die Nutzung der Internet-Domain ist aufgrund der vom

829 LG Hamburg MMR 2000, 620.
830 LG Hamburg MMR 2000, 620 ff.

Landgericht Hamburg festgestellten herausragenden Bekanntheit des Kennzeichens „JOOP" auch geeignet, die Unterscheidungskraft der geschäftlichen Bezeichnung in unlauterer Weise zu beeinträchtigen.

Allerdings könnte dem der Klägerin dem Grunde nach zustehende Unterlassungsanspruch das Recht der Gleichnamigen entgegenstehen. Wie bereits mehrfach ausgeführt, besagt die Grundregel des Rechts der Gleichnamigen, dass der jüngere Namensträger, der ein berechtigtes Interesse an der Namensführung hat, alles ihm Zumutbare tun muss, um Verwechslungen nach Möglichkeit auszuschließen.[831] Zwar besteht bei den Beklagten ein berechtigtes Interesse an der Verwendung ihres bürgerlichen Namens „Joop" im geschäftlichen Verkehr. Aber die Beklagten haben keinen aufklärenden Hinweis auf ihrer Internetseite aufgenommen, die andere Personen davon in Kenntnis setzt, dass es sich hierbei gerade nicht um eine Internetpräsenz der Klägerin handelt. Die Beklagten haben nichts unternommen, um Verwechslungen mit der Klägerin zu vermeiden, die aufgrund des klaren Namens der Domain „joop.de" offensichtlich waren und die die Beklagten aufgrund der Gleichnamigkeit und der damit begründeten Verwechslungsfahr hätte in zumutbarer Weise unternehmen müssen.

Im Rahmen der beim Recht der Gleichnamigen vorzunehmenden Interessenabwägung ist das Landgericht Hamburg aus nachvollziehbaren Gründen dazu gekommen, dass es den Beklagten durchaus zumutbar ist, die Domain „joop.de" aufzugeben und eine neue Domain unter Hinzufügung eines unterscheidungskräftigen Zusatzes anzumelden. Denn die Internet-Domain von der Beklagten zu 1) ist bislang nie aktiv betrieben worden und nur die Beklagte zu 3) hat unter dieser Domain tatsächlich Dienstleistungen angeboten. Von der Beklagten zu 3) kann aber verlangt werden, hier einen unterscheidungskräftigen Zusatz bei der Internet-Domain zu verwenden, wohingegen die Klägerin aufgrund ihrer überragenden Bekanntheit des Kennzeichens „JOOP" ein besonderes Interesse an der Domain „joop.de" ohne weitere Zusätze hat. Zudem hat sie auch ein Interesse daran, dass jegliche Verwässerungsgefahr des Kennzeichens „JOOP" vermieden wird.[832] Zudem erwartet auch der Internetnutzer aufgrund der überragenden Bekanntheit des Kennzeichens „JOOP", dass er bei Eingabe der Domain „joop.de" auf eine Internetseite der Klägerin weitergeleitet wird. Diese Erwartung wird enttäuscht, wenn der Nutzer schließlich bei Eingabe von „joop.de" auf einer Internetseite der Beklagten zu 3) landet und hier noch nicht einmal ein aufklärender Hinweis erfolgt. Denn gerade aufgrund der überragenden

831 LG Hamburg MMR 2000, 620 ff.
832 LG Hamburg MMR 2000, 620 ff.

Bekanntheit entsteht eine Erwartungshaltung der angesprochenen Verkehrskreise, die durch die Verwendung des Kennzeichens als Domain durch einen Dritten ausgebeutet wird, indem er an dem Bekanntheitsgrad des Kennzeichens ungerechtfertigter Weise partizipiert. Das Landgericht Hamburg ging daher von einem überwiegenden Interesse der Klägerin an der Nutzung der Internet-Domain „joop.de" aus.

Demgemäß ist ein Unterlassungsanspruch der Klägerin gegen die Beklagten gemäß §§ 14 Abs. 2 Nr. 3, 15 Abs. 4 MarkenG zu bejahen.

II. Lauterkeitsrechtliche Situation

Bei der Kollision von Marke und Domain ist im Anwendungsbereich des § 5 Abs. 2 UWG zunächst zu klären, ob es sich bei der Domain überhaupt um ein Kennzeichen im Sinne des § 5 Abs. 2 UWG handelt.

Als Kennzeichen im Sinne von § 5 Abs. 2 UWG sind solche Zeichen zu verstehen, die unterscheidungskräftig sind; rein beschreibende Angaben unterfallen nicht dem Begriff des Kennzeichens.[833] Der Domain ist dann eine Kennzeichnungsfunktion zuzusprechen, wenn durch sie die Möglichkeit der Identifizierung und Individualisierung des Benutzenden besteht.[834] Die Kennzeichnungs- und Namensfunktion wird aber nicht jeder Domain per se zugesprochen, sondern es müssen konkrete Umstände des Einzelfalls vorliegen, die einen Rückschluss auf eine solche Kennzeichnungs- und Namensfunktion zulassen; d.h. die kennzeichnende Funktion der Domain steht damit in Wechselwirkung zur Prägnanz und Aussagekraft der gewählten Bezeichnung.[835]

In der vorliegenden Konstellation dürfte der Domain „joop.de" durchaus eine Kennzeichnungsfunktion zugesprochen werden können, so dass der Anwendungsbereich des § 5 Abs. 2 UWG grundsätzlich eröffnet ist.

Zu klären ist weiter, ob durch die Verwendung der Domain „joop.de" auch eine konkrete Verwechslungsgefahr mit der Marke des Klägers „JOOP!" besteht. Hierbei ist zu berücksichtigen, dass es sich bei dem von Wolfgang Joop geführten Unternehmen – d.h. der Klägerin – um eine geschäftliche Bezeichnung mit besonderem Ruf aufgrund der überragenden Bekanntheit des Designers Wolfgang Joop handelt und dieses Ansehen auch der von der Klägerin verwendeten

---

833 *Fezer,* GRUR 2009, 451, 456.

834 LG Mannheim GRUR 1997, 377, 378 – heidelberg.de.

835 *Omsels,* GRUR 1997, 328, 334; *Müller,* Die Beurteilung von Gattungsbezeichnungen als Domainnamen anhand der Vorschriften des Marken- und Wettbewerbsrechts, 2006, S. 48.

Marke „JOOP!" zuzusprechen ist. Aus dieser überragenden Bekanntheit resultiert auch, dass die angesprochenen Verkehrskreise unter der Domain „joop.de" der Beklagten einen Internetauftritt der Klägerin erwarten und nicht einen Internetauftritt der Beklagten für Pianos u.Ä. Aufgrund dieser Vorstellungen der angesprochenen Verkehrskreise ist bei der vorliegenden Kollision von Marke und Domain durchaus von einer konkreten Verwechslungsgefahr auszugehen. Eine konkrete lauterkeitsrechtliche Verwechslungsgefahr im Sinne von § 5 Abs. 2 UWG ist nur dann zu verneinen, wenn auf der Startseite der Internetadresse „joop.de" direkt darüber aufgeklärt wird, dass es sich nicht um eine Internetpräsenz der Klägerin handelt. Dieser aufklärende Hinweis dürfte gerade bei Fällen der Gleichnamigkeit unter Berücksichtigung der markenrechtlichen Rechtsprechung des Bundesgerichtshofes auch im Rahmen des § 5 Abs. 2 UWG von dem prioritätsjüngeren Kennzeichenverwender gefordert werden dürfen.

III. Schlussfolgerungen

Die vorliegende Konstellation zeigt auf, dass gerade bei der Verwendung von Personennamen als Domain gehäuft Kollisionen mit anderen Kennzeichen wie beispielsweise Marken und Unternehmenskennzeichen auftreten. Denn aufgrund der technischen Begebenheiten kann unter einer Top-Level-Domain nur einmal eine Second-Level-Domain vergeben werden, d.h. es gilt hier der Grundsatz „wer zuerst kommt, mahlt zuerst". Lässt nun eine (unbekannte) natürliche Person eine Domain mit seinem bürgerlichen Namen registrieren und ist dieser bürgerliche Name identisch mit einer bekannten Marke oder Unternehmenskennzeichen, sind Kollisionen und vor allem eine Verwechslungsgefahr mit dem bekannten Kennzeichen bereits immanent. Zwar kann der Domaininhaber nicht grundsätzlich gezwungen werden, seine Domain aufzugeben. Es gibt jedoch Konstellationen, in denen bei der im Rahmen des Rechts der Gleichnamigen durchzuführenden Interessenabwägung ein überragendes Interesse des Kennzeicheninhabers an der Übertragung des Domainnamens besteht. Dies ist jedoch stets im Rahmen des konkreten Einzelfalls zu prüfen.

1. Allgemeine Regeln

Aus den vorstehenden Ausführungen lassen sich folgende allgemeinen Regeln ableiten:

- Für einen kennzeichenrechtlichen Anspruch des Kennzeicheninhabers gegen den Domaininhaber ist erforderlich, dass die Domain im geschäftlichen Verkehr verwendet wird; gegen eine rein private Nutzung kann nur mit einem

Unterlassungsanspruch aus § 12 BGB vorgegangen werden. Zudem scheidet bei einer rein privaten Nutzung der Domain auch ein lauterkeitsrechtlicher Anspruch aus § 5 Abs. 2 UWG aus.

- Grundsätzlich hat der Domaininhaber ein berechtigtes Interesse an der Verwendung seines bürgerlichen Namens als Domain. Allerdings ist der Domaininhaber bei Vorliegen einer offensichtlichen Verwechslungsgefahr mit einem bekannten Kennzeichen in zumutbarer Weise verpflichtet, einen aufklärenden Hinweis auf der Startseite seiner Internetdomain aufzunehmen.
- Im Rahmen der Interessenabwägung beim Recht der Gleichnamigen sind die Eigenheiten des Internets zu berücksichtigen; d.h. dem Merkmal der Priorität der Registrierung gebührt in derartigen Kollisionsfällen der Vorrang.[836]
- Ist ein überragendes Interesse an der Verwendung des Kennzeichens ohne unterscheidende Zusätze als Domainname auf Seiten des Kennzeicheninhabers im Rahmen der Interessenabwägung zu bejahen, kann der Domaininhaber ausnahmsweise verpflichtet werden, seine Domain aufzugeben und eine neue mit einem unterscheidenden Zusatz zu registrieren. Für die Aufgabe der Domain durch den Domaininhaber könnte eine überragende Bekanntheit (überragende Verkehrsgeltung) des Kennzeichens des Kennzeicheninhabers sprechen, aufgrund derer die angesprochenen Verkehrskreise mit der Internetdomain sofort den Kennzeicheninhaber in Verbindung bringen, wie das beispielsweise bei „JOOP" oder auch „shell" der Fall ist.
- Als Mittel zur Minimierung der Verwechslungsgefahr könnte die Aufnahme unterscheidender Zusätze dienen, wie z.B. die Aufnahme des Vornamens in die Domain oder bei einer örtlich beschränkten Geschäftstätigkeit die Aufnahme des Tätigkeitsortes in den Domainnamen oder aber auch die Aufnahme der Branche in den Domainnamen.[837] Ausreichend könnte auch sein, auf der ersten sich öffnenden Startseite der Internetdomain einen aufklärenden Hinweis aufzunehmen, dass es sich nicht um die Internetpräsenz des Kennzeicheninhabers des bekannten Kennzeichens handelt.
- Aus dem Wortlaut des § 5 Abs. 2 UWG lässt sich entnehmen, dass die Verwechslungsgefahr entweder aufgrund der Waren und/oder Dienstleistung <u>oder</u> aufgrund der verwendeten Marke bzw. Kennzeichen besteht.
- Als Kennzeichen im Sinne von § 5 Abs. 2 UWG sind solche Zeichen zu verstehen, die unterscheidungskräftig sind; rein beschreibende Angaben

---

836 BGH GRUR 2002, 622, 625 – shell.de; BGH GRUR 2010, 738 – Peek & Cloppenburg; *Thiering,* in: Ströbele/Hacker/Thiering, MarkenG, 12. Aufl. 2018, § 23 Rn. 46; *Ingerl/Rohnke,* in: Ingerl/Rohnke, MarkenG, 3. Aufl. 2010, Nach § 15 Rn. 100.

837 *Pahlow,* WRP 2002, 1228, 1232.; BGH GRUR 2002, 706, 708 – vossius.de.

unterfallen nicht dem Begriff des Kennzeichens. Der Domain ist dann eine Kennzeichnungsfunktion zuzusprechen, wenn durch sie die Möglichkeit der Identifizierung und Individualisierung des Benutzenden besteht.

2. *Mögliche Abgrenzungsmaßnahmen*

Die möglichen Abgrenzungsmaßnahmen sind je nach Konstellation unterschiedlich. Ist der Domaininhaber Anspruchsgegner könnten folgende Abgrenzungsmaßnahmen in Betracht kommen:

- Aufnahme von unterscheidenden Zusätzen, wie beispielsweise die Aufnahme des Vornamens in die Domain, bei einer örtlich beschränkten Geschäftstätigkeit die Aufnahme des Tätigkeitsortes in den Domainnamen oder aber auch die Aufnahme der Branche in den Domainnamen.[838]
- Ausreichend könnte auch sein, auf der ersten sich öffnenden Startseite der Internetdomain einen aufklärenden Hinweis aufzunehmen, dass es sich nicht um die Internetpräsenz des Kennzeicheninhabers des bekannten Kennzeichens handelt. Denn so können die angesprochenen Verkehrskreise bei der sich öffnenden Internetseite auf den ersten Blick erkennen, um welche Internetpräsenz es sich handelt.[839] Ein aufklärender Hinweis auf der Startseite kann daher ausreichend sein, um eine Verwechslungsgefahr auszuschließen oder zumindest zu minimieren.

3. *Neujustierung der Grundsätze des Rechts der Gleichnamigen notwendig?*

Bei Kollisionen mit Domainnamen sind die Eigenarten des Internets in der Form, dass eine Domain technisch gesehen nur einmal vergeben werden kann, als maßgebendes Entscheidungskriterium im Rahmen des Rechts der Gleichnamigen zu berücksichtigen, so dass insoweit an den durch die Rechtsprechung statuierten Grundsätzen festzuhalten ist. Für eine solche Priorität der Erstregistrierung spricht deren Praktikabilität und auch der Umstand, dass sie für jeden erkennbar ist und dadurch ein gewisses Maß an Rechtssicherheit erreicht wird.[840] Von diesem Grundsatz der Priorität der Erstregistrierung ist nur dann im Wege der Interessenabwägung bei Gleichnamigen abzuweichen, wenn und

838 *Pahlow,* WRP 2002, 1228, 1232; BGH GRUR 2002, 706, 708 – vossius.de.
839 BGH GRUR 2010, 738 – Peek & Cloppenburg.
840 *Kurbel,* Neue Entwicklungen im Recht der Gleichnamigen, 2016, S. 206.

soweit der Anspruchssteller ein überragendes Interesse aufgrund der durch sein Kennzeichen erreichten Verkehrsgeltung an der Domain hat. Ist dies nicht der Fall, wird die Interessenabwägung regelmäßig zugunsten des Domaininhabers ausgehen, was jedoch nicht bedeutet, dass der Domaininhaber nicht aufgrund der Grundsätze des Rechts der Gleichnamigen zur Rücksichtnahme gegenüber dem Anspruchssteller verpflichtet ist.[841] Denn aufgrund des Gebots der Rücksichtnahme ist auch der Domaininhaber verpflichtet, die Verwechslungsgefahr zwischen den Kennzeichen so gering wie möglich zu halten und zumutbare Maßnahmen zur Verringerung der Verwechslungsgefahr, beispielsweise in Form von Hinweisen auf der Startseite, zu ergreifen.[842]

E. Kollision von geschäftlicher Bezeichnung und Domain

Die Kollision von Domain und geschäftlicher Bezeichnung soll anhand der Entscheidung des Bundesgerichtshofes vom 11.4.2002 zu „vossius.de“[843] dargestellt werden. Der Entscheidung lag folgender Sachverhalt zugrunde:

Der Beklagte zu 1) ist ein bekannter Patentanwalt. Aus der von ihm betriebenen Patentanwaltskanzlei ist die von der Klägerin nunmehr geführte Kanzlei entstanden. Dieser Kanzlei hat der Beklagte zu 1) eine Zeit lang angehört. Die Kanzleibezeichnung begann zunächst mit Vossius, nachfolgend die weiteren Namen der Sozien. Noch während der Mitgliedschaft des Beklagten zu 1) in der Kanzlei wurde die Geschäftsbezeichnung in „Vossius & Partner“ umbenannt.

Nach dem Ausscheiden des Beklagten zu 1) wurde zwischen diesem und der Klägerin vereinbart, dass die Kanzlei auch weiterhin die Bezeichnung „Vossius & Partner“ führen darf. Hierbei handelt es sich um eine schuldrechtliche Einräumung der Nutzung des Namens des Beklagten zu 1) im Sinne einer Lizenz an einem Unternehmenskennzeichen gegenüber der Klägerin.

Einige Jahre nach dem Ausscheiden des Beklagten zu 1) aus der Kanzlei „Vossius & Partner“ widerrief der Beklagte zu 1) gegenüber der Klägerin die Gestattungsvereinbarung/schuldrechtliche Nutzungsvereinbarung betreffend die Verwendung seines Namens in der Kanzleibezeichnung.

Der Beklagte zu 1) trat in die Kanzlei der Beklagten zu 2) und des Beklagten zu 3) ein. Der Beklagte zu 3) ließ für diese Sozietät den Domainnamen „vossius.de“ registrieren.

Die Klägerin verwendet den Domainnamen „vossiuspartner.de“.

---

841 *Kurbel,* Neue Entwicklungen im Recht der Gleichnamigen, 2016, S. 206 f.

842 *Kurbel,* Neue Entwicklungen im Recht der Gleichnamigen, 2016, S. 207.

843 BGH MMR 2002, 456 – vossius.de.

I. Kennzeichenrechtliche Situation

Der Klägerin steht gegen die Beklagten ein (eingeschränkter) Unterlassungsanspruch bezogen auf die Verwendung der Internetdomain „vossius.de" ohne aufklärenden Zusatz gemäß § 15 Abs. 2 MarkenG zu.

Die Klägerin hat an der Kanzleibezeichnung „Vossius & Partner" durch Aufnahme der Benutzung ein Kennzeichenrecht nach § 5 Abs. 2 MarkenG in Form der geschäftlichen Bezeichnung erworben.[844]

§ 5 Abs. 2 MarkenG setzt für den Schutz als Kennzeichenrecht das ungeschriebene Tatbestandsmerkmal eines befugten Gebrauchs voraus.[845] Die Klägerin gebraucht die Kanzleibezeichnung „Vossius & Partner" in befugter Art und Weise. Der Beklagte zu 1) hat in der Vereinbarung anlässlich seines Ausscheidens aus der gemeinsamen Kanzlei der Klägerin wirksam schuldrechtlich gestattet, den Namen des Beklagten zu 1) weiter in der Kanzleibezeichnung zu verwenden. Diese schuldrechtliche Gestattung bzw. Nutzungseinräumung ist weder durch Widerruf noch durch Kündigung seitens des Beklagten zu 1) beendet worden. Die Gestattungsvereinbarung/schuldrechtliche Nutzungsvereinbarung sehe kein Recht zur ordentlichen Kündigung vor.[846] Zudem hat der Bundesgerichtshof in seiner Entscheidung vom 28.2.2002[847] festgestellt, dass auch keine hinreichenden Gründe für eine außerordentliche Kündigung gegeben seien. Weder könne sich der Beklagte zu 1) darauf berufen, dass er seine Patentanwaltstätigkeit nach Ausscheiden aus der Sozietät der Klägerin wider Erwarten fortgesetzt habe, noch darauf, dass es wegen der Ähnlichkeit der Kanzleibezeichnungen gelegentlich zu Verwechslungen komme.[848]

Zwischen der Kanzleibezeichnung „Vossius & Partner" der Klägerin und der von den Beklagten registrierten Domain „vossius.de" besteht auch eine unmittelbare Verwechslungsgefahr im Sinne des § 15 Abs. 2 MarkenG. Der Bestandteil „Vossius" der Kanzleibezeichnung der Klägerin ist prägend für diese geschäftliche Bezeichnung. Auch in dem Domainnamen ist der Bestandteil „vossius" prägend, so dass bei Gegenüberstellung dieser beiden prägenden Bestandteile eine vollständige Identität gegeben ist. Zudem wird der Bestandteil „Vossius" in der Kanzleibezeichnung der Klägerin wie auch in dem Domainnamen der Beklagten

844 BGH MMR 2002, 456, 457.

845 *Fezer*, in: Fezer, MarkenR, 4. Aufl. 2009, § 15 Rn. 116; *Ingerl/Rohnke*, in: Ingerl/Rohnke, MarkenG, 3. Aufl. 2010, § 15 Rn. 12; BGH MMR 2002, 456, 457.

846 BGH Urt. v. 28.2.2002, Az.: I ZR 195/99.

847 BGH I ZR 195/99.

848 BGH Urt. v. 28.2.2002, Az.: I ZR 195/99.

für identische Dienstleistungen – namentlich für das Angebot einer Patent- und Rechtsanwaltskanzlei – verwendet. Damit liegen die Voraussetzungen für eine unmittelbare Verwechslungsgefahr nach § 15 Abs. 2 MarkenG vor.

Zu klären ist allerdings, ob die Beklagten dem grundsätzlich bestehenden Unterlassungsanspruch der Klägerin den Ausnahmetatbestand des § 23 Abs. 1 Nr. 1 MarkenG n.F. und die Grundsätze des Rechts der Gleichnamigen entgegenhalten können. Denn bei dem Bestandteil „vossius" in dem Domainnamen der Beklagten handelt es sich um den Familiennamen des Beklagten zu 1), dessen Nutzung den Beklagten dem Grunde nach nicht versagt werden kann, soweit dieser nicht in unlauterer Weise erfolgt. Allerdings ist beim Recht der Gleichnamigen darauf abzustellen, dass die Beklagten als prioritätsjüngere Nutzer des Domainnamens verpflichtet sind, einen ausreichenden Abstand zum Kanzleinamen der Klägerin einzuhalten, der zugleich geeignet ist, auch eine konkrete Verwechslungsgefahr im Sinne des § 5 Abs. 2 UWG zu vermeiden. Die Beklagten trifft insoweit die Rücksichtnahmepflicht, weil sie erst einige Zeit nach der Klägerin den Bestandteil „vossius" in Alleinstellung begonnen haben zu nutzen und durch die Nutzung des Bestandteils „vossius" in Alleinstellung erst die Verwechslungsgefahr begründet haben. Zudem hatten die Beklagten auch Kenntnis davon, dass die Klägerin nach wie vor in der Kanzleibezeichnung den Namen „Vossius" verwendet.

Die Beklagten können der ihnen obliegenden Rücksichtnahmepflicht dadurch genügen, dass sie ihrem Namen in dem Domainnamen einen Zusatz – beispielsweise einen Vornamen – hinzufügen. Denn Interessenten können bei Eingabe der Internetadresse „vossius.de" nicht nur die Beklagten vermuten, sondern auch eine Homepage der Klägerin aufgrund der Kanzleibezeichnung „Vossius & Partner". Im Rahmen der beim Recht der Gleichnamigen vorzunehmenden Interessenabwägung, könnte als weiteres milderes Mittel die Aufnahme eines aufklärenden Hinweises auf der Homepage der Beklagten in Betracht kommen, wonach es sich nicht um eine Internetadresse der Klägerin handelt. Auch hierdurch könnte der Verwechslungsgefahr begegnet werden.

Dementsprechend besteht ein Unterlassungsanspruch der Klägerin gegen die Beklagten nur insoweit, als dass sie unter ihrer Domain „vossius.de" keinen aufklärenden Zusatz betreffend die Gleichnamigkeit zur Klägerin aufgenommen haben.

II. Lauterkeitsrechtliche Situation

In Betracht kommt auch ein Unterlassungsanspruch der Klägerin gegen die Beklagten nach § 5 Abs. 2 UWG.

Wie bereits zuvor ausgeführt, kann einer unterscheidungskräftigen Domain auch eine Kennzeichnungsfunktion zugesprochen werden, so dass der Anwendungsbereich von § 5 Abs. 2 UWG eröffnet ist. Bei der hier fraglichen Domain „vossius.de“ ist die Unterscheidungskraft und damit auch die Kennzeichnungsfunktion zu bejahen.

Daneben besteht bei den angesprochenen Verkehrskreisen auch die konkrete Gefahr von Verwechslungen im Sinne von § 5 Abs. 2 UWG. Aufgrund der Tatsache, dass die Klägerin über Jahre hinweg unter der Kanzleibezeichnung „Vossius & Partner“ am Markt aufgetreten ist und unter dieser Bezeichnung sich auch einen gewissen Ruf aufgebaut hat, ist es nicht fernliegend, dass die Verkehrskreise unter der Domain „vossius.de“ eine Internetpräsenz der Klägerin und nicht der Beklagten erwarten. Unter diesem Gesichtspunkt besteht daher eine konkrete Verwechslungsgefahr bei den angesprochenen Verkehrskreisen.

Dieser Verwechslungsgefahr kann nur dadurch begegnet werden, dass die Beklagten auf ihrer Internetseite unter der Domain „vossius.de“ entweder einen klarstellenden Zusatz einblenden, der die angesprochenen Verkehrskreise darüber informiert, dass es sich bei der Internetpräsenz nicht um ein Angebot der Klägerin handelt, oder die Beklagten ihrer Domain einen weiteren Zusatz (beispielsweise einen Vornamen) hinzufügen und dadurch eine Verwechslungsgefahr mit der Klägerin vermeiden. Ohne einen aufklärenden Hinweis oder einen Zusatz beim Domainnamen ist jedenfalls auch der Tatbestand des § 5 Abs. 2 UWG erfüllt.

III. Zusammenfassung

Bei der Beurteilung einer – sowohl kennzeichenrechtlichen wie auch lauterkeitsrechtlichen – Verwechslungsgefahr ist bei zusammengesetzten Kennzeichen auf den prägenden Bestandteil abzustellen, der bei der vorliegenden Konstellation der Namen „vossius“ ist. Gerade an diesem prägenden Bestandteil orientieren sich auch die Vorstellungen der angesprochenen Verkehrskreise. Ursprünglich war der Beklagte zu 1) selbst Mitglied der Klägerin. Nach seinem Ausscheiden gestattete er der Klägerin weiterhin seinen Namen in der Kanzleibezeichnung zu verwenden. Gerade aufgrund dieser Gestattung ist der Beklagte zu 1) allerdings in der Zukunft gehalten, bei Verwendung seines bürgerlichen Namens im geschäftlichen Verkehr einen gewissen Abstand zur Klägerin einzuhalten, um Verwechslungen zu vermeiden.

1. *Allgemeine Regeln*

Aus den vorstehenden Ausführungen lassen sich folgende allgemeinen Regeln ableiten:

- Grundsätzlich hat der Domaininhaber ein berechtigtes Interesse an der Verwendung seines bürgerlichen Namens als Domain. Allerdings ist der Domaininhaber bei Vorliegen einer für ihn aufgrund der Gestattung der Namensführung durch einen Dritten erkennbaren Verwechslungssituation in zumutbarer Weise verpflichtet, einen aufklärenden Hinweis auf der Startseite seiner Internetdomain aufzunehmen.
- Sowohl bei der Beurteilung der kennzeichenrechtlichen wie auch der lauterkeitsrechtlichen Verwechslungsgefahr ist bei zusammengesetzten Zeichen der prägende Bestandteil maßgebend.
- Im Rahmen der Grundsätze des Rechts der Gleichnamigen ist darauf abzustellen, dass die Beklagten als prioritätsjüngere Nutzer des Domainnamens verpflichtet sind, einen ausreichenden Abstand zum Kanzleinamen der Klägerin einzuhalten, der zugleich geeignet ist, auch eine konkrete Verwechslungsgefahr im Sinne des § 5 Abs. 2 UWG zu vermeiden. Die Beklagten trifft insoweit die Rücksichtnahmepflicht, weil sie erst einige Zeit nach der Klägerin den Bestandteil „vossius“ in Alleinstellung benutzen und durch die Nutzung des Bestandteils „vossius“ in Alleinstellung erst die Verwechslungsgefahr begründet haben.

2. *Mögliche Abgrenzungsmaßnahmen*

Die möglichen Abgrenzungsmaßnahmen sind je nach Konstellation unterschiedlich. Ist der Domaininhaber Anspruchsgegner könnten folgende Abgrenzungsmaßnahmen in Betracht kommen:

- Ausreichend könnte sein, auf der ersten sich öffnenden Startseite der Internetdomain einen aufklärenden Hinweis aufzunehmen, dass es sich nicht um die Internetpräsenz des anderen Kennzeicheninhabers handelt. Dies vor dem Hintergrund, dass die angesprochenen Verkehrskreise bei der sich öffnenden Internetseite auf den ersten Blick erkennen können, um welche Internetpräsenz es sich handelt.[849] Ein aufklärender Hinweis auf der Startseite kann daher ausreichend sein, um eine Verwechslungsgefahr auszuschließen oder zumindest zu minimieren.

849 BGH GRUR 2010, 738 – Peek & Cloppenburg.

- In Betracht kommt aber auch die Aufnahme von unterscheidenden Zusätzen, wie beispielsweise die Aufnahme des Vornamens in die Domain oder bei einer örtlich beschränkten Geschäftstätigkeit die Aufnahme des Tätigkeitsortes in den Domainnamen oder aber auch die Aufnahme der Branche in den Domainnamen.[850]

3. *Neujustierung der Grundsätze des Rechts der Gleichnamigen notwendig?*

Da es sich auch hier um eine Kollision mit einem Domainnamen handelt, greifen die gleichen Ausführungen wie zuvor[851]; d.h. maßgebendes Kriterium bei der Interessenabwägung beim Recht der Gleichnamigen ist die Priorität der Erstregistrierung, wie es der Rechtsprechung des Bundesgerichtshofes entspricht. Der Fall zeigt aber besonders prägnant auf, dass den Domaininhaber Rücksichtnahmepflichten treffen, die eine Vermeidung oder zumindest eine Verringerung der Verwechslungsgefahr bewirken. Denn die Beklagten haben durch die Registrierung der Domain erstmalig eine Kollision mit dem Kennzeichen der Klägerin herbeigeführt und die Beklagten hatten auch positive Kenntnis davon, dass die Klägerin weiterhin unter der Bezeichnung „Vossius & Partner" am Markt auftritt und es dadurch zu einer Kollisionskonstellation kommt.

F. Kollision zwischen Marke und geografischer Herkunftsangabe

Die Kollision zwischen Marke und geografischer Herkunftsangabe soll anhand der Auseinandersetzung des Bayerischen Brauerbund e.V. und einer niederländischen Brauerei, die Inhaber der internationalen Marke „Bayerisches Bier" ist, in etwas abgewandelter Form dargestellt werden:

Zu den Aufgaben des Bayerische Brauerbund e.V. (nachfolgend auch „Klägerin" genannt) gehört es laut Satzung gegen die unlautere Verwendung der Angabe „Bayerisches Bier" vorzugehen.

Die Bundesregierung meldete auf Antrag der Klägerin die Bezeichnung „Bayerisches Bier" zur Eintragung als geschützte geografische Herkunftsbezeichnung in ein von der Europäischen Kommission geführtes Verzeichnis an.[852] Die

---

850 *Pahlow,* WRP 2002, 1228, 1232; BGH GRUR 2002, 706, 708 – vossius.de.

851 vgl. Ausführungen in Kap. 5 D. III. 3.

852 BGH NJW-RR 2008, 711.

Bezeichnung „Bayerisches Bier“ wurde mit der Verordnung (EG) Nr. 1347/01 vom 28.6.2001 als geschützte geografische Herkunftsangabe eingetragen.[853] Die Eintragung der geografischen Herkunftsangabe ist für den Schutz nach dem deutschen MarkenG nicht erforderlich.

Die niederländische Brauerei ist Inhaberin der internationalen Marke „BAVARIA HOLLAND BEER“, die vor dem Antrag der Bundesregierung auf Aufnahme der Bezeichnung „Bayerisches Bier“ als geschützte geografische Herkunftsangabe u.a. für die eingetragene Ware „Biere“ auch Schutz in Deutschland genießt.

Abb.: Abbildung aus dem Register der WIPO zur international registrierten Marke Nr. 645349

Bei der nachfolgenden rechtlichen Beurteilung soll lediglich auf die Vorschriften im MarkenG und im UWG zurückgegriffen werden.

I. Kennzeichenrechtliche Situation

Die Klägerin könnte gegen die Beklagte einen Unterlassungsanspruch betreffend die Verwendung der internationalen Marke „BAVARIA HOLLAND BEER“ für das Gebiet der Bundesrepublik Deutschland gemäß § 127 Abs. 3 MarkenG haben.

853 BGH NJW-RR 2008, 711.

1. Geschützte geografische Herkunftsangabe

Bei der Bezeichnung „Bayerisches Bier" handelt es sich um eine geschützte geografische Herkunftsangabe im Sinne des § 126 Abs. 1 MarkenG. Die Eintragung einer geografischen Angabe nach der Verordnung der Europäischen Kommission setzt voraus, dass es sich um eine qualifizierte geografische Bezeichnung handelt. Sie muss der Name einer Gegend, eines bestimmten Ortes oder in Ausnahmefällen eines Landes sein, der zur Bezeichnung eines Agrarerzeugnisses oder Lebensmittels dient, bei dem sich eine bestimmte Qualität, das Ansehen oder eine andere Eigenschaft aus diesem geografischen Ursprung ergibt.[854] Im Rahmen des Eintragungsverfahrens in dem Register der Europäischen Kommission ist die Eintragung der Bezeichnung „Bayerisches Bier" als geschützte geografische Angabe im Wesentlich mit dem Ansehen des aus Bayern stammenden Bieres begründet worden.[855]

Zudem wird die Bezeichnung „Bayerisches Bier" aus Sicht eines informierten, angemessenen aufmerksamen und verständigen Durchschnittsverbrauchers im geschäftlichen Verkehr zur Kennzeichnung der geografischen Herkunft von Bier, das aus Bayern stammt, verwendet.[856] Auch der Bundesgerichtshof verneint, dass es sich bei der Bezeichnung „Bayerisches Bier" um eine nicht schutzfähige Gattungsbezeichnung im Sinne des § 126 Abs. 2 MarkenG handelt.[857]

Es bleibt damit festzuhalten, dass es sich bei der Bezeichnung „Bayerisches Bier" um eine geschützte geografische Herkunftsangabe gemäß § 126 Abs. 1 MarkenG handelt.

2. Tatbestand des § 127 Abs. 3 MarkenG

Die geografische Herkunftsangabe „Bayerisches Bier" wird von den Mitgliedern der Klägerin im geschäftlichen Verkehr für Bier verwendet.

Die Benutzung der geografischen Herkunftsangabe „Bayerisches Bier" für Biere, die nicht aus Bayern stammen, ist grundsätzlich geeignet eine Irreführungsgefahr zu begründen. Denn – wie bereits zuvor ausgeführt – geht ein informierter, angemessen aufmerksamer und verständiger Durchschnittsverbraucher bei der Bezeichnung von „Bayerischem Bier" im Zusammenhang mit Bier davon aus, dass dieses aus Bayern stammt. Mit der Bezeichnung „bayrisches Bier" wird

854 BGH Urt. v. 22.9.2011, Az.: I ZR 69/04 – Bayerisches Bier II.

855 BGH Urt. v. 22.9.2011, Az.: I ZR 69/04 – Bayerisches Bier II.

856 BGH GRUR 2002, 1074, 1075 – Original Oettinger; OLG München GRUR-RR 2013, 163, 164 – BAVARIA HOLLAND BEER II.

857 BGH GRUR 2008, 413 – Bayerisches Bier I.

regelmäßig eine langjährige bayerische Brautradition verbunden, die auch zu einem besonderen Ruf im Sinne des § 127 Abs. 3 MarkenG führt. Denn für die Annahme eines besonderen Rufes ist es ausreichend, dass die geografische Herkunftsangabe ein besonderes Ansehen genießt, ohne dass dies durch objektive Eigenschaften der mit der geografischen Herkunftsangabe gekennzeichneten Produkte begründet sein muss.[858] Der besondere Ruf der geografischen Herkunftsangabe „Bayerisches Bier" folgt hier aus dem Umstand, dass die angesprochenen Verkehrskreise diese Bezeichnung mit einer fast 500-jährigen Braukultur nach dem bayerischen Reinheitsgebot von 1516 verbindet.[859]

Zudem ist die Marke der Beklagten dadurch gekennzeichnet, dass der Bestandteil „BAVARIA" deutlich im Vordergrund steht und damit eine blickfangmäßige Wirkung entfaltet. Durch diese blickfangmäßige Gestaltung der Marke soll bei den angesprochenen Verkehrskreisen und insbesondere bei Verbrauchern eine gedankliche Verknüpfung zu Bieren aus bayerischer Herkunft erfolgen, vor allem, weil diese einen besonderen Ruf aufweisen.

Die Benutzung der geografischen Herkunftsangabe für Biere anderer Herkunft ist auch geeignet, den Ruf der geografischen Herkunftsangabe in unlauterer Weise auszunutzen. Die Übertragung des besonderen Rufes der geografischen Herkunftsangabe „Bayerisches Bier" auf Biere der Beklagten liegt auch nahe, da die Warengruppen identisch sind.[860]

Damit ist eine Irreführungsgefahr durch die Marke der Beklagten und, daraus resultierend, auch ein Unterlassungsanspruch nach § 127 Abs. 3 MarkenG gegeben.

Die Frage ist nunmehr, ob sich die Beklagte aufgrund der ihrer Marke zukommenden Priorität (die Marke der Beklagten ist vor der Eintragung der Bezeichnung „Bayerisches Bier" als geschützte geografische Herkunftsangabe im internationalen Markenregister eingetragen worden) auf die Grundsätze des Rechts der Gleichnamigen berufen kann. Sowohl die Marke der Beklagten als auch die geografische Herkunftsangabe „Bayerisches Bier" wurden über einen geraumen Zeitrahmen parallel nebeneinander verwendet. Für die weitere

858 BGH, Urt. v. 9.12.1982, Az.: I ZR 133/80; OLG München, GRUR-RR 2002, 64, 66; *Fezer*, in: Fezer, MarkenR, 4. Aufl. 2009, § 127 Rn. 22; *Hacker*, in Ströbele/Hacker/Thiering, MarkenG, 12. Aufl. 2018, § 127 Rn. 31.

859 OLG München GRUR-RR 2013, 163, 165.

860 OLG München GRUR-RR 2013, 163, 166; *Ingerl/Rohnke*, in: Ingerl/Rohnke, MarkenG, 3. Aufl. 2010, § 127 Rn. 17.

Prüfung soll daher davon ausgegangen werden, dass durch die parallele Benutzung der Kennzeichen eine sog. Gleichgewichtslage entstanden ist.

In Art. 23 Abs. 3 TRIPS-Abkommen findet sich eine Sonderregelung für den Fall gleichnamiger geografischer Herkunftsbezeichnungen.[861]

Nach dieser Regelung soll jede Bezeichnung im Außenverhältnis den Schutz des TRIPS-Abkommens erhalten, wohingegen im Innenverhältnis (= konkreter Konflikt zwischen den Gleichnamigen) die Einschränkungen des Art. 22 Abs. 4 TRIPS-Abkommen[862] und vor allem das Irreführungs- und Unlauterkeitsverbot gelten sollen.[863] D.h. auch das TRIPS-Abkommen sieht im Falle einer Gleichnamigkeit von geografischen Herkunftsangaben die Vermeidung von Irreführung der angesprochenen Verkehrskreise durch ergänzende Zusätze vor.

Dies entspricht auch den Maßgaben des Rechts der Gleichnamigen, wobei im Rahmen der Interessenabwägung zu ermitteln ist, welcher der Parteien ein ergänzender Zusatz zwecks Vermeidung von Irreführungen zugemutet werden kann. In diesem Zusammenhang ist zu berücksichtigen, dass die geografischen Herkunftsangaben nur dadurch Schutz genießen, dass durch sie Waren oder Dienstleistungen einer bestimmten Herkunft gekennzeichnet werden, mit denen die Verbraucher bestimmte Vorstellungen der Art und Güte verbinden. Aus diesem Grund ist es der Klägerin nicht zuzumuten, durch einen ergänzenden Zusatz die geografische Herkunftsangabe, die hier das prioritätsjüngere Kennzeichen ist, zu modifizieren und dadurch der Irreführungsgefahr zu begegnen. Vielmehr ist es der Beklagten, die sich insoweit „nur" auf ihr Markenrecht stützt, zuzumuten, einen Zusatz in der Marke aufzunehmen oder ebenfalls prägend in Stellung zu bringen, um der Irreführungsgefahr zu begegnen. Insoweit ist zu berücksichtigen, dass Bestandteil der Marke der Beklagten neben „BAVARIA" auch „HOLLAND" ist, die grafische Gestaltung der Wort-/Bildmarke jedoch

---

861 Art. 23 Abs. 3 TRIPS lautet wie folgt: *„Im Falle gleichlautender geographischer Angaben für Weine wird unbeschadet des Artikels 22 Absatz 4 für jede Angabe Schutz gewährt. Das einzelne Mitglied legt die praktischen Bedingungen fest, unter denen die fraglichen gleichlautenden Angaben voneinander unterschieden werden, wobei die Notwendigkeit berücksichtigt wird, sicherzustellen, daß die betroffenen Erzeuger angemessen behandelt und die Verbraucher nicht irregeführt werden."*

862 Art. 22 Abs. 4 TRIPS lautet wie folgt: *„Der Schutz gemäß den Absätzen 1, 2 und 3 ist auch gegen eine geographische Angabe anwendbar, die zwar in Bezug auf das Gebiet, die Region oder den Ort, aus dem die Waren stammen, dem Buchstaben nach wahr ist, aber der Öffentlichkeit gegenüber fälschlich den Ursprung der Waren aus einem anderen Gebiet darstellt."*

863 *Knaak*, GRUR Int. 1995, 642, 650.

durch den Bestandteil „BAVARIA" geprägt ist. Der Beklagten wäre daher aufzugeben, die grafische Gestaltung der Marke dergestalt zu überarbeiten, dass der Bestandteil „BAVARIA" nicht mehr allein prägender Bestandteil der Marke ist.

Gegen die jetzige Gestaltung der Marke der Beklagten hat die Klägerin einen Unterlassungsanspruch nach § 127 Abs. 3 MarkenG.

II. Lauterkeitsrechtliche Situation

In Betracht kommt auch ein Unterlassungsanspruch der Klägerin gegen die Beklagte nach § 5 Abs. 2 UWG. Denn bei der geografischen Herkunftsangabe handelt es sich um ein Kennzeichen im Sinne dieser Vorschrift, so dass der Anwendungsbereich grundsätzlich eröffnet ist.

Bei der Gegenüberstellung der geografischen Herkunftsangabe „Bayerisches Bier" und der Marke der Beklagten „BAVARIA HOLLAND BEER" besteht aufgrund der Verwendung beider Kennzeichen für Biere eine konkrete Gefahr von Verwechslungen für die angesprochenen Verkehrskreise. In diesem Zusammenhang ist nämlich gerade zu berücksichtigen, dass die Marke der Beklagten – „BAVARIA HOLLAND BEER" – grafisch so gestaltet ist, dass der Bestandteil „BAVARIA" klar hervorsteht und damit als Blickfang bei den angesprochenen Verkehrskreisen fungiert. Da der Bestandteil „BAVARIA" in der deutschen Übersetzung nichts anderes heißt als „Bayern" bedeutet, besteht damit ein gedankliches Inverbindungbringen bei den angesprochenen Verkehrskreisen zwischen der geografischen Herkunftsangabe „Bayerisches Bier" und der Marke der Beklagten. Durch dieses gedankliche Inverbindungbringen bezweckt die Beklagte gerade, dass die der geografischen Herkunftsangabe „Bayerisches Bier" zukommende 500-jährige Brautradition auf die Marke der Beklagten übertragen wird, sprich der gute Ruf des Bayerischen Bieres auf die mit der Marke der Beklagten gekennzeichneten Produkte übergeht. Gerade durch dieses gedankliche Inverbindungbringen wird die konkrete Verwechslungsgefahr begründet, da gerade durch die Übertragung des Ansehens der geografischen Herkunftsangabe auf die Marke der Beklagten die Herkunftsfunktion der geografischen Herkunftsangabe tangiert wird.

Die konkrete Verwechslungsgefahr zwischen den beiden Kennzeichen kann auch nicht unter dem Gesichtspunkt des Rechts der Gleichnamigen als lauter eingestuft werden. Denn die geografische Herkunftsangabe „Bayerisches Bier" geht auf eine 500-jährige Brautradition zurück und die Marke der Beklagten geht gerade nicht auf einen natürlichen Namen einer Person o.Ä. zurück. Vielmehr wurde die Marke der Beklagten gerade unter der Prämisse des guten Ansehens von deutschen und insbesondere bayerischen Bieren ins Leben gerufen, um von diesem Ansehen zu profitieren.[864] Dadurch haftet der Marke bereits von Beginn ihrer Anmeldung ein Markel an,[865] der im Rahmen der Lauterkeitsprüfung eher negativ zu werten ist.

Der Klägerin steht gegen die Beklagte daher auch ein Anspruch nach § 5 Abs. 2 MarkenG zu.

III. Zusammenfassung

Bei der Kollision eines Kennzeichens, wie beispielsweise einer Marke, mit einer geografischen Herkunftsangabe zeigt sich die Besonderheit bzw. Eigenart von geografischen Herkunftsangaben. Denn geografischen Herkunftsangaben, soweit sie unter den gesetzlichen Schutz fallen, haben gemein, dass für die angesprochenen Verkehrskreise gerade die geografische Angabe des Ortes oder einer Region mit einer bestimmten Produkteigenschaft verbunden ist, die durch die Aufnahme unterscheidender Zusätze gegebenenfalls beeinträchtigt würde. Diese Besonderheit ist gerade im Rahmen der Interessenabwägung beim Recht der Gleichnamigen zu berücksichtigen, was zur Folge hat, dass gegebenenfalls das prioritätsältere Kennzeichen zur Aufnahme unterscheidender Zusätze oder Ähnliches verpflichtet werden kann.

1. Allgemeine Regeln

Aus den vorstehenden Ausführungen lassen sich daher folgende allgemeinen Regeln ableiten:

- Besteht zwischen zwei Kennzeichen aufgrund einer für nicht nur geraume Zeit erfolgten Parallelnutzung eine Gleichgewichtslage, ist im Rahmen des Rechts der Gleichnamigen zu prüfen, wer zur Vermeidung oder Verringerung der bestehenden Verwechslungsgefahr unterscheidende Zusätze aufnehmen muss bzw. welchem diese zumutbar sind.
  Bei geografischen Herkunftsangaben besteht insoweit aber die Besonderheit, dass sie nur dadurch Schutz genießen, durch sie Waren oder Dienstleistungen einer bestimmten Herkunft gekennzeichnet werden, mit denen die Verbraucher bestimmte Vorstellungen der Art und Güte verbinden. Aufgrund dessen ist es demjenigen, der sich auf den Schutz einer geografischen

864 OLG München GRUR-RR 2013, 163, 166 – BAVARIA HOLLAND BEER II; EuGH GRUR 2009, 756, 760 – LOreal/Bellure; BGH GRUR 2011, 1135, 1137 – GROSSE INSPEKTION FÜR ALLE.

865 BGH Beschl. v. 3.4.2014, Az.: I ZR 237/12.

Herkunftsangabe beruft, nicht zuzumuten, unterscheidende Zusätze aufzunehmen, um der Verwechslungsgefahr zu begegnen.
- Bei der lauterkeitsrechtlichen Prüfung wirkt sich die Ausnutzung des besonderen Rufes der geografischen Herkunftsangabe negativ aus, da aufgrund der offensichtlichen Anlehnung der Marke an den Ruf der geografischen Herkunftsangabe der Markenanmeldung bereits ein Markel anhaftet.

2. *Mögliche Abgrenzungsmaßnahmen*

Als mögliche Abgrenzungsmaßnahmen kommt die Aufnahme unterscheidender Zusätze und eine gleichberechtigte Gestaltung im Falle von Marken in Betracht; d.h. gerade, aber nicht nur bei Marken, muss darauf geachtet werden, dass bei der Aufnahme unterscheidender Zusätze beide Bestandteile das Wesen der Marke ausmachen und nicht der Bestandteil der geografischen Herkunftsangabe als allein prägender Bestandteil der Marke von den angesprochenen Verkehrskreisen angesehen wird.

3. *Neujustierung der Grundsätze des Rechts der Gleichnamigen notwendig?*

Das oberste Schutzgut der geografischen Herkunftsangabe ist, dass hierdurch Produkte aus einer bestimmten Region mit der geografischen Angabe ausgezeichnet werden können und hierdurch eine gewisse Art und Güte der Produkte gegenüber den angesprochenen Verkehrskreisen transportiert wird. Dies führt letztendlich dazu, dass im Falle der Kollision mit einem gegebenenfalls prioritätsälteren Kennzeichen die Interessenabwägung im Rahmen des Rechts der Gleichnamigen zu dem Ergebnis führen kann, dass das andere Kennzeichen zu zumutbaren Maßnahmen zwecks Verringerung der Verwechslungsgefahr herangezogen wird. Insoweit ist daher an den Leitkriterien der Rechtsprechung des Bundesgerichtshofes festzuhalten, die bei der Interessenabwägung der geografischen Herkunftsangabe und deren Schutzbedürftigkeit den Vorrang einräumen.

G. Kollision zwischen geografischer Herkunftsangabe und Domain

Die Kollision zwischen geografischer Herkunftsangabe und Domain soll angelehnt an die Entscheidung „champagner.de" des Landgerichts München I[866] und des Oberlandesgerichts München[867] dargestellt werden:

866 LG München I CR 2001, 191 f.
867 OLG München WRP 2002, 111 ff.

Die Klägerin ist die Vertretung der französischen Champagnerhersteller; nach französischem Recht ist die Organisation mit eigener Rechtspersönlichkeit ausgestattet.[868]

Die Beklagte hat eine Vielzahl von Domains registriert, u.a. auch die Domain „champagner.de". Über diese Internetdomain will die Beklagte neben Informationen über Champagner selbst auch alkoholische Getränke (nicht nur Champagner) zum Verkauf anbieten.

I. Kennzeichenrechtliche Situation

Die Klägerin hat gegen die Beklagte einen Anspruch auf Unterlassung der Verwendung der Internetdomain „champagner.de" gemäß § 127 Abs. 3 MarkenG.

Bei der Bezeichnung „Champagner" handelt es sich um eine geschützte geografische Herkunftsangabe, da es sich hierbei um ein alkoholisches Getränk aus der nordöstlichen Provinz Champagne in Frankreich handelt. Die geografische Herkunftsangabe „Champagner" genießt aufgrund der mit dieser Bezeichnung verbundenen Qualität und Exklusivität unstreitig einen besonderen Ruf im Sinne des § 127 Abs. 3 MarkenG.

Sofern die Beklagte beabsichtigen würde, unter der Internetdomain „champagner.de" lediglich Informationen über Champagner bereitzustellen, würde dadurch keine Gefahr einer Irreführung über die geografische Herkunft der Informationen bestehen, da die angesprochenen Verkehrskreise und insbesondere die Verbraucher nicht erwarten, dass die bereitgestellten Informationen aus dem Ursprungsgebiet des Champagner, der Champagne, stammen.[869]

Allerdings beabsichtigt die Beklagte unter der streitigen Internetdomain nicht nur Informationen über Champagner bereitzustellen, sondern auch alkoholische Getränke zum Verkauf anbieten zu wollen. Die Beklagte will über die besagte Internetdomain auch nicht nur Champagner verkaufen, sondern auch andere alkoholische Getränke, die nicht aus der französischen Provinz Champagne stammen. D.h. die Beklagte beabsichtigt, die Bezeichnung „Champagner" für eine Dienstleistung zu verwenden, die nicht aus der Champagne stammen und die dadurch die Gefahr einer Irreführung und auch die Gefahr einer Ausbeutung oder Beeinträchtigung des Rufes begründen. Denn die von der Internetdomain angesprochenen Verkehrskreise erwarten, dass die Produkte, die unter „champagner.de" vertrieben werden, auch aus der Champagne stammen und damit eine gewisse Originalität und Qualität aufweisen. Dieser Ruf könnte durch

868 LG München I CR 2001, 191.

869 OLG München WRP 2002, 111,114.

die Verbreitung von anderen alkoholischen Getränken über die Internetdomain „champagner.de“ beeinträchtigt werden. Ein Unterlassungsanspruch nach § 127 Abs. 3 MarkenG ist damit dem Grunde nach zu bejahen.

Vorliegend stellt sich jedoch die Frage, ob hier die Verwendung der Internetdomain „champagner.de“ aufgrund der Grundsätze des Rechts der Gleichnamigen über den Freistellungstatbestand des § 23 Abs. 1 Nr. 1 MarkenG n.F. als lauter einzustufen wäre. Allerdings ist die von der Beklagten verwendete Internetdomain „champagner.de“ nicht als (Handels-)Name zu qualifizieren, da der Domain in der konkreten Situation nicht die Funktion eines Markennamens oder der Kennzeichnung einer Dienstleistung per se zukommt, sondern sie vielmehr von der Beklagten als „Schlagwort“ verwendet wird. In Betracht könnte allerdings eine entsprechende Anwendung der Grundsätze des Rechts der Gleichnamigen kommen, wenn und soweit die Interessenlage vergleichbar wäre. Kernpunkt für die Anwendung des Rechts der Gleichnamigen ist, dass im Falle einer Kollisionslage unter Beachtung des markenrechtlichen Grundsatzes der Priorität eine interessengerechte Lösung als nicht möglich erscheint. Bei Internetdomains besteht zudem die Schwierigkeit darin, dass aufgrund der technischen Möglichkeiten eine Internetdomain unter ein und derselben Top-Level-Domain nur einmal vergeben werden kann. Aufgrund dessen muss bei Gleichnamigen eine interessengerechte Lösung über die Grundsätze des Rechts der Gleichnamigen gefunden werden, die beiden Seiten ein kennzeichnungskräftiges Auftreten im Internet ermöglicht.[870]

Vorliegend dient die Verwendung der Internetdomain „champagner.de“ – wie bereits zuvor ausgeführt – der Anlehnung an den besonderen Ruf der geografisch geschützten Bezeichnung „champagner“, die als unzulässig einzustufen ist und die damit auch über die Grundsätze des Rechts der Gleichnamigen, die eine lautere Namensführung voraussetzen, nicht gerechtfertigt werden kann.

II. Lauterkeitsrechtliche Situation

Neben den markenrechtlichen Unterlassungsansprüchen ist auch ein Unterlassungsanspruch der Klägerin gegen die Beklagte aus § 5 Abs. 2 UWG gegeben.

Bei der geografischen Herkunftsangabe „Champagner“ handelt es sich auch um ein nach § 5 Abs. 2 UWG geschütztes Kennzeichen.

Durch die Verwendung der Domain „champagner.de“ und dem damit verbundenen Anbieten von alkoholischen Getränken, die nicht allesamt aus der Champagne stammen, besteht auch eine konkrete Verwechslungsgefahr mit

---

870 OLG Hamm, MMR 1998, 214, 216.

der geschützten geografischen Herkunftsangabe „Champagner". Denn die angesprochenen Verkehrskreise erwarten, dass die Produkte, die über die Domain „champagner.de" angeboten werden, auch tatsächlich aus der Champagne stammen und damit den gleichen oder einen gleichbedeutenden Ruf mit Champagner aufweisen. Gerade durch die mit dem Domainnamen bezweckte Verknüpfung mit der besonderen Gütevorstellung von Champagner besteht die Gefahr von Verwechslungen bei den angesprochenen Verkehrskreisen und die Gefahr von Verwässerung der geografischen Herkunftsangabe als solche. Die angesprochenen Verkehrskreise werden bei der aufgerufenen Domain „champagner.de" und den darauf angebotenen Waren nicht mehr auf das Kleingedruckte schauen, um zu erkennen, dass die alkoholischen Getränke tatsächlich nicht aus der Champagne stammen und damit eine andere Qualität aufweisen können.

Es besteht auch keine Notwendigkeit für die Beklagte, die Domain „champagner.de" ohne klarstellenden Zusatz in Alleinstellung zu verwenden. Eine aus einem bürgerlichen Namen begründete Gleichnamigkeit scheint nicht zu bestehen und dürfte auch aufgrund der überragenden Bekanntheit von Champagner ähnlich wie bei der shell.de-Entscheidung des Bundesgerichtshofes ohnehin nicht zu berücksichtigen sein. Es sind auch ansonsten keine Anhaltspunkte vorhanden, die für eine Lauterkeit der Verwendung des Domainnamens „champagner.de" durch die Beklagte sprechen würde.

Insgesamt ist damit auch ein Unterlassungsanspruch nach § 5 Abs. 2 UWG zu bejahen.

III. Schlussfolgerungen

Die vorliegende Konstellation zeigt gerade aufgrund der geografischen Herkunftsangabe „Champagner" besonders prägnant auf, welcher Wert und/oder Gütevorstellung mit der geografischen Herkunftsangabe transportiert und verbunden wird. Gerade aufgrund dessen neigen viele dazu, an den Wertvorstellungen einer geografischen Herkunftsangabe partizipieren zu wollen, obwohl sie gerade keine Produkte aus dem Gebiet, das durch die geografische Herkunftsangabe bezeichnet wird, vertreiben. Gleichwohl können auch bei der Verwendung von Internetdomains die Grundsätze des Rechts der Gleichnamigen – gegebenenfalls in entsprechender Anwendung – zur Falllösung herangezogen werden, wenn und soweit eine vergleichbare Interessenlage vorliegt, die eine Lösung der Kollisionslage unter Berücksichtigung des Grundsatzes der Priorität nicht als interessengerecht erscheinen lässt. Denn beiden Seiten muss ein kennzeichnungskräftiges Auftreten im Internet ermöglicht werden. Allerdings ist der

Besonderheit der geografischen Herkunftsangabe im Rahmen des Rechts der Gleichnamigen entsprechend Rechnung zu tragen.

1. Allgemeine Regeln

Aus den vorstehenden Ausführungen lassen sich folgende allgemeine Schlussfolgerungen ziehen:

Werden unter einer Internetdomain, deren Bezeichnung identisch ist mit einer geografischen Herkunftsangabe, verschiedenartige Leistungen erbracht, ist bei der Beurteilung der Irreführungs-/Verwechslungsgefahr nach den jeweiligen Leistungen zu differenzieren.

Werden unter der Internetdomain, deren Bezeichnung identisch ist mit einer geografischen Herkunftsangabe, mit der geografischen Herkunftsangabe ähnliche Waren vertrieben, die aber nicht aus dem Gebiet der geografischen Herkunftsangabe stammen, ist regelmäßig eine kennzeichenrechtliche wie auch lauterkeitsrechtliche Verwechslungsgefahr zu bejahen. Denn die angesprochenen Verkehrskreise verbinden mit einer geografischen Herkunftsangabe gewisse – beispielsweise qualitative – Vorstellungen, die das ähnliche Produkt, das nicht aus dem Gebiet der geografischen Herkunftsangabe stammt, nicht erfüllen kann.

Die Grundsätze des Rechts der Gleichnamigen können – gegebenenfalls in entsprechender Anwendung – zur Falllösung herangezogen werden, wenn und soweit eine vergleichbare Interessenlage vorliegt, die eine Lösung der Kollisionslage unter Berücksichtigung des Grundsatzes der Priorität nicht als interessengerecht erscheinen lässt. Bei der durchzuführenden Interessenabwägung sind dann aber die Besonderheiten der geografischen Herkunftsangabe in besonderem Maße zu berücksichtigen.

2. Neujustierung der Grundsätze des Rechts der Gleichnamigen erforderlich?

Auch bei dieser Konstellation zeigt sich, dass der Kernpunkt der geografischen Herkunftsangabe die Kennzeichnung eines Produkts mit der geografischen Region ist, die es besonders zu schützen gilt. Gerade diese besondere Kennzeichnung ist im Rahmen der Interessenabwägung beim Recht der Gleichnamigen zu berücksichtigen, so dass an den Leitkriterien der Rechtsprechung festzuhalten ist.[871]

---

871 Vgl. auch die Ausführungen unter Kapitel 5 F. III. 3.

H. Kollision zwischen Marke und Name

Die Kollision zwischen Marke und Name soll anhand der Entscheidung des Oberlandesgerichts Düsseldorf vom 21.5.2013[872] verdeutlicht werden. Der Sachverhalt stellt sich wie folgt dar:

Der Kläger ist Schlagersänger und tritt unter seinem bürgerlichen Namen „Frank Wendler“ auf. Zudem hat er am 15.8.2008 die deutsche Wortmarke „Der Wendler“ für Waren der Klasse 9 und 41 (Geräte zur Aufzeichnung, Übertragung und Wiedergabe von Ton und Bild, Schallplatten, Compact-Disks und Datenverarbeitungsgeräte sowie die Dienstleistungen Unterhaltung, sportliche und kulturelle Aktivitäten, Musikproduktionen, Musikdarbietungen und Dienstleistungen eines Tonstudios) angemeldet.

Der Beklagte zu 1) heißt Michael Skowronek und tritt seit 1998 unter dem Künstlernamen „Michael Wendler“ als Schlagersänger auf. Bei der Hochzeit mit der Beklagten zu 2) hat er deren Nachnamen angenommen.

Der Beklagte zu 1) hat seit 1998 zahlreiche Tonaufnahmen veröffentlicht, darunter auch den Hit „Sie liebt den DJ“. In der Presse wird der Beklagte zu 1) zum Teil als „Der Wendler“ bezeichnet.

Das Gericht geht von einer gesteigerten Bekanntheit des Künstlernamens des Beklagten zu 1) aus.

I. Kennzeichenrechtliche Situation

Der Kläger kann von dem Beklagten Unterlassung gemäß § 12 BGB insoweit verlangen, soweit der Beklagte die Bezeichnungen „Der Wendler“ und/oder „Wendler“ in Alleinstellung benutzt und sich die Identität des Beklagten zu 1) auch nicht aus den sonstigen Begleitumständen ergibt.

1. Kein originärer markenrechtlicher Anspruch aus § 14 MarkenG

Einen originären markenrechtlichen Anspruch aus § 14 MarkenG kann der Kläger gegenüber dem Beklagten zu 1) nicht geltend machen, da die Marke gegenüber dem Künstlernamen des Beklagten zu 1) das jüngere Kennzeichenrecht ist und damit dem Beklagten zu 1) aufgrund der Bekanntheit seines Künstlernamens ein Löschungsanspruch gegenüber der klägerischen Marke nach § 51 Abs. 1 MarkenG zusteht. Denn zu den nach § 13 MarkenG geschützten Rechten gehört auch das Namensrecht, soweit es den Namensträger berechtigt, die

872 OLG Düsseldorf Urt. v. 21.5.2013, Az.: I-20 U 67/12.

Nutzung der Marke im gesamten Bundesgebiet zu untersagen.[873] Zu den nach § 12 BGB geschützten Namensrechten kann – neben dem originären bürgerlichen Geburtsnamen – auch ein Aliasname gehören, der dann Schutz genießt, wenn die Person mit dem Aliasnamen Verkehrsgeltung erlangt hat, d.h. wenn er also unter diesem Namen im Verkehr bekannt ist.[874] Spätestens seit dem Hit „Sie liebt den DJ“ ist der Beklagte zu 1) unter seinem Künstlernamen „Michael Wendler“ deutschlandweit bekannt, so dass die Schutzvoraussetzungen des Namensrechts vorliegend erfüllt sind.

Die von dem Kläger eingetragene Marke „Der Wendler“ verletzt das Namensrecht des Beklagten zu 1), da hierdurch eine Zuordnungsverwirrung ausgelöst und schutzwürdige Interessen des Namensträgers verletzt werden.[875] Hierfür reicht es grundsätzlich aus, dass der Dritte, der diesen Namen verwendet, als Namensträger identifiziert wird.[876] Insoweit ist es genügend, wenn Namensbestandteile verwendet werden, die geeignet sind, sich im Verkehr als schlagwortartiger Hinweis auf den Namensträger durchzusetzen.[877] Vor diesem Hintergrund ist auch der Nachname in Alleinstellung geschützt, zumal der Verkehr gewöhnt ist, dass Personen durch ihren Nachnamen bezeichnet werden.[878]

Ein Unterlassungsanspruch nach § 12 BGB ist aber nur dann gegeben, wenn die Namensanmaßung unbefugt erfolgte. Dies ist vorliegend zu bejahen, da der Kläger durch die Markenanmeldung die berechtigten Interessen des Beklagten zu 1) verletzt hat. Daran ändert auch der Umstand nichts, dass es sich bei dem Namen „Wendler“ um den Geburtsnamen des Klägers handelt.[879] Denn der Beklagte zu 1) hat mit dem Erwerb eines eigenen Namensrechts „Michael Wendler“ und infolge der durch seine Hits erlangten Verkehrsgeltung eine Situation der Gleichnamigkeit geschaffen.[880] Dabei ist zu berücksichtigen, dass von § 12 BGB nicht nur der Geburtsname, sondern auch ein Alias-/Künstlername vom Schutzumfang umfasst ist; d.h. der Geburtsname und der Künstlername stehen sich gleichberechtigt gegenüber.

---

873 OLG Düsseldorf Urt. V. 21.5.2013, Az.: I-20 U 67/12.

874 BGH GRUR 2003, 897, 898 – maxem.de; OLG Düsseldorf Urt. V. 21.5.2013, Az.: I-20 U 67/12.

875 OLG Düsseldorf Urt. v. 21.5.2013, Az.: I-20 U 67/12.

876 BGH GRUR 2003, 897, 898 – maxem.de.

877 BGH NJW 1970, 1270.

878 *Hacker,* in: Ströbele/Hacker/Thiering, MarkenG, 12. Aufl. 2018, § 13 Rn. 9; BGH, GRUR 1983, 262, 263 – Uwe.

879 OLG Düsseldorf Urt. v. 21.5.2013, Az.: I-20 U 67/12.

880 OLG Düsseldorf Urt. v. 21.5.2013, Az.: I-20 U 67/12.

Nach Eintritt einer Situation der Gleichnamigkeit ist es regelmäßig nicht gerechtfertigt, die zwischen den Parteien eingetretene Gleichgewichtslage dadurch zu stören, dass einer der Beteiligten einseitig ein Markenrecht begründet, bei dem die Gefahr einer Zuordnungsverwirrung mit der Bezeichnung der Gegenseite besteht.[881] Eine Ausnahmesituation, die eine Abkehr von diesem Grundsatz rechtfertigen würde, ist in dem vorliegenden Fall zu verneinen und wurde in dem seinerzeitigen Verfahren vor dem Oberlandesgericht Düsseldorf auch nicht vorgetragen.

Eine Störung der Gleichgewichtslage durch die Markenanmeldung des Klägers ist allerdings nur dann anzunehmen, soweit die Markenanmeldung berechtigte Interessen des Beklagten zu 1) berührt. Dies ist nur bei solchen Waren und Dienstleistungen, für die die klägerische Marke angemeldet wurde, der Fall, die ähnlich oder identisch zu den Waren und Dienstleistungen des Beklagten zu 1) sind. Zudem muss durch die mit der klägerischen Marke gekennzeichneten Produkte eine unbefugte Namensanmaßung einhergehen, die eine namensmäßige Zuordnungsverwirrung hervorrufen kann.[882] Nur für diese Fälle besteht ein Löschungsanspruch des Beklagten zu 1) gegen den Kläger bezüglich der von ihm angemeldeten Marke „Der Wendler" gemäß § 51 Abs. 1 MarkenG. Die Zuordnungsverwirrung ist bei solchen Waren und Dienstleistungen gegeben, die mit den Waren und Dienstleistungen der klägerischen Marke identisch oder ähnlich sind.

2. *Unterlassungsanspruch nach § 12 BGB*

Der Kläger hat aber gegen den Beklagten zu 1) einen Unterlassungsanspruch gemäß § 12 BGB bezüglich der Verwendung der Bezeichnung „Der Wendler" in Alleinstellung.

Die Verwendung der Bezeichnung „Der Wendler" verletzt das Namensrecht des Klägers an seinem bürgerlichen Namen „Frank Wendler", wenn und soweit der Beklagte zu 1) einer durch die Namensgleichheit begründete Zuordnungsverwirrung nicht durch klarstellende Zusätze oder sonstige Begleitumstände entgegenwirkt.

Die zwischen Gleichnamigen bestehende Gleichgewichtslage verpflichtet beide Beteiligten zur Rücksichtnahme und zur Vermeidung einer weiteren Steigerung der Gefahr von Verwechslungen oder einer Zuordnungsverwirrung.[883]

881 BGH GRUR 2011, 623 ff. – Peek & Cloppenburg II.
882 OLG Düsseldorf Urt. v. 21.5.2013, Az.: I-20 U 67/12.
883 OLG Düsseldorf Urt. v. 21.5.2013, Az.: I-20 U 67/12.

Der Grundsatz, dass es niemandem verwehrt werden kann, sich in redlicher Weise im geschäftlichen und nichtgeschäftlichen Bereich unter seinem bürgerlichen Namen zu betätigen, unterliegt Einschränkungen, wenn und soweit durch den Gebrauch des Namens die Gefahr der Verwechslung mit einem anderen Namensträger hervorgerufen werden kann.[884] Es kann dann die Pflicht bestehen, den Namen nur in einer Art und Weise zu verwenden, dass diese Gefahr nach Möglichkeit ausgeschlossen ist.[885] Dieser Pflicht zur Rücksichtnahme kann beispielsweise dadurch nachgekommen werden, dass dem (Nach-) Namen ein unterscheidender Zusatz, wie der Vorname, beigefügt wird,[886] oder vorliegend der Überscheidungsbereich der Produkte, für die die strittige Bezeichnung verwendet wird, eingegrenzt wird.

Eine Ausnahme von diesem Grundsatz ist allerdings dann zu machen, wenn die Gefahr einer Zuordnungsverwirrung im Alltag nicht ernstlich besteht, weil einer der Beteiligten mit seinem Namen eine überragende Bekanntheit genießt und die angesprochenen Verkehrskreise in überwiegender Weise unter diesem Namen nur ihn vermuten.[887] Die dann vorzunehmende Interessenabwägung in Fällen der Gleichnamigkeit kann dann zu einem abweichenden Ergebnis führen.[888]

Eine solch überragende Bekanntheit konnte das Oberlandesgericht Düsseldorf in seinem Verfahren allerdings nicht feststellen. Bei der Interessenabwägung in Fällen der Gleichnamigkeit ist nämlich auch zu berücksichtigen, dass sich das Namensrecht des Klägers nicht nur auf den Schlagerbereich, in dem die überragende Bekanntheit des Beklagten zu 1) gegeben ist, beschränkt, sondern sein gesamtes Dasein umfasst.[889] Die überragende Bekanntheit des Beklagten zu 1) müsste demgemäß in der gesamten deutschen Bevölkerung so groß sein, dass eine Zuordnungsverwirrung mit dem Kläger praktisch auszuschließen ist. Dies wurde vom Beklagten zu 1) in dem Verfahren vor dem Oberlandesgericht Düsseldorf nicht geltend gemacht und dürfte auch eher zu verneinen sein. Der Beklagte zu 1) ist in der Schlagerszene ein Begriff, jeder Person vom Kindergarten bis ins Altersheim dürfte er aufgrund seiner in der Schlagerszene durchaus zuzusprechenden Bekanntheit unter der Bezeichnung „Der Wendler" allerdings nicht zwingend ein Begriff sein.

---

884 OLG Düsseldorf Urt. v. 21.5.2013, Az.: I-20 U 67/12.
885 BGH GRUR 2002, 622, 624 – shell.de.
886 BGH GRUR, 2002, 706, 708 – vossius.de.
887 OLG Düsseldorf Urt. v. 21.5.2013, Az.: I-20 U 67/12.
888 BGH, GRUR 2002, 622, 625 – shell.de.
889 OLG Düsseldorf Urt. v. 21.5.2013, Az.: I-20 U 67/12.

Der Unterlassungsanspruch des Klägers gegen den Beklagten zu 1) bezieht sich aber nur auf die Verwendung der Bezeichnung „Der Wendler“ in Alleinstellung, wenn und soweit aus den weiteren Begleitumständen der Bezeichnung nicht eine Zuordnungsverwirrung vermieden wird.

II. Lauterkeitsrechtliche Situation

Dem Kläger könnte auch ein Unterlassungsanspruch nach § 5 Abs. 2 UWG zustehen.

Der Name ist auch vom Schutzbereich des § 5 Abs. 2 UWG erfasst, wenn und soweit er unterscheidungskräftig ist und damit eine Kennzeichnungsfunktion erfüllt, was in aller Regel bei Namen, die nicht als „Allerweltsnamen“ zu bezeichnen sind, zu bejahen sein wird.

Durch die Verwendung der Bezeichnung „Der Wendler“ in Alleinstellung durch den Beklagten zu 1) besteht eine konkrete Verwechslungsgefahr zu dem bürgerlichen Namen des Klägers. Denn die Bezeichnung „Der Wendler“ implizit bereits für sich aufgrund der Wortwahl eine Alleinstellung, die so in Wirklichkeit gar nicht gegeben ist. Überdies sind sowohl der Beklagte zu 1) als auch der Kläger mit der Bezeichnung „Wendler“ in der Schlagerszene tätig, so dass hierdurch die Gefahr von konkreten Verwechslungen bei den angesprochenen Verkehrskreisen besteht.

Auch wenn beide Parteien sich auf ein legal erworbenes Namensrecht berufen können, führt dies nicht dazu, dass der Beklagte zu 1) berechtigt ist, den Namensbestandteil „Wendler“ in Alleinstellung zu verwenden. Denn bei dem Namen „Michael Wendler“ des Beklagten zu 1) handelt es sich um einen frei gewählten Künstlernamen bereits aus diesem Grund kann er im Rahmen des Irreführungsverbotes verpflichtet werden, eine durch den Künstlernamen begründete Verwechslungsgefahr durch Verwendung geeigneter Zusätze – wie beispielsweise des Vornamens – zu minimieren bzw. vorzubeugen.

Aus diesem Grund kann der Beklagte zu 1) auch gemäß § 5 Abs. 2 UWG verpflichtet werden, die Verwendung der Bezeichnung „Der Wendler“ in Alleinstellung zu unterlassen.

III. Schlussfolgerungen

Die vorliegende Konstellation zeigt den Grundsatz auf, dass es niemandem verwehrt werden kann unter seinem (bürgerlichen) Namen geschäftlich tätig zu werden. Dies umfasst allerdings nicht das Recht, einen Teil des Namens in Alleinstellung zu verwenden, wenn hierdurch eine Zuordnungsverwirrung bei den angesprochenen Verkehrskreisen ausgelöst wird oder werden kann.

1. *Allgemeine Regeln*

Aus den vorstehenden Ausführungen lassen sich folgende allgemeine Schlussfolgerungen ziehen:

- Ein originärer markenrechtlicher Anspruch aus § 14 MarkenG kommt dann nicht in Betracht, wenn es sich bei der Marke um das prioritätsjüngere Kennzeichenrecht handelt und die eingetragene Marke dadurch das Namensrecht des prioritätsälteren Namensinhabers verletzt.
- Ein Unterlassungsanspruch nach § 12 BGB ist aber nur dann gegeben, wenn die Namensanmaßung unbefugt erfolgt. Die Verwendung des Namens in Alleinstellung kann zu einer Verletzung des Namensrechts des Namensinhabers des bürgerlichen Namens führen, wenn und soweit der gleichnamige Namensnutzer einer durch die Namensgleichheit begründeten Zuordnungsverwirrung nicht durch klarstellende Zusätze oder sonstige Begleitumstände entgegenwirkt.
- Die zwischen Gleichnamigen aufgrund der Parallelnutzung bestehende Gleichgewichtslage verpflichtet beide Beteiligten zur Rücksichtnahme und zur Vermeidung einer weiteren Steigerung der Gefahr von Verwechslungen oder einer Zuordnungsverwirrung.
  Der Grundsatz, dass es niemandem verwehrt werden kann, sich in redlicher Weise im geschäftlichen und nichtgeschäftlichen Bereich unter seinem bürgerlichen Namen zu betätigen, unterliegt Einschränkungen, wenn und soweit durch den Gebrauch des Namens die Gefahr der Verwechslung mit einem anderen Namensträger hervorgerufen werden kann. Es kann dann die Pflicht bestehen, den Namen nur in einer Art und Weise zu verwenden, dass diese Gefahr nach Möglichkeit ausgeschlossen ist.[890] Dieser Pflicht zur Rücksichtnahme kann beispielsweise dadurch nachgekommen werden, dass dem (Nach-) Namen ein unterscheidender Zusatz, wie z.B. der Vorname, beigefügt wird.
- Eine Gegenausnahme von diesem Grundsatz ist allerdings dann zu machen, wenn die Gefahr einer Zuordnungsverwirrung im Alltag nicht ernstlich besteht, weil einer der Beteiligten mit seinem Namen eine überragende Bekanntheit genießt und die angesprochenen Verkehrskreise in überwiegender Weise unter diesem Namen nur ihn vermuten. Die dann vorzunehmende Interessenabwägung in Fällen der Gleichnamigkeit kann in diesem Fall zu einem abweichenden Ergebnis führen.

---

890 BGH GRUR 2002, 622, 624 – shell.de.

- Der Name ist auch vom Schutzbereich des § 5 Abs. 2 UWG erfasst, wenn und soweit er unterscheidungskräftig ist und damit eine Kennzeichnungsfunktion erfüllt.

2. Mögliche Abgrenzungsmaßnahmen

Bei Namen und Namensbestandteilen in Kennzeichen kommt als mögliche Abgrenzungsmaßnahme die Aufnahme von unterscheidenden Zusätzen – beispielsweise durch die Aufnahme des Vor- oder Zunamens – in Betracht. Bei Namensbestandteilen in Kennzeichen ist jedoch zu berücksichtigen, dass durch die Aufnahme unterscheidender Zusätze gegebenenfalls eine Neuanmeldung des Kennzeichens erfolgen muss. Dies hätte dann zur Folge, dass das neue Kennzeichen eine schlechtere Priorität gegenüber ähnlichen, bereits eingetragenen Kennzeichen genießt, so dass bei der Interessenabwägung diesem Umstand in der Art und Weise Rechnung zu tragen ist, dass es keinem Kennzeicheninhaber zugemutet werden kann, durch Abgrenzungsmaßnahmen seinen Prioritätsstatus einbüßen zu müssen. Daneben kommt aber auch gegebenenfalls eine Abgrenzung der Kennzeichen zueinander durch die Eingrenzung der Produkte, für die die Bezeichnung verwendet wird, in Betracht, wobei bei dem Tatbestand des § 5 Abs. 2 UWG zu beachten ist, dass auch eine Verwechslungsgefahr mit einer Marke oder einem anderen Kennzeichen – unabhängig von einer Waren-/ Dienstleistungsähnlichkeit – ausreicht, um einschlägig zu sein. Es kommt daher auf den konkreten Einzelfall an, ob die Eingrenzung des Produktbereiches als Abgrenzungsmaßnahme ausreichend ist.

3. Neujustierung der Grundsätze des Rechts der Gleichnamigen erforderlich?

Die Kollision von Marke und Name zeigt gerade bei den Grundsätzen des Rechts der Gleichnamigen die Problematik auf, welche verschiedenartigen Interessen bei der Interessenabwägung zu berücksichtigen sind. Auf Seiten des Namensinhabers steht schwerpunktmäßig das Interesse, seinen (bürgerlichen) Namen im geschäftlichen Verkehr als Identifikationssymbol zu verwenden. Auf Seiten des Markeninhabers steht schwerpunktmäßig das Interesse an dem Bestand der Marke als immaterielles Schutzgut, das unter Umständen mit einem nicht unbeträchtlichen Unternehmenswert verbunden ist. Die Rechtsprechung stellt in diesem Zusammenhang maßgebend darauf ab, dass beide Namensnutzer aufgrund der Grundsätze des Rechts der Gleichnamigen zur Rücksichtnahme und zur Vermeidung einer weiteren Steigerung der Gefahr von Verwechslungen oder einer Zuordnungsverwirrung verpflichtet sind.[891] Denn der Grundsatz, dass es niemandem verwehrt werden kann, sich in redlicher Weise im geschäftlichen und nichtgeschäftlichen Bereich unter seinem bürgerlichen Namen zu betätigen, unterliegt Einschränkungen, wenn und soweit durch den Gebrauch des Namens die Gefahr der Verwechslung mit einem anderen Namensträger hervorgerufen werden kann.[892] Insoweit ist daher an den bisher durch die Rechtsprechung statuierten Grundsätze festzuhalten, zumal diese eine gewisse Flexibilität im Bereich der Gleichnamigkeit bieten, um auf die jeweilige Kollisionskonstellation eingehen zu können.

I. Kollision zwischen Domain und Name

Die Kollision zwischen Domain und Name soll nachfolgend auf Basis der Entscheidung „grit-lehmann.de" des Bundesgerichtshofes[893] in leicht abgewandelter Form dargestellt werden:

Die Klägerin heißt mit bürgerlichem Namen Grit Lehmann. Sie ist Inhaberin der Domainnamen „gritlehmann.de" und „gritlehmann.com".

Die Beklagte heißt mit bürgerlichen Namen ebenfalls Grit Lehmann und hat im Jahr 2007 den Domainnamen „grit-lehmann.de" bei der DENIC registrieren lassen. Die unter der genannten Domain aufrufbare Internetseite enthält keine Inhalte, sondern nur den Hinweis, dass dort eine neue Internetpräsenz entsteht.

I. Kennzeichenrechtliche Situation

Die Klägerin hat gegen die Beklagte gemäß § 12 S. 1 BGB einen Anspruch darauf, dass die Beklagte gegenüber der DENIC auf den Domainnamen „grit-lehmann.de" verzichtet bzw. den Domainnamen gegenüber der DENIC freigibt.

1. Grundlage: Rechtsnatur und Schutzfähigkeit der Domain

Domains sind in erster Linie Adressfunktionen.[894] Ihr können grundsätzlich aber auch Kennzeichnungs- und Namensfunktion zukommen.[895] Allerdings handelt es sich bei der Domain nicht um ein Immaterialgüterrecht, da es kein absolutes, gegenüber jedermann durchsetzbares Recht auf Registrierung eines

891 OLG Düsseldorf Urt. v. 21.5.2013, Az.: I-20 U 67/12.
892 OLG Düsseldorf Urt. v. 21.5.2013, Az.: I-20 U 67/12.
893 BGH Urt. v. 24.3.2016, Az.: I ZR 185/16 – grit-lehmann.de.
894 *Berlit*, in: Paschke/Berlit/Meyer, Hamburger Kommentar Gesamtes Medienrecht, 3. Aufl. 2016, § 5 MarkenG Rn. 23.
895 BGH GRUR 2002, 622, 623 – shell.de.

bestimmten Domainnamens gibt.[896] Vielmehr erwirbt der Inhaber einer „.de"-Domain (Top-Level-Domain) durch deren Registrierung, d.h. den Abschluss eines entsprechenden Vertrages sowie die Anerkennung der Registrierungsbedingungen der DENIC, zunächst einen schuldrechtlichen Anspruch gegen die DENIC, eine bestimmte Domain zu nutzen.[897] Es handelt sich dabei um ein relativ wirkendes, vertragliches Nutzungsrecht.[898] Damit erwirbt der Inhaber der Domain zwar aufgrund der Registrierung der Domain rein faktisch gesehen ein Ausschließlichkeitsrecht gegenüber jedermann, da aus technischen Gründen eine Second-Level-Domain unter einer Top-Level-Domain nur einmal registriert werden kann.[899] Dies führt jedoch nicht dazu, dass die Domain per se ein absolutes Recht im rechtlichen Sinne darstellt.[900]

Die rein schuldrechtliche Wirkung der Domain führt letztendlich dazu, dass der Domaininhaber nicht aus der Domain als solcher gegen die Benutzung identischer oder ähnlicher Zeichen durch Dritte vorgehen kann, und zwar auch dann nicht, wenn der Dritte das Zeichen als Domain verwendet.[901] Denn die Domain als solche und ihre Rechteinhaberschaft gewährt dem Inhaber kein Namens- oder Kennzeichenrecht.[902] Zum anderen hat dies zur Folge, dass der Domaininhaber sich bei einem aus einem Namens- oder Kennzeichenrecht geführten Angriff auf seine Domain nicht mit dem Einwand verteidigen kann, dass er über ein älteres Kennzeichenrecht verfügt,[903] da die Domain nicht als Kennzeichenrecht eingestuft wird.[904]

---

896 BGH GRUR 2002, 622, 626 – shell.de; *Ingerl/Rohnke,* in: Ingerl/Rohnke, MarkenG, 3. Aufl. 2010, Nach § 15 Rn. 31; *Müller,* Die Beurteilung von Gattungsbezeichnungen als Domainnamen anhand der Vorschriften des Marken- und Wettbewerbsrechts, 2006, S. 46.

897 *Koch,* in: BeckOnline Großkommentar, Stand: 1.1.2019, BGB, § 12 Rn. 227.

898 BVerfG GRUR 2005, 261 – ad-acta.de; BGH GRUR 2009, 1055 –airdsl; BGH GRUR 2008, 1099 – afilias.de; BGH GRUR 2002, 622, 626 – shell.de; *Ingerl/Rohnke,* in: Ingerl/Rohnke, MarkenG, 3. Aufl. 2010, Nach § 15 Rn. 31; *Müller,* Die Beurteilung von Gattungsbezeichnungen als Domainnamen anhand der Vorschriften des Marken- und Wettbewerbsrechts, 2006, S. 46.

899 BGH GRUR 2012, 417, 419 – gewinn.de; *Fezer,* in: Fezer, MarkenR, 4. Aufl. 2009, Einl. G. Domainrecht – Kennzeichen im Internet, Rn. 13; *Ingerl/Rohnke,* in: Ingerl/Rohnke, MarkenG, 3. Aufl. 2010, Nach § 15 Rn. 31.

900 BGH GRUR 2012, 417, 419 – gewinn.de; BVerfG GRUR 2005, 261 – ad-acta.de; *Fezer,* Markenrecht, 4. Aufl. 2009, Einl. G. Domainrecht – Kennzeichen im Internet, Rn. 13.

901 *Ingerl/Rohnke,* in: Ingerl/Rohnke, MarkenG, 3. Aufl. 2010, Nach § 15 Rn. 31.

902 *Koch,* in: BeckOnline Großkommentar, Stand: 1.1.2019, BGB, § 12 Rn. 232.

903 *Ingerl/Rohnke,* in: Ingerl/Rohnke, MarkenG, 3. Aufl. 2010, Nach § 15 Rn. 31.

904 *Ingerl/Rohnke,* in: Ingerl/Rohnke, MarkenG, 3. Aufl. 2010, Nach § 15 Rn. 31.

a) Schutzfähigkeit als Marke

Letztendlich kann die Verwendung eines Zeichens als Domain zur Entstehung eines Kennzeichenrechts kraft Benutzung führen, sofern es über die bloße Adressfunktion hinausgeht und als Kennzeichen im Sinne einer Individualisierungs- und Identifizierungsfunktion verwendet wird.[905] Wird beispielswiese eine Marke als Bestandteil eines Domainnamens genutzt, kann in der Nutzung der Domain eine rechtserhaltende Benutzung im Sinne des § 26 MarkenG gesehen werden, sofern die angesprochenen Verkehrskreise in dem Domainnamen einen Hinweis auf die betriebliche Herkunft der unter der Bezeichnung im Internet angebotenen Waren oder Dienstleistungen erblicken und es sich nicht um eine reine Adressfunktion oder beschreibende Angabe handelt.[906]

Der Domain an sich kann auch direkt ein kennzeichenrechtlicher Markenschutz zukommen, wenn und soweit der Domainname Unterscheidungskraft im Sinne von § 8 Abs. 2 Nr. 1 MarkenG aufweist, die anhand der allgemeinen markenrechtlichen Gesichtspunkte zu beurteilen ist.[907] Weist der Domainname Unterscheidungskraft auf und liegen auch die übrigen nach § 4 MarkenG vorgesehen Voraussetzungen von Marken vor, genießt der Domainname grundsätzlich den Schutz als Marke, so dass dem Domaininhaber bei Verletzungshandlungen Dritter auch ein Anspruch nach § 14 MarkenG zusteht.

b) Schutzfähigkeit als Unternehmenskennzeichen

Da dem Domainnamen durchaus kennzeichnende Funktion zukommen kann, kommt grundsätzlich auch ein Schutz des Domainnamens als Unternehmenskennzeichen im Sinne von § 5 Abs. 2 MarkenG in Betracht, wobei aber die bloße Registrierung des Domainnamens noch keine Benutzung darstellt, die markenrechtliche Rechte zum Schutz als Unternehmenskennzeichen begründen könnten.[908] Für den Schutz als Unternehmenskennzeichen kommt es daher darauf an, ob dem Domainnamen von Hause aus Namensfunktion

905 BGH GRUR 2009, 685 – ahd.de; BGH GRUR 2005, 262, 263 – soco.de; *Kurbel,* Neue Entwicklungen im Recht der Gleichnamigen, 2016, S. 193.

906 *Koch,* in: BeckOnline Großkommentar, Stand: 1.1.2019, BGB, § 12 Rn. 233; BGH GRUR 2012, 832, 834 – Zappa; OLG Köln GRUR-RR 2008, 243 – Schutzengel.

907 EuG GRUR Int. 2008, 330, 333 – suchen.de; BPatG GRUR 2004, 336, 338 – beauty24.de; *Fezer,* WRP 2000, 669, 670 f.; *Ströbele,* in: Ströbele/Hacker/Thiering, MarkenG, 12. Aufl. 2018, § 8 Rn. 193.

908 BGH GRUR 2009, 685, 688 – ahd.de; BGH GRUR 2009, 1055, 1057 – airdsl; *Hacker,* in: Ströbele/Hacker/Thiering, MarkenG, 12. Aufl. 2018, § 5 Rn. 65.

zukommt oder nicht.[909] Ist letzteres der Fall, dann muss der Domainnamen zur Schutzfähigkeit als Unternehmenskennzeichen Verkehrsgeltung nachweisen können.[910] Anderenfalls ist für den Schutz des Domainnamens als Unternehmenskennzeichen erforderlich, dass die angesprochenen Verkehrskreise den Domainnamen als Herkunftshinweis und nicht nur eine bloße Adressfunktion verstehen.[911] Sind die Voraussetzungen der Schutzfähigkeit des Domainnamens als Unternehmenskennzeichen zu bejahen, kommt im Falle von Verletzungshandlungen Dritter ein Anspruch des Domaininhabers nach § 15 MarkenG in Betracht.

c) Schutzfähigkeit als geografische Herkunftsangabe

Demgegenüber stellen Domainnamen keine geografischen Herkunftsangaben nach § 126 Abs. 1 MarkenG dar, da dem Domainnamen zwar eine Adressfunktion im Internet zukommt, es sich dabei aber nicht um „einen Namen von Orten, Gegenden, Gebieten oder Ländern sowie sonstige Angaben oder Zeichen, die im geschäftlichen Verkehr zur Kennzeichnung der geografischen Herkunft von Waren oder Dienstleistungen benutzt werden", handelt.[912] Aufgrund dessen kann sich der Domaininhaber nicht auf einen Abwehranspruch aus §§ 126, 127 MarkenG stützen, um eine Nutzung seines Domainnamens durch Dritte zu untersagen.[913] Dagegen kann aber die Nutzung einer geografischen Herkunftsangabe einen Verstoß gegen § 127 MarkenG oder gegen §§ 3, 5 UWG darstellen.[914]

d) Schutzfähigkeit nach § 12 BGB

Nach § 12 BGB kann dem Domainname ein abgeleiteter und originärer Namensschutz zukommen.[915] Unter dem Begriff des abgeleiteten Namensschutz wird eine Domain erfasst, wenn in der Domain nur ein Mittel zur Verwendung eines bereits geschützten Namens liegt.[916] Von einem originären Namensschutz

---

909 *Hacker,* in: Ströbele/Hacker/Thiering, MarkenG, 12. Aufl. 2018, § 5 Rn. 65.

910 *Hacker,* in: Ströbele/Hacker/Thiering, MarkenG, 12. Aufl. 2018, § 5 Rn. 65.

911 BGH GRUR 2010, 156, 157 – EIFEL-ZEITUNG; BGH GRUR 2005, 871, 873 – Seicom; BGH GRUR 2009, 685, 688 – ahd.de; *Hacker,* in: Ströbele/Hacker/Thiering, MarkenG, 12. Aufl. 2018, § 5 Rn. 65.

912 *Koch,* in: BeckOnline Großkommentar, Stand: 1.1.2019, BGB, § 12 Rn. 236.

913 *Koch,* in: BeckOnline Großkommentar, Stand: 1.1.2019, BGB, § 12 Rn. 236 m.w.N.

914 *Koch,* in: BeckOnline Großkommentar, Stand: 1.1.2019, BGB, § 12 Rn. 236.

915 *Leyendecker-Langner,* MMR 2014, 288.

916 BGH GRUR 2013,638, 641 – Völkl; *Leyendecker-Langner,* MMR 2014, 288.

spricht man, wenn die Domain nach allgemeinen Grundsätzen aus sich heraus geeignet ist, seinen Inhaber zu individualisieren und von anderen Personen oder Unternehmen zu unterscheiden.[917] Dies ist wiederum dann der Fall, wenn dem Domainname nicht nur eine bloße Adressfunktion zukommt, sondern von den angesprochenen Verkehrskreisen als Herkunftshinweis auf den Betreiber der jeweiligen Website verstanden wird und unterscheidungsfähig ist.[918]

2. *Konkrete Fallkonstellation*

Da die konkreten Domains nicht im geschäftlichen Verkehr verwendet werden, scheidet ein Anspruch aus §§ 14, 15 MarkenG aus. Somit kommt nur ein Anspruch aus § 12 BGB in Betracht.

Der Domainname der Klägerin verfügt auch über die notwendige Unterscheidungskraft nach § 12 BGB, da die Domain von sich aus geeignet ist, auf den Namensträger hinzuweisen. Denn bei dem Domainnamen handelt es sich um den bürgerlichen Namen der Domaininhaberin, der auch individualisierenden Charakter hat, zumal es sich nicht um einen „Allerweltsnamen" handelt.

Daneben erfordert der Anspruch nach § 12 S. 1 BGB eine unberechtigte Namensanmaßung. Eine unberechtigte Namensanmaßung setzt voraus, dass ein Dritter unbefugt den gleichen Namen gebraucht, dadurch eine Zuordnungsverwirrung ausgelöst wird und schutzwürdige Interessen des Namensträgers verletzt werden.[919] Diese Voraussetzungen können grundsätzlich auch durch eine bloße Registrierung des Domainnamens erfüllt werden,[920] wenn mit der Registrierung eine erhebliche Beeinträchtigung der namensrechtlichen Befugnisse verbunden ist.[921] Da eine Second-Level-Domain unter der Top-Level-Domain „.de" aus technischen Gründen nur einmal vergeben werden kann, wird durch die Registrierung des eigenen Namens als Domainnamen durch einen Nichtberechtigten eine Zuordnungsverwirrung ausgelöst und darüber hinaus auch ein besonders schutzwürdiges Interesse des Namensträgers

917 *Leyendecker-Langner*, MMR 2014, 288.

918 BGH GRUR 2013, 638, 641 – Völkl; BGH MMR 2009, 534 – ahd.de; *Leyendecker-Langner*, MMR 2014, 288.

919 BGH Urt. v. 2.12.2004, Az.: Pro Fide Catholica; BGH GRUR 2008, 1099 – afilias.de; BGH GRUR 2014, 506 – sr.de; BGH Urt. v. 24.3.2016, Az.: I ZR 185/14 – grit-lehmann.de.

920 BGH Urt. v. 24.3.2016, Az.: I ZR 185/14 – grit-lehmann.de.

921 BGH GRUR 2008, 912 – Metrosex; BGH GRUR 2014, 393 – wetteronline.de; BGH Urt. v. 24.3.2016, Az.: I ZR 185/14 – grit-lehmann.de.

beeinträchtigt;[922] schließlich kann der berechtigte Namensträger den gleichen Domainnamen nicht mehr unter der gleichen Top-Level-Domain anmelden und registrieren lassen. Kommen tatsächlich mehrere berechtigte Namensträger und damit eine Gleichnamigkeit in Betracht, gilt für diese hinsichtlich der Registrierung ihres Namens als Domainnamen das Prioritätsprinzip.[923] Dies deshalb, weil eine Second-Level-Domain unter einer bestimmten Top-Level-Domain aus technischen Gründen nur einmal vergeben werden kann und damit eine Gleichgewichtslage per se ausscheidet.

Der Namensgebrauch durch die Beklagte besteht darin, dass sie den Domainnamen angemeldet und registriert hat.[924]

Fraglich ist jedoch, ob der Gebrauch des Namens durch die Beklagte unbefugt erfolgt und dadurch eine Zuordnungsverwirrung ausgelöst wird. Der Gebrauch eines Namens ist unbefugt im Sinne von § 12 S. 1 BGB, wenn dem Benutzer keine eigenen Rechte an diesem Namen zustehen.[925] Diese Voraussetzungen liegen im Allgemeinen vor, wenn und soweit ein fremder Name für den Domainnamen verwendet wird, da dieser zu einer Zuordnungsverwirrung führt.[926] Die vorliegende Konstellation zeichnet sicher aber dadurch aus, dass die Beklagte selbst Namensträgerin ist und der Gebrauch des Namens „Grit Lehmann" als Domainname daher dem Grunde nach nicht als unbefugt angesehen werden kann. Denn es kann niemandem verwehrt werden, eine Domainadresse unter Verwendung seines bürgerlichen Namens registrieren zu lassen, unabhängig davon, ob die Domain geschäftlich oder privat verwendet wird.[927]

Kommen für einen Domain-Namen mehrere berechtigte Personen in Betracht, gilt für sie bei der Registrierung ihres Namens als Internet-Adresse grundsätzlich das Gerechtigkeitsprinzip der Priorität.[928] Dem Gerechtigkeitsprinzip der Priorität muss sich auch der Inhaber eines relativ stärkeren Rechts unterwerfen, wenn er feststellt, dass sein Name oder sonstiges Kennzeichen bereits von einem Gleichnamigen als Domainname registriert worden ist.[929]

922 BGH GRUR 2008, 1099 – afilias.de; BGH GRUR 2012, 304 – Basler Haar-Kosmetik; BGH Urt. v. 24.3.2016, Az.: I ZR 185/14 – grit-lehmann.de.

923 BGH Urt. v. 24.3.2016, Az.: I ZR 185/14 – grit-lehmann.de; BGH Urt. V. 17.5.2001, Az.: I ZR 216/99 – Mitwohnzentrale.de; BGH GRUR 2002, 622 ff.

924 BGH GRUR 2008, 1099 – afilias.de; BGH GRUR 2014, 506 -sr.de.

925 BGH GRUR 2007, 259 – solingen.info.

926 BGH GRUR 2002, 622, 624 – shell.de.

927 BGH GRUR 2002, 622, 624 – shell.de.

928 BGH GRUR 2002, 622, 625 – shell.de; BGH GRUR 2001, 1061.

929 LG Paderborn, MMR 2000, 49; BGH GRUR 2002, 622, 625 – shell.de.

Denn gerade aufgrund der technischen Besonderheit, dass unter einer Top-Level-Domain, eine Second-Level-Domain nur einmal vergeben werden kann, muss für die Fülle der möglichen Konfliktfälle eine einfache Grundregel wie das Prioritätsprinzip gegeben sein, um eine einfache und effiziente Konfliktlösung zu bieten.[930] Eine Ausnahme von dieser Grundregel ist nur dann vorzunehmen, wenn und soweit die sich gegenüberstehenden Interessen der Parteien von derart unterschiedlichem Gewicht sind, dass ein Festhalten an dem Prioritätsprinzip nicht mehr als sachgerechte Lösung anzusehen ist.[931] Denn wird durch den Gebrauch des Namens die Gefahr der Verwechslung mit einem anderen Namensträger hervorgerufen, kann ausnahmsweise auch im privaten Verkehr die Pflicht bestehen, den Namen nur in einer Art und Weise zu verwenden, dass diese Gefahr nach Möglichkeit ausgeschlossen ist.[932] Der gleichnamige Namensträger ist aber nur dann zu einem derartigen Gebot der Rücksichtnahme verpflichtet, wenn und soweit sein Interesse an der uneingeschränkten Verwendung seines Namens gegenüber dem Interesse des Gleichnamigen, eine Verwechslung der beiden Namensträger zu vermeiden, klar zurücktrete.[933]

Daneben formulierte der Bundesgerichtshof in dem Originalfall „grit-lehmann.de“, dass in den Fällen, in denen ein Domainname aufgrund des Auftrags eines Namensträgers auf den Namen eines Treuhänders registriert worden ist, der Registrierung im Verhältnis zu Gleichnamigen die Priorität zukomme, wenn für alle Gleichnamigen eine einfache und zuverlässige Möglichkeit besteht zu überprüfen, ob die Registrierung des Namens als Domainname im Auftrag eines Namensträgers erfolgt ist.[934] Diesen Ausführungen des Bundesgerichtshofes kann man dem Grundsatz entnehmen, dass der Internetseite grundsätzlich die Information zu entnehmen sein muss, die einen zuverlässigen Rückschluss auf den Domaininhaber zulassen.

In der vorliegenden Konstellation enthält die unter dem Domainnamen der Beklagten aufrufbare Internetadresse noch keine Inhalte, sondern lediglich den Hinweis, dass dort eine neue Internetpräsenz entsteht. Aufgrund dessen kann jemand, der diese Seite im Internet aufruft, nicht mit zuverlässigen Mitteln feststellen, ob es sich um einen befugten Namensgebrauch und um wessen Internetseite es sich tatsächlich handelt.

---

930 BGH GRUR 2002, 622, 625 – shell.de.

931 BGH GRUR 2002, 622, 625 – shell.de.

932 BGH GRUR 2002, 622, 624 – shell.de; BGH NJW 1959, 1029.

933 BGH GRUR 2002, 622, 625 – shell.de.

934 BGH BeckRS 2016, 14797 – grit-lehmann.de mit Verweis auf BGHZ 171, 104 – grundke.de; BGH GRUR 2006, 158 – segnitz.de.

Auf Seiten der Klägerin ist überdies ein besonders schutzwürdiges Interesse zu bejahen, das durch die Domainregistrierung der Beklagten erheblich beeinträchtigt wurde. Ein besonders schutzwürdiges Interesse des Namensträgers wird regelmäßig dadurch erheblich beeinträchtigt, dass der eigene Name durch einen potentiellen Nichtberechtigten als Domainname unter einer Top-Level-Domain registriert wird, weil die mit dieser Bezeichnung gebildete Internetadresse aus technischen Gründen nur einmal vergeben werden kann und der berechtigte Namensträger dadurch von der eigenen Nutzung als Domainname unter dieser Top-Level-Domain praktisch ausgeschlossen wird.[935] Zudem liegt es im berechtigten Interessen des Namensträgers, unter beiden üblichen Eingabevarianten seines Namens im Internet – d.h. Domainname aus Vor- und Nachnamen mit und ohne Bindestrich – aufgefunden zu werden.[936]

Auch die im Falle des § 12 BGB durchzuführende Interessenabwägung führt nicht zu einer Verneinung der Namensverletzung durch die Beklagte. Ein Nichtberechtigter kann im Ausnahmefall zwar auf schützenswerte Interessen verweisen.[937] Ein solcher Ausnahmefall liegt beispielsweise vor, wenn die Registrierung des Domainnamens durch den Nichtberechtigten nur der erste Schritt im Zuge der für sich genommen rechtlich unbedenklichen Aufnahme einer entsprechenden Benutzung beispielsweise als Unternehmenskennzeichens ist[938] oder wenn das Kennzeichen- oder Namensrecht des Berechtigten erst nach der Registrierung des Domainnamens durch den Domaininhaber entstanden ist.[939] Solche Konstellationen sind im vorliegenden Fall allerdings nicht ersichtlich.

Die Klägerin hat damit gegen die Beklagte einen Anspruch aus § 12 S. 1 BGB betreffend den Verzicht/Freigabe des Domainnamens „grit-lehmann.de".

II. Lauterkeitsrechtliche Situation

Es könnte auch ein Unterlassungsanspruch nach § 5 Abs. 2 UWG in Betracht kommen, wenn und soweit es sich bei der Domain und dem Namen um unterscheidungskräftige Zeichen mit Kennzeichnungsfunktion handelt. Dies dürfte vorliegend zu bejahen sein, da sowohl der Name als auch die Domain eine

---

935 BGH Urt. v. 24.3.2016, Az.: I ZR 185/14 – grit-lehmann.de.

936 BGH GRUR 2012, 304 – Basler Haar-Kosmetik; BGH Urt. v. 24.3.2016, Az.: I ZR 185/14 – grit-lehmann.de.

937 BGH GRUR 2008, 1099 – afilias.de.

938 BGH GRUR 2005, 430, 431 – mho.de.

939 BGH GRUR 2008, 1099 – afilias.de.

gewisse herkunftshinweisende Funktion erfüllen. Der Anwendungsbereich des § 5 Abs. 2 UWG ist damit grundsätzlich eröffnet.

Darüber hinaus muss eine konkrete Verwechslungsgefahr zwischen dem Namen „Grit Lehmann" und der Domain „grit-lehmann.de" bestehen. Eine Verwechslungsgefahr dürfte vorliegend zu bejahen sein, da auf der Internetseite der Beklagten keine Inhalte abrufbar sind, denen zu entnehmen ist, ob Inhaber der Domain ein berechtigter Namensträger ist. Im Falle einer Gleichnamigkeit kommt der Domainregistrierung im Verhältnis zu dem Gleichnamigen die Priorität zu, wenn und soweit für alle Gleichnamigen eine einfache und zuverlässige Möglichkeit besteht zu überprüfen, ob die Registrierung des Namens als Domainname im Auftrag eines Namensträgers erfolgt ist und damit die Namensführung im Rahmen der Domain berechtigterweise erfolgt.[940] Ist dies bei einer Domain nicht ersichtlich, besteht aufgrund dessen die konkrete Gefahr von Verwechslungen, die nach § 5 Abs. 2 UWG untersagt werden können.

III. Schlussfolgerungen

1. Allgemeine Regeln

Aus den vorstehenden Ausführungen lassen sich folgende allgemeine Schlussfolgerungen ziehen:

- Kommen bei einer Domainregistrierung tatsächlich mehrere berechtigte Namensträger und damit eine Gleichnamigkeit in Betracht, gilt für diese hinsichtlich der Registrierung ihres Namens als Domainnamen das Prioritätsprinzip.[941]
- Im Falle einer Gleichnamigkeit kommt der Domainregistrierung im Verhältnis zu dem Gleichnamigen die Priorität zu, wenn und soweit für alle Gleichnamigen eine einfache und zuverlässige Möglichkeit besteht zu überprüfen, ob die Registrierung des Namens als Domainname im Auftrag eines Namensträgers erfolgt ist und damit die Namensführung im Rahmen der Domain berechtigterweise erfolgt.
- Es könnte auch ein Unterlassungsanspruch nach § 5 Abs. 2 UWG in Betracht kommen, wenn und soweit es sich bei der Domain und dem Namen um unterscheidungskräftige Zeichen mit Kennzeichnungsfunktion handelt. Ist

---

940 BGH GRUR 2006, 158 -segnitz.de; BGHZ 171, 104 – grundke.de; BGH Urt. v. 24.3.2016, Az.: I ZR 185/14 – grit-lehmann.de.

941 BGH Urt. v. 24.3.2016, Az.: I ZR 185/14 – grit-lehmann.de; BGH Urt. V. 17.5.2001, Az.: I ZR 216/99 – Mitwohnzentrale.de; BGH GRUR 2002, 622 ff.

bei einer Domain nicht ersichtlich, ob die Namensführung berechtigterweise erfolgte, besteht aufgrund dessen die konkrete Gefahr von Verwechslungen, die nach § 5 Abs. 2 UWG untersagt werden kann.

2. *Mögliche Abgrenzungsmaßnahmen*

Auch hier kommt als mögliche Abgrenzungsmaßnahme die Aufnahme eines aufklärenden Hinweises auf der Startseite der Homepage oder die Aufnahme unterscheidender Zusätze (beispielsweise die Aufnahme einer Branchenbezeichnung oder die Aufnahme des Tätigkeitsgebietes bei Domainnamen) in Betracht; die Aufnahme eines Vor- oder Zunamens scheidet vorliegend aus.

3. *Neujustierung der Grundsätze des Rechts der Gleichnamigen erforderlich?*

Auch in dieser Kollisionskonstellation sind die Eigenheiten des Internets und insbesondere die technischen Besonderheiten der Domainregistrierung zu berücksichtigen; d.h. wenn tatsächlich mehrere berechtigte Namensträger und damit eine Gleichnamigkeit in Betracht kommen, gilt für diese hinsichtlich der Registrierung des Namens als Domainnamen grundsätzlich das Prioritätsprinzip.[942] Im Falle einer Gleichnamigkeit, kommt der Domainregistrierung im Verhältnis zu dem Gleichnamigen die Priorität zu, wenn und soweit für alle Gleichnamigen eine einfache und zuverlässige Möglichkeit besteht zu überprüfen, ob die Registrierung des Namens als Domainname im Auftrag eines Namensträgers erfolgt ist und damit die Namensführung im Rahmen der Domain berechtigterweise erfolgte.[943] Ist dies bei einer Domain nicht ersichtlich, besteht aufgrund dessen die konkrete Gefahr von Verwechslungen bzw. die Gefahr von Zuordnungsverwirrungen, mit der Folge, dass die Namensnutzung nach § 12 BGB und/oder § 5 Abs. 2 UWG untersagt werden kann, so dass an den bisherigen Grundsätzen der Rechtsprechung festzuhalten ist.

---

942 BGH Urt. v. 24.3.2016, Az.: I ZR 185/14 – grit-lehmann.de; BGH Urt. V. 17.5.2001, Az.: I ZR 216/99 – Mitwohnzentrale.de; BGH GRUR 2002, 622 ff.

943 BGH GRUR 2006, 158 -segnitz.de; BGHZ 171, 104 – grundke.de; BGH Urt. v. 24.3.2016, Az.: I ZR 185/14 – grit-lehmann.de.

Kapitel 6: Darstellung der rechtlichen Anforderungen an eine markenrechtliche Abgrenzungs- und hilfsweise Lizenzvereinbarung

Die in Kapitel 5 erfolgte Darstellung der einzelnen Kollisionsmöglichkeiten zwischen den verschiedenartigen Zeichen hat gezeigt, dass im Falle der Gleichnamigkeit regelmäßig der Tatbestand der §§ 14 Abs. 2 Nr. 2, 15 Abs. 2 MarkenG neben dem § 5 Abs. 2 UWG erfüllt ist bzw. bei Eingreifen der Schranken-Schranke des § 23 Abs. 1 Nr. 1 MarkenG n.F. im Rahmen der §§ 14, 15 MarkenG die Voraussetzungen des Verbotstatbestandes des § 5 Abs. 2 UWG ebenfalls zu verneinen sind. Dies liegt darin begründet, dass bereits bei der Prüfung des § 23 Abs. 2 MarkenG n.F. aufgrund des Merkmals *„wenn die Benutzung durch den Dritten den anständigen Gefplogenheiten in Gewerbe und Handel entspricht"* lauterkeitsrechtliche Maßstäbe zur Anwendung kommen, die eine Parallele zur Prüfung des § 5 Abs. 2 UWG aufweisen, wenngleich das MarkenG zur Begründung der Verwechslungsgefahr nur eine abstrakte Gefahr erfordert, wohingegen das UWG eine konkrete Verwechslungsgefahr erforderlich macht. Nichts desto trotz wird man in Zukunft aufgrund des Nebeneinanders der Schutzsysteme von MarkenG und UWG einen strengeren Maßstab bei der Prüfung der Schranken-Schranke des § 23 MarkenG anwenden müssen, bei dem man gerade den primären Schutzzweck der UGP-Richtlinie – namentlich den Verbraucherschutz – in den Vordergrund stellen muss. Nur so kann ein widerspruchsfreier Gleichlauf beider Systeme erfolgen.

Daneben hat die Konkretisierung der Rechtsprechung zum Recht der Gleichnamigen in den vergangenen Jahren dafür gesorgt, dass eine nicht zu tolerierende Verwechslungsgefahr oder Steigerung derselben durch entsprechende klarstellende Zusätze verhindert wird. Hierdurch ist den gleichnamigen Kennzeichenführern aufgegeben worden, zumutbare Handlungen vorzunehmen, um die Gefahr von Verwechslungen bei den angesprochenen Verkehrskreisen auf ein Minimum zu begrenzen. Gerade durch diese aufklärenden Zusätze wird dem Verbraucherschutzgedanken der UGP-Richtlinie genüge getan, da hierdurch auch eine konkrete Verwechslungsgefahr gemäß § 5 Abs. 2 UWG minimiert, wenn nicht sogar vermieden wird. Insoweit bedarf es bei dem Recht der Gleichnamigen keiner Sonderstellung bei der Prüfung des § 5 Abs. 2 UWG, da bereits durch diese klarstellenden Zusätze eine konkrete Verwechslungsgefahr – wie sie von § 5 Abs. 2 UWG gefordert wird – ausscheidet. Die von der Rechtsprechung geforderten klarstellenden Zusätze sind auch deshalb zu fordern gewesen, da durch das Internet eine regionale Begrenzung der Verwendung von Kennzeichen heutzutage gar nicht mehr möglich ist und damit die Kollisionsmöglichkeiten zugenommen und ein entsprechendes Gegensteuern erforderlich gemacht haben.

Gleichwohl hat die Rechtsprechung des Bundesgerichtshofes betreffend das Recht der Gleichnamigen praktisch dazu geführt, dass bei Gleichgewichtslagen, die aufgrund jahrelanger paralleler Benutzung der Kennzeichen entstanden sind, eine Markenmodernisierung für einen oder für beide Kennzeicheninhaber praktisch unmöglich geworden ist. Denn gerade die Markenmodernisierung stellt regelmäßig eine Störung der Gleichgewichtslage dar, die nur in ganz eng begrenzten Ausnahmefällen gerechtfertigt ist. Für die gleichnamigen Kennzeicheninhaber stellt sich daher – gerade bei Bestehen von Gleichgewichtslagen – die Frage, wie eine Markenmodernisierung erfolgen kann, ohne Gefahr zu laufen, dass ein gerichtliches Verfahren angestrengt wird. Im Verhältnis der gleichnamigen Kennzeicheninhaber zueinander würde sich hier der Abschluss einer Abgrenzungsvereinbarung gegebenenfalls in Kombination mit einem (hilfsweisen) markenrechtlichen Lizenzvertrag anbieten. In der Abgrenzungsvereinbarung könnten die Kennzeicheninhaber die konkrete Benutzung der streitigen Kennzeichen und etwaige Markenmodernisierungen regeln. Die Kombination mit einem (hilfsweisen) Lizenzvertrag würde den Kennzeicheninhabern die Sicherheit geben, dass die Benutzung der gleichnamigen Kennzeichen auch dann erfolgen kann, wenn und soweit die Abgrenzungsvereinbarung – aus welchem Grund auch immer – für unwirksam oder nichtig erklärt würde. Denn aufgrund des Sukzessionsschutzes einer dinglichen Lizenz bleibt diese von einem Wegfall oder Unwirksamwerden einer markenrechtlichen Abgrenzungsvereinbarung oder einem Wechsel des Kennzeicheninhabers unberührt. Die Lizenzvereinbarung würde daher nur für den Fall des Wegfalls/Unwirksamwerdens der Abgrenzungsvereinbarung geschlossen werden. Zu beachten ist insoweit allerdings, dass Gegenstand eine Lizenzvereinbarung nur dann in Betracht kommt, wenn die sich gegenüberstehenden Kennzeichen vollständig – d.h. auch in der Groß- und Kleinschreibung – übereinstimmen. Sollte dies nicht der Fall sein, müssten sich die Vertragsparteien für den Fall des Wegfalls oder Unwirksamwerdens der Abgrenzungsvereinbarung darauf verständigen, dass an dem prioritätsältere Kennzeichen eine Lizenz erteilt wird und der prioritätsjüngere Kennzeicheninhaber das prioritätsältere Kennzeichen übernehmen müsste, was gleichzeitig die Aufgabe des prioritätsjüngeren Kennzeichens für die Zukunft zur Folge hätte. Besteht zwischen den kollidierenden Kennzeichen eine vollständige

Identität, dürfte regelmäßig die Erteilung einer kostenfreien Lizenz im Sinne des § 30 MarkenG vorzugswürdig sein, da in diesem Falle der Sukzessionsschutz greift.

Im Folgenden soll daher erörtert werden, welche Anforderungen die Abgrenzungsvereinbarung erfüllen muss, um im Anschluss eine konkrete Vertragsformulierung in Kombination mit einer (hilfsweisen) Lizenzerteilung darzustellen.

I. Rechtliche Anforderungen an eine markenrechtliche Abgrenzungsvereinbarung

Die markenrechtliche Abgrenzungsvereinbarung berührt aufgrund ihres speziellen Regelungsbereiches neben den Vorschriften des Markenrechts, des Lauterkeitsrechts und natürlich des allgemeinen Zivilrechts insbesondere auch das Kartellrecht. Denn durch Abgrenzungsvereinbarungen besteht grundsätzlich die Gefahr einer Marktaufteilung und damit einer Wettbewerbsbeschränkung. Typischerweise finden sich in Abgrenzungsvereinbarungen Regelungen über die Art der Benutzung der kollidierenden Kennzeichen, eine Abgrenzung der Waren und Dienstleistungen sowie Regelungen über die Geltendmachung und den Verzicht von Ansprüchen aus dem Markenrecht.[944]

1. Vertragsrecht

Bei der Abgrenzungsvereinbarung handelt es sich um einen gegenseitigen Vertrag, der durch Angebot und Annahme gemäß §§ 145 ff. BGB zustande kommt. Auch wenn eine besondere Schriftform für die Abgrenzungsvereinbarung nicht gesetzlich vorgeschrieben ist, so ist die schriftliche Festhaltung der Abgrenzungsvereinbarung insbesondere zu Beweiszwecken dringend zu empfehlen.

Gegenstand einer Abgrenzungsvereinbarung ist eine zeitlich unbegrenzte Bindung zwischen den Vertragsparteien. Dies entspricht der unbeschränkten Schutzdauer des Kennzeichenrechts. Von Sittenwidrigkeit im Sinne von § 138 BGB dürfte daher nur dann auszugehen sein, wenn und soweit durch den Abschluss der Abgrenzungsvereinbarung die wirtschaftliche Selbstbestimmung einer Partei vollständig konterkariert würde.[945] Dies dürfte beim Abschluss einer Abgrenzungsvereinbarung regelmäßig nicht der Fall sein, da das Interesse der

---

944 *Fezer*, in: Fezer, MarkenR, 4. Aufl. 2009, § 14 Rn. 1091.

945 BGH NJW 1962, 102; BGH NJW 1993, 1587, 1588; *Althaus*, Markenrechtliche Abgrenzungsvereinbarung, 2010, S. 85.

Vertragsparteien an der Wahrung der Dispositionsfreiheit ausreichend durch die gesetzlich kodifizierte Kündigungsmöglichkeit des § 314 BGB gewahrt bleibt.

Zudem ist zu berücksichtigen, dass die Abgrenzungsvereinbarung regelmäßig erst dazu dient, eine Rechtserlangung zu ermöglichen und damit letztendlich die Wahrung von rechtmäßig erworbenen Besitzständen im Vordergrund steht.[946] Daraus folgt, dass die Abgrenzungsvereinbarung als solche die Vertragsparteien in der Regel nicht einengt, sondern erst den Rechtserwerb und dessen Ausübung erst ermöglicht, weshalb der Sittenwidrigkeitsvorwurf regelmäßig ausscheidet.[947]

Allerdings scheidet der Sittenwidrigkeitsvorwurf nur dann aus, wenn und soweit rechtmäßige Besitzstände gewahrt werden. Ist dies nicht der Fall, weil beispielsweise das prioritätsältere Kennzeichenrecht des Markeninhabers zum Zeitpunkt des Vertragsabschlusses löschungsreif ist, fehlt es an der markenrechtlichen Rechtfertigung mit der Folge, dass die Abgrenzungsvereinbarung aus zivilrechtlichen Gesichtspunkten unwirksam sein könnte.[948]

2. Markenrecht

Die Abgrenzungsvereinbarung ist keine Lizenz.[949] In einer Abgrenzungsvereinbarung werden die Schutzbereiche ähnlicher Kennzeichen gegeneinander abgegrenzt, um für die Zukunft Kennzeichenkollisionen weitestgehend zu vermeiden.[950] Gegenstand der Abgrenzungsvereinbarung ist damit die rechtsgeschäftliche Regelung der Benutzung von kollidierenden Kennzeichenrechten oder Kennzeichenanwartschaften zwischen voneinander unabhängigen Kennzeicheninhabern oder Kennzeichenanmeldern,[951] für die keine speziellen markenrechtlichen Vorschriften herangezogen werden können.[952] Die Besonderheit der Abgrenzungsvereinbarung besteht darin, dass kein Nutzungsrecht an dem jeweiligen Kennzeichen gewährt wird,[953] sondern auf ein Abwehrrecht verzichtet wird.

946 *Althaus,* Markenrechtliche Abgrenzungsvereinbarung, 2010, S. 85 f.

947 *Althaus,* Markenrechtliche Abgrenzungsvereinbarung, 2010, S. 86.

948 *Althaus,* Markenrechtliche Abgrenzungsvereinbarung, 2010, S. 86.

949 *Ingerl/Rohnke,* in: Ingerl/Rohnke, MarkenG, 3. Aufl. 2010, § 24 Rn. 38.

950 *Fezer,* in: Fezer, MarkenR, 4. Aufl. 2009, § 14 Rn. 1088.

951 *Fezer,* in: Fezer, MarkenR, 4. Aufl. 2009, § 14 Rn. 1088.

952 *Ingerl/Rohnke,* in: Ingerl/Rohnke, MarkenG, 3. Aufl. 2010, § 30 Rn. 137; *Althaus,* Markenrechtliche Abgrenzungsvereinbarung, 2010, S. 86 f.

953 *Wogner,* Die Schnittstellen zwischen Marken- und Wettbewerbsrecht im Lichte der neuen Markenfunktionen, 1. Aufl. 2015, S. 201; *Fezer,* in: Fezer, MarkenR, 4. Aufl. 2009, § 14 Rn. 1089.

Bei der Eintragung einer Marke, die Gegenstand einer Abgrenzungsvereinbarung ist, prüft das Deutsche Patent- und Markenamt von Amts wegen lediglich die Markenfähigkeit nach § 3 MarkenG sowie die relativen und absoluten Schutzhindernisse in den §§ 7, 8 MarkenG.[954] Auch wenn das Vorliegen einer identischen oder verwechslungsfähigen prioritätsälteren Marke ein relatives Schutzhindernis darstellt, wird dieses vom Deutschen Patent- und Markenamt nur dann geprüft, wenn und soweit der prioritätsältere Kennzeicheninhaber seine älteren Rechte gegenüber dem Deutschen Patent- und Markenamt geltend macht.[955]

a) Abgrenzungsvereinbarung zu Lasten einer geografischen Herkunftsangabe möglich?

Im Zusammenhang mit der rechtlichen Wirksamkeit einer Abgrenzungsvereinbarung stellt sich die Frage, ob eine Abgrenzungsvereinbarung zu Lasten einer geografischen Herkunftsangabe zulässig ist. Denn in § 8 Abs. 2 Nr. 2 MarkenG ist nunmehr geregelt, dass die Eintragung einer Marke ausgeschlossen ist, wenn und soweit sie ausschließlich aus Zeichen oder Angaben besteht, die im Verkehr zur Bezeichnung der geografischen Herkunft dienen. Zudem ist in § 8 Abs. 2 Nr. 9-12 MarkenG geregelt, dass Marken vom Schutz ausgeschlossen sind, die geografische Herkunftsangaben, traditionelle Bezeichnungen von Weinen, traditionelle Spezialitäten oder Sortenbezeichnungen zum Gegenstand haben, für die besonderer Schutz nach nationalen oder europäischen sowie internationalen Vorschriften besteht. Insoweit handelt es sich um ein absolutes Schutzhindernis, das nicht der Dispositionsfreiheit der Vertragsparteien unterliegt und damit von Amts wegen vom Deutschen Patent- und Markenamt geprüft wird.

Allerdings betreffen die Schutzhindernisse des § 8 Abs. 2 Nr. 9-11 MarkenG Rechtsgrundverweisungen auf nationale Vorschriften, Unionsvorschriften und internationale Übereinkünfte.[956] Daraus folgt, dass, wenn und soweit den fraglichen Vorschriften kein spezieller markenrechtlichen Kollisionstatbestand zu entnehmen ist, im Wege der Auslegung zu ermitteln ist, ob sich aus dem Schutzzweck der jeweiligen Vorschrift ein Schutzhindernis für Marken ableiten lässt.[957] Im Gegensatz dazu begründet § 8 Abs. 2 Nr. 12 MarkenG ein eigenständiges Schutzhindernis.

---

954 *Althaus,* Markenrechtliche Abgrenzungsvereinbarung, 2010, S. 87.
955 *Althaus,* Markenrechtliche Abgrenzungsvereinbarung, 2010, S. 87.
956 *Ströbele,* in: Ströbele/Hacker/Thiering, MarkenG, 12. Aufl. 2018, § 8 Rn. 982.
957 *Ströbele,* in: Ströbele/Hacker/Thiering, MarkenG, 12. Aufl. 2018, § 8 Rn. 982.

aa) § 8 Abs. 2 Nr. 9 MarkenG: Herkunftsangaben gemäß VO (EU) Nr. 1151/2012 – Agrarerzeugnisse und Lebensmittel

Art. 14 Abs. 1 VO (EU) Nr. 1151/2012 über Qualitätsregelungen für Agrarerzeugnisse und Lebensmittel enthält ein absolutes Eintragungshindernis und einen korrespondierenden Löschungsgrund.[958] Danach sind Marken vom Schutz ausgeschlossen, die im Sinne von Art. 13 Abs. 1 VO 1151/2012 gegen eine nach dieser Verordnung geschützte Ursprungsbezeichnung oder geografische Angabe verstoßen.[959] Allerdings geht die Regelung in Art. 13 Abs. 1 VO 1151/2012 davon aus, dass der Schutz einer geografischen Bezeichnung produktspezifisch ausgestaltet ist, so dass ein Unterschied gegenüber den Rechten nach §§ 126 ff. MarkenG und den bilateralen Herkunftsabkommen, die einen weiterreichenden Schutz garantieren, besteht.[960] Die produktspezifische Ausgestaltung nach der VO Nr. 1151/2012 sieht dergestalt aus, dass eine geografische Bezeichnung nur für ein bestimmtes Produkt geschützt ist;[961] d.h. wenn die geografische Herkunftsangabe für eine andere Produktart verwendet wird, unterfällt sie nicht mehr dem absoluten Schutzhindernis des § 8 Abs. 2 Nr. 9 MarkenG.

bb) § 8 Abs. 2 Nr. 10 MarkenG: Geografische Herkunftsangaben für Spirituosen und Weine

Auf europäischer Ebene haben geografische Herkunftsangaben für Spirituosen und Weine spezielle Regelungen erfahren, die den Bestimmungen des Art. 13 VO 1151/2012 entsprechen.[962] Art. 23 Abs. 1 VO (EG) Nr. 110/2008 regelt ein entsprechendes Eintragungsverbot und einen Löschungsgrund für dagegen verstoßende Marken. Allerdings darf nach Art. 10 Abs. 1 VO (EG) Nr. 110/2008 eine geschützte geografische Bezeichnung in einem zusammengesetzten Begriff verwendet werden oder auf eine geschützte geografische Bezeichnung angespielt werden, wenn und soweit der verwendete Alkohol ausschließlich von den genannten Spirituosen stammt.[963]

958 *Ströbele,* in: Ströbele/Hacker/Thiering, MarkenG, 12. Aufl. 2018, § 8 Rn. 984.
959 *Ströbele,* in: Ströbele/Hacker/Thiering, MarkenG, 12. Aufl. 2018, § 8 Rn. 984.
960 *Ströbele,* in: Ströbele/Hacker/Thiering, MarkenG, 12. Aufl. 2018, § 8 Rn. 984.
961 *Hacker,* in: Ströbele/Hacker/Thiering, MarkenG, 12. Aufl. 2018, § 135 Rn. 5.
962 *Ströbele,* in: Ströbele/Hacker/Thiering, MarkenG, 12. Aufl. 2018, § 8 Rn. 996.
963 *Ströbele,* in: Ströbele/Hacker/Thiering, MarkenG, 12. Aufl. 2018, § 8 Rn. 996.

cc) *Zusammenfassung*

Die oben genannten Verordnungen zeigen exemplarisch auf, dass in verschiedenen europäischen Verordnungen markenrechtliche Schutzhindernisses geregelt sind, die von den nationalen Markenämtern zu berücksichtigen sind, wenngleich sie nicht ausdrücklich in nationales Recht umgesetzt wurden.[964] Der Europäische Gerichtshof hat beispielsweise im Falle des Schutzhindernisses in Art. 23 Abs. 1 in Verbindung mit Art. 16 VO (EG) Nr. 110/2008 entschieden, dass die Eintragung einer Marke, die gegen die genannten Vorschriften verstoßen, von den nationalen Markenämtern nicht vorzunehmen bzw. bei bereits erfolgter Eintragung der Marke diese zu löschen ist und zwar unabhängig davon, ob die europäische Vorschrift in nationales Recht umgewandelt wurde.[965] Dementsprechend dürfte eine Abgrenzungsvereinbarung zu Lasten einer geografischen Herkunftsangabe, die über § 8 Abs. 2 MarkenG absoluten Schutz genießt, unter markenrechtlichen Gesichtspunkten nicht zulässig sein. Denn bei den in § 8 Abs. 2 MarkenG aufgeführten Schutzhindernissen handelt es sich um absolute Schutzhindernisse, die von Amts wegen im Anmeldungsverfahren zu berücksichtigen sind und die damit gerade nicht der Disposition der Parteien unterliegt. Zudem würde eine Abgrenzungsvereinbarung zu Lasten einer geografischen Herkunftsangabe den Schutzbereich derselben verengen, was mit dem allgemein bezweckten Schutz der geografischen Herkunftsangabe nicht vereinbar wäre. Allerdings sind die Schutzrichtungen der Normen zu berücksichtigen, auf die § 8 Abs. 2 Nr. 9-12 Marken verweist, die teilweise nur einen produktspezifischen Schutz der geografischen Herkunftsangabe regeln, so dass die geografische Herkunftsangabe grundsätzlich für eine andere Produktart verwendet werden könnte.

b) *Auswirkungen der vertraglichen Nichtangriffsabrede auf die Zulässigkeit eines markenrechtlichen Widerrufs- oder Löschungsverfahren*

Daneben stellt sich die Frage, ob der Vertragspartner aufgrund der vertraglichen Nichtsangriffsabrede[966] in der Abgrenzungsvereinbarung verpflichtet

---

964 *Ströbele*, in: Ströbele/Hacker/Thiering, MarkenG, 12. Aufl. 2018, § 8 Rn. 974.

965 EuGH GRUR 2011, 926, 928 ff. – BNIC (Cognac); *Ströbele*, in: Ströbele/Hacker/Thiering, MarkenG, 12. Aufl. 2018, § 8 Rn. 974.

966 Nichtangriffsabrede = Vereinbarung, dass sich der prioritätsältere Kennzeicheninhaber in der Abgrenzungsvereinbarung verpflichtet, keine Verbietungsrechte gegen die vereinbarte Markennutzung des prioritätsjüngeren Kennzeicheninhabers geltend zu machen und die Markeneintragung nicht anzugreifen.

ist, das relative Schutzhindernis der Verwechslungsgefahr in § 9 Abs. 1 Nr. 2 MarkenG nicht geltend zu machen oder ob ein vertragswidrig angestrengtes Widerrufs- oder Löschungsverfahren unzulässig ist. In Patentsachen hat der Bundesgerichtshof bereits entschieden, dass die vertragliche Verpflichtung zum Nichtangriff eines Patents rechtswirksam durch eine Partei übernommen und dem Kläger in einem Nichtigkeitsverfahren in Bezug auf das Patent entgegengehalten werden kann.[967] Die dann entgegen einer wirksamen vereinbarten Nichtangriffsabrede erhobene Nichtigkeitsklage ist ohne Sachprüfung als unzulässig abzuweisen.[968] Etwas anderes kann auch in markenrechtlichen Verfahren nicht gelten. Denn die Situation, in der eine Nichtsangriffsabrede getroffen wird, ist bei Patenten und Kennzeichen vergleichbar. Denn bei beiden handelt es sich um absolute Schutzrechte. Zudem wäre es unbillig, in Patentverfahren einen anderen Maßstab für die Reichweite einer Nichtsangriffsabrede zugrunde zu legen wie in einem markenrechtlichen Verfahren, zumal den Vertragsparteien beim Abschluss einer Nichtangriffsabrede durchaus bewusst ist, dass sie mit dieser Vereinbarung auf die Durchsetzung von Rechten vor Gerichten u.Ä. verzichten. Dementsprechend ist ein vertragswidrig angestrengtes Widerspruchs- oder Löschungsverfahren ohne weitere Sachprüfung als unzulässig abzuweisen.

3. Lauterkeitsrecht

Bei der Betrachtung der lauterkeitsrechtlichen Zulässigkeit von Abgrenzungsvereinbarungen sind zwei Bereiche voneinander zu trennen: Zum einen das Verhältnis der Vertragsparteien zu einander (sog. Innenverhältnis) und das Verhältnis gegenüber Dritten (sog. Außenverhältnis).

a) Innenverhältnis

Das Lauterkeitsrecht ist durch die Schutzzwecktrias, d.h. den Schutz von Mitbewerbern, Marktteilnehmern und Verbrauchern, geprägt. Im Verhältnis der Parteien zueinander und einer häufig lediglich einseitigen Pflichtenübernahme kommt die Frage auf, ob die Abgrenzungsvereinbarung gegebenenfalls eine gezielte Behinderung im Sinne von §§ 3, 4 Nr. 4 UWG oder eine unangemessene

---

967 BGH GRUR 1953, 385; BGH GRUR 1971, 243, 244 f. – Gewindeschneidvorrichtungen; *Rogge/Kober-Dehm*, in: Benkard, PatG, 11. Aufl. 2015, § 22 Rn. 39.

968 BGH GRUR 1955, 535, 538 – Zählwerkgetriebe; BGH GRUR 1956, 264 – Wendemanschette I; BGH GRUR 1965, 135, 137 – Vanal-Patent; BGH GRUR 1971, 243, 244 – Aluminiumflachfolien; *Rogge/Kober-Dehm*, in: Benkard, PatG, 11. Aufl. 2015, § 22 Rn. 39.

und unsachliche Beeinträchtigung der Entscheidungsfreiheit gemäß §§ 3, 4 Nr. 1 UWG darstellt.[969]

aa) Gezielte Behinderung im Sinne von §§ 3, 4 Nr. 4 UWG

In den §§ 3, 4 Nr. 4 UWG ist die Unzulässigkeit der gezielten Mitbewerberbehinderung geregelt. Dabei ist der Anwendungsbereich des § 4 Nr. 4 UWG nur dann eröffnet, wenn eine geschäftliche Handlung im Sinne des § 2 Abs. 1 Nr. 1 UWG vorliegt.[970] Es muss also eine Handlung gegeben sein, die ein Verhalten zugunsten des eigenen oder eines fremden Unternehmens darstellt, das mit der Förderung des Absatzes oder Bezugs von Waren oder Dienstleistungen oder mit dem Abschluss oder der Durchführung eines Vertrags objektiv zusammenhängt.[971] Eine geschäftliche Handlung dürfte regelmäßig unproblematisch vorliegen.

Problematischer ist hingegen das Tatbestandsmerkmal des Mitbewerbers im Sinne von § 2 Nr. 3 UWG. Denn eine Abgrenzungsvereinbarung wird häufig erst dadurch möglich, dass sich die Parteien gerade nicht in einem konkreten Wettbewerbsverhältnis zueinander befinden.[972] Zum konkreten Wettbewerbsverhältnis führte der Bundesgerichtshof in seiner Entscheidung „nickelfrei“[973] folgendes aus: *„Ein konkretes Wettbewerbsverhältnis besteht nicht nur dann, wenn zwei Parteien gleichartige Waren oder Dienstleistungen innerhalb desselben Endverbraucherkreises abzusetzen suchen. Es besteht vielmehr auch dann, wenn zwischen den Vorteilen, die eine Partei durch eine Maßnahme für ihr Unternehmen oder das eines Dritten zu erreichen sucht, und den Nachteilen, die die andere Partei dadurch erleidet, eine Wechselwirkung in dem Sinne besteht, dass der eigene Wettbewerb gefördert und der fremde Wettbewerb beeinträchtigt werden kann.“*[974]

Von einer solchen Wechselwirkung kann bei einer Abgrenzungsvereinbarung regelmäßig ausgegangen werden, da von einem Kollisionspotential der sich gegenüberstehenden Kennzeichen ausgegangen wird.[975] Durch die Abgrenzungsvereinbarung sichert sich der Inhaber des prioritätsälteren Kennzeichenrechts den ihm ohnehin zustehenden Schutzbereich, während die Verwendung des Kennzeichens durch den prioritätsjüngeren Inhaber eingeschränkt wird.[976]

---

969 *Althaus,* Markenrechtliche Abgrenzungsvereinbarung, 2010, S. 113.

970 *Köhler,* in: Köhler/Bornkamm/Feddersen, UWG, 36. Aufl. 2018, § 4 Rn. 4.4.

971 *Köhler,* in: Köhler/Bornkamm/Feddersen, UWG, 36. Aufl. 2018, § 4 Rn. 4.4.

972 *Althaus,* Markenrechtliche Abgrenzungsvereinbarung, 2010, S. 113.

973 BGH GRUR 2014, 1114 – nickelfrei.

974 BGH GRUR 2014, 1114 – nickelfrei.

975 *Althaus,* Markenrechtliche Abgrenzungsvereinbarung, 2010, S. 114.

976 *Althaus,* Markenrechtliche Abgrenzungsvereinbarung, 2010, S. 114.

Dies stellt ein Einwirken auf die wettbewerbsrechtlichen Interessen eines Mitbewerbers zur Förderung des eigenen Absatzes dar und ist damit als Wettbewerbshandlung im Sinne des § 2 Abs. 1 Nr. 1 UWG zu qualifizieren, die geeignet ist, als Behinderung die wettbewerbsrechtliche Entfaltungsmöglichkeit und das Selbstbestimmungsrecht eines Mitbewerbers zu beeinträchtigen.[977]

Allerdings reicht jedwede Art der Behinderung des Wettbewerbes nicht aus, um als unlauter im Sinne des § 4 Nr. 4 UWG eingestuft werden zu können. Denn mit jedem Wettbewerb geht eine Beeinträchtigung der wettbewerblichen Entfaltungsmöglichkeiten eines Mitbewerbers einher, da dieser darauf angelegt ist, auf Kosten der Mitbewerber einen Wettbewerbsvorsprung zu erzielen.[978] Damit der Tatbestand des § 4 Nr. 4 UWG erfüllt ist, müssen daher zur Behinderung des Mitbewerbers noch weitere, die Unlauterkeit begründende Umstände hinzutreten.[979] Bei der Beurteilung der gezielten Behinderung ist daher das Wesen des Markenrechts zu berücksichtigen. Denn Gegenstand und Wesen des Markenrechtes ist es, die Geltendmachung von Kennzeichenrechten und damit die wettbewerbliche Entfaltungsmöglichkeit des Konkurrenten zu beschränken, so dass insoweit nur ausnahmsweise eine unlautere Behinderung vorliegen kann.[980] Mithin ist im Rahmen einer Gesamtwürdigung der Interessen (Interessen der Mitbewerber, Marktteilnehmer und der Allgemeinheit) abzuwägen, ob eine gezielte und damit unlautere Behinderung vorliegt. Dabei ist auch zu prüfen, ob der Handelnde sein Ziel auch mit weniger einschneidenden Mitteln hätte erreichen können und somit der Grundsatz der Verhältnismäßigkeit nicht mehr gewahrt wurde.[981] Dementsprechend ist bei der Beurteilung der Unlauterkeit einer markenrechtlichen Abgrenzungsvereinbarung danach zu fragen, ob der Markeninhaber Rechte geltend macht, die ihm aufgrund seines Ausschließlichkeitsrechts ohnehin zustehen oder ob er darüber hinaus sich Rechtspositionen zusichern lässt, die über das erforderliche und angemessene Maß hinausgehen. Insoweit stellt die zwischen den Parteien abgeschlossene Abgrenzungsvereinbarung schon ein milderes Mittel als ein Widerspruchsverfahren beim Deutschen Patent- und Markenamt oder ein Markenverletzungsverfahren vor Gericht

977 *Köhler,* in: Köhler/Bornkamm/Feddersen, UWG, 36. Aufl. 2018, § 2 Rn. 53; BGH GRUR 2004, 877, 879 – Werbeblocker; BGH GRUR 2001, 1061, 1062 – Mitwohnzentrale.de; *Althaus,* Markenrechtliche Abgrenzungsvereinbarung, 2010, S. 114.

978 *Köhler,* in: Köhler/Bornkamm/Feddersen, UWG, 36. Aufl. 2018, § 4 Rn. 4.7.

979 BGH GRUR 2009, 878, 879 f. – Fräsautomat; BGH GRUR 2014, 393, 395 – wetteronline.de; *Köhler,* in: Köhler/Bornkamm/Feddersen, UWG, 36. Aufl. 2018, § 4 Rn. 4.7.

980 *Althaus,* Markenrechtliche Abgrenzungsvereinbarung, 2010, S. 114.

981 *Althaus,* Markenrechtliche Abgrenzungsvereinbarung, 2010, S. 114.

dar.[982] Eine gezielte Behinderung kann daher nur vorliegen, wenn dem Markeninhaber keine Verbietungsrechte gegenüber dem Markenanmelder zur Verfügung stehen[983] oder der Markeninhaber aufgrund seiner Machtposition einseitig nur seine Rechte im Rahmen der Abgrenzungsvereinbarung durchsetzt und die Rechte des Markenanmelders vollständig beschneidet.[984] Eine gezielte Behinderung im Sinne des § 4 Nr. 4 UWG könnte auch dann vorliegen, wenn zwischen den sich gegenüberstehenden Kennzeichen nur eine geringe Verwechslungsgefahr besteht, die Abgrenzungsvereinbarung aber dahingehend ausgestaltet ist, dass der Markenanmelder weitestgehend auf sein Kennzeichenrecht verzichten würde.[985]

bb) Unangemessene und unsachliche Beeinträchtigung der Entscheidungsfreiheit gemäß §§ 3, 4a Abs. 1 S. 1, S. 2 Nr. 3 UWG

Nach §§ 3, 4a Abs. 1 S. 1, 2 Nr. 3 UWG handelt unlauter, wer eine aggressive geschäftliche Handlung vornimmt, die geeignet ist, den Verbraucher oder sonstigen Marktteilnehmer zu einer geschäftlichen Entscheidung zu veranlassen, die dieser andernfalls nicht getroffen hätte. Eine geschäftliche Handlung ist aggressiv, wenn sie im konkreten Fall unter Berücksichtigung aller Umstände geeignet ist, die Entscheidungsfreiheit des Verbrauchers oder sonstigen Marktteilnehmers erheblich zu beeinträchtigen durch unzulässige Beeinflussung.

Wie man bereits dem Wortlaut entnehmen kann, wird über den Tatbestand des § 4a Abs. 1 UWG nur die Entscheidungsfreiheit der Verbraucher und sonstigen Marktteilnehmer erfasst, nicht jedoch die der Mitbewerber. Die Entscheidungsfreiheit der Mitbewerber wird vielmehr über §§ 3 Abs. 1, 4 Nr. 4 UWG geschützt.[986]

Verweist der Markeninhaber gegenüber dem Marktteilnehmer (Markenanmelder) auf sein potentielles markenrechtliches Verbotsrecht und drängt er dadurch zum Abschluss einer Abgrenzungsvereinbarung, könnte dies unter Umständen geeignet sein, die (negative) rechtsgeschäftliche Entscheidungsfreiheit des Markenanmelders mittels eines unangemessenen unsachlichen Einflusses zu beeinträchtigen.[987] Die Drohung mit einem gerichtlichen

---

982 *Althaus,* Markenrechtliche Abgrenzungsvereinbarung, 2010, S. 115.

983 *Althaus,* Markenrechtliche Abgrenzungsvereinbarung, 2010, S. 115.

984 *Althaus,* Markenrechtliche Abgrenzungsvereinbarung, 2010, S. 115.

985 *Köhler,* in: Köhler/Bornkamm/Feddersen, UWG, 36. Aufl. 2018, § 4 Rn. 4.9; *Althaus,* Markenrechtliche Abgrenzungsvereinbarung, 2010, S. 115.

986 *Köhler,* in: Köhler/Bornkamm/Feddersen, UWG, 36. Aufl. 2018, § 4a Rn. 1.27.

987 *Althaus,* Markenrechtliche Abgrenzungsvereinbarung, 2010, S. 116.

Markenverletzungsverfahren oder einem behördlichen Widerspruchsverfahrens dürfte grundsätzlich zur Beeinträchtigung der Entscheidungsfreiheit objektiv geeignet sein.[988] Allerdings muss eine solche Drohung rechtswidrig sein, damit eine unangemessene unsachliche Beeinflussung im Sinne des § 4a Abs. 1 UWG vorliegt;[989] d.h. es muss sich um eine nicht mehr akzeptable Einflussnahme durch Druckausübung im weitesten Sinne handeln.[990] Wo diese Grenze verläuft, ist anhand der konkreten Umstände des Einzelfalls und aufgrund der Wertungen eines funktionalen Wettbewerbsverständnisses zu bestimmen.[991] Hierbei darf die Grenze keinesfalls zu niedrig gezogen werden, da die Beeinflussung der Marktgegenseite wettbewerbsimmanent ist und damit nicht grundsätzlich unlauter sein kann.[992] Dies bedeutet bei der Beurteilung einer Abgrenzungsvereinbarung, dass darauf abzustellen ist, ob der drohende Markeninhaber einen Rechtsanspruch auf das begehrte Verhalten hat.[993] Ist dies zu bejahen, dürfte in der Regel das eingesetzte Mittel und der dadurch verfolgte Zweck als rechtlich zulässig einzuordnen sein.[994] Sollte hingegen der Markenanmelder eine Abgrenzungsvereinbarung erzwingen, dürfte anzunehmen sein, dass der Markeninhaber durch Angst vor außerrechtlichen Nachteilen zum Abschluss motiviert wird, so dass in diesem Fall der Tatbestand des § 4a Abs. 1 S. 2 Nr. 3 UWG erfüllt sein dürfte.[995]

cc) Schlussfolgerung

Im Innenverhältnis muss die Abgrenzungsvereinbarung den rechtlichen Grenzen der §§ 3, 4 Nr. 4, 4a Abs. 1 S. 1, 2 Nr. 3 UWG entsprechen. Ist nach einer rechtlichen Beurteilung der Abgrenzungsvereinbarung eine gezielte Behinderung oder eine unangemessene und unsachliche Beeinträchtigung der Entscheidungsfreiheit festzustellen, kommt eine Nichtigkeit der gesamten Vereinbarung nach § 134 BGB in Betracht, da der Vertrag die Begehung unlauteren Wettbewerbs

---

988 *Althaus,* Markenrechtliche Abgrenzungsvereinbarung, 2010, S. 116.

989 *Sosnitza,* in: Ohly/Sosnitza, UWG, 7. Aufl. 2016, § 4a Rn. 36; *Althaus,* Markenrechtliche Abgrenzungsvereinbarung, 2010, S. 116.

990 *Sosnitza,* in: Ohly/Sosnitza, UWG, 7. Aufl. 2016, § 4a Rn. 36.

991 *Sosnitza,* in: Ohly/Sosnitza, UWG, 7. Aufl. 2016, § 4a Rn. 36.

992 *Sosnitza,* in: Ohly/Sosnitza, UWG, 7. Aufl. 2016, § 4a Rn. 36.

993 *Althaus,* Markenrechtliche Abgrenzungsvereinbarung, 2010, S. 116.

994 *Althaus,* Markenrechtliche Abgrenzungsvereinbarung, 2010, S. 116.

995 *Althaus,* Markenrechtliche Abgrenzungsvereinbarung, 2010, S. 117.

bezwecken könnte.[996] Dies setzt voraus, dass sich in der vertraglichen Verpflichtung selbst bereits das wettbewerbswidrige Verhalten niederschlägt.[997] Dies ist regelmäßig bei einer gezielten Behinderung oder unsachlichen und unangemessenen Beeinflussung gegeben, da sich die sanktionierten Verhaltensweisen in den beschränkten Vertragsbedingungen längst manifestiert und damit den Wettbewerb verfälscht haben.[998]

Daneben kommt auch eine Nichtigkeit der Abgrenzungsvereinbarung nach § 138 BGB in Betracht. Zwar ist ein Rechtsgeschäft nicht schon deshalb nach § 138 BGB nichtig, weil es unter Einfluss von sittenwidrigem Wettbewerb zustande gekommen ist.[999] Vielmehr müssen noch zusätzliche sittenwidrige Umstände hinzutreten, um die Nichtigkeit zu begründen.[1000] Rechtsgeschäfte, die gegen essentielle und rechtlich geschützte Belange der Allgemeinheit wie die des freien und ungehinderten Wettbewerbs verstoßen, können sittenwidrig sein.[1001]

b) Außenverhältnis

Nach dem UWG 2004 führten die Auswirkungen von Abgrenzungsvereinbarungen gegenüber Dritten nur relativ selten zu einer lauterkeitsrechtlichen Unwirksamkeit,[1002] da beim UWG 2004 der Blick noch nicht so tiefgreifend auf dem Verbraucherschutzgedanken fußte wie nach der UWG-Reform 2008. Die Fokussierung auf einen elementaren Verbraucherschutz bedeutet für die Parteien einer Abgrenzungsvereinbarung nunmehr, dass die Rechtsgestaltung einer Abgrenzungsvereinbarung ihre Grenze im lauterkeitsrechtlichen Schutz der Verbraucher vor irreführender Produktvermarktung findet.[1003] Denn nach § 8 Abs. 3 UWG steht nicht nur den Mitbewerbern oder sonstigen Marktteilnehmern eine Klagebefugnis wegen irreführender Produktvermarktung zur Verfügung,

---

996 BGH GRUR 1990, 522, 528 – HBV-Familien- und Wohnungsrechtsschutz; OLG Stuttgart NJW-RR 1997, 236, 237; *Althaus,* Markenrechtliche Abgrenzungsvereinbarung, 2010, S. 115.

997 BGH GRUR 1998, 945, 947 – Co-Verlagsvereinbarung; *Althaus,* Markenrechtliche Abgrenzungsvereinbarung, 2010, S. 115.

998 *Althaus,* Markenrechtliche Abgrenzungsvereinbarung, 2010, S. 115.

999 OLG Stuttgart NJW-RR 1997, 236, 237.

1000 OLG Stuttgart NJW-RR 1997, 236, 237 m.w.N.

1001 OLG Stuttgart NJW-RR 1997, 236, 237.

1002 *Althaus,* Markenrechtliche Abgrenzungsvereinbarung, 2010, S. 117.

1003 *Fezer,* in: Fezer, MarkenR, 4. Aufl. 2009, § 14 Rn. 1098; *Althaus,* Markenrechtliche Abgrenzungsvereinbarung, 2010, S. 126.

sondern auch Verbraucherschutzverbände könnten gegen die Abgrenzungsparteien rechtlich vorgehen.

aa) Lauterkeitsrechtliche Irreführung gemäß § 5 Abs. 1 Nr. 1, Abs. 2 UWG

Bei Abgrenzungsvereinbarungen kommt unter anderem eine Irreführung gemäß §§ 5 Abs. 1 Nr. 1, Abs. 2 UWG in Betracht. Eine Irreführung liegt demnach vor, wenn und soweit ein erheblicher Teil der angesprochenen Durchschnittsverbraucher durch die Verwechslungsgefahr einer Fehlvorstellung über die Herkunft der Waren und/oder Dienstleistungen unterliegen und sich diese Fehlvorstellung auf ihre Entscheidungsfreiheit und das daraus resultierende Verhalten auswirken könnte.[1004] Meistens wird jedoch eine lauterkeitsrechtliche Irreführungsgefahr zu verneinen sein, da Ziel der Abgrenzungsparteien stets die Minimierung der Irreführungsgefahr zwischen den Kennzeichen durch einen möglichst großen Abstand der Kennzeichen zueinander bezweckt.[1005] Nichtsdestotrotz wird bei der Gestaltung künftiger Abgrenzungsvereinbarungen ein größeres Augenmerk darauf zu legen sein, dass die vertraglich getroffenen Regelungen auch im Einklang mit der Verbraucherschutzgedanken des neuen UWG stehen.

bb) Relevanzkriterium

Allerdings sind die Verbraucher nur vor solchen unlauteren Geschäftspraktiken geschützt, deren Auswirkungen als wesentlich einzustufen sind.[1006] Unter dem Begriff „der wesentlichen Beeinflussung des wirtschaftlichen Verhaltens des Verbrauchers" ist nach Art. 2 lit. e) UGP-RL die die Anwendung einer Geschäftspraxis zu verstehen, die die Fähigkeit des Verbrauchers, eine informierte Entscheidung zu treffen, spürbar beeinträchtigt und damit denVerbraucher zu einer geschäftlichen Entscheidung veranlasst, die er andernfalls nicht getroffen hätte. Eine entsprechende Formulierung findet sich auch in der Generalklausel des § 3 Abs. 1 UWG.

Für eine Abgrenzungsvereinbarung lässt sich daraus der Rückschluss ziehen, dass die Marke als Absatzinstrument grundsätzlich geeignet ist, geschäftliche Entscheidungen des Verbrauchers zu beeinflussen, wobei dies nicht zu dem Zirkelschluss führt, dass das Relevanzkriterium automatisch bei dem

---

1004 *Henning-Bodewig*, GRUR Int. 2007, 986, 988 f.; *Althaus*, Markenrechtliche Abgrenzungsvereinbarung, 2010, S. 127.

1005 *Althaus*, Markenrechtliche Abgrenzungsvereinbarung, 2010, S. 126.

1006 ABlEG 2005 L 149/22, 23 dort 6. Erwägungsgrund der UGP-RL.

Vorliegen einer Irreführung zu bejahen ist.[1007] Vielmehr ist anhand der konkreten Umstände des Einzelfalls zu prüfen, ob eine wesentliche Beeinflussung des Entscheidungsverhaltens der angesprochenen Verkehrskreise vorliegt. Denn entwaige Fehlvorstellungen der angesprochenen Verkehrskreise können durch aufklärende Hinweise – beispielsweise auf der Produktverpackung – berichtigt werden.[1008]

cc) Verhältnismäßigkeitsgrundsatz

Überdies ist zu berücksichtigen, ein lauterkeitsrechtliches Irreführungsverbot nur dann auszusprechen ist, wenn und soweit dies als verhältnismäßig einzustufen ist. Im Einzelfall kann dies bedeuten, dass zwar eine lauterkeitsrechtlich relevante Irreführung vorliegt, diese aber aufgrund der überwiegenden Interessen des Werbenden hinzunehmen ist.[1009] Bei dem Vorliegen einer Abgrenzungsvereinbarung ist insoweit zu berücksichtigen, dass der Markenanmelder aufgrund der vereinbarten Abgrenzung das Kennzeichen berechtigterweise nutzen will und das Kennzeichen zudem einen schutzwürdigen Besitzstand begründet.[1010] Ein Verbot würde diesen Besitzstand vollständig konterkarieren. Dem Interesse der Verbraucher kann in diesem Zusammenhang dadurch Rechnung getragen werden, dass gegebenenfalls weitere aufklärende Hinweise auf der Produktverpackung oder in der Werbung aufzunehmen sind.[1011]

dd) Schlussfolgerung

Eine unmittelbare Auswirkung der lauterkeitsrechtlichen Unzulässigkeit nach § 134 BGB ist nur denkbar, wenn und soweit die Vereinbarung eine Abgrenzung der Kennzeichen vorsieht, die bei anschließender Benutzung auf dem relevanten Markt zwingend zu einer Irreführung führt und diese Irreführung eine wesentliche und unverhältnismäßige Beeinflussung des Entscheidungsverhaltens der angesprochenen Verkehrskreise bewirkt.[1012] Da Ziel der Abgrenzungsvereinbarung das Ausräumen einer Verwechslungsgefahr der sich gegenüberstehenden Kennzeichen ist, dürfte eine Irreführungsgefahr sodann zu verneinen sein.

1007 *Henning-Bodewig,* GRUR Int. 2007, 986, 989.; *Althaus,* Markenrechtliche Abgrenzungsvereinbarung, 2010, S. 128.

1008 *Henning-Bodewig,* GRUR Int. 2007, 986, 989.; *Althaus,* Markenrechtliche Abgrenzungsvereinbarung, 2010, S. 128 f.

1009 *Fezer,* in: Fezer, MarkenG, 4. Aufl. 2009, § 14 Rn. 1098.

1010 *Althaus,* Markenrechtliche Abgrenzungsvereinbarung, 2010, S. 129 m.w.N.

1011 *Althaus,* Markenrechtliche Abgrenzungsvereinbarung, 2010, S. 129 m.w.N.

1012 *Althaus,* Markenrechtliche Abgrenzungsvereinbarung, 2010, S. 126.

4. Kartellrecht

Ziel des Kartellrechts ist, den Wettbewerb als solchen sicherzustellen.[1013] Insoweit sind markenrechtliche Abgrenzungsvereinbarungen nur dann von kartellrechtlicher Bedeutung, wenn und soweit sie Wettbewerbsbeschränkungen enthalten. D.h. kartellrechtlich unzulässig sind markenrechtliche Abgrenzungsvereinbarungen nur dann, wenn sie entweder eine Wettbewerbsbeschränkung bezwecken oder wenn sie eine spürbare Wettbewerbsbeschränkung bewirken, wobei zwischen dem GWB und dem Unionskartellrecht insoweit kein Unterschied besteht.[1014]

Besteht der Inhalt der markenrechtlichen Abgrenzungsvereinbarung lediglich darin, dass der Vertragsinhalt der markengesetzlichen Rechtslage entspricht, ist von vornherein eine kartellrechtlich bedeutsame Wettbewerbsbeschränkung zu verneinen.[1015] Allerdings wird meistens deshalb eine markenrechtliche Abgrenzungsvereinbarung von den Parteien abgeschlossen, weil sie nicht genau wissen, wo die Grenze des markenrechtlich Zulässigem verläuft.[1016] Es besteht dadurch die reelle Gefahr, dass eine Partei der Abgrenzungsvereinbarungen Unterlassungspflichten übernimmt, die über die markengesetzlichen Regelungen hinausgehen und damit eine Wettbewerbsbeschränkung darstellt, die auf einer Absprache von Unternehmen beruht.[1017]

a) Bezweckte Wettbewerbsbeschränkung

Der Begriff der „bezweckten Wettbewerbsbeschränkung" erfasst nach der Rechtsprechung des Europäischen Gerichtshofes bestimmte Arten der Koordination zwischen Unternehmen, die schon ihrer Natur nach für den Wettbewerb überaus schädlich sind (wie beispielsweise horizontale Preiskartelle, Marktaufteilungen oder Mengenbeschränkungen), so dass erfahrungsgemäß keine Prüfung ihrer Wirkungen mehr notwendig ist.[1018] Bei der Beurteilung, ob eine bezweckte Wettbewerbsbeschränkung vorliegt, ist auf den Inhalt der Abgrenzungsvereinbarung und die mit ihr verfolgten Ziele und ihren wirtschaftlichen und rechtlichen Zusammenhang abzustellen.[1019] Dabei ist der Begriff der bezweckten

1013 *Fezer,* WRP 2008, 1, 9.
1014 *Kirchhoff,* GRUR 2017, 248, 249.
1015 *Kirchhoff,* GRUR 2017, 248, 249.
1016 *Kirchhoff,* GRUR 2017, 248, 249.
1017 *Kirchhoff,* GRUR 2017, 248, 249.
1018 EuGH BeckEuRS 2014, 401080 – Cartes Bancaires; *Kirchhoff,* GRUR 2017, 248, 249.
1019 *Kirchhoff,* GRUR 2017, 248, 249.

Wettbewerbsbeschränkung grundsätzlich eng auszulegen, so dass im Grundsatz nur die wesentlichen Beschränkungen, die in der „schwarzen Liste" der Gruppenfreistellungsverordnung der Kommission aufgelistet sind, erfasst werden.[1020]

Zu den bezweckten Wettbewerbsbeschränkungen zählen grundsätzlich Marktaufteilungen[1021] oder Wettbewerbsverbote.[1022] Ob eine bezweckte Wettbewerbsbeschränkung vorliegt, ist anhand des Inhalts der Vereinbarung, die mit ihr verfolgten Ziele und anhand ihres wirtschaftlichen und rechtlichen Zusammenhangs (etwa die Marktstruktur und die sonstigen Marktbedingungen) zu eruieren.[1023] Ist die Abgrenzungsvereinbarung als Mittel der Marktaufteilung zu qualifizieren, handelt es sich um eine bezweckte Wettbewerbsbeschränkung. In dem Fall „Toltecs/Dorcet II" des Europäischen Gerichtshofes wurde ein Kennzeichen dazu benutzt, den Vertrieb eines Konkurrenzproduktes unter einer bestandskräftigen Marke zu unterbinden, wenngleich das Kennzeichen bereits löschungsreif war.[1024] Im Fall „Campari" beschäftigte sich der Europäische Gerichtshof mit dem Kriterium der Spürbarkeit der Wettbewerbsbeschränkung und stellte insoweit auf den Sinn und Zweck der Reglungen in der Abgrenzungsvereinbarung und deren Auswirkungen auf die angesprochenen Verkehrkreise – sowohl in positiver wie auch in negativer Hinsicht – ab.[1025]

Zu den bezweckten Wettbewerbsbeschränkungen zählen auch Wettbewerbsverbote.[1026] Es ist allerdings zu berücksichtigen, dass markenrechtliche Abgrenzungsvereinbarungen keine Wettbewerbsverbote darstellen, da sie regelmäßig keine Wettbewerber von bestimmten Märkten ausschließen.[1027] Die Parteien einer Abgrenzungsvereinbarung können ihre Produkte regelmäßig unter anderen Kennzeichen auf dem Markt vertreiben und sind von den Märkten daher nicht grundsätzlich ausgeschlossen.[1028] Zudem sind auch hier die Besonderheiten des Markenrechts zu berücksichtigen: Schutzgegenstand des Markenrechts ist das immaterialgüterrechtliche Ausschließlichkeitsrecht des Kennzeicheninhabers, das seinen Inhaber berechtigt, seine Produkte mit dem Kennzeichen

---

1020 EuGH BeckEuRS 2014, 401080 – Cartes Bancaires; *Kirchhoff*, GRUR 2017, 248, 249.

1021 EuGH GRUR Int 1985, 399 – Toltecs/Dorcet II; Schlussantrag GA Slynn, GRUR Int. 1985, 407.

1022 *Kirchhoff*, GRUR 2017, 248, 249.

1023 *Kirchhoff*, GRUR 2017, 248, 249.

1024 EuGH GRUR Int 1985, 399, 402 – Toltecs/Dorcet II; *Kirchhoff*, GRUR 2017, 248, 249.

1025 EuGH GRUR Int 1978, 371, 375 – Campari.

1026 *Kirchhoff*, GRUR 2017, 248, 249.

1027 *Kirchhoff*, GRUR 2017, 248, 249.

1028 *Kirchhoff*, GRUR 2017, 248, 249.

in Verkehr zu bringen und Dritten die widerrechtliche Benutzung des Kennzeichens im geschäftlichen Verkehr zu verbieten. Insoweit sind daher Regelungen in Abgrenzungsvereinbarungen, die auf dem bestehenden Verbietungsrecht des prioritätsälteren Kennzeicheninhabers beruhen und damit bezwecken Verwechslungen und Konflikte zu vermeiden als zulässig anzusehen, solange sie nicht der Errichtung eines Kartells oder einer Marktaufteilung oder Ähnliches dienen.[1029]

b) Bewirkte Wettbewerbsbeschränkung

aa) Allgemeines

Ist eine bezweckte Wettbewerbsbeschränkung nicht nachzuweisen, weil die Prüfung dieser Bestimmungen keine hinreichende Beeinträchtigung des Wettbewerbs erkennen lassen, sind die Auswirkungen der Vereinbarung zu untersuchen.[1030] Damit die Vereinbarung vom Verbot des § 1 GWB erfasst wird, müssen Merkmale vorhanden sein, die darauf schließen lassen, dass der Wettbewerb tatsächlich spürbar vermindert, eingeschränkt oder verfälscht worden ist.[1031] Bei der Alternative des Bewirkens einer Wettbewerbsbeschränkung kommt es daher auf die objektiven Auswirkungen an.[1032] Hierbei kommt es in erster Linie auf die Einschränkung der wirtschaftlichen Handlungsfreiheit der Parteien an,[1033] d.h. die Wettbewerbsbeschränkung muss auch tatsächlich eingetreten sein.[1034]

1029 *Fezer,* in: Fezer, MarkenR, 4. Aufl. 2009, § 14 Rn. 1103; EuGH GRUR Int 1985, 399, 402 – Toltecs/Dorcet II; *Althaus,* Markenrechtliche Abgrenzungsvereinbarungen, 2010, S. 137.

1030 EuGH Urt. v. 30.6.1966, Slg. 1966, 281 – Société Technique Minière (LTM)/Maschinenbau Ulm GmbH (MBU); EuG Urt. v. 2.5.2006 Slg. 2006, II-1234 – O2; EuGH Urt. v. 20.11.2008 Slg. 2008, I-8637 – BIDS; EuGH Urt. v. 6.10.2009 Slg. 2009, I-9291 – GlaxoSmithKline Services/Kommission; EuGH WRP 2012, 434, 445 – Football Asscociation Premier League u. a.; *Zimmer,* in: Immenga/Mestmäcker, WettbewerbsR, 5. Aufl. 2014, § 1 Rn. 133.

1031 EuGH Urt. v. 30.6.1966, Slg. 1966, 281 – Société Technique Minière (LTM)/Maschinenbau Ulm GmbH (MBU); EuG Urt. v. 2.5.2006 Slg. 2006, II-1234 – O2; EuGH Urt. v. 20.11.2008 Slg. 2008, I-8637 – BIDS; EuGH Urt. v. 6.10.2009 Slg. 2009, I-9291 – GlaxoSmithKline Services/Kommission; EuGH WRP 2012, 434, 445 – Football Asscociation Premier League u. a.; *Zimmer,* in: Immenga/Mestmäcker, WettbewerbsR, 5. Aufl. 2014, § 1 Rn. 133.

1032 *Dannecker/Biermann,* in: Immenga/Mestmäcker, WettbewerbsR, 5. Aufl. 2014, § 81 Rn. 70.

1033 *Dannecker/Biermann,* in: Immenga/Mestmäcker, WettbewerbsR, 5. Aufl. 2014, § 81 Rn. 70.

1034 *Dannecker/Biermann,* in: Immenga/Mestmäcker, WettbewerbsR, 5. Aufl. 2014, § 81 Rn. 70.

Geht es den Vertragspartnern einer Abgrenzungsvereinbarung nicht um eine Marktaufteilung, sondern um die Lösung eines kennzeichenrechtlichen Konflikts, so handelt es sich um eine Beschränkung der Markennutzung, die die gesetzlichen Anforderungen des Markenrechts hinausgehen, um eine bewirkte Wettbewerbsbeschränkung.[1035] Bewirkte Wettbewerbsbeschränkungen sind allerdings nur dann von kartellrechtlicher Relevanz, wenn und soweit sie spürbar sind.[1036] Bei bezweckten Wettbewerbsbeschränkungen bedarf es keiner gesonderten Feststellung der Spürbarkeit.[1037]

bb) Spürbare Wettbewerbsbeschränkung

Bei der Beurteilung, ob es sich um eine spürbare Wettbewerbsbeschränkung handelt, ist auf die Lage bei Abschluss der jeweiligen Abgrenzungsvereinbarung und auf den Wirkungsbereich (Wettbewerbsbeschränkung im Verhältnis der Vertragsparteien untereinander und gegenüber dritten Unternehmen) abzustellen.[1038]

(1) Wettbewerbsbeschränkung im Verhältnis der Vertragsparteien zueinander

Zu klären ist zunächst, ob die markenrechtliche Abgrenzungsvereinbarung den aktuellen oder potentiellen Wettbewerb – also die Möglichkeit des künftigen Marktzutritts – zwischen den Vertragsparteien beschränkt.[1039] Bei der Möglichkeit des künftigen Marktzutritts ist zwischen bloß theoretisch denkbarem und potentiellen Wettbewerb zu unterscheiden.[1040] Für die Bejahung potenziellen Wettbewerbs kommt es maßgebend darauf an, ob die Teilnahme eines bestimmten Unternehmens am Markt im wirtschaftlichen Sinne zweckmäßig und kaufmännisch vernünftig ist und daher mit einer gewissen Wahrscheinlichkeit erwartet werden kann.[1041] Hierbei ist zu berücksichtigen, dass einer Abgrenzungsvereinbarung in der Regel keine Indizwirkung

---

1035 *Kirchhoff*, GRUR 2017, 248, 249.

1036 *Harte-Bavendamm/v. Bomhard*, GRUR 1998, 530, 533; *Nordemann*, in: *Loewenheim/Meessen/Riesenkampff/Kersting/Meyer-Lindemann*, KartellR, 3. Aufl. 2016, 3. Teil Rn. 71; *Kirchhoff*, GRUR 2017, 248, 249.

1037 *Kirchhoff*, GRUR 2017, 248, 249.

1038 BGH GRUR 2011, 641 – Jette Joop; BGH GRUR 2016, 849 – Pelican/Pelikan.

1039 *Kirchhoff*, GRUR 2017, 248, 250.

1040 BGH GRUR 1963, 43 – SPAR; *Kirchhoff*, GRUR 2017, 248, 250.

1041 BGH GRUR 1984, 379 – Bieter- und Arbeitsgemeinschaft [Bauvorhaben Schramberg]; *Kirchhoff*, GRUR 2017, 248, 250.

für ein potentielles Wettbewerbsverhältnis zwischen den Vertragspartnern zukommt.[1042]

Kann zwischen den Parteien zum Zeitpunkt des Vertragsabschlusses kein aktuelles oder potentielles Wettbewerbsverhältnis festgestellt werden, könnte sich eine Wettbewerbsbeschränkung nur noch im Verhältnis einer der Vertragsparteien zu mit ihm im Wettbewerb stehenden (dritten) Unternehmen ergeben.[1043]

(2) Wettbewerbsbeschränkung im Verhältnis einer Vertragspartei zu dritten Unternehmen

Eine wettbewerbsbeschränkende Wirkung einer markenrechtlichen Abgrenzungsvereinbarung kann sich auch daraus ergeben, dass sie den Wettbewerb zwischen einer der Vertragsparteien und einem dritten Unternehmen spürbar verringert.[1044] Dementsprechend kann auch eine markenrechtliche Abgrenzungsvereinbarung zwischen Nichtwettbewerbern eine kartellrechtlich relevante Wettbewerbsbeschränkung darstellen, wenn und soweit sie einen oder beide Vertragspartner in ihrer Handlungsfreiheit dahingehend beschränkt, dass eine Marke im Wettbewerb mit dritten Unternehmen nicht verwendet werden darf.[1045] Insoweit bedarf es aber einer sorgfältigen Prüfung, ob bei einer markenrechtlichen Abgrenzungsvereinbarung zwischen Nichtwettbewerbern die wettbewerbsbeschränkende Wirkung im Verhältnis zu dritten Unternehmen überhaupt die Schwelle der Spürbarkeit überschreitet und damit von kartellrechtlicher Relevanz ist.[1046]

c) Auswirkungen der kennzeichenrechtlichen Verbietungsrechte auf die Beurteilung der kartellrechtlichen Zulässigkeit von Abgrenzungsvereinbarungen?

Durch die Abgrenzungsvereinbarung werden die rechtlichen und tatsächlichen Entfaltungsmöglichkeiten beider Parteien in Bezug auf die Verwendung der Kennzeichen im geschäftlichen Verkehr eingeschränkt, so dass hierin

---

1042 *Kirchhoff*, GRUR 2017, 248, 251.

1043 BGH GRUR 2016, 849 (Leitsatz 3) – Pelican/Pelikan; *Kirchhoff*, GRUR 2017, 248, 251.

1044 Kommission, Leitlinien zur Anwendbarkeit von Art. 101 AEUV auf Vereinbarungen über horizontale Zusammenarbeit, ABl. 2011 C 11, 1 Rn. 27; *Kirchhoff*, GRUR 2017, 248, 251.

1045 *Kirchhoff*, GRUR 2017, 248, 251.

1046 *Kirchhoff*, GRUR 2017, 248, 251.

regelmäßig eine Wettbewerbsbeschränkung zu sehen ist.[1047] Für die Beurteilung, ob es sich um eine kartellrechtlich unzulässige Wettbewerbsbeschränkung handelt, ist nach den Entscheidungen des Bundesgerichtshofes in Sachen „Jette Joop“ und „Pelican/Pelikan“ auf den Zeitpunkt bei Abschluss der Abgrenzungsvereinbarung abzustellen.[1048] Dabei müssen die Parteien bei Vertragsabschluss die bereits vorliegenden Gerichtsentscheidungen berücksichtigen,[1049] ebenso wie bereits ausreichend zuverlässige und künftige Entwicklungen in der Rechtsprechung des Europäischen Gerichtshofes und des Bundesgerichtshofes, soweit diese bereits absehbar sind.[1050]

Ist eine markenrechtliche und wettbewerbsbeschränkende Abgrenzungsvereinbarung nach dem 1.7.2005 abgeschlossen worden, ist sie unter den entsprechenden Voraussetzungen gemäß § 2 GWB automatisch vom Kartellverbot freigestellt.[1051] Handelt es sich um Altverträge, die vor dem 1.7.2005 abgeschlossen wurden, kommt eine solche Freistellung bei spürbaren Wettbewerbsbeschränkungen nicht in Betracht.[1052]

Zu klären ist daher – insbesondere im Hinblick auf die Vielzahl sog. Altverträge –, ob die kennzeichenrechtlichen Verbietungsrechte des Kennzeicheninhabers eine anderweitige Beurteilung der Abgrenzungsvereinbarung rechtfertigen.

aa) Spezifischer Gegenstand des Ausschließlichkeitsrechts als Legitimation

Von kartellrechtlicher Relevanz sind zunächst diejenigen Beschränkungen in markenrechtlichen Abgrenzungsvereinbarungen, die den spezifischen Gegenstand des Schutzrechts übersteigen bzw. nicht dessen immanentem Schutzzweck entsprechen, da hierdurch der durch das Kartellrecht geschützte redliche Wettbewerb beeinträchtigt wird.[1053] Allerdings ist nicht jede markenrechtliche Abgrenzungsvereinbarung, die über den spezifischen Gegenstand des Schutzrechts hinausgeht, als wettbewerbsbeschränkend einzustufen.[1054] Ist hingegen ein tatsächlicher kennzeichenrechtlicher Konflikt zu bejahen und fehlt es an

---

1047 *Althaus*, Markenrechtliche Abgrenzungsvereinbarung, 2010, S. 136; *Schluep*, GRUR Int. 1985, 534, 548.

1048 BGH GRUR 2011, 641 – Jette Joop; BGH GRUR 2016, 849 – Pelican/Pelikan.

1049 BGH GRUR 2011, 641 ff. – Jette Joop; *Kirchhoff*, GRUR 2017, 248, 252.

1050 BGH GRUR 2011, 641 – Jette Joop; *Kirchhoff*, GRUR 2017, 248, 252.

1051 *Kirchhoff*, GRUR 2017, 248, 252.

1052 *Kirchhoff*, GRUR 2017, 248, 252.

1053 *Sack*, in: FS Ritter, 1997, S. 757 f. (wettbewerbsbeschränkende Lizenzverträge); *Althaus*, Markenrechtliche Abgrenzungsvereinbarung, 2010, S. 137.

1054 *Kirchhoff*, GRUR 2017, 248, 253.

einer bezweckten Wettbewerbsbeschränkung, ist zu prüfen, ob eine bewirkte Wettbewerbsbeschränkung vorliegt. Hierfür ist Voraussetzung, dass aktueller oder potenzieller Wettbewerb zwischen den Vertragsparteien oder im Verhältnis zwischen einer Vertragspartei und einem dritten Unternehmen spürbar beschränkt wird.[1055]

Spezifischer Gegenstand des Markenrechts ist das ausschließliche Recht des Kennzeicheninhabers, seine Produkte mit dem Kennzeichen zu versehen und in den Verkehr zu bringen und sich vor Konkurrenz zu schützen, welche das Kennzeichen widerrechtlich nutzen wollen oder eine Verwechslungsgefahr mit dem Kennzeichen in unzulässiger Art und Weise begründen.[1056] Kartellrechtlich zulässig und zweckmäßig sind demnach diejenigen vertraglichen Abreden und Beschränkungen in markenrechtlichen Abgrenzungsvereinbarungen, deren Grundlage das kennzeichenrechtliche Verbietungsrecht des Kennzeicheninhabers ist mit dem Ziel, Verwechslungen und Kennzeichenkonflikte zu vermeiden, wenn und soweit diese Merkmale nicht als Deckmantel für die Errichtung eines Kartells dienen und/oder Marktaufteilungen oder anderweitige Wettbewerbsbeschränkungen bezwecken.[1057] Allerdings ist bei markenrechtlichen Abgrenzungsvereinbarungen nicht immer ganz klar, wann der Gegenstand des legitimierenden Ausschließlichkeitsrechts verlassen wird und welche Vereinbarungen daher noch kartellrechtlich zulässig sind und welche nicht.[1058]

(1) Kollisionslage

Eine Abgrenzungsvereinbarung ist dann kartellrechtlich unbedenklich, wenn und soweit sie rein objektiv das bestehende Ausschließlichkeitsrecht des Kennzeicheninhabers in einer tatsächlich bestehenden Kollisionslage nachzeichnet und vertraglich festlegt,[1059] da sich in diesem Fall das wirtschaftliche Handeln

1055 *Kirchhoff*, GRUR 2017, 248, 253.

1056 EuGH Urt. v. 22.6.1994, Rs. C-9/93, Rn. 33- Internationale Heiztechnik/Ideal Standard; *Althaus*, Markenrechtliche Abgrenzungsvereinbarung, 2010, S. 137.

1057 *Fezer*, in: Fezer, MarkenR, 4. Aufl. 2009, § 14 Rn. 1103; *Kreutzmann*, WRP 2006, 453; EuGH GRUR Int. 1985, 399 – Toltecs/Dorcet II; *Althaus*, Markenrechtliche Abgrenzungsvereinbarung, 2010, S. 137.

1058 *Althaus*, Markenrechtliche Abgrenzungsvereinbarung, 2010, S. 137.

1059 *Harte*, GRUR 1978, 501, 506; *Kraft*, GRUR 1977, 760, 765; *Fezer*, in: Fezer, MarkenR, 4. Aufl. 2009, § 14 Rn. 1103; *Althaus*, Markenrechtliche Abgrenzungsvereinbarung, 2010, S. 138.

der Vertragsparteien nicht an der Vertragsfreiheit ausrichtet, sondern an dem Schutzinhalt des Kennzeichenrechts.[1060] Für die Beurteilung, inwieweit überhaupt ein Verbietungsrechts des Kennzeicheninhabers besteht, ist zu klären, welche Anforderungen an die Verwechslungsgefahr zu stellen sind, damit diese als Legitimation für den Abschluss einer Abgrenzungsvereinbarung angesehen werden kann.[1061]

Erforderlich ist, dass ein ernsthafter, objektiv begründeter Anlass zu der Annahme besteht, dass der eine Vertragspartner einen Unterlassungsanspruch hat, so dass bei einer gerichtlichen Auseinandersetzung ernsthaft damit zu rechnen wäre, dass dem Wettbewerber die umstrittene Handlung untersagt wird.[1062] Es kommt demnach darauf an, dass die Parteien bei Bestehen einer tatsächlichen kennzeichenrechtlichen Konfliktlage sich mit ihrer Absprache innerhalb der Grenzen dessen halten, was bei objektiver Betrachtung im Zeitpunkt des Vertragsabschlusses ernsthaft zweifelhaft sein konnte.[1063] Dabei ist den Vertragsparteien innerhalb des rechtlich Vertretbarem ein Einschätzungsspielraum bei der kennzeichenrechtlichen Beurteilung zu zubilligen.[1064] Würde man den Vertragsparteien einen solchen Einschätzungsspielraum nicht zubilligen, wäre der Abschluss einer Abgrenzungsvereinbarung häufig unmöglich, weil die Vertragsparteien vielmals den Schutzbereich ihrer Kennzeichen nicht vollständig zutreffend erfassen.[1065]Zudem hat auch der Europäische Gerichtshof in der Sache „Toltecs/Dorcet II" markenrechtliche Abgrenzungsvereinbarungen als grundsätzlich positiv beurteilt, weil durch sie eine gesicherte Kennzeichennutzung der Vertragsparteien bei objektiv begründeter Unsicherheit der Rechtslage ermöglicht wird.[1066]

1060 *Fezer*, in: Fezer, MarkenR, 4. Aufl. 2009, § 14 Rn. 1103; *Kroitzsch*, GRUR 1976, 696 f.; *Althaus*, Markenrechtliche Abgrenzungsvereinbarung, 2010, S. 138.

1061 *Althaus*, Markenrechtliche Abgrenzungsvereinbarung, 2010, S. 138.

1062 BGH GRUR 2005, 845, 847 – Abgasreinigungsvorrichtung; *Fezer*, in: Fezer, MarkenR, 4. Aufl. 2009, § 14 Rn. 1104; *Althaus*, Markenrechtliche Abgrenzungsvereinbarung, 2010, S. 138 f.

1063 BGH GRUR 2011, 641 – Jette Joop; *Kirchhoff*, GRUR 2017, 248, 253.

1064 *Kirchhoff*, GRUR 2017, 248, 253.

1065 *Kirchhoff*, GRUR 2017, 248, 253.

1066 EuGH GRUR Int. 1985, 399 ff. – Toltecs/Dorcet II; *Harte-Bavendamm/v. Bomhard*, GRUR 1998, 530, 532; *Kirchhoff*, GRUR 2017, 248, 253.

(2) Notwendigkeit der übernommenen Unterlassungspflichten

Die in einer Abgrenzungsvereinbarung übernommenen Unterlassungspflichten dürfen nicht über das notwendige und erforderliche Maß hinausgehen (Immanenztheorie).[1067] Die Einhaltung des erforderlichen Maßes einer Abgrenzungsvereinbarung ist daher in zeitlicher, räumlicher und gegenständlicher Sicht zu beurteilen.[1068]

Das Bedürfnis der Vertragsparteien an einer zeitlich unbegrenzten Regelung der Benutzungsbefugnisse der verwechslungsfähigen Kennzeichen besteht schon aufgrund der unbegrenzten Schutzdauer von Kennzeichen sowie den damit verbundenen (kostenintensiven) Investitionen der Kennzeicheninhaber.

Ob eine Abgrenzungsvereinbarung eine Regelung zum weltweiten Verzicht einer bestimmten Kennzeichennutzung notwendigerweise enthalten muss, ist nicht ohne Weiteres zu bejahen.[1069] Es kann aber für einen weltweiten Verzicht einer bestimmten Kennzeichennutzung sprechen, wenn und soweit die Parteien bei Abschluss der Abgrenzungsvereinbarung beabsichtigen, ihre geschäftlichen Aktivitäten auf internationalem Gebiet auszuweiten.[1070]

Ob eine gegenständliche Beschränkung im Rahmen der Abgrenzungsvereinbarung noch als erforderlich anzuerkennen ist, ist fraglich.[1071] Sollte eine gegenständliche Beschränkung in einer Abgrenzungsvereinbarung geregelt werden, sollten Benutzungsverbote möglichst negativ formuliert werden („A verpflichtet sind, die Marke nicht für B, C und D zu benutzen“ anstatt „A benutzt die Marke nur für E, F und G“).[1072] Denn die Verpflichtung des prioritätsjüngeren Kennzeicheninhabers zur Benutzung der Marke nur für ganz bestimmte Waren und/oder Dienstleistungen könnte kartellrechtlichen Bedenken begegnen, da ein solches positives Benutzungsgebot beinhaltet ein Benutzungsverbot für Waren oder Dienstleistungen, für die das prioritätsältere Kennzeichen eine Benutzung gar nicht verbieten kann.[1073] Aus diesem Grund sollten sachliche Benutzungsverbote in Abgrenzungsvereinbarungen

---

1067 BGH GRUR 1976, 323 – Thermalquelle; *Kirchhoff*, GRUR 2017, 248, 253.

1068 *Kirchhoff*, GRUR 2017, 248, 253.

1069 *Kirchhoff*, GRUR 2017, 248, 254.

1070 BGH GRUR 2011, 641 ff. – Jette Joop; *Kirchhoff*, GRUR 2017, 248, 254.

1071 BGH GRUR 2011, 641 ff. – Jette Joop; *Kirchhoff*, GRUR 2017, 248, 254.

1072 *Nordemann*, in: *LoewenheimMeessen/Riesenkampff/Kersting/Meyer-Lindemann*, KartellR, 3. Aufl. 2016, 3. Teil Rn. 70; *Kirchhoff*, GRUR 2017, 248, 254.

1073 *Nordemann*, in: *LoewenheimMeessen/Riesenkampff/Kersting/Meyer-Lindemann*, KartellR, 3. Aufl. 2016, 3. Teil Rn. 70.

sich immer nur auf das beschränken, was das prioritätsältere Kennzeichen ernsthaft verbieten kann.[1074]

(3) Grundsätze auf Domain und Name übertragbar?

Die oben aufgeführten Grundsätze bezüglich der Auswirkungen der kennzeichenrechtlichen Verbietungsrechte auf die Beurteilung der kartellrechtlichen Zulässigkeit haben auch bei Domain und Namen Bestand. Bei Domainnamen wird sich die kartellrechtliche Zulässigkeit daran orientieren müssen, wie der Domainname rechtlich einzuordnen ist; d.h. ob der Domainname gleichfalls Schutz als Marke, geschäftliche Bezeichnung oder nach § 12 BGB genießt. Beim Schutz des Namens nach § 12 BGB orientiert sich die kartellrechtliche Zulässigkeit der Verbietungsrechte nach der Reichweite des Schutzes nach § 12 BGB.

bb) Zulässige Vertragsabreden

Im Weiteren ist für die kartellrechtliche Zulässigkeit von markenrechtlichen Abgrenzungsvereinbarungen zu klären, welche der vertraglichen Abreden wettbewerbsbeschränkend wirken und ob diese Regelungen durch das kennzeichenrechtliche Ausschließlichkeitsrechts des Kennzeicheninhabers legitimiert werden.[1075]

(1) Nichtangriffsabrede

Im Rahmen der Nichtangriffsabrede ist zwischen der Vorrechtserklärung des Kennzeichenanmelders und dem Verzicht auf Verbietungsrechte seitens des Kennzeicheninhabers zu differenzieren.

(a) Vorrechtserklärung

Die Vorrechtserklärung des Kennzeichenanmelders umfasst die Regelung, dass der Kennzeichenanmelder dem Kennzeicheninhaber zusichert, keine Rechte aus seinem prioritätsjüngeren Kennzeichen gegenüber dem prioritätsälteren Kennzeichen des Kennzeicheninhabers herzuleiten.[1076] Hierdurch wird die wirtschaftliche Handlungsfreiheit des Kennzeicheninhabers nicht eingeschränkt, da lediglich das Prioritätsverhältnis der beiden Kennzeichen zueinander aufgezeigt wird.[1077] Für sich genommen stellt daher die Selbstbeschränkung des

1074 *Nordemann*, in: *LoewenheimMeessen/Riesenkampff/Kersting/Meyer-Lindemann*, KartellR, 3. Aufl. 2016, 3. Teil Rn. 70.

1075 *Althaus*, Markenrechtliche Abgrenzungsvereinbarung, 2010, S. 142.

1076 *Althaus*, Markenrechtliche Abgrenzungsvereinbarung, 2010, S. 142.

1077 *Althaus*, Markenrechtliche Abgrenzungsvereinbarung, 2010, S. 142.

prioritätsjüngeren Markenanmelders keine Wettbewerbsbeschränkung dar, wenn und soweit man die Regelung als erforderliche Nebenabrede zur Stillhalteverpflichtung des Inhabers der prioritätsälteren Marke ansieht.[1078] Allerdings wird eine solche Verpflichtung des prioritätsjüngeren Kennzeicheninhabers immer erst dann von Bedeutung, wenn und soweit ein neuer Kennzeichenkonflikt auftritt, weil eine Partei ihre Kennzeichenbenutzung ausweitet.[1079] Insoweit kann die Vorrechterklärung auch als eine Art vorweggenommene Abgrenzungsvereinbarung angesehen werden, die wiederum den kartellrechtlichen Vorschriften genügen muss, wobei diesbezüglich strengere Anforderungen an das Merkmal der Erforderlichkeit in Bezug auf die Lösung eines Kennzeichenkonflikts zu stellen ist, weil den Parteien im Vorfeld abstandswahrende Maßnahmen eher zumutbar sind.[1080] Dementsprechend können die Grundsätze zum Recht der Gleichnamigen und zu sonstigen Koexistenzlagen herangezogen werden.[1081] Danach haben die Parteien zumutbare Maßnahmen zur Vermeidung einer Verwechslungsgefahr vorzunehmen ohne sich der jeweils anderen Partei anzunähern.[1082] Bei der Beurteilung der Interessenlage ist dann zu berücksichtigen, dass sich die Parteien mit der Abgrenzungsvereinbarung eigenverantwortlich um ihre Freiheit bei der Strategie zur Markenpflege und Markenerweiterung gebracht haben.[1083] Sichert die Nichtangriffsabrede demnach eine im Übrigen kartellrechtlich unbedenkliche Abgrenzungsvereinbarung ab, dürften dem Grunde nach keine Bedenken bestehen.[1084]

Kartellrechtlich bedenklich könnte es sein, wenn die Nichtangriffsabrede den Verfallsgrund der Nichtbenutzung erfasst. Zwar ist dem MarkenG kein überragendes öffentliches Interesse an der Löschung eines nicht benutzten Zeichens zu ersehen, es könnte sich aber aus dem Ziel des Kartellrechts, die Freiheit des

---

1078 *Wolf*, NZKart 2015, 90, 98 m.w.N.

1079 *Wolf*, NZKart 2015, 90, 98.

1080 *Wolf*, NZKart 2015, 90, 98.

1081 *Wolf*, NZKart 2015, 90, 98.

1082 BGH GRUR 1966, 499, 501 – Merck; BGH GRUR 2010, 738 – Peek & Cloppenburg; BGH GRUR 2011, 623 – Peek & Cloppenburg II; BGH GRUR 2013, 397 – Peek & Cloppenburg III; *Wolf*, NZKart 2015, 90, 98.

1083 *Wolf*, NZKart 2015, 90, 98.

1084 Erwägung der Kommission in VO Nr. 772/20004 über die Anwendung von Art. 81 Abs. 3 des Vertrages auf Gruppen von Technologietransfer-Vereinbarungen, ABlEU 2004 L 123/11 Rn. 209; *Althaus*, Markenrechtliche Abgrenzungsvereinbarung, 2010, S. 143.

Wettbewerbs abzusichern, etwas anderes ergeben.[1085] Es liegt im Interesse der Freiheit des Wettbewerbs, die Kennzeichenregister von eingetragenen, aber nicht benutzten Kennzeichen zu bereinigen, wenn und soweit die Benutzungsschonfrist verstrichen ist, so dass dem Kennzeichenanmelder die Berufung auf den Verfallsgrund der Nichtbenutzung im Rahmen der Abgrenzungsvereinbarung nicht abgeschnitten werden kann.[1086]

Daneben ist zu klären, inwieweit eine Neueintragungsklausel inklusive Abwandlungsbefugnis rechtlich zulässig ist. Durch die Neueintragungsklausel wird die wirtschaftliche Handlungsfreiheit des Kennzeichenanmelders nicht beschränkt.[1087] Denn eine unmittelbare Beeinträchtigung seiner Entscheidungsfreiheit, welches Zeichen er für welche Waren verwendet, besteht nicht.[1088] Wird jedoch diese Neueintragungsklausel inklusive Abwandlungsbefugnis mit einer Nichtangriffsabrede zugunsten des prioritätsälteren Kennzeicheninhabers verbunden, dürfte dies kartellrechtlich als unzulässig einzustufen sein, da der prioritätsjüngere Kennzeicheninhaber nicht über Verbietungsrechte gegenüber dem prioritätsälteren Kennzeicheninhaber verfügt, soweit sich die abgewandelte Marke innerhalb der Grenzen des § 26 Abs. 3 MarkenG bewegt. Insoweit würde dann nämlich die vertragliche Beschränkung über die markenrechtlichen Befugnisse hinausgehen und eine unzulässige Wettbewerbsbeschränkung darstellen.

(b) Verzicht auf Verbietungsrechte

Durch den Verzicht auf seine Verbietungsrechte schränkt der Kennzeicheninhaber seine wirtschaftliche Handlungsfreiheit zumindest hinsichtlich des möglichen Anmeldezeichen ein, was sich auch nicht aus dem Verbietungsrecht des Kennzeicheninhabers herleiten lässt, da dies den Kennzeicheninhaber legitimiert und nicht umgekehrt.[1089] Zur Beurteilung ist daher ebenfalls auf den rechtlichen und wirtschaftlichen Zusammenhang abzustellen, in dem diese Vertragsklausel steht: Steht der Verzicht innerhalb einer ansonsten kartellrechtlich zulässigen Abgrenzungsvereinbarung, muss auch diese Klausel, die die Abgrenzungsvereinbarung absichert, kartellrechtlich zulässig sein, zumal durch diese

---

1085 *Althaus,* Markenrechtliche Abgrenzungsvereinbarung, 2010, S. 143 f.

1086 Kommission, ABlEU L 379/19 – Toltecs/Dorcet" vom 15.12.1982, Ziff. III Nr. 3; *Althaus,* Markenrechtliche Abgrenzungsvereinbarung, 2010, S. 144.

1087 *Althaus,* Markenrechtliche Abgrenzungsvereinbarung, 2010, S. 144.

1088 *Althaus,* Markenrechtliche Abgrenzungsvereinbarung, 2010, S. 144.

1089 *Althaus,* Markenrechtliche Abgrenzungsvereinbarung, 2010, S. 145; *Kraft,* MA 1984, 86, 93.

Vertragsklausel eine Wettbewerbsöffnung zugunsten des prioritätsjüngeren Kennzeichenanmelders erfolgt.[1090]

(c) Kartellrechtliche Zulässigkeit von Nichtangriffsabreden in markenrechtlichen Abgrenzungsvereinbarungen

Zum Schluss ist zu berücksichtigen, dass der Bundesgerichtshof über die Frage der kartellrechtlichen Zulässigkeit von Nichtangriffsabreden in markenrechtlichen Abgrenzungsvereinbarungen noch nicht zu entscheiden hatte.[1091] Nach *Kirchhoff* erscheinen Nichtangriffsabreden, die Anträge und Klage wegen absoluter Schutzhindernisse (beispielsweise wegen fehlender Unterscheidungskraft oder rein beschreibendem Charakter) erfassen, als schwer erforderlich.[1092] Etwas anderes könnte sich laut *Kirchhoff* nur für relative Schutzhindernisse ergeben, da diese zur Disposition des Kennzeicheninhabers stehen.[1093] Denn ohne einen Verzicht auf die relativen Schutzhindernisse kann eine markenrechtliche Abgrenzungsvereinbarung und die damit bezweckte Rechtssicherheit nicht erreicht werden.[1094]

(2) Materielle Abgrenzung der Kennzeichen

Aus den Regelungen des Markengesetzes folgt, dass bei dem Bestehen prioritätsälterer Kennzeichenrechte sämtliche Abgrenzungspflichten, die in einer Abgrenzungsvereinbarung geregelt werden, zulässig sind, wenn und soweit sie keine weitergehenden Beschränkungen als das Markengesetz beinhalten.[1095] Die Grenze verläuft allerdings dort, wo die Abgrenzungsvereinbarung Regelungen enthält, die über das hinausgehen, was bei objektiver Beurteilung ernstlich zweifelhaft sein kann[1096] bzw. darüber hinausgeht, was zur konkreten Konfliktlösung

---

1090 *Althaus,* Markenrechtliche Abgrenzungsvereinbarung, 2010, S. 145; OLG Düsseldorf, NZKart 2015, 109 ff.

1091 *Kirchhoff,* GRUR 2017, 248, 255.

1092 *Kirchhoff,* GRUR 2017, 248, 255.

1093 *Kirchhoff,* GRUR 2017, 248, 255.

1094 OLG Düsseldorf, NZKart 2015, 109, 112; *Kirchhoff,* GRUR 2017, 248, 255.

1095 EuGH GRUR Int. 1979, 466, 468 – Bayer/Tanabe; *Harte,* GRUR 1978, 501, 506; *Fezer,* in: Fezer, MarkenR, 4. Aufl. 2009, § 14 Rn. 1103; *Althaus,* Markenrechtliche Abgrenzungsvereinbarung, 2010, S. 145.

1096 BGH GRUR 2005, 845, 847 – Abgasreinigungsvorrichtung; BGH GRUR 1976, 323, 324 f. – Thermalquelle; *Althaus,* Markenrechtliche Abgrenzungsvereinbarung, 2010, S. 146 f.

notwendig ist.[1097] Der Europäische Gerichtshof führte in der „Toltecs/Dorcet“ Entscheidung aus, dass eine Beschränkung der Benutzung des prioritätsjüngeren Kennzeichens bei Vorliegen einer ernsthaften Verwechslungsgefahr und damit eines relativen Schutzhindernisses nach § 9 MarkenG keine Wettbewerbsbeschränkung darstellt.[1098] Je größer allerdings der Abstand der Waren voneinander ist oder je geringer der Grad an Verwechslungsgefahr ausfällt, desto eher müssen die vertraglichen Regelungen dem vorrangigen Ziel der Einheit des gemeinsamen Marktes entsprechen;[1099] d.h. die Vertragsparteien müssen eine Regelung treffen, die der Beilegung eines möglichen Konflikts dient, gleichzeitig aber den gemeinsamen Markt am wenigsten einschränkt.[1100]

Als wettbewerbsbeschränkend sind daher folgende Regelungen in Abgrenzungsvereinbarungen einzustufen:

- Die (konkludente) Abgrenzung des Kennzeicheninhabers, sein Kennzeichen in den dem Vertragspartner zugestandenen Bereichen nicht zu benutzen, da dies nicht von seinem gesetzlich geregelten Verbietungsrecht gedeckt ist.[1101]
- Abgrenzungen, die sich außerhalb des gesetzlich geregelten Verbietungsrechts befinden.[1102] Dies umfasst unter anderem auch Scheinabgrenzungsvereinbarungen, bei deren Abschluss keine Kollisionslage vorgelegen hat,[1103] oder Abgrenzungsvereinbarungen, die über den Kollisionsbereich hinausgehen.[1104]

1097 EuGH GRUR Int. 1985, 399, 402 – Toltecs/Dorcet II; *Althaus,* Markenrechtliche Abgrenzungsvereinbarung, 2010, S. 146.

1098 EuGH GRUR Int 1983, 294 ff. – Toltecs/Dorcet; Kommission, ABlEG L 379/19 v. 31.12.1982, Ziff. II. 3. Lit. d) und e).

1099 EuGH GRUR Int 1983, 294 ff. – Toltecs/Dorcet; Kommission, ABlEG L 379/19 v. 31.12.1982, Ziff. II. 3. Lit. d) und e).

1100 EuGH GRUR Int 1983, 294 ff. – Toltecs/Dorcet; Kommission, ABlEG L 379/19 v. 31.12.1982, Ziff. II. 3. Lit. d) und e).

1101 *Althaus,* Markenrechtliche Abgrenzungsvereinbarung, 2010, S. 147; *Neubauer*, Markenrechtliche Abgrenzungsvereinbarungen aus rechtsvergleichender Sicht, 1983, S. 153; *Nordemann*, in: Loewenheim/Meessen/Riesenkampff/Kersting/Meyer-Lindemann, Kartellrecht, 3. Aufl. 2016, 3. Teil III. 3b) cc) Rn. 69.

1102 *Althaus,* Markenrechtliche Abgrenzungsvereinbarung, 2010, S. 147; *Nordemann*, in: Loewenheim/Meessen/Riesenkampff/Kersting/Meyer-Lindemann, Kartellrecht, 3. Aufl. 2016, 3. Teil III. 3b) cc) Rn. 69.

1103 *Althaus,* Markenrechtliche Abgrenzungsvereinbarung, 2010, S. 147.

1104 *Althaus,* Markenrechtliche Abgrenzungsvereinbarung, 2010, S. 147; *Nordemann*, in: Loewenheim/Meessen/Riesenkampff/Kersting/Meyer-Lindemann, Kartellrecht, 3. Aufl. 2016, 3. Teil III. 3b) cc) Rn. 69.

(3) Nebenabreden

Auch bei den Nebenabreden ist darauf zu achten, dass diese mit den kartellrechtlichen Regelungen im Einklang stehen. Denn die Nebenabreden erweitern die Abgrenzungsvereinbarung regelmäßig über die konkrete Kollisionslage hinaus in zeitlicher, örtlicher und persönlicher Hinsicht.[1105] Zwar besteht ein gewisses Interesse der Vertragsparteien an solchen Nebenabreden, sie sind aber nicht in der Art und Weise essentiell, dass sie zwingend zur Regelung des konkreten Konfliktfalls benötigt werden, so dass insoweit ebenfalls die Frage im Raum steht, inwieweit die Nebenabreden wettbewerbsbeschränkenden Charakter haben und über das gesetzlich geregelte Verbietungsrecht des Kennzeicheninhabers legitimiert werden können.[1106]

(a) Zeitlicher Geltungsbereich

In der Regel finden sich in Abgrenzungsvereinbarungen Regelungen zum zeitlichen Geltungsbereich. Diese Regelungen bergen die Gefahr einer wettbewerbsbeschränkenden Wirkung, wenn und soweit sie eine Bindung des Inhabers des prioritätsjüngeren Kennzeichens über den Bestand des prioritätsälteren Kennzeichens hinaus vorsehen.[1107] Da Markenrechte allerdings zeitlich unbegrenzt verlängert werden können, besteht grundsätzlich ein berechtigtes Bedürfnis nach eine zeitlich unbegrenzten Abgrenzung.[1108] Aus kartellrechtlicher Sicht setzt die Zulässigkeit einer Abgrenzungsvereinbarung voraus, dass die Kennzeichenrechte nur so lange unter die Vereinbarung fallen, wie eine regelungsbedürftige Kollisionslage besteht.[1109] Im Einzelfall kann jedoch trotz wettbewerbsbeschränkender Wirkung einer solchen Regelung die kartellrechtliche Unzulässigkeit deswegen zu verneinen sein, weil es an der notwendigen Spürbarkeit im kartellrechtlichen Sinne fehlt.[1110] Die Spürbarkeit ist zu bejahen, wenn und soweit die Verwendung der Marke erhebliche Wettbewerbsvorteile mit sich bringt oder

---

1105 *Althaus,* Markenrechtliche Abgrenzungsvereinbarung, 2010, S. 148 f.; *Nordemann,* in: Loewenheim/Meessen/Riesenkampff/Kersting/Meyer-Lindemann, Kartellrecht, 3. Aufl. 2016, 3. Teil III. 3b) cc) Rn. 70.

1106 *Althaus,* Markenrechtliche Abgrenzungsvereinbarung, 2010, S. 147 f.

1107 *Althaus,* Markenrechtliche Abgrenzungsvereinbarung, 2010, S. 150.

1108 BGH GRUR 2011, 641, 644 – Jette Joop; *Nordemann,* in: Loewenheim/Meessen/Riesenkampff/Kersting/Meyer-Lindemann, Kartellrecht, 3. Aufl. 2016, 3. Teil III. 3b) cc) Rn. 70.

1109 *Nordemann,* in: Loewenheim/Meessen/Riesenkampff/Kersting/Meyer-Lindemann, Kartellrecht, 3. Aufl. 2016, 3. Teil III. 3b) cc) Rn. 70.

1110 *Althaus,* Markenrechtliche Abgrenzungsvereinbarung, 2010, S. 150.

das Ausweichen auf eine andere Marke mit erheblichen Wettbewerbsnachteilen verbunden ist.[1111] Demgegenüber könnte das Merkmal der Spürbarkeit zu verneinen sein, wenn und soweit der von der Beschränkung betroffene Markeninhaber bereits damit begonnen hat, eine andere Marke zu benutzten[1112] oder die Beschränkungen sein aktuelles oder potentielles Betätigungsfeld nicht berühren.

(b) Örtlicher Geltungsbereich

Gehen die Regelungen in der Abgrenzungsvereinbarung über den räumlichen Bereich des konkreten Kollisionsbereiches hinaus, besteht grundsätzlich die Problematik einer kartellrechtlich unzulässigen Wettbewerbsbeschränkung dergestalt, dass eine Marktaufteilung bezweckt oder bewirkt wird.[1113] Den Parteien ist jedoch nicht abzusprechen, dass Ziel einer Abgrenzungsvereinbarung grundsätzlich das Bedürfnis nach einer einheitlichen Regelung und einem einheitlichen Marktauftritt ist.[1114] Vorsicht ist jedoch dann geboten, wenn in die Abgrenzungsvereinbarung Länder einbezogen werden, in denen noch keine Kollision vorliegt oder keine der Parteien ein Zeichenrecht hat.[1115] Denn in diesem Fall wird die wirtschaftliche Handlungsfreiheit einer oder beider Parteien einer Abgrenzungsvereinbarung über das erforderliche Maß hinaus eingeschränkt, was von dem kennzeichenrechtlichen Verbietungsrecht nicht mehr gedeckt ist.[1116]

(c) Persönlicher Geltungsbereich

Die Erweiterung des persönlichen Geltungsbereiches durch eine sog. Rechtsnachfolgeklausel in grundsätzlich kartellrechtlich irrelevant.[1117] Durch diese

---

1111 OLG Düsseldorf NZKart 2015, 109; *Nordemann*, in: Loewenheim/Meessen/Riesenkampff/Kersting/Meyer-Lindemann, Kartellrecht, 3. Aufl. 2016, 3. Teil III. 3b) cc) Rn. 71.

1112 *Harte-Bavendamm/von Bomhard*, GRUR 1998, 530, 533 unter Verweis auf Europäische Kommission ABl. 1978 L 60, S. 19, 24 f. – Pennys; *Wolf*, NZKart 2015, 90, 95; *Nordemann*, in: Loewenheim/Meessen/Riesenkampff/Kersting/Meyer-Lindemann, Kartellrecht, 3. Aufl. 2016, 3. Teil III. 3b) cc) Rn. 71.

1113 *Fezer*, in: Fezer, MarkenR, 4. Aufl. 2009, § 14 Rn. 1105; *Althaus*, Markenrechtliche Abgrenzungsvereinbarung, 2010, S. 149.

1114 *Althaus*, Markenrechtliche Abgrenzungsvereinbarung, 2010, S. 149; *Wolf*, NZKart 2015, 90, 95 f.

1115 *Althaus*, Markenrechtliche Abgrenzungsvereinbarung, 2010, S. 149; *Wolf*, NZKart 2015, 90, 95 f.; *Kirchhoff*, GRUR 2017, 248, 254.

1116 *Althaus*, Markenrechtliche Abgrenzungsvereinbarung, 2010, S. 149; *Wolf*, NZKart 2015, 90, 95 f.

1117 *Althaus*, Markenrechtliche Abgrenzungsvereinbarung, 2010, S. 149; *Neubauer*, Markenrechtliche Abgrenzungsvereinbarungen aus rechtsvergleichender Sicht, 1983, S. 148.

Rechtsnachfolgeklausel soll lediglich bewirkt werden, dass die Regelungen der Abgrenzungsvereinbarung auch auf den Rechtsnachfolger übergehen.

d) Auswirkungen nachträglich eingetretener Umstände (Gesetzes- oder Rechtsprechungsänderung) auf die Abgrenzungsvereinbarung

Im Laufe der Vertragslaufzeit einer Abgrenzungsvereinbarung kann es grundsätzlich zu einer Änderung der markenrechtlichen und/oder kartellrechtlichen Rechtsprechung kommen, wodurch die Rechtslage geändert wird. Dies ist für die Beurteilung einer markenrechtlichen Abgrenzungsvereinbarung, die keine Wettbewerbsbeschränkung bezweckt, jedoch unerheblich, da sich deren Wirksamkeit ausschließlich nach der Rechtslage bei Abschluss der Abgrenzungsvereinbarung richtet.[1118] Denn aufgrund des berechtigten Bedürfnisses der Vertragsparteien nach Rechtssicherheit bei der Markennutzung wäre es nicht vereinbar, wenn die Vertragsparteien ständig die Entwicklung der markenrechtlichen und/oder kartellrechtlichen Rechtsprechung darauf hin überprüfen müssten, ob ihre Vereinbarung noch Bestand hat.[1119] Etwas anderes kann auch nicht für die Änderung der Gesetzeslage gelten.[1120] Denn auch insoweit würde man den Vertragsparteien in unzumutbarerer Weise aufbürden, ihre getroffene Vereinbarung ständig auf ihren Bestand hin zu überprüfen.

Neben der Änderung der Rechtsprechung können sich nach Abschluss der Abgrenzungsvereinbarung auch die tatsächlichen Grundlagen ihrer kartell- und markenrechtlichen Bewertung ändern.[1121] Dies etwa dann, wenn die Parteien ihren Tätigkeitsbereich erweitern oder beschränken oder wenn sich die Bekanntheit der Parteien oder ihrer Produkte verändert.[1122] Im Fall der Änderung der tatsächlichen Umstände nach Vertragsabschluss erscheint es naheliegend die allgemeinen Grundsätze zur ergänzenden Vertragsauslegung, zum Wegfall der Geschäftsgrundlage und zur Kündigung aus wichtigem Grund anzuwenden.[1123]

1118 BGH GRUR 2011, 641, 644 – Jette Joop; *Kirchhoff*, GRUR 2017, 248, 254 f.

1119 BGH GRUR 2011, 641, 646 – Jette Joop; *Nordemann*, in: Loewenheim/Meessen/Riesenkampff/Kersting/Meyer-Lindemann, Kartellrecht, 3. Aufl. 2016, 3. Teil III. 3b) cc) Rn. 69; *Kirchhoff*, GRUR 2017, 248, 255.

1120 So angedeutet in BGH GRUR 2011, 641, 645 – Jette Joop.

1121 *Kirchhoff*, GRUR 2017, 248, 255.

1122 *Kirchhoff*, GRUR 2017, 248, 255.

1123 *Kirchhoff*, GRUR 2017, 248, 255 mit Verweis auf die Rechtsprechung des BGH in der Entscheidung „Jette Joop“ (BGH GRUR 2011, 641, 646).

Solche späteren tatsächlichen Veränderungen würden sich dann nicht auf die Wirksamkeit der Abgrenzungsvereinbarung als solche auswirken.[1124]

e) *Rechtsfolgen*

Verstößt die markenrechtliche Abgrenzungsvereinbarung gegen das Kartellrecht und ist nicht freigegeben, ist sie gemäß § 134 BGB nichtig, da es sich bei § 1 GWB um ein Verbotsgesetz handelt.[1125] Die Nichtigkeit beschränkt sich allerdings dem Grunde nach nur auf die Teile der Vereinbarung, die gegen das Kartellrecht verstoßen;[1126] d.h. es ist zu prüfen, ob es sich bei den kartellrechtswidrigen Teilen der Vereinbarung um abtrennbare Teile handelt und ob damit eine Trennung der verbotswidrigen Bestandteile der Vereinbarungen von den übrigen Bestimmungen möglich ist.[1127] Eine Besonderheit bei markenrechtlichen Abgrenzungsvereinbarungen besteht jedoch darin, dass trotz rein faktischer Abtrennungsmöglichkeit der Abreden eine Trennbarkeit im rechtlichen Sinne ausscheidet, wenn und soweit die Regelung für die verbotswidrige Absprache von Bedeutung ist.[1128]

5. Zusammenfassung

Zusammenfassend lässt sich daher festhalten, dass eine Abgrenzungsvereinbarung den folgenden rechtlichen Parametern entsprechen muss:

- Gegenstand einer Abgrenzungsvereinbarung ist u.a. eine zeitlich unbegrenzte Bindung zwischen den Vertragsparteien, die unter Umständen das Kriterium der Sittenwidrigkeit nach § 138 BGB erfüllen könnte. Die zeitlich unbegrenzte Bindung der Vertragsparteien entspricht der unbeschränkten Schutzdauer des Kennzeichenrechts.Von Sittenwidrigkeit im Sinne von § 138 BGB ist allerdings nur dann auszugehen sein, wenn und soweit durch den Abschluss

---

1124 *Kirchhoff*, GRUR 2017, 248, 255.

1125 *Bechtold/Bosch*, in: Bechtold/Bosch, GWB, 9. Aufl. 2018, § 1 Rn. 1; *Nordemann*, in: Loewenheim/Meessen/Riesenkampff/Kersting/Meyer-Lindemann, KartellR, 3. Aufl. 2016, § 1 Rn. 32.

1126 EuGH BeckRS 2004, 75294 – Delimitis/Henninger Bräu; *Ellenberger*, in: Palandt, BGB, 78. Aufl. 2019, § 139 Rn. 10; *Althaus*, Markenrechtliche Abgrenzungsvereinbarung, 2010, S. 170 f.

1127 EuGH BeckRS 2004, 75294 – Delimitis/Henninger Bräu; *Ellenberger*, in: Palandt, BGB, 78. Aufl. 2019, § 139 Rn. 10; *Althaus*, Markenrechtliche Abgrenzungsvereinbarung, 2010, S. 170 f.

1128 *Althaus*, Markenrechtliche Abgrenzungsvereinbarung, 2010, S. 171 m.w.N.

der Abgrenzungsvereinbarung die wirtschaftliche Selbstbestimmung einer Partei vollständig konterkariert würde. Bei der Beurteilung der Sittenwidrigkeit sind auch die markenrechtlichen Besonderheiten, die aus den Zwängen des Markenregisters resultieren, zu berücksichtigen.

- Aus markenrechtlicher Sicht sind bei einer Abgrenzungsvereinbarung die nicht dispositiven gesetzlichen Regelungen zur Markenrechtsfähigkeit nach §§ 3, 7, 8 MarkenG zu berücksichtigen.
- Bei der lauterkeitsrechtlichen Zulässigkeit einer Abgrenzungsvereinbarung sind zwei Bereiche voneinander zu trennen: Zum einen das Verhältnis der Vertragsparteien zueinander (sog. Innenverhältnis) und das Verhältnis gegenüber Dritten (sog. Außenverhältnis).
  Im Innenverhältnis stellt sich die Frage, ob die Abgrenzungsvereinbarung ggf. eine gezielte Behinderung im Sinne der §§ 3, 4 Nr. 4 UWG oder eine unangemessene und unsachliche Beeinträchtigung der Entscheidungsfreiheit gemäß §§ 3, 4 Nr. 1 UWG darstellt, wobei auch hier die Besonderheiten des Markenrechts als Ausschließlichkeitsrechts zu berücksichtigen sind. Bei der Beurteilung der Unlauterkeit einer markenrechtlichen Abgrenzungsvereinbarung ist daher danach zu fragen, ob der Markeninhaber Rechte geltend macht, die ihm aufgrund seines Ausschließlichkeitsrechts ohnehin zustehen oder ob er darüber hinaus sich Rechtspositionen zusichern lässt, die über das erforderliche und angemessene Maß hinausgehen und damit auch dem Verhältnismäßigkeitsgrundsatz widersprechen.
  Eine gezielte Behinderung kann daher nur vorliegen, wenn dem Markeninhaber keine Verbietungsrechte gegenüber dem Markenanmelder zur Verfügung stehen oder der Markeninhaber aufgrund seiner Machtposition einseitig nur seine Rechte im Rahmen der Abgrenzungsvereinbarung durchsetzt und die Rechte des Markenanmelders vollständig beschneidet.
  Daneben erfordert der Tatbestand des § 4a Abs. 1 S. 2 Nr. 3 UWG, dass die Ausübung von Druck in einer Weise erfolgen muss, die die Fähigkeit des Verbrauchers oder sonstigen Marktteilnehmers zu einer informierten Entscheidung wesentlich einschränkt, wobei wesentlich insoweit mehr als eine spürbare Einschränkung bedeutet. Eine wesentliche Einschränkung liegt immer dann vor, wenn die geschäftliche Handlung das Urteilsvermögen des Verbrauchers oder sonstigen Marktteilnehmers, d.h. die Vor- und Nachteile einer geschäftlichen Entscheidung zu erkennen und gegeneinander abzuwägen, beeinträchtigt. Bei der Beurteilung ist ebenfalls auf die konkreten Umstände des Einzelfalls und insbesondere auf Zeitpunkt, Ort, Art oder Dauer der Druckausübung und auf die Stärke der jeweiligen Machtposition des Unternehmers abzustellen.

Im Außenverhältnis ist aufgrund der Änderungen durch die UGP-Richtlinie die Zulässigkeit der Abgrenzungsvereinbarung anhand des Verbraucherschutzgedankens, der insbesondere im § 5 Abs. 1 Nr. 1, Abs. 2 UWG seinen Niederschlag gefunden hat, zu beurteilen. Ziel der Abgrenzungsvereinbarungen muss es daher sein, die Irreführungsgefahr zwischen den sich gegenüberstehenden Kennzeichen durch einen möglichst großen Abstand der Kennzeichen zueinander zu minimieren.

- Markenrechtliche Abgrenzungsvereinbarungen sind dann von kartellrechtlicher Bedeutung, wenn und soweit sie Wettbewerbsbeschränkungen enthalten. D.h. kartellrechtlich unzulässig sind markenrechtliche Abgrenzungsvereinbarungen nur dann, wenn sie entweder eine Wettbewerbsbeschränkung bezwecken oder wenn sie eine spürbare Wettbewerbsbeschränkung bewirken, wobei zwischen dem GWB und dem Unionskartellrecht kein Unterschied besteht. Bei der Beurteilung der kartellrechtlichen Zulässigkeit ist auf den Zeitpunkt bei Abschluss der Abgrenzungsvereinbarung abzustellen.
  Bei der Beurteilung, ob eine bezweckte Wettbewerbsbeschränkung vorliegt, ist auf den Inhalt der Abgrenzungsvereinbarung und die mit ihr verfolgten Ziele und ihren wirtschaftlichen und rechtlichen Zusammenhang abzustellen.
  Bei einer bewirkten Wettbewerbsbeschränkung müssen Merkmale vorhanden sein, die darauf schließen lassen, dass der Wettbewerb tatsächlich spürbar vermindert, eingeschränkt oder verfälscht worden ist.
  Eine Abgrenzungsvereinbarung ist dann kartellrechtlich unbedenklich, wenn und soweit sie rein objektiv das bestehende Ausschließlichkeitsrecht des Kennzeicheninhabers in einer tatsächlich bestehenden Kollisionslage nachzeichnet und vertraglich festlegt. Erforderlich ist somit, dass ein ernsthafter, objektiv begründeter Anlass zu der Annahme besteht, dass der eine Vertragspartner einen Unterlassungsanspruch hat, so dass bei einer gerichtlichen Auseinandersetzung ernsthaft damit zu rechnen wäre, dass dem Wettbewerber die umstrittene Handlung untersagt wird. Zudem dürfen die in einer Abgrenzungsvereinbarung übernommenen Unterlassungspflichten nicht über das notwendige und erforderliche Maß und den Regelungsbereich des Markengesetzes hinausgehen.

II. Vertragsformulierung

Basierend auf den vorgenannten Ausführungen in Kapitel 6 Ziff. I. folgt nachfolgend ein Formulierungsvorschlag für eine Abgrenzungs- und (hilfsweise) Lizenzvereinbarung, der eine Markenkollision zugrunde liegt. Neben klassischen Regelungen, die sich in einer Abgrenzungsvereinbarung finden, ist in diesem Vertragsvorschlag auch eine Klausel für eine (hilfsweise) Lizensierung der prioritätsälteren Markenrechte enthalten. Dies vor dem Hintergrund, falls die Abgrenzungsvereinbarung – aus welchem Grund auch immer – für unwirksam erklärt werden sollte. Aufgrund der hilfsweisen Lizenzierung hätte der prioritätsjüngere Kennzeicheninhaber dennoch die Möglichkeit, sein ursprüngliches Kennzeichen trotz bestehender Kollisionslage weiter nutzen zu können. Dies ist für die Parteien insoweit auch von größter Bedeutung, da Investitionen in Kennzeichen und des damit verbundenen Images eines Unternehmens in nicht unerheblichen Ausmaß erfolgen und Ziel einer Abgrenzungsvereinbarung gerade ist, den Parteien ein Maß an Rechtssicherheit einzuräumen, die Kennzeichen dauerhaft für ihre Produkte und Dienstleistungen nutzen zu können.

Muster:

Abgrenzungs- und Lizenzvereinbarung
zwischen

1. (Firma, Adresse)

- nachfolgend „Inhaber“ genannt -

und

2. (Firma, Adresse)

- nachfolgend „Anmelder“ genannt -

Präambel

Der Inhaber ist Inhaber der Marke … [Registernummer] mit der Priorität vom … [Datum], die für verschiedene Waren und Dienstleistungen in den Klassen … [Angabe der Klassennummern] des deutschen Patent- und Markenamtes in München („DPMA“) eingetragen ist. Auszüge aus dem Register des DPMA sind als Anlage 1 beigefügt.

Der Anmelder hat am … [Datum] die Marke … [Registernummer] beim DPMA in den Klassen … [Angabe der Klassennummern] angemeldet. Eine Kopie der Markenanmeldung ist als Anlage 2 beigefügt. [Ggf.: Der Inhaber hat hiergegen vollumfänglich Widerspruch erhoben.]

Zur Vermeidung eines Rechtsstreits/Widerspruchsverfahrens [Ggf.: Zur Beendigung des Widerspruchsverfahrens] und zur Vermeidung künftiger Auseinandersetzungen vereinbaren die Parteien was folgt:

§ 1: Verpflichtungen des Anmelders

(1) Der Anmelder verpflichtet sich, die Marke Nr. … [Registernummer] nicht für folgende Waren und Dienstleistungen zu benutzen: [Waren und Dienstleistungen konkret bezeichnen].

(2) Der Anmelder erkennt den Rechtsbestand und das Vorrecht der Marke des Inhabers an. Der Anmelder verpflichtet sich, weder aus der Eintragung noch aus der Benutzung seiner Marke Rechte gegen die Marke des Inhabers herzuleiten und insbesondere gegen Neueintragungen von … [Bezeichnung der Marke des Inhabers] (in Alleinstellung oder in Kombination mit anderen Wort- oder Bildelementen) oder damit verwechselbar ähnlichen Kennzeichen als Marke oder als sonstiges Kennzeichen durch den Inhaber (mit Ausnahme der identischen Marke des Anmelders) keine Einwände oder Widersprüche zu erheben bzw. erforderlichenfalls seine Zustimmung zu erteilen.[1129]

(3) Der Anmelder verpflichtet sich, gegen die Marke Nr. … [Registernummer] des Inhabers keine Löschungsklage zu erheben. Ausgenommen hiervon ist eine Löschungsklage wegen Verfalls der Marke des Inhabers gemäß § 49 MarkenG.

§ 2: Verpflichtungen des Inhabers

(1) Der Inhaber verpflichtet sich, der endgültigen Eintragung und Benutzung der Marke Nr. … [Registernummer] des Anmelders unter den in § 1 dieser Vereinbarung für B genannten Voraussetzungen zuzustimmen.[1130] Dies gilt auch für identische Folgeanmeldungen der genannten Marke des Anmelders im vorgenannten Umfang.

[Ggf.: (2) Der Inhaber verpflichtet sich, den Widerspruch gegen die Marke des Anmelders zurückzunehmen, sofern der Anmelder die Erfüllung der nach § 1 dieser Vereinbarung übernommenen Verpflichtungen in geeigneter Weise nachgewiesen hat.]

1129 *Althaus,* Markenrechtliche Abgrenzungsvereinbarung, 2010, Anhang; *Walz,* Beck´sches Formularbuch Zivil-, Wirtschafts- und Unternehmensrecht, 4. Aufl. 2018, Muster Abgrenzungsvereinbarung.

1130 *Walz,* Beck´sches Formularbuch Zivil-, Wirtschafts- und Unternehmensrecht, 4. Aufl. 2018, Muster Abgrenzungsvereinbarung.

§ 3: Rechte beider Parteien bei Verfall

Beide Parteien können bei Vorliegen der gesetzlichen Voraussetzungen die Löschung der Marke der jeweils anderen Partei wegen Verfalls gemäß § 49 MarkenG betreiben.

§ 4: Verwendung von Domainnamen

Der Inhaber der Domain … [Angabe der Domain] verpflichtet sich, auf der Startseite einen aufklärenden Hinweis aufzunehmen, aus dem zu entnehmen ist, dass unter der Bezeichnung … zwei voneinander rechtlich unabhängige Unternehmen auf dem Markt tätig sind und sich die genannte Domain bzw. die damit aufzurufende Homepage dem Unternehmen von … zuzuordnen ist.[1131]

ODER:
Der Inhaber/Anmelder verpflichtet sich, die bisher als … eingetragene Domain mit einem unterscheidungskräftigen Zusatz zukünftig nur noch zu verwenden. Der Anmelder/Inhaber verpflichtet sich, seine Domain ebenfalls nur noch mit einem unterscheidungskräftigen Zusatz zu verwenden.[1132]

§ 5: Rechtsnachfolge

Die Parteien werden die Verpflichtungen aus diesem Vertrag ihren jeweiligen Rechtsnachfolgern auferlegen. Außerdem werden die Parteien verbundenen Unternehmen im Sinne des § 15 AktienG und/oder Lizenznehmern, die identische oder verwechselbar ähnliche Marken oder andere Kennzeichen für dieselben oder gleichartige Waren und/oder Dienstleistungen, die Gegenstand dieses Vertrages sind, registriert haben und/oder benutzen, die Verpflichtungen aus diesem Vertrag für die Dauer ihrer Verbundenheit im Sinne des § 15 AktienG oder ihrer Lizenznehmerstellung auferlegen.[1133] Den Parteien sind außerdem Handlungen ihrer Tochtergesellschaften und Lizenznehmer zuzurechnen.

1131 Diese Regelung entspricht der Entscheidung des Bundesgerichtshofes in Sachen Peek & Cloppenburg.

1132 Eine solche Formulierung über die Benutzung von Domainnamen macht dann Sinn, wenn unter der gleichen oder verwechslungsfähigen Firmenbezeichnung zwei Unternehmen am Markt tätig sind, die unterschiedliche qualitative Produkte vertreiben und so verhindert werden soll, dass das negative Qualitätsimage des einen Unternehmens auf das andere Unternehmen von den angesprochenen Verkehrskreisen übertragen wird.

1133 *Walz*, Beck'sches Formularbuch Zivil-, Wirtschafts- und Unternehmensrecht, 4. Aufl. 2018, Muster Abgrenzungsvereinbarung.

§ 6: Räumlicher Anwendungsbereich der Vereinbarung

(1) Diese Vereinbarung gilt für alle Länder, in denen der Inhaber über ältere Rechte verfügt. Eine Auflistung der Länder, in denen der Inhaber über ältere Rechte verfügt, ist als Anlage 3 beigefügt.
(2) In Ländern, in denen der Anmelder über ältere Rechte verfügt, wird sie dem Inhaber die Eintragung und Benutzung der genannten Marke unter den gleichen Voraussetzungen gestatten.[1134] Eine Auflistung der Länder, in denen der Anmelder über ältere Rechte verfügt, ist als Anlage 4 beigefügt.
(3) Sollte es in anderen Ländern zwischen den Parteien dieser Vereinbarung zu Konflikten in Bezug auf die vorgenannten Kennzeichen kommen, so werden sich die Parteien bemühen, auf der Grundlage dieser Vereinbarung eine entsprechende einvernehmliche Lösung herbeizuführen.[1135]

§ 7: Zeitlicher Anwendungsbereich der Vereinbarung

(1) Die Vereinbarung soll unbefristet gelten. Die Vereinbarung wird jedoch gegenstandslos, wenn sämtliche Rechte des Markeninhabers, von etwaigen Rechtsnachfolgern oder von mit dem Inhaber verbundenen Unternehmen im Sinne des § 15 AktienG an der Marke des Inhabers innerhalb des räumlichen Anwendungsbereiches dieser Vereinbarung untergegangen oder erloschen sind oder in sonstiger Weise ihren rechtsbestand verloren haben. In diesem Fall entfällt die Bindung des Anmelders an diese Vereinbarung. Die Bindung des Inhabers an diese Vereinbarung entfällt, soweit der Anmelder aus keiner von dieser Vereinbarung erfassten Marke mehr Rechte herleiten kann.[1136]
(2) Die Vereinbarung ist nur aus wichtigem Grund kündbar.

§ 8: Lizenzvereinbarung für den Fall der Nichtigkeit oder Unwirksamkeit der Abgrenzungsvereinbarung

(1) Sollten die zwischen den Parteien in dieser Vereinbarung getroffenen Abgrenzungen der Marken unwirksam und/oder nichtig sein, räumt der Inhaber dem

1134 *Stummel*, Standardvertragsmuster zum Handels- und Gesellschaftsrecht, 5. Aufl. 2015, Muster Abgrenzungsvereinbarung.
1135 *Althaus*, Markenrechtliche Abgrenzungsvereinbarung, 2010, Anhang.
1136 *Althaus*, Markenrechtliche Abgrenzungsvereinbarung, 2010, Anhang.

Anmelder bereits jetzt eine Lizenz im Sinne von § 30 MarkenG nach den folgenden Bestimmungen ein:

(a) Der Anmelder ist berechtigt, die Marke Nr. … [Registernummer] in der Form, wie es aus Anlage 5 ersichtlich ist, auf den Vertragsprodukten gemäß Anlage 6, ihrer Aufmachung und Verpackung anzubringen.[1137] Der Anmelder darf die so gekennzeichneten Produkte in den Verkehr bringen und unter Verwendung der Marke für sie werben.[1138]

(b) Dem Anmelder ist es nicht gestattet, die Marke für andere als die Vertragsprodukte zu verwenden.[1139]

(c) Es handelt sich um eine alleinige Lizenz. Der Inhaber wird jedoch durch die Lizenzerteilung in der Benutzung der Marke für Vertragsprodukte oder andere Produkte nicht beschränkt.[1140]

(d) Die Lizenz ist nicht übertragbar und berechtigt den Anmelder nicht, Unterlizenzen an Dritte zu erteilen.[1141]

(2) Die Parteien sind sich einig, dass die Erteilung der Lizenz unentgeltlich erfolgt.

(3) Beide Vertragsparteien verpflichten sich, unabhängig voneinander die Verwendung von verwechselbaren Marken im Vertragsgebiet zu überwachen.

(4) Beide Parteien verpflichten sich, die jeweilige andere Partei von sämtlichen im Vertragsgebiet verwendeten verwechselbaren Marken sowie von sämtlichen Verletzungen der Marke unverzüglich unterrichten.[1142]

(5) Die Vertragsparteien werden sich über das außergerichtliche und gerichtliche Vorgehen gegen festgestellte Verletzungen oder Anmeldungen bzw. Eintragungen verwechselbarer Marken gemeinsam abstimmen.[1143] Die entstehenden Kosten für ein gemeinsam abgestimmtes Vorgehen der Vertragsparteien tragen die Vertragsparteien je zur Hälfte.

1137 *Hoffmann-Becking/Gebele,* Beck'sches Formularbuch Bürgerliches, Handels- und Wirtschaftsrecht, 12. Aufl. 2016, Muster Markenlizenz-Vertrag.

1138 *Hoffmann-Becking/Gebele,* Beck'sches Formularbuch Bürgerliches, Handels- und Wirtschaftsrecht, 12. Aufl. 2016, Muster Markenlizenz-Vertrag.

1139 *Hoffmann-Becking/Gebele,* Beck'sches Formularbuch Bürgerliches, Handels- und Wirtschaftsrecht, 12. Aufl. 2016, Muster Markenlizenz-Vertrag.

1140 *Hoffmann-Becking/Gebele,* Beck'sches Formularbuch Bürgerliches, Handels- und Wirtschaftsrecht, 12. Aufl. 2016, Muster Markenlizenz-Vertrag.

1141 *Hoffmann-Becking/Gebele,* Beck'sches Formularbuch Bürgerliches, Handels- und Wirtschaftsrecht, 12. Aufl. 2016, Muster Markenlizenz-Vertrag.

1142 *Hoffmann-Becking/Gebele,* Beck'sches Formularbuch Bürgerliches, Handels- und Wirtschaftsrecht, 12. Aufl. 2016, Muster Markenlizenz-Vertrag.

1143 *Hoffmann-Becking/Gebele,* Beck'sches Formularbuch Bürgerliches, Handels- und Wirtschaftsrecht, 12. Aufl. 2016, Muster Markenlizenz-Vertrag.

(6) Falls der Inhaber nicht bereit oder interessiert ist, gegen eine Verletzung oder Anmeldung bzw. Eintragung verwechselbarer Marken vorzugehen, ist der Anmelder berechtigt, auf eigene Kosten außergerichtliche oder gerichtliche Schritte vorbehaltlich der Zustimmung des Inhabers im eigenen Namen geltend zu machen.[1144] Der Inhaber darf die Zustimmung nur aus wichtigem Grund verweigern.

(7) Bei Angriffen Dritter gegen die Marke gelten die vorstehenden Bestimmungen entsprechend, gleichgültig, ob sich diese Angriffe gegen den Inhaber als Markeninhaber oder gegen den Anmelder als möglichen Verletzer richten.[1145]

(8) Der Inhaber ist für die Dauer des Vertrages verpflichtet, die Marke auf eigene Kosten aufrecht zu erhalten.

(9) Die Lizenzvereinbarung wird auf unbestimmte Zeit abgeschlossen. Das Recht zur Kündigung aus wichtigem Grund bleibt hiervon unberührt.

(10) Für den räumlichen Anwendungsbereich der Lizenz gelten die Bestimmungen in § 5 dieser Vereinbarung entsprechend.

(11) Die Parteien sind sich einig, dass die Lizenzvereinbarung in § 7 dieser Vereinbarung nur dann zum Tragen kommt, wenn und soweit die Abgrenzungsvereinbarung unwirksam oder nichtig wird.

§ 9: Anwendbares Recht / Gerichtsstand

(1) Diese Vereinbarung und ihre Auslegung unterliegt dem Recht der Bundesrepublik Deutschland mit Ausnahme der Bestimmungen des deutschen internationalen Privatrechts.

(2) Ausschließlicher Gerichtsstand für Streitigkeiten aus oder im Zusammenhang mit dieser Vereinbarung ist … [Ort, Gericht].

1144 *Hoffmann-Becking/Gebele,* Beck´sches Formularbuch Bürgerliches, Handels- und Wirtschaftsrecht, 12. Aufl. 2016, Muster Markenlizenz-Vertrag.

1145 *Hoffmann-Becking/Gebele,* Beck´sches Formularbuch Bürgerliches, Handels- und Wirtschaftsrecht, 12. Aufl. 2016, Muster Markenlizenz-Vertrag.

§ 10: Sonstige Regelungen

(1) Jede Partei trägt ihre mit der Verhandlung und dem Abschluss dieser Vereinbarung entstandenen Kosten selbst. Dies umfasst auch die Kosten für ein etwaiges Widerspruchsverfahren.
(2) Alle Änderungen und Ergänzungen dieser Vereinbarung bedürfen zu ihrer Wirksamkeit der Schriftform. Dies gilt auch für eine Änderung dieser Schriftformklausel.
(3) Sollte eine der Bestimmungen dieses Vertrages unwirksam sein, wird die Wirksamkeit des Vertrages im Übrigen dadurch nicht berührt. Die Parteien sind in diesem Fall verpflichtet, die unwirksame Bestimmung durch eine wirksame Bestimmung zu ersetzen, die dem angestrebten wirtschaftlichen Ergebnis möglichst nahe kommt.

Kapitel 7: Ergebnis

Die wesentlichen Ergebnisse und Thesen der Untersuchung können wie folgt zusammengefasst werden:

1. Die echten Gleichnamigenfälle (d.h. Kollision von zwei Kennzeichen, die aus einem bürgerlichen Namen gebildet wurden) sind auf die Vorschriften zu §§ 18, 19 HGB a.F. zurückzuführen, wonach der Kaufmann verpflichtet war, zumindest den Familiennamen in der Firmenbezeichnung zu führen. In diesen Fällen erkannte daher bereits das Reichsgericht an, dass trotz bestehender Verwechslungsgefahr der prioritätsjüngere Kennzeicheninhaber dennoch zur Kennzeichenbenutzung berechtigt ist. Diese Grundsätze wurden in der Folgezeit mehr und mehr aufgeweicht mit der Folge, dass die Grundsätze des Rechts der Gleichnamigen nicht mehr nur auf die echten Gleichnamigenfälle angewandt, sondern auch auf Zeichenkollisionen infolge Jahrzehnte langer Parallelnutzung (Gleichgewichtslage; sog. unechten Gleichnamigenfälle) übertragen wurden, wenn und soweit ein redlicher Besitzstand des prioritätsjüngeren Kennzeicheninhabers, ein schutzwürdiges Interesse an der Verwendung des Kennzeichens vorliegt und der prioritätsjüngere Kennzeicheninhaber alles Zumutbare und Erforderliche zur Vermeidung der Verwechslungsgefahr vorgenommen hat.
2. Heute kommen die Grundsätze des Rechts der Gleichnamigen daher in zwei Konstellationen zum Tragen: Zum einen bei der Herstellung einer sog. Gleichgewichtslage (= primäre Konfliktsituation) und zum anderen in Konstellationen, in denen es um die Bewahrung einer bereits aufgrund jahrelang unbeanstandeter Parallelnutzung erworbenen Gleichgewichtslage (= sekundäre Konfliktsituation) geht. Im letzteren Fall besteht die Konfliktlage in der Erhöhung einer Verwechslungsgefahr, die insbesondere durch eine Verstärkung der Ähnlichkeit der einander gegenüberstehenden Kennzeichen oder zum anderen aufgrund der Verringerung des Abstandes des wirtschaftlichen Tätigkeitsbereiches der beiden Kennzeichen entstehen kann.
3. Die ursprüngliche Rechtsgrundlage für die Anwendung der Grundsätze des Rechts der Gleichnamigen in §§ 12 BGB, 16 UWG a.F. wurde durch Inkrafttreten des MarkenG am 1.1.1995 durch die Regelungen in § 23 Nr. 1 MarkenG a.F. abgelöst. Durch die Auslegung des Begriffs „Namen“ in § 23 Nr. 1 MarkenG a.F. durch den Europäischen Gerichtshof erfasste die Norm neben bürgerlichen Namen auch Unternehmens- und Phantasiebezeichnungen, so dass sie sowohl für die echten Gleichnamigenfälle wie auch für die unechten

Gleichnamigenfälle zur Anwendung kam. Durch die Änderung des Begriffs „Namen“ in § 23 Abs. 1 Nr. 1 MarkenG n.F. infolge des MaMoG wird der Freistellungstatbestand künftig nur noch auf Kennzeichen zur Anwendung kommen, die aus einem bürgerlichen Namen bestehen und damit auf die echten Gleichnamigenfälle. Das bedeutet, dass im Falle einer neu eingetretenen primären Konfliktsituation der Freistellungstatbestand des § 23 Abs. 1 Nr. 1 MarkenG n.F. nunmehr enger gefasst ist; für Fälle der sekundären Konfliktsituation (Gleichgewichtslagen) wird man allerdings trotz der Neuregelung in § 23 Abs. 1 Nr. 1 MarkenG n.F. von einem redlich erworbenen Besitzstand ausgehen und den Freistellungstatbestand in § 23 Abs. 1 Nr. 1 MarkenG n.F. – ggf. entsprechend – anwenden.

4. Das Kernelement der Grundsätze des Rechts der Gleichnamigen bildet die Interessenabwägung. Abwägungsrelevante Kriterien sind dabei die Grundrechtspositionen der Kennzeicheninhaber (Namensrecht aus Art. 2 Abs. 1 GG und Eigentumsrecht aus Art. 14 Abs. 1 GG), das Interesse der Allgemeinheit an einem täuschungsfreien Wirtschaftsverkehr, die Priorität der Kennzeichen, der Grad an Verwechslungsgefahr, der Anteil des Goodwill – wenn diesem ein eigenständiger Vermögenswert im Unternehmen beizumessen ist –, der Besitzstand und subjektive Kriterien (bspw.: Weshalb muss unbedingt dieses Kennzeichen verwendet werden?; Seit wann hat der prioritätsältere Kennzeicheninhaber Kenntnis von der Zeichenbenutzung durch den prioritätsjüngeren Kennzeicheninhaber?). Werden die Grundsätze des Rechts der Gleichnamigen allerdings im Rahmen der Beurteilung einer Gleichgewichtslage (= sekundären Konfliktsituation) herangezogen, spielt das Abwägungskriterium des Besitzstandes keine Rolle mehr, da dieses bereits im Rahmen der Beurteilung der primären Konfliktsituation hinreichend berücksichtigt wurde und damit erschöpft ist.
5. Der prioritätsjüngere Kennzeicheninhaber hat im Falle einer Kennzeichenkollision grundsätzlich alles Zumutbare und Erforderliche zu unternehmen, um eine Verwechslungsgefahr zu vermeiden oder auf ein hinnehmbares Maß zu reduzieren. Mögliche Abgrenzungsmaßnahmen sind die Aufnahme klarstellender/unterscheidender Zusätze, die Hinzufügung des Vor- und/oder Nachnamens, die Aufnahme aufklärender Hinweise oder anderweitige Gestaltungsformen, die für die angesprochenen Verkehrskreise eine Unterscheidung ermöglichen, wobei die konkrete Abgrenzungsmaßnahme vom Einzelfall der Kennzeichenkollision abhängig ist.
6. Die markengesetzlichen Abwehrrechte bei einer Kennzeichenkollision ergeben sich aus den §§ 14, 15, 126 ff. MarkenG, die den Schutz der Marke, der geschäftlichen Bezeichnung und der geografischen Herkunftsangabe regeln, wobei die Grundsätze des Rechts der Gleichnamigen keine Zeichenidentität,

sondern eine Kennzeichenkollision erfordern, die einen markenrechtlichen Unterlassungsanspruch begründet, der gegebenenfalls aufgrund widerstreitender Interessen zu begrenzen ist.

7. Aufgrund der Fokussierung der UGP-Richtlinie auf den Verbraucherschutz hat der Bundesgerichtshof den Grundsatz vom Vorrang des Markengesetzes aufgegeben, so dass bei einer Kennzeichenkollision zukünftig auch außermarkengesetzliche Ansprüche wie solche aus UWG und § 12 BGB in Betracht kommen.
8. Besonderheit besteht bei den kollidierenden Regelungen der markengesetzlichen Regelungen zur Verwechslungsgefahr (§§ 14 Abs. 2 Nr. 2, 15 Abs. 2 MarkenG) und § 5 Abs. 2 UWG. Beide Tatbestände greifen bei Verwechslungsgefahr ein, wobei sich die Auslegung der Begriffe der Verwechslungsgefahr in beiden Normen voneinander unterscheidet.
   a) Das MarkenG und die Rechtsprechung des Bundesgerichtshofes stellt bei der Beurteilung der Verwechslungsgefahr auf eine sog. abstrakte Verwechslungsgefahr ab; d.h. es wird beurteilt, ob im Hinblick auf die Identität oder Ähnlichkeit der sich gegenüberstehenden Zeichen einerseits und der Identität oder Ähnlichkeit der von diesen erfassten Waren und Dienstleistungen andererseits eine Verwechslungsgefahr der damit gekennzeichneten Produkte vorliegt, wobei es auf außerhalb der sich gegenüberstehenden Kennzeichen liegenden Begleitumstände bei der Feststellung der Verwechslungsgefahr regelmäßig nicht ankommt.
   b) Demgegenüber stellt die Regelung in § 5 Abs. 2 UWG auf eine konkrete Verwechslungsgefahr ab und erfasst zudem unter dem Begriff „Kennzeichen" jedes unterscheidungskräftige Zeichen unabhängig davon, ob es sich um ein Zeichen im Sinne des MarkenG handelt. Erforderlich ist allenfalls, dass das Zeichen von den angesprochenen Verkehrskreisen tatsächlich als Kennzeichen verstanden wird und das Kennzeichen im geschäftlichen Verkehr tatsächlich verwendet wird. Das Tatbestandsmerkmal der Verwechslungsgefahr in § 5 Abs. 2 UWG erfordert das Vorliegen einer tatsächlichen Irreführung bzw. Irreführungsgefahr der angesprochenen Verkehrskreise und zwar in der konkret zu beurteilenden Situation.
   c) Aufgrund der unterschiedlichen Reichweite der Verwechslungsgefahr im MarkenG und der Verwechslungsgefahr in § 5 Abs. 2 UWG erfolgt kein automatisierter Gleichlauf der Regelungssysteme. Um einen Wertungswiderspruch bei der Anwendung der markengesetzlichen Abwehrrechte bei Eingreifen der Schrankenbestimmungen des § 23 MarkenG und des § 5 Abs. 2 UWG zu vermeiden, muss im Rahmen der Prüfung der Schranken-Schranke in § 23 MarkenG der Tatbestand des § 5 Abs. 2 UWG inzident berücksichtigt werden.

9. Bei der Kollision von Kennzeichen mit Domainnamen ist ebenfalls eine Aufweichung des Grundsatzes vom Anwendungsvorrang des MarkenG in Bezug auf die Anwendung der außermarkenrechtlichen Vorschrift des § 12 BGB erfolgt. Einem Kennzeicheninhaber steht an seiner Unternehmensbezeichnung mit Namensfunktion auch ein Namensrecht nach § 12 BGB zu. Dieser Namensschutz nach § 12 BGB geht aber regelmäßig in seinem Schutzbereich nicht über den Schutzbereich des Unternehmenskennzeichens nach § 15 MarkenG hinaus. Denn der aus § 12 BGB abgeleitete Namensschutz einer Unternehmensbezeichnung ist beschränkt auf den Funktionsbereich des betreffenden Unternehmens und reicht nur so weit, wie geschäftliche Beeinträchtigungen zu befürchten sind. Die Ausschlusswirkung des MarkenG gegenüber bürgerlich-rechtlichen Normen kommt nur dann zum Tragen, wenn ein Handeln im geschäftlichen Verkehr und eine Branchennähe bei den kollidierenden Kennzeichen vorliegt.
10. Problematisch ist die Verteidigungssituation eines Domaininhabers als potentieller Anspruchsinhaber gegen einen prioritätsjüngeren Kennzeicheninhaber. Denn bei der Domain handelt es sich nicht um ein Immaterialgüterrecht, sondern um ein relativ wirkendes vertragliches Nutzungsrecht; d.h. der Domaininhaber erwirbt durch die Registrierung lediglich das Recht, den ausgewählten Domainnamen zu verwenden, nicht aber ein rechtliches Ausschließlichkeitsrecht gegenüber jedermann. Je nach Ausgestaltung und Wirkungsgrad der Domain kommen ggf. Ansprüche aus §§ 14, 15 MarkenG oder § 12 BGB in Betracht.
11. Besonderheit Lizenz: Im Falle des Vorliegens von Lizenzen bestehen bei der Beurteilung der kennzeichen- und lauterkeitsrechtlichen Verwechslungsgefahr ebenfalls Besonderheiten. Denn bei der Beurteilung der Verwechslungsgefahr ist nach der Art des Kennzeichens zu differenzieren.
    a) Bedeutend sind bei Marken die Konstellationen, bei denen die Einräumung einer Markenlizenz zu einem räumlichen Nebeneinander der Kennzeichen auf dem gleichen Markt führt, was beispielsweise bei Franchise-Systemen der Fall sein kann. Bei der lauterkeitsrechtlichen Beurteilung im Rahmen des § 5 Abs. 2 UWG ist zur Vermeidung eines Wertungswiderspruchs zum MarkenG darauf abzustellen, ob die durch den Lizenznehmer in Verkehr gebrachten Waren und Dienstleistungen den Gütevorstellungen entsprechen, die der Verbraucher mit der lizenzierten Marke berechtigterweise in Verbindung bringt.
    b) An Unternehmenskennzeichen kann keine dingliche Lizenz im Sinne des § 30 MarkenG erteilt werden, sondern allenfalls eine Lizenz in Form einer schuldrechtlichen Nutzungsvereinbarung. Eine wichtige

Einschränkung erfährt die Möglichkeit der schuldrechtlichen Nutzungsvereinbarung aber dann, wenn sich das jeweilige Unternehmenskennzeichen vom bürgerlichen Namen einer natürlichen Person ableitet; es darf dem bisherigen Rechtsinhaber nicht untersagt werden, unter seinem Namen aktiv zu bleiben. Eine dadurch verbundene Zuordnungsverwirrung ist durch die Allgemeinheit hinzunehmen, es sei denn die mit dem Kennzeichen verbundenen Gütevorstellungen werden nicht eingehalten.

c) Der bürgerliche Name ist aufgrund seiner höchstpersönlichen Natur unveräußerlich und unübertragbar. Etwas anderes kann bei Wahlnamen gelten, wenn dieser nicht durch ein personales Substrat geprägt ist.
d) Auch bei geografischen Herkunftsangaben scheidet aufgrund der Schutzintention eine Lizenzierung per se aus.
e) Prozessual gesehen wird die Lizenz- oder Gestattungsvereinbarung zwischen dem Kennzeicheninhaber und dem Dritten als Einrede gegen den Anspruch aus § 5 Abs. 2 UWG zu qualifizieren sein.

12. Besonderheit Abgrenzungsvereinbarung: Die Abgrenzungsvereinbarung dient regelmäßig dem Zweck, Markenkollisionen und damit markenrechtliche Ansprüche zwischen den Kennzeicheninhabern gütlich beizulegen, so dass regelmäßig bei diesen Konfliktfällen auch der Anwendungsbereich des § 5 Abs. 2 UWG eröffnet sein dürfte. Ob die Benutzung der Kennzeichen, die Gegenstand der Abgrenzungsvereinbarung sind, gegen den Tatbestand des § 5 Abs. 2 UWG verstößt, ist dann anhand der konkreten Umstände des Einzelfalls und anhand der Verwechslungsgefahr im Sinne einer konkreten Verwechslungsgefahr zu bestimmen. Es ist daher Aufgabe der Abgrenzungsvereinbarung, die Kennzeichen so genau gegeneinander abzugrenzen, dass eine konkrete Verwechslungsgefahr durch die angesprochenen Verkehrskreise ausscheidet.

    Zudem ist darauf zu achten, dass die markenrechtliche Abgrenzungsvereinbarung mit den Vorschriften des MarkenG (insbesondere §§ 3, 7, 8 MarkenG), des Lauterkeitsrechts (insbesondere §§ 3, 4 Nr. 1 und 4, 4a UWG), des allgemeinen Zivilrechts (insbesondere § 138 BGB) und des Kartellrechts in Einklang steht:

    a) Die Abgrenzungsvereinbarung sieht u.a. eine zeitlich unbegrenzte Bindung zwischen den Vertragsparteien vor, die unter Umständen das Kriterium der Sittenwidrigkeit nach § 138 BGB erfüllen könnte. Von Sittenwidrigkeit im Sinne von § 138 BGB ist allerdings nur dann auszugehen sein, wenn und soweit durch den Abschluss der Abgrenzungsvereinbarung die wirtschaftliche Selbstbestimmung einer Partei vollständig konterkariert würde. Bei der Beurteilung der Sittenwidrigkeit sind auch die markenrechtlichen Besonderheiten, die aus den Zwängen des Markenregisters resultieren, zu berücksichtigen. Zudem ist zu berücksichtigen, dass die zeitliche Unbefristung daraus resultiert, dass beispielsweise die Schutzdauer von Marken zeitlich unbeschränkt ist.

b) Aus markenrechtlicher Sicht sind bei einer Abgrenzungsvereinbarung die nicht dispositiven gesetzlichen Regelungen zur Markenrechtsfähigkeit nach §§ 3, 7, 8 MarkenG zu berücksichtigen.

c) Bei der lauterkeitsrechtlichen Zulässigkeit einer Abgrenzungsvereinbarung sind zwei Bereiche voneinander zu trennen: Zum einen das Verhältnis der Vertragsparteien zueinander (sog. Innenverhältnis) und das Verhältnis gegenüber Dritten (sog. Außenverhältnis).

   aa) Im Innenverhältnis stellt sich die Frage, ob die Abgrenzungsvereinbarung ggf. eine gezielte Behinderung im Sinne der §§ 3, 4 Nr. 4 UWG oder eine unangemessene und unsachliche Beeinträchtigung der Entscheidungsfreiheit gemäß §§ 3, 4 Nr. 1 UWG darstellt, wobei auch hier die Besonderheiten des Markenrechts als Ausschließlichkeitsrechts zu berücksichtigen sind. Bei der Beurteilung der Unlauterkeit einer markenrechtlichen Abgrenzungsvereinbarung ist daher danach zu fragen, ob der Markeninhaber Rechte geltend macht, die ihm aufgrund seines Ausschließlichkeitsrechts ohnehin zustehen oder ob er darüber hinaus sich Rechtspositionen zusichern lässt, die über das erforderliche und angemessene Maß hinausgehen und damit auch dem Verhältnismäßigkeitsgrundsatz widersprechen.

   Eine gezielte Behinderung kann daher nur vorliegen, wenn dem Markeninhaber keine Verbietungsrechte gegenüber dem Markenanmelder zur Verfügung stehen oder der Markeninhaber aufgrund seiner Machtposition einseitig nur seine Rechte im Rahmen der Abgrenzungsvereinbarung durchsetzt und die Rechte des Markenanmelders vollständig beschneidet.

   Daneben erfordert der Tatbestand des § 4a Abs. 1 S. 2 Nr. 3 UWG, dass die Ausübung von Druck in einer Weise erfolgen muss, die die Fähigkeit des Verbrauchers oder sonstigen Marktteilnehmers zu einer informierten Entscheidung wesentlich einschränkt, wobei wesentlich insoweit mehr als eine spürbare Einschränkung bedeutet. Eine wesentliche Einschränkung liegt immer dann vor, wenn die geschäftliche Handlung das Urteilsvermögen des Verbrauchers oder sonstigen Marktteilnehmers, d.h. die Vor- und Nachteile einer geschäftlichen Entscheidung zu erkennen und gegeneinander abzuwägen, beeinträchtigt. Bei der Beurteilung ist ebenfalls auf die konkreten Umstände des Einzelfalls und insbesondere auf Zeitpunkt, Ort, Art oder Dauer der Druckausübung und auf die Stärke der jeweiligen Machtposition des Unternehmers abzustellen.

bb) Im Außenverhältnis ist aufgrund der Änderungen durch die UGP-Richtlinie die Zulässigkeit der Abgrenzungsvereinbarung anhand des Verbraucherschutzgedankens in § 5 Abs. 1 Nr. 1, Abs. 2 UWG zu beurteilen. Ziel der Abgrenzungsvereinbarungen muss es daher sein, die Irreführungsgefahr zwischen den sich gegenüberstehenden Kennzeichen durch einen möglichst großen Abstand der Kennzeichen zueinander zu minimieren.

d) Markenrechtliche Abgrenzungsvereinbarungen sind dann von kartellrechtlicher Bedeutung, wenn und soweit sie Wettbewerbsbeschränkungen enthalten. D.h. kartellrechtlich unzulässig sind markenrechtliche Abgrenzungsvereinbarungen nur dann, wenn sie entweder eine Wettbewerbsbeschränkung bezwecken oder wenn sie eine spürbare Wettbewerbsbeschränkung bewirken, wobei zwischen dem GWB und dem Unionskartellrecht kein Unterschied besteht. Bei der Beurteilung der kartellrechtlichen Zulässigkeit ist auf den Zeitpunkt bei Abschluss der Abgrenzungsvereinbarung abzustellen.

Bei der Beurteilung, ob eine bezweckte Wettbewerbsbeschränkung vorliegt, ist auf den Inhalt der Abgrenzungsvereinbarung und die mit ihr verfolgten Ziele und ihren wirtschaftlichen und rechtlichen Zusammenhang abzustellen.

Bei einer bewirkten Wettbewerbsbeschränkung müssen Merkmale vorhanden sein, die darauf schließen lassen, dass der Wettbewerb tatsächlich spürbar vermindert, eingeschränkt oder verfälscht worden ist.

Eine Abgrenzungsvereinbarung ist dann kartellrechtlich unbedenklich, wenn und soweit sie rein objektiv das bestehende Ausschließlichkeitsrecht des Kennzeicheninhabers in einer tatsächlich bestehenden Kollisionslage nachzeichnet und vertraglich festlegt. Erforderlich ist somit, dass ein ernsthafter, objektiv begründeter Anlass zu der Annahme besteht, dass der eine Vertragspartner einen Unterlassungsanspruch hat, so dass bei einer gerichtlichen Auseinandersetzung ernsthaft damit zu rechnen wäre, dass dem Wettbewerber die umstrittene Handlung untersagt wird. Zudem dürfen die in einer Abgrenzungsvereinbarung übernommenen Unterlassungspflichten nicht über das notwendige und erforderliche Maß und den Regelungsbereich des Markengesetzes hinausgehen.

Literaturverzeichnis

Althaus, Dietmar: Markenrechtliche Abgrenzungsvereinbarungen, Frankfurt a.M. 2010

Bärenfänger, Jan: Das Spannungsfeld von Lauterkeitsrecht und Markenrecht unter dem neuen UWG, Baden-Baden 2010

Bamberger, Heinz Georg/Roth, Herbert/Hau, Wolfgang/Poseck, Roman (Hrsg.): BeckOK-BGB, 50. Edition: 1.5.2019, München

Bechtold, Rainer/Bosch, Wolfgang (Hrsg.): GWB Kommentar, 9. Aufl., München 2018

Benkard, Georg (Hrsg.): Patentgesetz, 11. Aufl., München 2015

Bökel, Werner: Abgrenzungsvereinbarungen und Benutzungszwang, GRUR 1972, 28 ff.

Böxler, Bernhard: Der Vorrang des Markenrechts, ZGE 2009, 357 ff.

Bornkamm, Joachim: Markenrecht und wettbewerbsrechtlicher Kennzeichenschutz – Zur Vorrangthese der Rechtsprechung, GRUR 2005, 97 ff.

Bornkamm, Joachim: Die Schnittstellen zwischen gewerblichem Rechtsschutz und UWG – Grenzen des lauterkeitsrechtlichen Verwechslungsschutzes, GRUR 2011, 1 ff.

Bott, Kristofer/Hacker, Franz/Heise, Alexandra/Joachim, Björn/Jonas, Kay-Uwe/Nordemann-Schiffel, Anke: Grenzen des Markenschutzes (Q 195), GRUR Int. 2007, 509 ff.

Büscher, Wolfgang: Neuere Entwicklungen der Rechtsprechung des Europäischen Gerichtshofs und des Bundesgerichtshofs zu den geographischen Herkunftsangaben, GRUR Int. 2005, 801 ff.

Büscher, Wolfgang: Koexistenz von Marken und Handelsnamen, MarkenR 2007, 453 ff.

Büscher, Wolfgang: Geographische Herkunftsangaben als Gegenstand des gewerblichen Eigentums oder als Steuerungsinstrument von Wirtschaft und Politik? Wirtschaftliche Bedeutung, Voraussetzungen und Rechtsfolgen der Standortbestimmung für den Schutz geographischer Herkunftsangaben, GRUR Int. 2008, 977 ff.

Büscher, Wolfgang: Schnittstellen zwischen Markenrecht und Wettbewerbsrecht, GRUR 2009, 230 ff.

Büscher, Wolfgang/Dittmer, Stefan/Schiwy, Peter (Hrsg.): Gewerblicher Rechtsschutz, Urheberrecht, Medienrecht, 3. Aufl., Köln 2015

Büscher, Wolfgang (Hrsg.): Gesetz gegen den unlauteren Wettbewerb, 1. Aufl., Köln 2019

Dickertmann, Wolf-Christian: Die geographische Herkunftsangabe zwischen Gewerblichem Rechtsschutz und Wettbewerbsrecht, Baden-Baden 2001

Fezer, Karl-Heinz: Die Kennzeichenfunktion von Domainnamen, WRP 2000, 669 ff.

Fezer, Karl-Heinz (Hrsg.): Markenrecht, 4. Aufl., München 2009

Fezer, Karl Heinz (Hrsg.): UWG Kommentar, Band 1: §§ 1- 4 UWG, 1. Aufl., München 2010

Fezer, Karl-Heinz: Imitationsmarketing als irreführende Produktvermarktung, GRUR 2009, 451 ff.

Fezer, Karl-Heinz: Kumulative Normenkonkurrenz zwischen Markenrecht und Lauterkeitsrecht – Schutzzweckkompatibilität zwischen Immaterialgüterrecht als Funktionseigentum und Wettbewerbsrecht, GRUR 2010, 953 ff.

Fezer, Karl-Heinz: Rechtsänderungen der Wirkungsbeschränkungen des Markenrechts – Die neuen Schrankentatbestände der europäischen Markenrechtsreform und der Markenrechtsmodernisierung (MRL, UMV und MaMoG/RefE), MarkenR 2017, 141 ff.

Götting, Horst-Peter/Nordemann, Axel (Hrsg.): UWG Handkommentar, 2. Aufl., Baden-Baden 2013

Goldmann, Michael: Lauterkeitsrechtlicher Schutz gegen mittelbare Verwechslungsgefahr?, GRUR 2012, 857 ff.

Gsell, Beate/Krüger, Wolfgang/Lorenz, Stephan/Reymann, Christoph (Hrsg.): Beck-online Großkommentar Zivilrecht, Stand: 1.1.2019, München

Harte, Henning: Die kartellrechtliche Beurteilung von Abgrenzungsvereinbarungen über Warenzeichen, GRUR 1978, 501 ff.

Harte-Bavendamm, Henning/v. Bomhard, Verena: Abgrenzungsvereinbarungen und Gemeinschaftsmarken, GRUR 1998, 530 ff.

Henn, Steffen: Markenschutz und UWG, Baden-Baden 2009

Henning-Bodewig, Frauke: Relevanz der Irreführung, UWG-Nachahmungsschutz und die Abgrenzung Lauterkeitsrecht/IP-Rechte, GRUR Int. 2007, 986 ff.

Henning-Bodewig, Frauke: Der Schutzzweck des UWG und die Richtlinie über unlautere Geschäftspraktiken, GRUR 2013, 238 ff.

Hildebrandt, Ulrich: Marken und andere Kennzeichen, 3. Aufl., Köln 2015

Hoffmann-Becking, Michael/Gebele, Alexander: Beck´sches Formularbuch Bürgerliches, Handels- und Wirtschaftsrecht, 12. Aufl., München 2016

Immenga, Ulrich/Mestmäcker, Ernst-Joachim (Hrsg.): Wettbewerbsrecht, Band 2: GWB, 5. Aufl., München 2014

Ingerl, Reinhard/Rohnke, Christian (Hrsg.): Markengesetz, 3. Aufl., München 2010

Ingerl, Reinhard: Der wettbewerbsrechtliche Kennzeichenschutz und sein Verhältnis zum MarkenG in der neueren Rechtsprechung des BGH und in der UWG-Reform, WRP 2004, 809 ff.

Jacobs, Rainer/Lindacher, Walter F./Teplitzky, Otto (Hrsg.): UWG Großkommentar, 1. Aufl., Berlin 2006

Jonas, Kay Uwe/Hamacher, Karl: „Mac DOG" und „shell.de" ade? – Die Auswirkungen des § 5 Abs. 2 UWG n.F. auf §§ 14, 15 MarkenG und die Schrankenregelung des § 23 MarkenG, WRP 2009, 535 ff.

Keller, Erhard: Der Schutz eingetragener Marken gegen Rufausbeutung nach deutschem und europäischem Recht, Baden-Baden 1994

Keller, Erhard: Die zeichenmäßige Benutzung im Markenrecht– Umfang und Grenzen der markenrechtlichen Abwehrbefugnis –, GRUR 1996, 607 ff.

Kiethe, Kurt/Groeschke, Peer: Erweiterung des Markenschutzes vor Verwechslungen durch das neue Lauterkeitsrecht, WRP 2009, 1343

Kirchhoff, Wolfgang: Möglichkeiten und Grenzen markenrechtlicher Abgrenzungsvereinbarungen aus Sicht des Kartellrechts, GRUR 2017, 248 ff.

Kisseler, Marcel: Wettbewerbsrecht und Verbraucherschutz, WRP 1972, 557 ff.

Knaak, Roland: Das Recht der Gleichnamigen, Köln 1979

Knaak, Roland: Der Schutz geographischer Herkunftsangaben im neuen Markengesetz, GRUR 1995, 103 ff.

Knaak, Roland: Der Schutz geographischer Angaben nach dem TRIPS-Abkommen, GRUR Int. 1995, 642 ff.

Knaak, Roland: Schutzschranken im harmonisierten Markenrecht bei Verwendung von Handelsnamen und geographischen Herkunftsangaben, Festschrift für Alexander von Mühlendahl, Köln 2005, S. 83 ff.

Köhler, Helmut: Das Verhältnis des Wettbewerbsrechts zum Recht des geistigen Eigentums – Zur Notwendigkeit einer Neubestimmung auf Grund der Richtlinie über unlautere Geschäftspraktiken, GRUR 2007, 548 ff.

Köhler, Helmut/Bornkamm, Joachim/Feddersen, Jörn (Hrsg.): UWG Kommentar, 36. Aufl., München 2018

Körber, Torsten: Änderungen im Handels- und Gesellschaftsrecht durch das Handelsrechtsreformgesetz, Jura 1998, 452 ff.

Kraft, Alfons: Sind Vorrechtsvereinbarungen über Warenzeichen kartellrechtlich relevant?, GRUR 1977, 760 ff.

Kraft, Alfons: Warenzeichenrechtliche Abgrenzungsvereinbarungen und EG-Kartellrecht, MA 1984, 86 ff.

Kraft, Alfons: Notwendigkeit und Chancen eine Marken im neuen WZG, GRUR 1991, 339 ff.

Kreutzmann, Alix: Neues Kartellrecht und geistiges Eigentum, WRP 2006, 453 ff.

Kroitzsch, Hermann: Kartellrechtliches Kolloquium „Schutzumfangsvergleich und Abgrenzungsvereinbarung nach deutschem und europäischem Kartellrecht“, GRUR 1976, 696 f.

Kunz-Hallstein, Hans Peter: Europäisierung und Modernisierung des deutschen Warenzeichenrechts – Fragen einer Anpassung des deutschen Markenrechts an die EG Markenrichtlinie, GRUR Int. 1990, 747 ff.

Kur, Annette: Verwechslungsgefahr und Irreführung – zum Verhältnis von Markenrecht und § 3 UWG, GRUR 1989, 240 ff.

Kur, Annette: Die notorisch bekannte Marke im Sinne von 6bis PVÜ und die „bekannte Marke“ im Sinne der Markenrechtsrichtlinie, GRUR 1994, 330 ff.

Kur, Annette/v. Bomhard, Verena/Albrecht, Friedrich (Hrsg.): Beck'scher Online-Kommentar Markenrecht, 12. Edition, Stand: 1.1.2018, München

Kurbel, Matthias: Neue Entwicklungen im Recht der Gleichnamigen, Berlin 2016

Lange, Paul: Der Konflikt zwischen Marken und Unternehmenskennzeichen nach der Céline-Entscheidung des EuGH, MarkenR 2007, 457 ff.

Lange, Paul: Marken- und Kennzeichenrecht, 2. Aufl., München 2012

Leyendecker-Langner, Benjamin E.: Top-Level-Domains und Namensschutz aus § 12 BGB – Bisherige Praxis und Bedeutungswandel, MMR 2014, 288 ff.

Loewenheim, Ulrich/Meessen, Karl/Riesenkampff, Alexander/Kersting, Christian/Meyer-Lindemann, Hans Jürgen (Hrsg.): Kartellrecht, 3. Aufl., München 2016

Müller, Peggy: Die Beurteilung von Gattungsbezeichnungen als Domainnamen anhand der Vorschriften des Marken- und Wettbewerbsrechts, Baden-Baden 2006

Nägele, Thomas: Das Verhältnis des Schutzes geschäftlicher Bezeichnungen nach § 15 MarkenG zum Namensschutz nach § 12 BGB, GRUR 2007, 1007 ff.

Neubauer, Hans: Markenrechtliche Abgrenzungsvereinbarungen aus rechtsvergleichender Sicht, Köln/Berlin/Bonn/München 1983

Ohly, Ansgar: Designschutz im Spannungsfeld von Geschmacksmuster-, Kennzeichen- und Lauterkeitsrecht, GRUR 2007, 731 ff.

Ohly, Ansgar/Sosnitza, Olaf (Hrsg.): UWG Kommentar, 7. Aufl., München 2016

Omsels, Hermann-Josef: Die Kennzeichenrechte im Internet, GRUR 1997, 328 ff.

Pahlow, Louis: Das Recht der Gleichnamigen im Internet, WRP 2002, 1228 ff.

Palandt, Otto (Hrsg.): Palandt, BGB Kommentar, 78. Aufl., München 2019 (bearbeitet von: Bassenge, Peter/ Brudermüller, Gerd/ Ellenberger, Jürgen/ Götz, Isabell/Grüneberg, Christian/Sprau, Hartwig/Thorn, Karsten/Wiedenkaff, Walter)

Paschke, Marian/Berlit, Wolfgang/Meyer, Claus (Hrsg.): Hamburger Kommentar Gesamtes Medienrecht, 3. Aufl., Hamburg 2016

Rößler, Bernd: Die Ausnutzung der Wertschätzung bekannter Marken im neuen Markenrecht, GRUR 1994, 559 ff.

Sack, Rolf: Die eigenmächtige Werbung mit fremden Namen als Delikt, WRP 1984, 521 ff.

Sack, Rolf: Sonderschutz bekannter Marken, GRUR 1995, 81 ff.

Sack, Rolf: Der „spezifische Gegenstand" von Immaterialgüterrechten als immanente Schranke des Art. 85 Abs. 1 EG-Vertrag bei Wettbewerbsbeschränkungen in Lizenzverträgen, in: Festschrift für Wolfgang Ritter zum 70. Geburtstag, Köln 1997

Sack, Rolf: Markenschutz und UWG, WRP 2004, 1405 ff.

Sack, Rolf: Die abstrakte Verwechslungsgefahr im Markenrecht, GRUR 2013, 4 ff.

Säcker, Jürgen/Rixecker, Roland: Münchener Kommentar zum BGB, Band 1, 7. Aufl., München 2015

Schluep, Walter René: Kartellrechtliche Grenzen von warenzeichenrechtlichen Abgrenzungsverträgen (besonders nach Art. 85 EWGV), GRUR Int. 1985, 534 ff.

Schmitt-Gaedke, Gernot/Arz, Matthias: Das Recht der Gleichnamigen und seine Grenzen, GRUR 2012, 565 ff.

Scholz, Ulrich: Die Änderung der Gleichgewichtslage zwischen namensgleichen Unternehmen und das Recht auf die Namensmarke – Zwei Fragen aus dem Recht der Gleichnamigen –, GRUR 1996, 679 ff.

Sosnitza, Olaf: Subjektives Recht und Ausschließlichkeit, MarkenR 2000, 77 ff.

Sosnitza, Olaf: Der Einfluss des Gemeinschaftsrechts auf das nationale Recht zum Schutz geografischer Herkunftsangaben in Deutschland, GRUR 2007, 462 ff.

Starck, Joachim: Markenschutz – Bemerkungen zum Schutz gegen Rufausbeutung und Rufbeeinträchtigung, MarkenR 2000, 73 ff.

Steinbeck, Anja: Richtlinie über unlautere Geschäftspraktiken: Irreführende Geschäftspraktiken – Umsetzung in das deutsche Recht, WRP 2006, 632

Steinbeck, Anja: Immaterialgüterrechte und Informationsinteresse oder: Von der Problematik, die richtigen Grenzen zu finden, KSzW 2010, 223 ff.

Stieper, Malte: Das Verhältnis von Immaterialgüterrechtsschutz und Nachahmungsschutz nach neuem UWG, WRP 2006, 291 ff.

Ströbele, Paul/Hacker, Franz/Thiering, Frederik (Hrsg.): Markengesetz, 12. Aufl., Köln 2018

Stummel, Dieter: Standardvertragsmuster zum Handels- und Gesellschaftsrecht, 5. Aufl., München 2015

Teplitzky, Otto/Peifer, Karl-Nikolaus/Leistner, Matthias: UWG Großkommentar, 2. Aufl., Berlin/Boston 2014

Traumann, Julia: Beschränkungen des Schutzes von Kennzeichen gemäß § 23 MarkenG, Frankfurt am Main/Berlin/Bern/Brüssel/New York/Oxford/Wien 2012

Ullmann, Eike: Der Schutz der Angabe zur geographischen Herkunft – wohin? – Die geographische Herkunftsangabe im Wettbewerbsrecht und im Markenrecht, GRUR 1999, 666 ff.

von Nussbaum, Caroline/Rues, Peter: Irreführung durch Marken – die Neuregelung der Imitationswerbung in § 5 Abs. 2 UWG n.F., MarkenR 2009, 233

von Schultz, Detlef: Eigenname contra prioritätsältere Phantasiebezeichnung, GRUR 1992, 487 ff.

von Schultz, Detlef (Hrsg.): Kommentar zum Markenrecht, 3. Aufl., Frankfurt am Main 2012

Walz, Robert: Beck'sches Formularbuch Zivil-, Wirtschafts- und Unternehmensrecht, 4. Aufl., München 2018

Westermann, Harm Peter/Grunewald, Barbara/Maier-Reimer, Georg (Hrsg.): Erman, BGB Kommentar, 15. Aufl., Köln 2017

Wogner, Christian: Die Schnittstellen zwischen Marken- und Wettbewerbsrecht im Lichte der neuen Markenfunktionen, Baden-Baden 2015

Wolf, Maik: Markenabgrenzungsvereinbarungen, Nichtangriffsverpflichtungen und Vorrechtserklärungen, NZKart 2015, 90 ff.

Kolibri 360 GmbH
Ferdinand-Jühlke-Straße 7
99095 Erfurt, Deutschland
produktsicherheit@kolibri360.de

Druck:
CPI Druckdienstleistungen GmbH
im Auftrag der
Kolibri 360 GmbH
Ferdinand-Jühlke-Str. 7
99095 Erfurt